W0402312

Kohlhammer

VON ELLI

Johannes Falterbaum

Rechtliche Grundlagen Sozialer Arbeit

Eine praxisorientierte Einführung

3. Auflage

Verlag W. Kohlhammer

Meinen Eltern

3. Auflage 2009

Gesamtherstellung:
W. Kohlhammer Druckerei GmbH + Co. KG Stuttgart
Printed in Germany

ISBN 978-3-17-020614-4

Inhalt

Vorwort

Das Recht gibt Strukturen vor, die in allen Bereichen Sozialer Arbeit von Bedeutung sind. Nicht nur Einschränkungen, sondern vor allem auch vielfältige Ansprüche auf Sozialleistungen ergeben sich aus rechtlichen Bestimmungen. An der Relevanz des Rechts, als Grundlage und Rahmenbedingung Sozialer Arbeit, kann deshalb kein Zweifel bestehen. Dennoch finden Studierende, Betroffene und Mitarbeiter von Sozialeinrichtungen häufig nur schwer einen Zugang zu dieser Materie. In der praktischen Arbeit ist es aber weder möglich noch sinnvoll, sich vollständig auf den Rat so genannter „Experten" zu verlassen. Eigene Rechtskenntnisse erhöhen vielmehr die Handlungskompetenz in allen sozialen Handlungsfeldern erheblich.

Das vorliegende Buch gibt eine Einführung, die sich in erster Linie an angehende Sozialpädagoginnen und Sozialarbeiter richtet. Es geht um eine möglichst ansprechende Vermittlung rechtlicher Grundstrukturen im Kontext Sozialer Arbeit. Besonderer Wert wurde deshalb auf eine verständliche Darstellung und eine Beschränkung auf das Notwendige gelegt. Zahlreiche Schaubilder erleichtern den Überblick und die Wiederholung. Umfangreich vorhandene Spezialliteratur kann durch dieses Studienbuch nicht ersetzt, sondern der Zugang hierzu soll erleichtert werden. Am Ende der einzelnen Kapitel wird auf weiterführende Titel hingewiesen.

Aufgrund der grundlegenden Bedeutung öffentlicher Leistungen sowohl für die Betroffenen als auch für die im sozialen Bereich Tätigen steht die Darstellung der öffentlich-rechtlichen Grundlagen im Mittelpunkt.

Hervorgegangen ist das Manuskript aus einer mehrjährigen Lehrtätigkeit an der Universität Freiburg i. Br., der Hochschule für Sozialwesen Esslingen und der Berufsakademie Heidenheim. Dabei hat sich gezeigt, dass Rechtsgebiete nachhaltig nur erschlossen werden können, wenn sowohl der theoretische Zusammenhang verdeutlicht als auch die praktische Relevanz anhand praktischer Beispiele eingeübt wird. Im zweiten Teil des Buchs befinden sich deshalb Übungsfälle mit Lösungsskizzen, die sich auf die im ersten Teil behandelten Themen beziehen.

Anregungen und Kritik sind im Interesse späterer Nutzerinnen und Nutzer ausdrücklich erwünscht (E-Mail: falterbaum@ba-heidenheim.de).

Tübingen, im August 2003 Johannes Falterbaum

Vorwort zur 2. Auflage

Vor dem Hintergrund grundlegender Studienreformen (Einführung von Bachelor und Master) wird es immer wichtiger, Lehrinhalte auch durch eigenständiges Studium erschließen zu können. Aber auch über die Hochschulen hinaus gibt es aus beruflichen und privaten Gründen einen zunehmenden Bedarf an Hilfestellungen, um sich in unseren immer komplexer werdenden Sozialleistungssystemen zurechtfinden zu können. Auf Verständlichkeit in der Darstellung und Erläuterung auch über das Recht hinausgehender Zusammenhänge wurde in der 2. Auflage daher noch größerer Wert gelegt.

Neben einer Überarbeitung des gesamten Textes und zahlreicher Aktualisierungen, die aufgrund vielfältiger Gesetzesänderungen notwendig waren, wurde eine inhaltliche Erweiterung vor allem um die Kapitel Familienrecht und Kinder- und Jugendhilfe vorgenommen. Erwartungen an eine umfassende und zugleich knappe Darstellung können damit weitgehend erfüllt werden.

Vielleicht kann das Buch aber auch dazu beitragen, Interesse und ein wenig Spass an Rechtsfragen zu wecken. Dies setzt ein Bemühen um Verständnis bei Lehrenden und Lernenden voraus. Der Nutzen solider Rechtskenntnisse wird in der Praxis der Sozialen Arbeit schnell erkennbar werden.

Anregungen und Kritik sind nach wie vor ausdrücklich erwünscht (E-Mail: falterbaum@ba-heidenheim.de).

Tübingen, im November 2006 Johannes Falterbaum

Vorwort zur 3. Auflage

Wegen des breiten Interesses an diesem Lehrbuch ist knapp zwei Jahre nach Erscheinen der 2. Auflage eine Neuauflage erforderlich geworden.

Zahlreiche Aktualisierungen wurden vorgenommen und Gesetzesänderungen berücksichtigt, während der Aufbau des Buches unverändert geblieben ist.

Zu danken habe ich zahlreichen Hinweisen aus dem Lesekreis, insbesondere von Studierenden, und hoffe auf weitere Anregungen, um die nicht ganz einfache Materie immer ansprechender gestalten zu können (E-Mail: falterbaum@ba-heidenheim.de).

Tübingen, im Dezember 2008 Johannes Falterbaum

I. Einführung

Zu Kapitel I: Übungsfall 1 (Eine ganz normale Familie), Seite 219 ff.

1. Spannungsverhältnis Recht und Soziale Arbeit

In der Sozialen Arbeit geht es um Hilfe-Handeln zum Wohle einzelner Menschen und um die Schaffung gesellschaftlicher Bedingungen, die den Menschen angemessene Lebensverhältnisse ermöglichen. Recht mit seinen abstrakten generalisierenden Normen wird in diesem Zusammenhang häufig als Fremdkörper empfunden. Auch bei Studentinnen/Studenten der Sozialarbeit/Sozialpädagogik stehen Rechtsfragen in aller Regel nicht im Mittelpunkt des Interesses. Die rechtliche Ebene kann als unmenschlich, störend oder zumindest lästig empfunden werden.

Wer in der Sozialen Arbeit beruflich oder ehrenamtlich tätig ist, sieht sich allerdings immer wieder vor Fragen gestellt wie: Darf ich hier Leistungen erbringen? Hat der Betroffene einen Anspruch auf Hilfe? Wer ist für dieses Anliegen zuständig? Wie kann man gegen Unrecht vorgehen? Für die berufliche Praxis ist deshalb von zentraler Bedeutung, bestehende Rechtsnormen für soziale Belange nutzbar machen zu können. Von Vorteil ist auch zu wissen, wie man unzulänglichen oder kontraproduktiven Rechtsnormen begegnen kann. *Rechtsanwendungskompetenz* der sozialpädagogischen Fachkraft ist in erheblichem Maße Voraussetzung für erfolgreiche Sozialarbeit.

Recht ist allerdings ein gesellschaftlich gewachsenes *Kulturprodukt*, welches nach *eigenen Gesetzmäßigkeiten* funktioniert. Deswegen sind gewisse Vorbehalte durchaus verständlich. Will man die Beantwortung für Soziale Arbeit relevanter Fragen nicht anderen Personen mit möglicherweise anderen Interessen überlassen, muss man sich zunächst – wohl oder übel – mit der Funktionsweise des Rechts vertraut machen. Einzelfragen können sich schnell ändern und werden erfahrungsgemäß auch schnell wieder vergessen. Das Sozialrecht ist in den letzten Jahren aber auch derart umfangreich geworden, dass eine umfassende Darstellung das Fassungsvermögen eines Lehrbuches übersteigen würde. Im Mittelpunkt steht in diesem Lehrbuch deshalb die Vermittlung solider Grundkenntnisse; auf dieser Basis kann sich auch der juristische Laie bei Bedarf relativ schnell Einzelfragen aneignen.

Im Dienste sozialer Aufgaben kommt es zunächst nicht darauf an, ob die relevanten rechtlichen Normen „gut oder schlecht“, „interessant oder langweilig“, „einfach oder schwierig“ sind. Es geht in erster Line um anwendungsbezogene Information. Je nach Standpunkt und Haltung des Betrachters werden die Bewertungen unterschiedlich ausfallen. Da Gesetzmäßigkeiten des Rechts nicht identisch sind mit denen der Sozialen Arbeit, muss bei aller Nutzanwendung eine kritische Haltung keineswegs aufgegeben werden. Unter den genannten Prämissen wird sich (hoffentlich) trotz allem zeigen, dass das Recht der Sozialen Arbeit nicht ganz so starr, lebensfern und langweilig ist, wie es für Außenstehende oft den Anschein hat.

2. Recht als Rahmenbedingung und Grundlage Sozialer Arbeit

In der deutschen Rechtsordnung, in der die *Freiheitlichkeit* jedes Menschen betont wird, ist nicht von einer „Allzuständigkeit" des Staates auszugehen, sondern im „Normalfall" handelt der Bürger eigenverantwortlich und selbständig. So ist das soziale wie das gesellschaftliche Leben grundsätzlich frei von staatlicher Kontrolle und gesetzlicher Reglementierung. Soweit keine besonderen Regelungen bestehen, ist auch in der Sozialen Arbeit von der *Selbstversorgung* und *Eigenverantwortung* der Menschen auszugehen.

Die Realität, jedenfalls soweit es um professionelles Handeln geht, sieht allerdings in vielen Bereichen anders aus. Der Grund hierfür ist, dass eine soziale Absicherung und Förderung auf dem Niveau der Bundesrepublik Deutschland nur durch *staatliche Leistungen* und allgemein verbindliche *Rahmenbedingungen* aufrecht erhalten werden kann. Entscheidend kommt es auf die Definition an, *welche Standards* durch die Gemeinschaft garantiert werden und was der Eigenverantwortung überlassen bleibt. Dies unterliegt der ständigen Wandlung und ist von den wirtschaftlichen Möglichkeiten und der jeweils aktuellen politischen Diskussion abhängig. Über den *Gesetzgeber* (Parlamente) werden hieraus Rechtsnormen, die die soziale Praxis bestimmen. Inwieweit Maßstäbe und Ziele der Sozialarbeit im Einzelnen rechtlicher Festschreibung bedürfen, ist immer wieder neu auszuhandeln und immer wieder Gegenstand heftiger sozialpolitischer Auseinandersetzungen. Sozialrecht kann darum keine statische Materie sein, sondern ist abhängig von sich ständig wandelnden Wertvorstellungen, finanziellen Ressourcen und vor allem politischen Entscheidungen.

Durch die gesetzliche Festschreibung werden der Umfang staatlich garantierter Sozialleistungen und der Spielraum für die inhaltliche Gestaltung von Leistungen (bis zu einer möglichen Gesetzesänderung) zu einer verbindlichen Rahmenbedingung für Soziale Arbeit. Dies ist die Grundlage für mittel- und langfristige Planungen, bietet aber auch Sicherheit für die in diesem Bereich Tätigen. Darüber hinaus ist aber stets zu prüfen, wieweit Spielräume vorhanden sind für weitergehende Leistungen und spezifische Gestaltungsmöglichkeiten. Dies hängt zu einem großen Teil von der Frage ab, durch *welche Personen* und durch welche *Einrichtungen* soziale Leistungen erbracht werden. In Deutschland besteht ein vielfältiges, sich wechselseitig ergänzendes System.

Einerseits entfaltet das Recht einen absoluten Geltungsanspruch (soweit Regelungen erlassen wurden), andererseits ist es zu relativieren, weil damit niemals die gesamte Wirklichkeit, jede individuelle Situation angemessen erfasst werden kann. Wichtig bleibt bei aller Beschäftigung mit dem Recht, dass es keineswegs einziger Bezugspunkt für Soziale Arbeit ist, sondern *einer neben anderen. Sozialwissenschaftliche, pädagogische, psychologische, persönliche Qualifikationen und ethische Ziele* haben je nach Tätigkeitsschwerpunkt ebenso große oder größere Bedeutung.

Es gibt auch Situationen, in denen die persönlich-fachliche Auffassung unvereinbar zu sein scheint mit der geltenden Rechtslage. Wichtig ist in diesen Fällen zunächst eine genaue Prüfung der Rechtslage. Daraus kann sich ergeben, dass Rechtsnormen unzweckmäßig oder unzutreffend angewendet wurden. Häufig helfen auch Ausnahmeregelungen, Anwendungs- oder Ermessensspielräume weiter. Das Recht gibt fraglos auch eindeutige Grenzen sozialen Handelns vor. Es hat Vor- und Nachteile, dass längst nicht alles rechtlich geregelt ist.

Bedeutung des Rechts für Soziale Arbeit

Finanzierung	⇒ Mittels Recht wird die Aufbringung und Verteilung des Geldes geregelt, welches für die Erbringung sozialer Leistungen notwendig ist.
Institutionalisierung	⇒ Mittels Recht werden Institutionen geschaffen und deren Handlungsweise geregelt. Soziale Leistungen werden dadurch berechenbar, planbar und steuerbar.
Konfliktsteuerung	⇒ In Konfliktsituationen wird mittels Recht eine für alle Beteiligten verbindliche Klärung herbeigeführt.
Qualitätssicherung	⇒ Mittels Recht werden Qualitätsstandards beschrieben. Unter anderem geschieht dies durch Leistungsvereinbarungen, Ausbildungsordnungen und arbeitsrechtliche Regelungen.

3. Recht und Demokratie

Auch wenn dies an dem Geltungsanspruch des Rechts in konkreten Situationen nichts ändert, sollte man sich vor Augen halten, dass Rechtsnormen nicht „vom Himmel“ fallen, sondern zeitbedingten Wandlungen unterliegen und auch immer wieder in grundlegender Weise geändert werden. Der Entstehungsprozess von Rechtsvorschriften ist in klaren Verfahren (*Gesetzgebungsverfahren*) geregelt. Bereits bei der Vorbereitung von Gesetzesentwürfen und beabsichtigten Gesetzesänderungen werden die unterschiedlichsten Experten, darunter auch die Wohlfahrts-

Gewaltenteilung

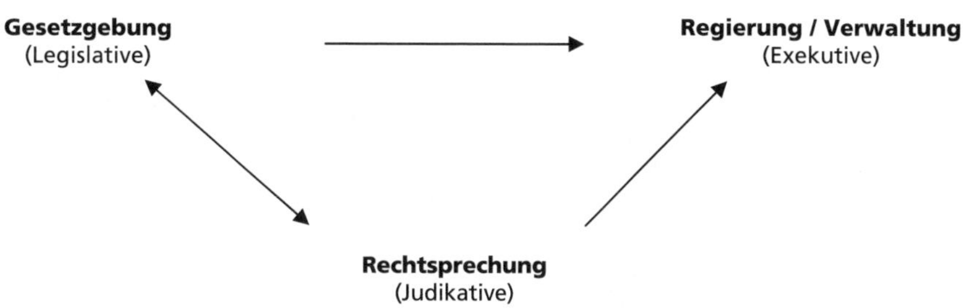

- Die staatliche Macht ist auf drei „Gewalten“ mit getrennten Zuständigkeiten aufgeteilt.
- Gesetzgebung, Verwaltung und Rechtsprechung sind aufeinander angewiesen und kontrollieren sich gegenseitig.
- Gesetze sind der entscheidende, verbindliche Bezugspunkt für alle drei Gewalten.
- Der Grundsatz der Gewaltenteilung ergibt sich aus Art. 20 Abs. 2 Grundgesetz.

Soziale Arbeit im Zusammenhang des Rechts

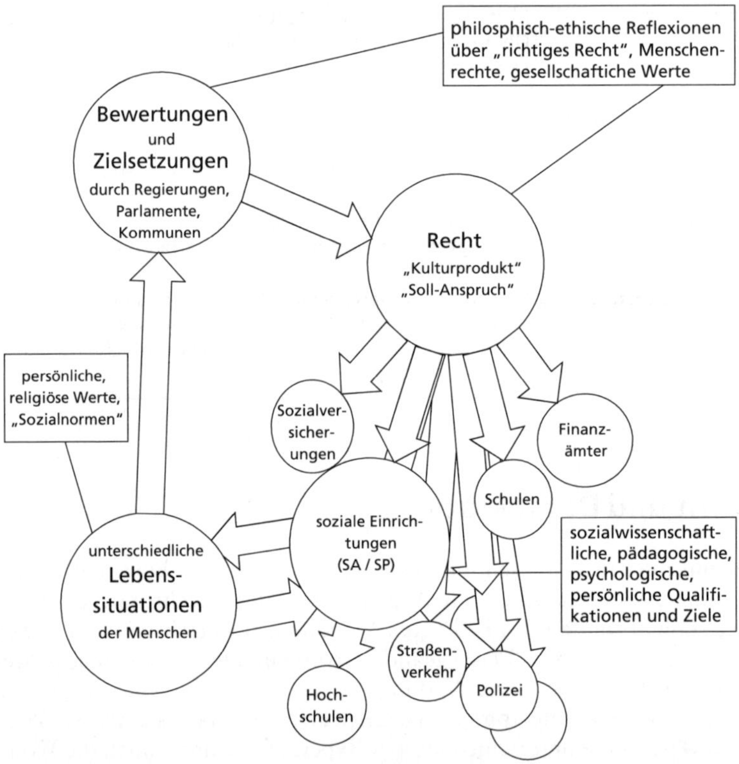

- Recht zielt auf allgemeine Durchsetzung.
- Rechtsnormen werden ständig geändert (z. B. entsprechend den aktuellen Vorstellungen von Familie, sozialen Bedürfnissen etc.).
- Recht setzt unterschiedliche Lebensbereiche, Weltanschauungen, Generationen, soziale Schichten verbindlich in Beziehung zueinander.
- Konflikte mit Rechtsnormen sind unvermeidlich. Etwa bei Wandlung der Lebensverhältnisse (Rechtsanpassung braucht Zeit), Gesetzeslücken, von Normen abweichenden individuellen Interessen oder Vorstellungen.
- Bei der Umsetzung von Rechtsnormen, der Nutzung von Gestaltungsspielräumen hat der SA/SP teil an der Gestaltung der Rechtswirklichkeit. Die Kenntnis der rechtlichen Möglichkeiten – als Rahmenbedingung und Grundlage sozialer Arbeit – ist hierzu unverzichtbar.
- Die Bedeutung des juristischen „Know-how" – neben den sozialwissenschaftlichen, pädagogischen, psychologischen und persönlichen Qualifikationen – ist wesentlich abhängig von der konkreten beruflichen Position.
- Durch Einflussnahme als Bürger, Institution oder Experte auf politische Entscheidungsträger können – gerade auf kommunaler Ebene – rechtliche Rahmenbedingungen mitgestaltet werden.

verbände und andere Träger sozialer Einrichtungen, beteiligt. In den Parlamenten, d. h. dem Bundestag (teilweise mit Zustimmung des Bundesrates), den Landtagen und den Stadt- und Gemeinderäten werden die Gesetze beraten und verabschiedet (*Legislative*). Hier entstehen die Gesetze, die durch die Regierungen (*Exekutive*) umgesetzt werden. Die Verwaltung und nicht zuletzt die Gerichte (*Judikative*) sorgen dafür, dass die Vorschriften tatsächlich Anwendung finden und die abstrakten Vorschriften umgesetzt werden. In diesen geregelten Strukturen der *Gewaltenteilung* wird Recht konkret. Seine Entstehung ist aber abhängig von Wahlen, Gesprächen mit den Volksvertretern und Stellungnahmen von Experten und auch Bürgerinitiativen sowie Öffentlichkeitsarbeit von Interessengruppen.

Unterschiedliche Interessen und divergierende Wertvorstellungen lassen sich hierdurch allerdings nicht vollständig zusammenführen. Bestehen gebliebene gegensätzliche Auffassungen können in Rechtsnormen aber Berücksichtigung finden und so entschärft werden. Eine wesentliche Bedeutung des Rechts besteht darin, dass ganz unterschiedliche Lebenssituationen (Arbeitsloser – Arbeitgeber, Alleinstehender – kinderreiche Familie, Sportass – Behinderter) miteinander in Beziehung gesetzt werden. Durch die Gesamtheit der Rechtsordnung werden die unterschiedlichen Interessen und Realitäten der gesamten Gesellschaft in den Blick genommen und es wird versucht, sie in angemessener Weise (was immer das konkret heißen mag) zum Ausgleich zu bringen. So gesehen sind Rechtsfragen Kristallisationspunkte *innergesellschaftlichen Ausgleichs* und als solche Anlass, die eigenen Interessen und Rechte im Verhältnis zu denen anderer Personen und Gruppen zu sehen.

Da solche gesellschaftlichen und demokratischen Prozesse einschließlich meist langwieriger Gesetzgebungsverfahren viel Zeit in Anspruch nehmen, hinkt das Recht aktuellen Entwicklungen fast immer hinterher. Gerade, wenn sich Rechtsstrukturen oft über Jahrzehnte eingespielt haben, wird erkennbar, dass Recht prinzipiell *konservativ* ist und konservierende Eigenkraft entfaltet. Gleichzeitig wird durch das Recht aber das Zusammenleben der Menschen verbindlich geordnet und damit verlässliche Lebensplanung erst möglich.

4. Definition von Recht

Es ist schwierig, klar zu definieren, was „Recht“ ist. Es handelt sich hierbei vielmehr um einen komplexen Begriff, der einer Präzisierung bedarf. Vor allem sind mit Recht Normen gemeint, die durch den *Staat* bestimmt sind und seitens der Bürger und Einrichtungen beachtet werden müssen. Aber es gibt auch Rechtsnormen, die von Bürgern oder Organisationen selbst, mit lediglich interner Wirkung, erlassen werden (Vereinsrecht, Hausordnungen) und Vereinbarungen zwischen Bürgern/Unternehmen, welche Kraft dieser Vereinbarung verbindliche Rechtswirkungen nur für die Beteiligten entfalten *(Vertragsrecht)*.

Geltungsbereiche

Hinsichtlich des *staatlichen Rechts* ist zunächst zu beachten, für welches territoriale Gebiet Rechtsnormen gelten. Auch innerhalb der Bundesrepublik Deutschland gibt es unterschiedliche *Hoheitsgebiete* (Bundesrepublik Deutschland, Bundesländer, Kommunen), die nebeneinander bestehen. Daraus ergeben sich unterschiedliche Zuständigkeiten, zum Beispiel Europarecht, Bundesrecht, Landesrecht und Kommunalrecht. Im Konfliktfall besteht eine *Hierarchie* der Rechtsvorschriften. Dabei gehen zwar meistens Rechtsnormen der höheren Ebene denen der niederen Ebene vor. Dies gilt aber nicht immer. So hat z. B. die Bundesrepublik Deutschland gegenüber der Europäischen Union unantastbare Regelungskompetenzen; ebenso die Kommunen gegenüber den Bundesländern (vgl. Art. 28 Abs. 2 GG).

Geltungsbereiche des Rechts

Vereinte Nationen (UN)
Europäische Union
Bundesrepublik Deutschland
Bundesländer
Kommunen (Städte und Gemeinden)

- Stets ist zu prüfen, für welche Personen und welches Territorium Rechtsnormen gelten (*Geltungsbereich*).
- Wenn sich Vorschriften unterschiedlicher Ebenen widersprechen, spricht man von *Gesetzeskonkurrenz.*
- Vorschriften der übergeordneten Ebene haben keineswegs immer Vorrang. So bestehen z. B. unantastbare Zuständigkeiten für den Bund (gegenüber der EU und UN), aber auch der Kommunen (gegenüber Bund und Land), vgl. Art. 28 Abs. 2 GG.

Inhaltliche Unterscheidung

Weiter kann man unterscheiden zwischen unterschiedlichen *Gegenstandsbereichen,* in denen die jeweiligen Rechtsnormen Anwendung finden. Zum Beispiel unterscheidet man zwischen Familienrecht, Strafrecht, Baurecht, Bankrecht, Kinder- und Jugendhilferecht, Sozialversicherungsrecht, Sozialhilferecht und anderem. In den Rechtsbereichen gelten unterschiedliche Zielsetzungen, weshalb in den jeweiligen Einzelgesetzen/Gesetzbüchern spezielle Bestimmungen geregelt sind, die nicht auf andere Rechtsbereiche übertragbar sind.

Diese Rechtgebiete stehen allerdings nicht beziehungslos nebeneinander, sondern greifen in vielfältiger Weise ineinander. So ist etwa das Arbeitsrecht teilweise im BGB geregelt (*Individualarbeitsrecht*), wesentliche Teile gehören aber auch zum öffentlichen Recht (*kollektives Arbeitsrecht*). Das Sozialrecht ist ein weit verzweigter Gegenstandsbereich mit Regelungen im Zivilrecht (z. B. Arbeitnehmer-, Mieter- und Verbraucherschutzbestimmungen) wie im öffentlichen Recht (vom Steuerrecht bis zum Ausländer- und Prozesskostenhilferecht). Das Sozialleistungsrecht (Sozialversicherungsrecht, Grundsicherung für Arbeitssuchende, Sozialhilfe, Kinder- und Jugendhilfe, BAföG ect.) ist Teil des öffentlichen Verwaltungsrechts. Das Verfassungsrecht gehört zwar zum Öffentlichen Recht, hat aber Bedeutung auch für das viel ältere und eigenständige Zivilrecht. Von grundlegender Bedeutung ist die Unterscheidung zwischen Öffentlichem Recht und Privatrecht/Zivilrecht (hierzu ausführlich unten Seite 44 ff).

Zu beachten ist weiter, dass nicht nur in den Parlamenten verabschiedete förmliche Gesetze in verbindlicher Weise Rechtsverhältnisse regeln, sondern dies auch durch Rechtsverordnungen der Regierungen, Verträge zwischen Bürgern bzw. Bürger und staatlichen Organen geschieht.

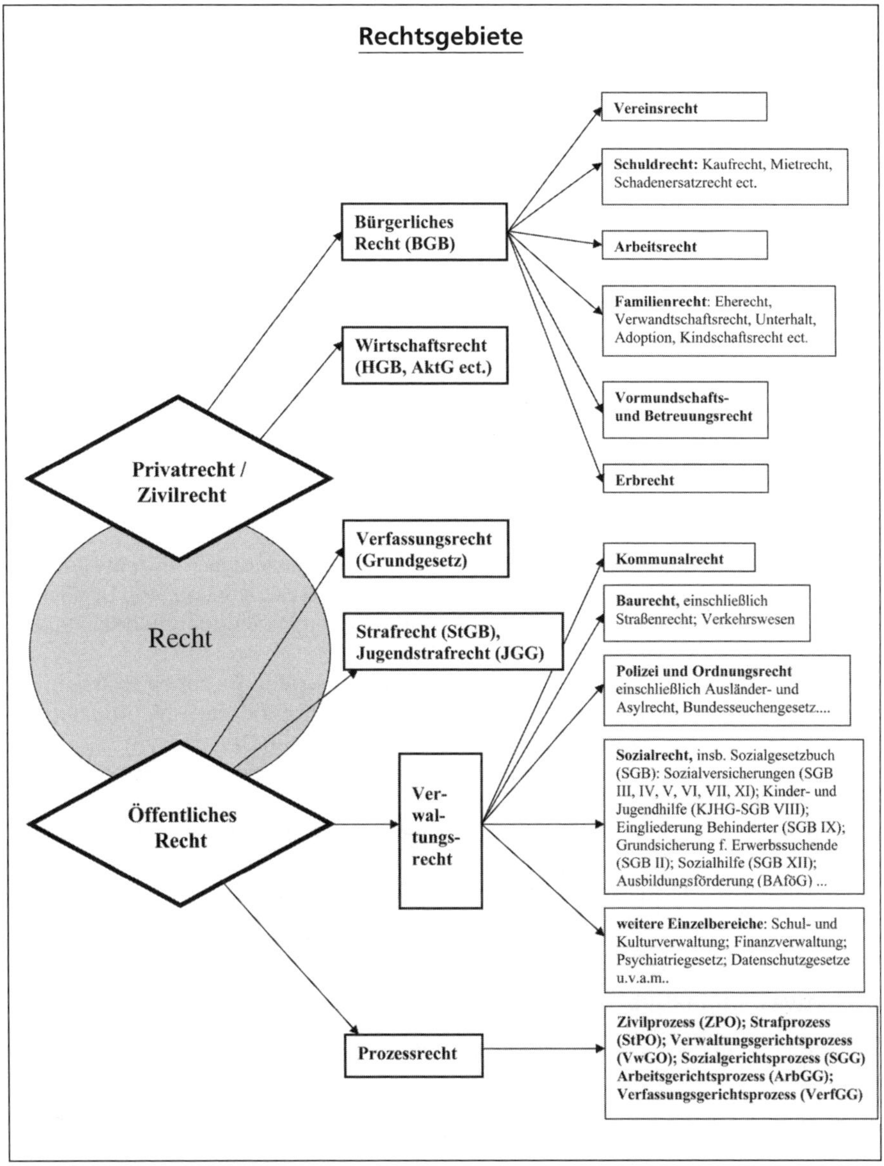
Rechtsgebiete
Recht
Privatrecht / Zivilrecht
Bürgerliches Recht (BGB)
Wirtschaftsrecht (HGB, AktG ect.)
Vereinsrecht
Schuldrecht: Kaufrecht, Mietrecht, Schadenersatzrecht ect.
Arbeitsrecht
Familienrecht: Eherecht, Verwandtschaftsrecht, Unterhalt, Adoption, Kindschaftsrecht ect.
Vormundschafts- und Betreuungsrecht
Erbrecht
Öffentliches Recht
Verfassungsrecht (Grundgesetz)
Strafrecht (StGB), Jugendstrafrecht (JGG)
Ver-wal-tungs-recht
Kommunalrecht
Baurecht, einschließlich Straßenrecht; Verkehrswesen
Polizei und Ordnungsrecht einschließlich Ausländer- und Asylrecht, Bundesseuchengesetz....
Sozialrecht, insb. Sozialgesetzbuch (SGB): Sozialversicherungen (SGB III, IV, V, VI, VII, XI); Kinder- und Jugendhilfe (KJHG-SGB VIII); Eingliederung Behinderter (SGB IX); Grundsicherung f. Erwerbssuchende (SGB II); Sozialhilfe (SGB XII); Ausbildungsförderung (BAföG) ...
weitere Einzelbereiche: Schul- und Kulturverwaltung; Finanzverwaltung; Psychiatriegesetz; Datenschutzgesetze u.v.a.m..
Prozessrecht
Zivilprozess (ZPO); Strafprozess (StPO); Verwaltungsgerichtsprozess (VwGO); Sozialgerichtsprozess (SGG) Arbeitsgerichtsprozess (ArbGG); Verfassungsgerichtsprozess (VerfGG)

Durch folgende unterschiedliche Arten von Normen entsteht verbindliches Recht:

Rechtsquellen		
Art der Norm	**Entstehung durch**	**Geltung**
Verfassung	Volksentscheid	für alle Bereiche bindend
Gesetze	Parlamente	für Bürger, öffentliche Verwaltung, Rechtsprechung
Rechtsverordnungen	Bundes-/Landes-Regierungen	nur auf der Grundlage von Gesetzen
Satzungen	Selbstverwaltungs-Körperschaften, Vereine	für die Mitglieder
Verwaltungsvorschriften/ Dienstanweisungen	Verwaltung	für die Mitarbeiter
Verträge	Vertragsparteien	für die beteiligten Parteien

Gerichtsurteile sind keine Rechtsnormen. Durch sie werden lediglich einzelne Rechtsstreitigkeiten auf der Grundlage der Gesetze verbindlich entschieden. Von Urteilen der obersten Gerichte geht aber gleichwohl eine allgemeine Bindungswirkung aus, die Gesetzesnormen vergleichbar ist.
Verwaltungsakte werden nicht zu den Rechtsquellen gezählt. Sie haben zwar verbindliche Geltung für den Bürger, dies ist aber keine rechtsschöpferische Tätigkeit der erlassenden Behörde, sondern Ausführung der bestehenden Gesetze.
Richtlinien haben eine Orientierungsfunktion, begründen aber alleine keine rechtliche Verbindlichkeit.
Erlasse sind Verwaltungsvorschriften einer obersten Behörde (Ministerien) mit interner Verbindlichkeit für die untergeordneten Stellen und Bediensteten.
Ungeschriebenes Recht (Gewohnheitsrecht) hat heute kaum noch Bedeutung.

Objektives/subjektives Recht

Zu unterscheiden ist weiter zwischen *objektivem Recht und subjektivem Recht.* Zum objektiven Recht gehört die Summe aller Rechtsnormen, die in irgendeiner Weise das Verhalten der Menschen regeln. Davon zu unterscheiden ist das subjektive Recht, wozu lediglich die Vorschriften gehören, die dem Einzelnen (dem Rechtssubjekt) einen konkreten Herrschaftsbereich, vor allem Rechtsansprüche auf Leistungen oder Abwehransprüche gegen Eingriffe, gewährleisten. Mit dieser Unterscheidung wird deutlich, dass es Rechtsvorschriften gibt, die Lebensverhältnisse und Verwaltungshandeln (objektiv) ordnen, *ohne* dass der Einzelne erwirken kann, dass diese Vorschriften auch eingehalten werden. Subjektive Rechte sind hingegen stets damit verbunden, dass der Einzelne die Beachtung bestehender Regelungen beanspruchen kann. Bei Verstößen können subjektive Rechte (und in aller Regel nur solche) im Klageverfahren durchgesetzt werden. Gerade im sozialen Bereich gibt es zahlreiche Vorschriften, die die Verwaltung objektiv-rechtlich zu bestimmten Verhaltensweisen im Interesse der Bürger verpflichten, auch ohne dass der Bürger einen subjektiv-rechtlichen Anspruch hierauf hat (z. B. die Art und Weise der Amtsausübung). Für die Soziale Arbeit ist von erheblicher Bedeutung, im Einzelfall unter-

scheiden zu können, welche rechtlichen Regelungen mit einem konkreten Leistungs- oder Unterlassungsanspruch für die Betroffenen verbunden sind.
Vor allem im Zivilrecht, aber auch im öffentlichen Leistungsrecht ist diese „subjektive Berechtigung“ von entscheidender Bedeutung (andere Grundsätze gelten im Polizei- und Strafrecht). Macht z. B. ein Vermieter eine Miterhöhung geltend, die das gesetzlich zulässige Maß übersteigt, so kann keine andere Person als der Mieter sich hiergegen rechtlich wirksam wehren. Ist der Mieter bereit zu zahlen, gleich ob aus Gutmütigkeit oder Unwissenheit, hilft die Klage eines altruistisch handelnden Nachbarn nicht weiter. Eine solche Klage würde als unzulässig abgewiesen, auch wenn sie in der Sache begründet ist. Der Vermieter verstößt zwar gegen objektives Recht, betroffen und damit subjektiv berechtigt dagegen vorzugehen ist aber lediglich der Mieter. Etwas anderes gilt nur, wenn der Betroffene ausdrücklich einen anderen (z. B. einen Rechtsanwalt) beauftragt: dann nimmt der Betroffene seine Rechte wahr, wenn auch vertreten durch einen anderen (Vertreter). Die *problematischen* Konsequenzen werden unter anderem deutlich bei alten und behinderten Menschen, die ihre Interessen nicht mehr selbst wahrnehmen können. Die rechtlichen Möglichkeiten (insbesondere Bestellung einer rechtlichen Betreuung und Regelungen im Heimgesetz, vgl. unten Seite 60 ff, 50 f) gleichen diese Defizite nur sehr unzulänglich und punktuell aus. Unsere Rechtsordnung geht davon aus, dass grundsätzlich jeder seine Rechte selbst wahrnimmt (Eigenverantwortung). In Deutschland gibt es keine *Popularklage*. Mit einer grundsätzlichen Änderung würde die Verantwortung des Staates steigen, er müsste verstärkt Zugang haben in private Lebenszusammenhänge, wodurch neue Probleme entstehen würden (Stichwort: „Überwachungsstaat“). Ist der Bürger nicht in seinen subjektiven Rechten verletzt, stehen ihm lediglich „*formlose Rechtsbehelfe*“ zur Verfügung (hierzu unten Seite 180 ff)[1].

***objektives Recht** = geltende Rechtsnormen*
***subjektives Recht** = Rechtsanspruch einer bestimmten Person(engruppe)*

- Zum objektiven Recht gehören alle Rechtsnormen, die im gesetzmäßigen Verfahren zustande gekommen sind. Lediglich Rechtsnormen, die rechtswidrig sind (z. B. aus formalen Gründen) oder nur Definitionen enthalten, gehören nicht zum objektiven Recht.
- Nur wenn und soweit aufgrund objektivem Recht einer bestimmten Person konkrete Rechtspositionen zustehen, hat diese entsprechende subjektive Rechte bzw. kann sich gegen eine Verletzung ihrer subjektiven Rechte wehren.
- Leistungsansprüche kann grundsätzlich nur derjenige geltend machen, dem diese subjektiven Rechte zustehen. Ebenso kann sich nur derjenige gegen Unrecht wehren, der in seinen subjektiven Rechten verletzt ist.

Formelles/materielles Recht

Schließlich ist auf die Unterscheidung zwischen *formellem* und *materiellem* Recht hinzuweisen. Das materielle Recht bezieht sich auf die inhaltliche Gestaltung der

[1] Nach langem Ringen wurden im Bundesnaturschutzgesetz und im Behindertenrecht (vgl. § 63 SGB IX) Klagen durch Interessenverbände (sog. *Verbandsklagen*) zugelassen. Die Befugnisse dieser Verbände sind aber mit erheblichen Einschränkungen verbunden, so dass hierdurch die genannten Grundsätze bisher nicht wirklich in Frage gestellt werden.

Rechtsordnung, also darauf, was innerhalb eines Rechtsgebietes Recht und was Unrecht sein soll. Unter formellem Recht versteht man die Verfahrensvorschriften, mit deren Hilfe das materielle Recht umgesetzt wird. Die Bedeutung des formellen Rechts wird bei Nichtjuristen häufig unterschätzt, obwohl die entsprechenden Regelungen, angefangen von Fristen, Prozesskostenhilfe bis hin zur sachlichen und örtlichen Zuständigkeit eines Gerichts, von erheblicher Bedeutung sind für die Durchsetzung eines bestehenden (materiellen) Anspruchs.

Hiervon zu unterschieden ist der Begriff „förmliches Gesetz“ (z. B. oben Seite 16). Mit diesem zuletzt genannten Begriff ist lediglich gemeint, dass ein Gesetz in einem vorgegeben förmlichen Verfahren zustande gekommen ist. Dies ist in aller Regel Voraussetzung für die Wirksamkeit formeller und materieller Rechtsnormen (Ausnahme z. B. Rechtsverordnungen).

5. Öffentliche Verwaltung

Für den gesamten, vielfältigen Bereich Sozialer Arbeit ist von grundlegender Bedeutung, ob dieses Handeln öffentlich, also durch den *Staat*, verantwortet wird, oder durch *Privatpersonen* bzw. Zusammenschlüsse von Privatpersonen (z. B. Vereine, GmbHs, gGmbHs, BGB-Gesellschaften, aber auch die großen Wohlfahrtsverbände). Die staatliche Verantwortung für soziale Belange hat bis in die jüngste Vergangenheit ständig zugenommen. In den letzten Jahren wird allerdings eine umgekehrte Tendenz immer deutlicher sichtbar.

Nur zu einem geringen Teil handelt es sich hierbei aber um *staatliches Handeln* im eigentlichen Sinn. Zu einem großen Teil erfolgt soziale Sicherung durch die *Kommunen* und die *Sozialversicherungssysteme*. Diese sind aber nicht Teil des Staates im Rechtssinne, sondern haben eigene Strukturen der *Selbstverwaltung*, was zu einer relativen Eigenständigkeit gegenüber staatlicher Macht führt. Dies wird unter anderem daran deutlich, dass sich insbesondere die Sozialversicherungen weitgehend nicht aus Steuern, sondern aus *Mitgliedsbeiträgen* finanzieren. Der Leistungsumfang, die Standards und Rahmenbedingungen werden aber auch hier vom Gesetzgeber vorgegeben – auch wenn die Leistungen nicht unmittelbar durch Organe des

Leistungen im sozialen Bereich
werden erbracht durch

privatrechtliche Träger
⇒ Selbstverantwortung
⇒ evtl. interne (z. B. vereinsrechtliche) Vorgaben

- Privatpersonen
- Ehrenamtliche
- Selbständige
- Wohlfahrtsverbände
- andere Zusammenschlüsse

öffentlich-rechtliche Träger
⇒ hoheitliche Macht
⇒ öffentlich-rechtliche Pflichten

Staatsverwaltung
- Bund
- Länder
- Europäische Union

andere öffentliche Träger (staatl. Vorgaben, rechtlich eigenständig)
- Kommunen
- Sozialversicherungen
- u. a.

Staates erbracht werden. Soweit das Gemeinwesen durch verbindliche Regelungen bestimmt wird (z. B. Pflichtmitgliedschaft bei Sozialversicherungen) und die zuständige Behörde mit *„hoheitlicher Macht“* ausgestattet ist, d. h. Aufgaben einseitig und notfalls mit Zwang erfüllt werden können, spricht man von *„Öffentlichem Recht“*, *„Öffentlicher Verwaltung“*, *„Öffentlicher Hand“* oder *„Öffentlichen Angelegenheiten“* und *„Öffentlichem Interesse“*.
Eine griffige Definition, welche Bereiche zur „Öffentlichen Verwaltung“ gehören, gibt es nicht. Die Begrifflichkeit hat sich aber vor allem im rechtlichen Kontext durchgesetzt, auch wenn mit „öffentlich“ oder „Öffentlichkeit“ häufig ganz andere Zusammenhänge umschrieben werden als die des „Öffentlichen Rechts“ oder der „Öffentlichen Verwaltung“. Durch den Begriff wird aber auch klar, dass der „öffentliche Rechtsbereich“ nicht allein durch staatliche Macht bestimmt sein kann, sondern auf vielfältige gesellschaftliche Partizipation angelegt ist.

Zur Verwirklichung der Staatszwecke, insbesondere zur Gestaltung des Sozialwesens und der Erbringung von Dienstleistungen, aber auch zur hoheitlichen Kontrolle und Erfüllung polizeilicher Aufgaben, bedient sich der Staat eigener *Organisationsstrukturen*. Innerhalb der Öffentlichen Verwaltung, aber auch im Verhältnis zu den Bürgern gelten weitgehend eigene Regeln, die deutlich abweichen von der grundsätzlich freien Rechtsgestaltung zwischen Privatpersonen und Firmen (zur genaueren Unterscheidung zwischen Öffentlichem Recht und Privatrecht unten Seite 44 ff).

Dieser große Bereich öffentlicher Verwaltung, der teilweise staatlich und teilweise durch Mitglieder finanziert, in jedem Fall staatlich verantwortet und kontrolliert wird, ist zu unterscheiden von *nicht-öffentlicher* (privater) Verwaltung z. B. in Wirtschaftsunternehmen, Verbänden oder privater Finanzverwaltung. Auch kirchliche Sozialeinrichtungen (Caritas und Diakonie) unterliegen nicht dem staatlichen öffentlichen Recht. Diese karitativen Einrichtungen handeln zwar auch im *öffentlichen Interesse*, für sie gelten aber eigene kirchenrechtliche Bestimmungen, die staatlicherseits respektiert werden (*Selbstbestimmungsrecht der Kirchen,* vgl. unten Seite 42, Seite 138). Für weitere Verwirrung sorgt, dass sich für diese Einrichtungen die Bezeichnung „nichtstaatliche Träger“ eingebürgert hat. Denn der Unterschied zu den Kommunen und Sozialversicherungen, die ebenfalls nichtstaatlich sind, aber dem öffentlichen Recht unterliegen, wird damit nicht deutlich.

Gerade im Bereich der sozialen Dienstleistungen zeigt sich auch, dass heute eine strenge Trennung zwischen öffentlicher Verwaltung und privaten, wirtschaftlichen und freigemeinnützigen Leistungserbringern nicht immer möglich ist. Denn in erheblichem Umfang werden soziale Leistungen, für die der Staat letztlich verantwortlich ist und die auch von ihm finanziert werden, von nichtstaatlichen Einrichtungen erbracht. Ob eine Einrichtung, etwa der Jugendhilfe oder eine Sozialstation, in staatlicher oder privater Trägerschaft besteht, ist gleichwohl von entscheidender Bedeutung. Soweit sie nicht zur öffentlichen Verwaltung gehören, sind sie z. B. wesentlich freier in der Entscheidung, welche Leistungen sie an wen bringen. Auch die interne Organisation, Art der Leistungserbringung, Zusatzleistungen und ggf. weltanschauliche Prägung liegen in ausschließlicher Verantwortung des nichtstaatlichen (freien) Trägers (hierzu ausführlich unten Seite 136 ff).

Außerdem gibt es Bereiche, in denen Aufgaben der öffentlichen Verwaltung an private Unternehmen übertragen wurden. So ist häufig die Müllentsorgung in Städten geregelt; in jüngster Zeit gibt es sogar privat geführte Strafvollzugsanstalten. Im sozialen Bereich hat diese Mischung aus staatlicher und nichtstaatlicher Verantwortung und entsprechende Kooperationen eine lange Tradition. An vielen Stellen greift öffentliche Verwaltung und privates, privatwirtschaftliches und freigemeinnütziges Handeln ineinander. Man spricht heute in weiten Bereichen von einem „*welfare mix*". Auch wenn nach außen diese unterschiedlichen Rechtsstrukturen oft nicht deutlich werden, ist für die Entscheidung konkreter Rechtsfragen häufig von erheblicher Bedeutung, ob Vorschriften des öffentlichen Rechts Anwendung finden.

6. Ethische Wertvorstellungen

Bisher ging es – und dies wird auch den weiteren Fortgang der Abhandlung bestimmen – um die Relevanz *geltender* Rechtsnormen für Soziale Arbeit, ohne die Frage zu stellen, ob diese Normen *ethischen Maßstäben* genügen. Nicht nur aufgrund der extremen historischen Erfahrungen in Deutschland, sondern auch aus den alltäglichen Erfahrungen der praktischen Arbeit steht außer Frage, dass Rechtsnormen ungerecht, unsinnig und auch menschenverachtend sein können. Es kann sein, dass geltendes Recht in einzelnen Bestimmungen oder als Ganzes den Namen Recht nicht verdient. Unsere Rechtsordnung ist zwar in eindeutiger Weise an ethischen Maßstäben, wie sie im Grundgesetz unter Bezugnahme auf universell gültige Menschenrechte konkretisiert sind, orientiert. Immer neu ist aber zu prüfen und darüber zu reflektieren, ob das geltende Recht in seinen einzelnen Bestimmungen diesen ethischen Maßstäben genügt bzw. ob es schlicht (noch) sachgerecht ist. Ein kritischer Umgang mit staatlicher Gewalt und rechtlichen Vorschriften ist ethisch geboten und eröffnet die Perspektive für ständig notwendige Verbesserungen der bestehenden Rechtsvorschriften.

Spannungsfelder des Rechts

geltendes Recht	⇔	**ethisch-philosophische Erkenntnis**
generelle Normen	⇔	**individuelle Auffassungen**
allgemeingültige Gesetze	⇔	**nicht beachteter Einzelfall**
Durchsetzung mit staatlicher Gewalt	⇔	**Eigenverantwortung / Freiheit**
Rechtssicherheit	⇔	**gesellschaftlicher Wandel**

Ebenso wie auf der politischen Ebene Rechtsnormen an Wertmaßstäben und Ethik zu messen sind, kommt auch das individuelle berufliche Handeln ohne persönliche Wertmaßstäbe und ein berufliches Ethos nicht aus. Erst hierdurch bekommt Soziale Arbeit ein menschliches Gesicht. Recht darf nicht darauf abzielen, dies zu verhindern, ebenso wie auch der Sozialarbeiter/die Sozialpädagogin nicht der Versuchung erliegen sollte, sich völlig hinter Rechtsvorschriften zu verstecken. Diese Zusammenhänge sind Grundlage für ein rechtes Verständnis der Sozialarbeit und sollten bei der Beschäftigung mit Rechtsfragen und Rechtsanwendung stets präsent sein. Rechtsvorschriften unterschiedlichster Art sind Grundlage und Rahmenbedingung Sozialer Arbeit – nicht mehr und nicht weniger.

Diese philosophische, politische und ethische Frage nach den „richtigen Normen" ist aber zu unterscheiden von dem in einer konkreten Situation verbindlich geltenden Recht. Soweit begünstigende Leistungen und einschränkende Maßnahmen in Rechtsvorschriften geregelt sind, ist jede abweichende Handhabung rechtswidrig.

Jedes funktionierende Rechtssystem verlangt nach Beachtung rechtlicher Vorschriften (*Rechtsdurchsetzung*). Durch die allgemeine Gültigkeit und die zuverlässige Anwendung rechtlicher Normen wird Recht der Beliebigkeit entzogen, was Voraussetzung ist für *Rechtssicherheit* und *Gerechtigkeit*. Dabei ist von entscheidender Bedeutung, dass die Gesetze in der Demokratie in einem geordneten Verfahren durch die gewählten Vertreter der Bevölkerung zustande kommen. Hier spielen ethische Fragen eine wichtige Rolle, und die Allgemeinheit ist auf diesem Wege an der Rechtsbildung beteiligt. Zwischen dem Entstehungs- (bzw. Veränderungs-)prozess, der ethischen Begründung und der praktischen Anwendung von Rechtsnormen ist stets zu unterscheiden. Weil es aber unmöglich ist, eine unabsehbare Zahl von Einzelfällen durch abstrakte Normen angemessen zu regeln, hat der Gesetzgeber bewusst darauf verzichtet, alle Lebensbereiche vollständig zu regeln. Auf eine Beurteilung „innerer Werte" verzichtet das Recht vollständig und nimmt allein Bezug auf äußere Verhaltensweisen. Außerdem werden die an sich starren Normen durch Ermessensspielräume, allgemeine Prinzipen und der vorrangigen Bedeutung der Menschenrechte und sich daraus ergebende Handlungsfreiräume relativiert. Die allgemeinen Rechtsnormen bedeuten keine Negierung ethischer Maßstäbe, sondern sind Konsequenzen kollektiver Wertmaßstäbe, wobei gleichzeitig erheblicher Raum bleibt für persönliche Verantwortung bzw. unterschiedliche Leitbilder sozialer Einrichtungen. Das geltende Recht, welches im Folgenden bezogen auf soziale Arbeitsbereiche dargestellt wird, gibt den derzeitigen Stand der gesellschaftlichen und ethischen Prozesse wieder, die durch die rechtliche Festlegung allgemeingültige Wirkung beanspruchen. Als Kulturprodukt ist es wandelbar und wertorientiert zugleich, unterliegt aber auf Grund des demokratischen Gesetzgebungsverfahrens nicht der Beliebigkeit des Einzelnen.

Literaturhinweise zur Vertiefung:

Burghardt, Heinz: Recht und Soziale Arbeit (2001).
Klie, Thomas u. a.: Verwaltungswissenschaft. Eine Einführung für soziale Berufe (1999).
Kulbach, Roderich u. a.: Öffentliche Verwaltung und Soziale Arbeit (1994).
Quambusch, Erwin: Einführung in das Recht (2000).

II. Allgemeine Grundsätze

Zu Kapitel II: Übungsfall 2 („Auffällig"!), Seite 225 ff.

1. Rechtsanwendung

Längst nicht jede Aktivität von Menschen oder Organisationen ist rechtlich von Bedeutung. Wenn im sozialen Bereich ehrenamtlich soziale Dienste und Leistungen angeboten werden, stellt sich die Frage nach der Rechtslage in aller Regel nicht. Das Recht kommt dann ins Spiel, wenn bestimmte Leistungen eingefordert werden oder sich jemand gegen ein bestimmtes Verhalten wehren möchte.

Im Unterscheid zu ethischen Maßstäben liegt rechtlich relevanten Rechten und Pflichten immer eine *Rechtssetzung* zu Grunde. Soweit Recht nicht formuliert wurde, bestehen auch keine rechtlichen Pflichten. Nicht was geregelt werden *müsste*, sondern das, was tatsächlich geregelt wurde, ist Bezugspunkt für das Recht. Solche Rechtsetzung erfolgt durch staatliche Gesetze und private Vereinbarungen (*Verträge*) (vgl. auch oben Seite 18). Da es deshalb von entscheidender Bedeutung ist, feststellen zu können, was wie genau geregelt wurde, ist in vielen Fällen eine schriftliche Formulierung sinnvoll und oft auch vorgeschrieben (bei Gesetzen immer). Dieser *Rechtspositivismus* hat zur Folge, dass Ansprüche, die nicht positiv begründet werden können, weil es an einer wirksamen Regelung fehlt (z. B. Gesetzeslücken, nichtige Verträge), rechtlich keine Relevanz haben.

Vertragsauslegung

Für die Bürger besteht im freiheitlichen Staat grundsätzlich Vertragsfreiheit. Das heißt, rechtliche Verbindlichkeiten können grundsätzlich mit beliebigem Inhalt mit jedermann frei eingegangen werden. Eine Beschränkung dieser *Vertragsfreiheit* ist systematisch betrachtet die Ausnahme, auch wenn der Gesetzgeber z. B. im Mietrecht, Arbeitsrecht und beim Verbraucherschutz weitgehende Vorgaben gemacht hat.

Verträge sind im *Zivilrecht* typische Grundlage für einseitige oder wechselseitige Ansprüche. Man spricht von *Anspruchsgrundlagen.* Neben Verträgen kann im Zivilrecht ausnahmsweise ein Anspruch auch durch eine gesetzliche Norm begründet sein (Schadenersatz wegen unerlaubter Handlung oder Herausgabe wegen ungerechtfertigter Bereicherung). In der Regel gibt das Gesetz im Privatrecht aber lediglich Modalitäten vor, was bei Abschluss eines Vertrages zu beachten ist und in welcher Weise er zu erfüllen ist. Im öffentlichen Recht ist dies genau umgekehrt: in der Regel ergeben sich öffentlich-rechtliche Ansprüche aus einer Gesetzesnorm und nur ausnahmsweise aus einem Vertrag. In beiden Rechtsbereichen gilt, dass nur der einen rechtlich durchsetzbaren Anspruch auf Leistungen hat, der diesen auf eine *Anspruchsgrundlage* (vertraglicher oder gesetzlicher Natur) stützen kann (Gedanke des Rechtspositivismus, vgl. oben). Ebenso gilt umgekehrt, dass man nur dann einen Eingriff in seine Rechtssphäre dulden muss, wenn die Gegenseite (Privatperson oder öffentliche Hand) hierfür durch eine Anspruchsgrundlage ermächtigt ist.

Soweit Verträge maßgeblich sind, muss in Streitfällen im Wege der *Auslegung* festgestellt werden, was die Parteien geregelt haben. Auch die Zivilgerichte, die zur Streitschlichtung angerufen werden können, haben sich an dem Willen der Vertragspartner zu orientieren. Vor unsinnigen Geschäften und Übervorteilung ist der

Bürger nur in dem Rahmen geschützt, wie entsprechende Schutzgesetze vorhanden sind. Ein Verstoß gegen „gute Sitten" bedeutet nur in extremen Fällen eine Grenze der Vertragsfreiheit (hierzu unten Seite 32 f.).

Anwendung von Gesetzen (Subsumtion)

Bei der Anwendung von *Gesetzen* gelten andere Grundsätze. Gesetze, Rechtsverordnungen und Satzungen werden grundsätzlich *einseitig* durch den Gesetzgeber erlassen. Sie sind abstrakt-generell, also allgemeingültig und nicht bezogen auf einen konkreten Einzelfall formuliert. Sie sind aber von jedermann unbedingt zu beachten. Es besteht die Pflicht, sich selbst über die Rechtslage kundig zu machen (Unkenntnis schützt vor Pflichten nicht). Außerdem haben öffentliche Einrichtungen entsprechende Informationspflichten.

Auch bei Gesetzen ist für den Bürger und den Rechtsanwender aber häufig unklar, ob in einer konkreten Situation eine Norm zur Anwendung kommt. Deshalb ist es nötig, sich damit vertraut zu machen, wie Rechtsnormen anzuwenden sind. (Die Frage nach der Gesetzgebungs*befugnis* wird hier vernachlässigt, hierzu unten Seite 36 ff und Seite 152 ff).

Zunächst wird dargestellt, in welcher Weise die Regelungen des Gesetzgebers typischer Weise anzuwenden sind. Von besonderer Bedeutung sind Rechtsnormen, die auf Bürger bezogene Regelungen enthalten, also *Ansprüche* oder *Pflichten* des Bürgers begründen. Hierzu bedarf es zu Gunsten des Bürgers (bei Rechten) oder zu Gunsten der Verwaltung (bei Pflichten) einer *Anspruchsnorm* als Anspruchsgrundlage. Anspruchsnormen sind die entscheidenden Bezugspunkte für alle Rechtsverhältnisse zwischen öffentlicher Hand und Bürger. Normen, die lediglich Definitionen, Verweisungen, Ausnahmen oder Erläuterungen enthalten, bleiben hier unbeachtet (vgl. aber die ausführlichen Beispiele unten Seite 90 ff).

Anspruchsnormen bestehen aus zwei Teilen, der Beschreibung eines *Tatbestandes*[2] und einer *Rechtsfolge*, die in einem kausalen Verhältnis zueinander stehen. Bei dem Tatbestand handelt es sich um die verallgemeinernde Beschreibung einer unbestimmten Anzahl von Lebenssituationen (*Sachverhalten*). Liegen diese vor, so wird durch die Vorschrift eine ganz bestimmte Rechtsfolge ausgelöst. Diese durch das Recht umschriebene Folge (*Rechtsfolge*) liegt nicht „in der Natur der Sache" (dann würde es der Rechtsnormen nicht bedürfen), sondern wird gerade *durch* die Rechtsnorm als Teil der rechtlichen *Wertordnung/Sollensordnung* bewirkt.

Dies sei an einem Beispiel erläutert:

Art. 16a I GG lautet: „Politisch Verfolgte genießen Asylrecht". Hier ist klar umschrieben, dass unter einer bestimmten Voraussetzung (politische Verfolgung) eine bestimmte Rechtsfolge (Recht auf Asyl) eintritt („*Wenn-Dann-Verknüpfung*"). Wenn der beschriebene Tatbestand vorliegt, hat als Konsequenz – quasi unausweichlich – die beschriebene Rechtsfolge einzutreten. Sucht etwa eine Familie aus dem Kosovo eine neue Heimat in Deutschland, ist zu prüfen, ob sie in ihrem Heimatland politisch verfolgt wurde. Den Vorgang der Überprüfung, ob ein bestimmter, konkreter (Lebens)*sachverhalt* der abstrakten Tatbestandsbeschreibung zuzuordnen ist, nennt man *Subsumtion*.

---

2 Der Begriff „Tatbestand" wird entgegen einer verbreiteten Meinung nicht lediglich im Strafrecht verwandt. Er hat allerdings dort seinen Ursprung und im Strafrecht wird in besonders klarer Weise deutlich, dass Voraussetzung für die Rechtsfolge (hier: Strafe) die Erfüllung der abstrakt umschriebenen Tatbestandsmerkmale (hier: aus dem StGB) ist.

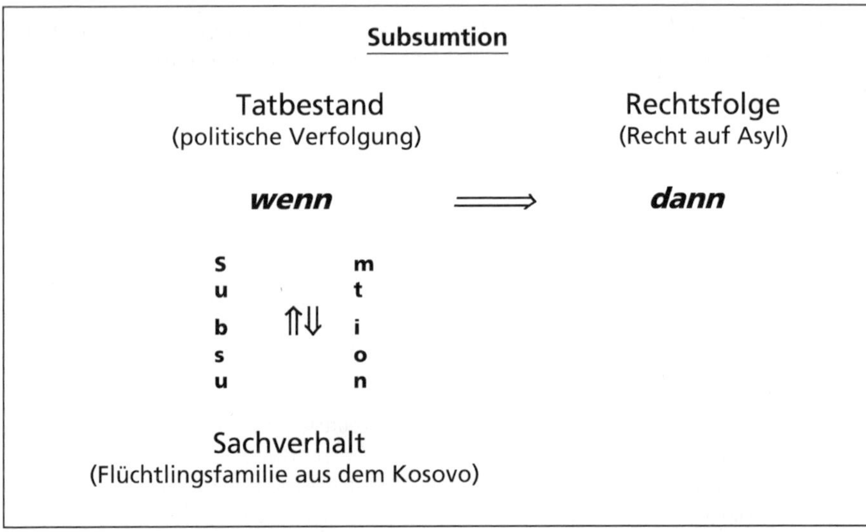

Hierzu muss die konkrete (immer einmalige) Lebenssituation auf die Merkmale „abgeklopft" werden, die für die Tatbestandsbeschreibung erheblich sind. Im Beispiel ist also zu prüfen, ob eine *politische Verfolgung* vorliegt. Nur auf diese im gesetzlichen Tatbestand formulierten Kriterien kommt es bei der rechtlichen Betrachtung an. Wirtschaftliche Notsituationen etwa oder Verfolgung aus anderen als politischen Gründen finden durch diese Rechtsnorm keine Beachtung, sind also für die Anwendung der Rechtsnorm nicht relevant. Subsumtion bedeutet letztlich immer Selektion umfassender Wirklichkeitserfahrungen auf das *rechtlich* Erhebliche. Ist diese Subsumtion erfolgt, ergibt sich die Rechtsfolge aus dem Gesetz (hier: Recht auf Asyl). Ein abweichendes Verhalten/eine abweichende Handhabung wäre rechtswidrig.

Die Aufgabe des Gesetzesanwenders besteht somit darin, festzustellen, ob durch einen bestimmten Lebenssachverhalt ein Gesetzestatbestand erfüllt und ggf. die beschriebene Rechtsfolge herbeizuführen ist. Nicht aber geht es darum zu beurteilen, ob ein rechtlich umschriebener Tatbestand auch auf andere Situationen angewendet werden *sollte* (z. B. auch auf wirtschaftliche Notsituationen, Folterung etc.) oder eine andere Rechtsfolge angemessen wäre (z. B. Recht auf Einbürgerung). Diese Aufgabe kommt vielmehr allein dem Gesetzgeber zu.

Nicht alle Rechtsnormen sind in dieser klaren Weise wie das Grundrecht auf Asyl als Tatbestand und Rechtsfolge formuliert. Oft hilft eine Umformulierung, um diese *„Wenn-Dann Struktur"* zu erkennen. Z. B. die Formulierung „Sozialdaten sind beim Betroffenen zu erheben" (§ 67a Abs. 2 SGB X) ist zu lesen: Wenn Sozialdaten zu erheben sind, müssen sie beim Betroffenen erhoben werden. Hinsichtlich der Hilfe zur Erziehung nach dem SGB VIII begründet § 27 Abs. 1 einen Rechtsanspruch auf Hilfe allein für „Personensorgeberechtigte" eines Kindes oder Jugendlichen, nicht aber für den hilfebedürftigen Minderjährigen selbst (!). Der Umfang der Hilfe zur Erziehung darf nach Abs. 2 allein vom „erzieherischen Bedarf im Einzelfall" abhängen, nicht aber von finanziellen oder anderen Erwägungen.

Bei der Prüfung der Rechtslage bezogen auf einen konkreten Fall arbeitet man in der Regel zielorientiert. Dass heißt, man versucht zunächst Vorschriften zu finden, die eine gewünschte Rechtsfolge vorgeben (Wie kann der Familie ein Aufenthalt in Deutschland ermöglicht werden?). Erst dann prüft man, ob sämtliche im Gesetz geregelten

Tatbestandsmerkmale im konkreten Fall erfüllt sind. Häufig wird man erst durch diese Subsumtionsbemühungen veranlasst, die genaueren, tatbestandsrelevanten Umstände des Sachverhalts aufzuklären (z. B. detaillierte Befragung aller Familienmitglieder nach Umständen, die eine politische Verfolgung bedeuten könnten).

Diese Anwendung des Tatbestands auf einen konkreten Lebenssachverhalt ist längst nicht immer in einer so eindeutigen und nachvollziehbaren Weise möglich, wie es nach der bisherigen Darstellung den Anschein haben könnte. Dies schon deshalb, weil die Subsumtion häufig von *Begriffen* abhängig ist, deren Bedeutung durch den Gesetzestext allein *nicht eindeutig* bestimmbar ist. So ist in Art. 16a GG der Begriff „politische Verfolgung" in seinem Ursprung kein Rechtsbegriff und erhält seine juristische Bedeutung erst durch eine Interpretation, die über die rein juristische Argumentation hinausgeht. Dasselbe gilt z. B. für die Begriffe „Wohl des Kindes" oder „Gefährdung des Kindeswohls" (zur Problematik unbestimmter Rechtsbegriffe unten Seite 90 f.).

Häufig ergibt sich aber auch erst aus dem *Gesetzeszusammenhang* oder anderen Rechtsnormen (*Definitionsnormen, Ergänzungsnormen*) die Bedeutung einer bestimmten Vorschrift. Bezogen auf das Grundrecht auf Asyl ergeben sich aus Abs. 2 und 3 des Art. 16a GG Konkretisierungen des Asylrechts (Einschränkungen), die durch den Gesetzgeber verbindlich vorgegeben sind. Es ist nicht die Aufgabe des Rechtsanwenders, diese gesetzlich vorgegebenen Konkretisierungen zu beurteilen. So ist es zwar beim Thema Asyl durchaus fraglich, ob es sinnvoll und verfassungsgemäß ist, die Gewährung des Grundrechts davon abhängig zu machen, aus welchem Land der Flüchtling einreist (Art. 16a Abs. 2 GG) und ob der Gesetzgeber „politische Verfolgung" in bestimmten Staaten generell ausschließen kann (Art. 16a Abs. 3 GG). Die unbestimmten Rechtsbegriffe sind aber immer in der Auslegung anzuwenden, die das Gesetz durch *dessen Sinnzusammenhang* vorgibt. Die politische Diskussion über die mögliche Änderung von Gesetzen (auch die Frage, ob nichtstaatliche Verfolgung auch ein Asylgrund sein kann) ist an anderer Stelle (im Parlament) zu führen.

Weiter ist zu beachten, dass gesetzliche Bestimmungen häufig durch Ausnahmeregelungen (*Gegennormen*) relativiert werden. So regelt § 67a Abs. 2 S. 2 SGB X durch Aufzählung mehrere Sondersituationen, wann Sozialdaten in anderer Weise als beim Betroffenen erhoben werden dürfen.

Diese Methode der Rechtsanwendung macht deutlich, dass die Anwendung rechtlicher Normen nicht abhängig sein soll von subjektiven Interpretationen und situationsbedingter freier Rechtsgestaltung. Einen solchen Umgang mit dem Recht muss man einüben. Allzu viel „Flexibilität" würde vor einer rechtlichen Überprüfung keinen Bestand haben. Weiter unten (Seite 89 ff) werden weitere Grundregeln der Rechtsanwendung beschrieben.

Diese deduktive, an den Gesetzen der Logik orientierte Methode der Subsumtion (Schluss vom allgemeinen Grundsatz auf den Einzelfall) wird auch in grundsätzlicher Weise in Frage gestellt. So gibt es Vorschriften, in denen nach einhelliger Meinung nicht die im Gesetz verwendeten Begriffe der letztlich entscheidende Maßstab sind, sondern auch auf den *Zweck* der Vorschrift bzw. die rechtlich *erheblichen Interessen* abzustellen ist (*teleologische Auslegung*). Diese *teleologischen* (am Ziel und nicht am Wortlaut des Gesetzes orientierten) Ansätze sind aber insgesamt für die Rechtsverwirklichung nicht bestimmend geworden, sondern haben lediglich korrigierende und ergänzende Funktionen für einzelne Normen.

Bei einer rechtlichen Argumentation muss man sich immer zunächst auf die Subsumtionsmethode einlassen. Es ist zu unterscheiden zwischen der Auslegung eines gesetzlichen Tatbestands, der Deutung eines Lebenssachverhalts, mit dem man konkret befasst ist, und der Umsetzung der Rechtsfolge. Nur wenn so ein sinnvolles Ergebnis schlechterdings nicht zu erreichen ist, kann in Ausnahmefällen eine Argumentation herangezogen werden, die diese abstrakt-generalisierende Subsumtion überschreitet. Die Grundsätze der Verhältnismäßigkeit und von Treu und Glauben können ein Abweichen von dieser starren Gesetzesanwendung in *Einzelfällen* rechtfertigen (hierzu unten Seite 42 und Seite 32 f).

2. Verfassungsrechtliche Grundlagen

Die Verfassung, das Grundgesetz der Bundesrepublik Deutschland, hat grundlegende Bedeutung für alle Bereiche des deutschen Rechts. Die dort festgeschriebenen Maßstäbe bestimmen das Verständnis des gesamten deutschen Rechts und seine Funktionsweise. Wichtigster Teil der Verfassung sind die Grundrechte. Aus der Verfassung ergeben sich nicht nur grundlegende Rechte und Pflichten der Bürger, sondern auch die Befugnisse des Staates und dessen Grenzen. Hieraus ergeben sich die Leitlinien für die gesamte öffentliche Verwaltung, einschließlich der Sozialverwaltung. An dem historisch gewachsenen *Spannungsverhältnis* zwischen individuellen Freiheitsrechten und staatlicher Verantwortung, wie es das Grundgesetz widerspiegelt, werden die Grundprinzipien unserer Sozialordnung verständlich.

Bedeutung der Grundrechte

Menschenrechte

Die rechtliche Bedeutung der Grund-/Menschenrechte erschließt sich durch ihre Entstehungsgeschichte. In der Französischen Revolution (1789–1799) und der amerikanischen Virginia Bill of Rights (1776) wurde erstmals proklamiert, dass *jeder Mensch* unveräußerliche Rechte hat. Es ging darum, staatliche Macht mit einem uneingeschränkten Machtanspruch gegenüber seinen Bürgern (totalitärer Staat) zu begrenzen. Das Bekenntnis zu den Menschenrechten bedeutet, dass jedem Menschen von Natur aus, unabhängig von seiner Abstammung, Rasse, Religion, Geschlecht oder anderen Merkmalen, gleiche Freiheitsrechte zustehen, die durch staatliche Macht nicht aufgehoben werden dürfen (*vorstaatliche, unveränderliche Rechte*). Hierbei handelte es sich zunächst um eine *philosophisch-ethische* Proklamation, die der rechtlichen Durchsetzung bedarf.

Im Rahmen des Grundgesetzes wurden sie zu *Grundrechten*, die für die gesamte staatliche Ordnung grundlegende und verbindliche Bedeutung haben. Die hinter den Menschenrechten stehende anthropologische Sichtweise ist verbindliche Orientierung für jedes staatliche Handeln. Hierdurch wird einerseits das Demokratieprinzip begrenzt (ein Gesetz, welches die Persönlichkeitsrechte eines Menschen oder einer Gruppe ignoriert, wäre verfassungswidrig). Gleichzeitig kommt hierin zum Ausdruck, dass wesentliche Bereiche des menschlichen Lebens auch für den Staat nicht verfügbar sind und dessen Handeln einer institutionalisierten Kontrolle bedarf (Prinzip der Gewaltenteilung, insbesondere Unabhängigkeit der Gerichte). Die sich daraus ergebende Absage an eine umfassende staatliche Verantwortlichkeit, die Betonung der Freiheitlichkeit und Eigenverantwortlichkeit jedes Menschen sind bis heute prägend für die Rolle des Staates und haben erhebliche Auswirkungen auf die Struktur des Sozialwesens.

Durch die Erfahrungen des Nationalsozialismus wurde die Notwendigkeit einer zuverlässigen Beschränkung staatlicher Macht erneut bewusst und die Betonung der Freiheitsrechte weiter gefördert. Darüber hinaus gibt es zahlreiche internationale Pakte zum Schutze der Menschenrechte. Insbesondere sind dies die *Menschenrechtskonventionen* der Europäischen Union und der Vereinten Nationen. Auf diesem Wege haben sich die meisten Staaten der Welt zur Beachtung von Menschenrechten verpflichtet. Ein grundlegendes Problem besteht allerdings darin, dass die internationalen Strukturen zur Durchsetzung dieser Bürgerrechte schwach ausgeprägt sind. Ein weiteres Problem ergibt sich daraus, dass über die *Substanz* der Menschenrechte keineswegs Einigkeit besteht. Im Laufe der Geschichte haben sich vielmehr unterschiedliche Sichtweisen und Verständnisse herausgebildet. Auch die Grund- und Menschenrechte unterliegen einem Bedeutungswandel. So haben sich das Bundesverfassungsgericht und der Europäische Gerichtshof immer wieder damit zu beschäftigen, welche konkreten Rechtsansprüche aus den Grund-/Menschenrechten herzuleiten sind (z. B. steuerliche Vergünstigungen für Familien, Zugang zur Bundeswehr für Frauen, Abhören von Telefongesprächen zwecks Terrorbekämpfung u. a.). Die im Jahr 2000 in Kraft getretene Grundrechtscharta der Europäischen Union enthält Grundsätze, die in Deutschland – im Gegensatz zu anderen europäischen Ländern – so bisher nicht anerkannt waren. Unter anderem werden hier garantiert ein Grundrecht auf Arbeit (Art. 15), Rechte des Kindes auf Schutz und Fürsorge (Art. 24), Rechte alter Menschen auf würdiges Leben (Art. 26) und das Recht auf eine gute Verwaltung (Art. 41).

Das Grundgesetz hat unverändert grundlegende Bedeutung. In Art. 1–19 GG wird unter anderem garantiert: das Grundrecht auf Leben, körperliche Unversehrtheit und Freiheit der Person (Art. 2 GG), Gleichberechtigung von Männern und Frauen (Art. 3), Schutz von Ehe und Familie (Art. 6), Vereinigungs- und Koalitionsfreiheit (Art. 9), Schutz des Brief-, Post- und Fernmeldegeheimnisses (Art. 10), Berufsfreiheit (Art. 12), Unverletzlichkeit der Wohnung (Art. 13) und das Grundrecht auf Asyl (Art. 16a). Im Zentrum steht die Würde eines jeden Menschen (Art. 1 GG). Über diese Grundrechte kann der Staat grundsätzlich nicht verfügen, dennoch gelten sie aber auch nicht völlig uneingeschränkt. Insbesondere wenn die Grundrechtsausübung einzelner Personen andere in ihren Rechten beeinträchtigt oder wichtige Gemeinschaftsinteressen berührt sind, ist eine *Güterabwägung* und teilweise Einschränkung der Grundrechte des Einzelnen unvermeidlich (z. B. Versammlungsfreiheit gegenüber Gefährdung anderer Menschen und Sachen). Es muss immer wieder neu geklärt werden, welcher Kernbereich tatsächlich unantastbare Gültigkeit beansprucht und welche Bereiche zur politischen Disposition stehen (vgl. z. B. die Diskussion über das Grundrecht auf Asyl, Datenschutz, Demonstrationsfreiheit).

Fest steht, dass die Grundrechte weder grenzenlos noch beliebig eingeschränkt werden dürfen. Der Staat ist vielmehr in grundlegender Weise auf die Beachtung und Verwirklichung der Menschenrechte in der Fassung der Grundrechte verpflichtet. Sie haben damit vorrangige Bedeutung vor allen anderen Rechtsnormen und sind deren Maßstab. Für die Soziale Arbeit werden durch sie Ziele vorgegeben. Die öffentliche Verwaltung ist als vollziehende Gewalt in all ihren Bereichen verpflichtet, bei jeder Verwaltungshandlung die Grundrechte zu achten und zu fördern. Deshalb dürfen zum Schutz der Persönlichkeitsrechte z. B. Daten von Klienten nicht ohne weiteres weitergeleitet werden, und zur Feststellung oder Überprüfung eines Anspruchs auf Sozialleistungen ist das Betreten einer Wohnung ohne Zustimmung des Bewohners unzulässig. Soweit Sozialarbeiter/Sozialpädagogen in der öffentlichen Verwaltung arbeiten, sind sie unmittelbar an die Grundrechte gebunden. Verstoßen Maßnahmen der Verwaltung gegen die Grundrechte, können die Betroffenen dagegen mit Rechtsmitteln, bis hin zur Verfassungsbeschwerde vorgehen (hierzu ausführlich unten Seite 180 ff).

Funktionen der Grundrechte

Ein Blick ins Grundgesetz führt zu Fragen, wie diese Normen zu verstehen sind und wie die Umsetzung im Einzelnen zu erfolgen hat. Ohne große Mühe ist aber auch ein Widerspruch zwischen den Formulierungen und der Wirklichkeit festzustellen. Etwa Art. 1 Grundgesetz (GG) lautet „die Würde des Menschen ist unantastbar", obwohl tagtäglich auch in Deutschland die Würde von Menschen verletzt wird. In Art. 2 GG heißt es, „jeder hat das Recht auf die freie Entfaltung seiner Persönlichkeit", obwohl jedem von uns häufig die Grenzen der eigenen Entfaltung viel bewusster sind als deren Möglichkeiten. In Art. 6 GG ist bereits unklar, was unter dem Begriff „Familie" heute zu verstehen ist. Gehören auch so genannte Einelternfamilien, unverheiratete Paare mit Kindern und gleichgeschlechtliche Partnerschaften dazu? Bei der Betreuung pflegebedürftiger Menschen oder bei der Feststellung des Bedarfs an Grundsicherungs- bzw. Sozialhilfeleistungen stellt sich die Frage, wie hier die in Art. 13 GG garantierte Unverletzlichkeit der Wohnung zum Tragen kommt. Im Zusammenhang mit Art. 12 GG schließlich stellt sich die Frage, wie es mit dem Recht auf Berufsfreiheit bei vergeblich Arbeit suchenden Menschen bestellt ist.

Es wird zwischen folgenden Funktionen der Grundrechte unterschieden:

1. Abwehrfunktion

Aus der geschichtlichen Entstehung der Grund- und Menschenrechte ergibt sich, dass die in Art. 1 ff Grundgesetz genannten Grundrechte vorrangig den Bürger vor unrechtmäßigen *Eingriffen des Staates* in seine Persönlichkeitssphäre schützen. Diese Abwehrfunktion der Grundrechte ergibt sich unmittelbar aus der Entstehungsgeschichte der Grund- und Menschenrechte (vgl. oben) und wird deshalb auch die *primäre Funktion* der Grundrechte genannt. In ihrer zentralen Bedeutung ist diese Abwehrfunktion der Grundrechte allgemein anerkannt. Besondere Bedeutung hat sie für die freie Entfaltung der Persönlichkeit (Art. 2 GG), ungestörte Religionsausübung ohne staatliche Beeinflussung (Art. 4 GG), die Versammlungsfreiheit (Art. 8 GG) und den geschützten Wohnraum (Art. 13 GG). Den Menschen wird hierdurch ein *staatsfreier* Bereich gesichert, in dem sie ihre individuellen Rechte frei von staatlichem Einfluss entfalten können. So verstößt es z. B. gegen Art. 2 Abs. 1 GG, wenn einem Obdachlosen verboten wird, in einer Notunterkunft Besuch zu empfangen, oder wenn persönliche Daten eines Klienten länger als unbedingt notwendig gespeichert werden. Ebenso kann ein Mitarbeiter des Sozialamtes, aufgrund Art. 13 GG, nicht von einem Sozialhilfeempfänger Zutritt zur Wohnung verlangen, um dessen Bedürftigkeit überprüfen zu können (allerdings kann fehlende Mitwirkung Einschränkungen der Leistung zur Folge haben). Insoweit ergibt sich unmittelbar aus den Grundrechten ein einklagbarer Rechtsanspruch auf umfassenden Schutz vor staatlichen Eingriffen.

2. Wertentscheidende Grundsatznormen

Die Grundrechte garantieren aber nicht nur eine Unabhängigkeit von staatlichem Einfluss, sondern sind auch als *Werteordnung* zu verstehen. Staatliches Handeln ist hierdurch insoweit gebunden, dass jedenfalls bei Ermessensentscheidungen und jeder Auslegung von Rechtsbegriffen die Wertungen der Grundrechte zu berücksichtigen sind. Aus dieser wertentscheidenden Funktion der Grundrechte ergeben sich Pflichten des Staates zur aktiven Einflussnahme und zur Umsetzung in allen Rechtsbereichen. So gewährleistet z. B. das Strafrecht einen weitgehenden Schutz vor Persönlichkeitsverletzungen (Sachbeschädigung, Körperverletzung, Hausfriedensbruch, Sexualdelikte ...) und aus dem Zivilrecht ergeben sich Schadensersatzansprüche bei Beschädigung entsprechender Rechtsgüter (§§ 823 ff BGB).

Immer wieder wird auf die gesellschaftliche Bedeutung einer sich aus den Grundrechten und dem gesamten Grundgesetz ergebenden Werteordnung hingewiesen. Diese Rechtsgrundsätze sind allerdings nur sehr bedingt zur weltanschaulichen Orientierung geeignet. Die wesentlichen Merkmale der Verfassung, Freiheit des Einzelnen, Gleichbehandlung und Pluralität, sind zwar zweifellos wesentliche ethisch begründete Werte. Für das gesellschaftliches Leben und persönliche Identitätsbildung bedeutet dies aber vor allem wichtige *Rahmenbedingungen.* Bemühungen um eine stärkere inhaltliche Konsensbildung auf Verfassungsebene waren in der Vergangenheit wenig erfolgreich. Verfassungssystematisch ist dies auch keineswegs erforderlich, aber – je nach Verfassungs- und Rechtsverständnis – kann man darüber kontrovers diskutieren. (Zur Bedeutung ethischer Wertvorstellungen vgl. oben Seite 23 ff., zur weltanschaulichen Neutralität des Staates vgl. unten Seite 41 f., vgl. z.B. auch die Auseinandersetzungen über die Rechtsstellung eheähnlicher Gemeinschaften unten Seite 75.)

3. Institutionelle Gewährleistungen

Als Folge der wertentscheidenden Bedeutung sichern die Grundrechte bestimmte *Rechtsinstitute*, ohne welche die Wertordnung nicht bestehen kann. So müssen Eigentumsrechte und das Erbrecht gesichert sein (vgl. Art. 14 GG), Strukturen vorhanden sein, die die Familienbildung in geordneter Weise ermöglichen (Art. 6 GG) und Wissenschaftsfreiheit muss gewährleistet sein (Art. 5 Abs. 3 GG). Der Staat ist nach herrschender Meinung verpflichtet, Maßnahmen zur Erhaltung und zum Schutz dieser Institute zu treffen.

Das Verständnis dieser Institutionen kann allerdings einem erheblichen Bedeutungswandel unterliegen. So begründet der institutionelle Schutz von Ehe und Familie unter anderem steuerliche Begünstigung von Ehepartnern und zahlreiche Vergünstigungen für Familien mit Kindern. Diese Förderungspflicht des Staates hat das Bundesverfassungsgericht immer wieder bestätigt. In der rechtlichen Beurteilung hat sich der Begriff der Familie aber erheblich gewandelt. So ist hierunter längst nicht mehr die Großfamilie zu verstehen, aber auch eine Ehe zwischen Mann und Frau muss nicht mehr Grundlage jeder Familie im rechtlichen Sinn sein. Bei vielen Sozialleistungen wird vielmehr auf die Sorgeverantwortung für Kinder abgestellt, so dass auch sogenannte „Restfamilien“ und unverheiratete Eltern erfasst werden. Hier zeigt sich, dass die Inhalte der Werteordnung einer allmählichen Wandlung unterliegen. Die weitgehende Gleichstellung von gleichgeschlechtlichen Partnerschaften ist ein weiteres Zeichen für diese Entwicklung.

4. Teilhabe an staatlichen Leistungen

Der Staat ist verpflichtet, dem Bürger die *Teilhabe* an staatlichen Leistungen zu ermöglichen, wenn nur durch Leistungen des Staates die Ausübung von Grundrechten möglich ist. Insbesondere in den Bereichen, in denen der Staat ein Monopol hat, ist diese Funktion der Grundrechte von Bedeutung. Im Mittelpunkt steht hier die allgemeine Zugangsmöglichkeit zu staatlichen Einrichtungen (z. B. Hochschulen). Ebenso gehört hierzu das Recht der in Sozialversicherungen Versicherten, sich durch Wahlen an der Selbstverwaltung der Sozialversicherungen beteiligen zu können. Aktuell geht es auch darum, die Teilhabe bürgerschaftlichen Engagements bei Entscheidungen der Kommunalverwaltung zu ermöglichen. Teilweise wird auch gefordert, dass Leistungssuchende und Leistungsempfänger hinsichtlich der Auswahl bestimmter Sozialleistungen einen Anspruch auf Teilhabe an der Entscheidungsvorbereitung und Entscheidungsfindung haben sollen. Insoweit bestehen nicht immer einklagbare subjektive Rechte für den Bürger, aber die öffentliche Verwaltung ist grundsätzlich verpflichtet, zur Verwirklichung der Grundrechte die Leistungserbringung möglichst weitgehend entsprechend den individuellen Bedürfnissen zu gestalten.

5. Grundrechte als Anspruchsnormen

In diesem Zusammenhang stellt sich die Frage, ob der Staat auf der Grundlage der Grundrechte verpflichtet ist, bestimmte Leistungen, insbesondere Sozialleistungen, in einem bestimmten Mindestumfang zu erbringen (z. B. Wohngeld, Kindergeld, Grundsicherungsleistungen ect.). Als Argument wird angeführt, dass persönliche Entfaltung im Sinne der Menschenrechte überhaupt erst möglich ist, wenn die notwendigen materiellen, aber auch sozialpädagogischen und therapeutischen Voraussetzungen gegeben sind. Dagegen wird eingewandt, dass mit dieser Argumentation Leistungsansprüche ins Uferlose wachsen würden. Vor allem lässt sich aus der primären Schutzpflicht vor staatlicher Einmischung (Abwehrfunktion der Grundrechte) ein Recht auf soziale Leistungen nicht ohne weiteres herleiten.

Ob und wieweit der Staat verpflichtet ist, Daseinsvorsorge zu sichern, hat immer wieder die Gerichte beschäftigt. Das Bundesverfassungsgericht hat entschieden, dass die Bedrohung der menschlichen Existenz gem. Art. 1 GG zu einem Anspruch auf Sicherung der minimalen Lebensgrundlagen durch die staatliche Gemeinschaft führt – *solange* der Staat leistungsfähig ist. Dies ergibt sich aus den Grundrechten im Zusammenwirken mit dem ebenfalls im Grundgesetz (Art. 20 Abs. 1 GG) grundgelegten Sozialstaatsprinzip (hierzu unten Seite 43). Im Übrigen ist aber nach der herrschenden Meinung aus den Grundrechten ein Anspruch auf Einzelleistungen nicht herleitbar.[3]

Wenn und soweit gesetzliche Einzelbestimmungen durch die Gesetzgeber in Kraft gesetzt wurden, hat der Bürger einen Anspruch darauf, dass entsprechende Leistungen auch erbracht werden und kann die Erfüllung dieser gesetzlichen Pflichten (nicht aber eine Änderung der Gesetze) einklagen.

6. Drittwirkung der Grundrechte

Bei den bisher genannten Funktionen geht es um die Gestaltung des Rechtsverhältnisses Staat – Bürger. Soweit die Grundrechte auch Auswirkungen auf die *Rechtsverhältnisse zwischen Bürgern* (auch Unternehmen und Vereine) haben, spricht man von einer *Drittwirkung der Grundrechte*. Umstritten ist, wieweit die Grundrechte auch im Verhältnis unter Bürgern und im Verhältnis der Bürger zu nichtstaatlichen Einrichtungen rechtlich relevant sind. Traditionell geht von den Grundrechten eine solche Drittwirkung (über die primäre Bedeutung Bürger – Staat hinaus) nicht aus

---

[3] Daran ändern auch Formulierungen in einzelnen Länderverfassungen nichts: „Recht auf Arbeit“ (Art. 166 Abs. 2 Bayrische Verfassung, Art. 53 Abs. 2 Verfassung Rheinland-Pfalz), „Recht auf Naturgenuß“ (Art. 141 Abs. 3 Bayrische Verfassung), „Recht auf Erziehung und Ausbildung“ (Art. 11 Abs. 1 Verfassung Baden-Württemberg).

(vgl. Art. 3 Abs. 3 GG). Denn der Rechtsverkehr unter den Bürgern ist von wechselseitiger Freiheit und Unabhängigkeit geprägt, nicht aber von Schutzpflichten, Strukturen der Daseinsvorsorge und Gleichbehandlung. Die Grundrechte sind deshalb wenig geeignet, die Rechtsverhältnisse unter Bürgern zu beschreiben. Menschen und private Einrichtungen erhalten durch die Grundrechte Rechte, während sich hieraus Verpflichtungen für Träger staatlicher Macht ergeben.

So sind die Menschen aufgrund der Religionsfreiheit (Art. 4 GG) befugt, sich ohne jede staatliche Kontrolle zu Religionsgemeinschaften zusammenzuschließen und von den Mitgliedern eine bestimmte Weltanschauung zu verlangen. Die religiöse Gemeinschaft darf – anders als der zur religiösen Neutralität verpflichtete Staat – Personen mit abweichender Glaubenshaltung ausschließen. Es wäre widersinnig, wenn auch innerhalb der Religionsgemeinschaft Glaubensfreiheit bestehen müsste. Ebenso gilt im privaten und geschäftlichen Leben der Gleichbehandlungsgrundsatz (Art. 3 GG) nicht. Jedermann kann sich aufgrund der Vertragsfreiheit seinen Geschäftspartner frei auswählen und mit einzelnen Personen nach eigenem Belieben Sonderkonditionen vereinbaren. Lediglich staatliche Gewalt ist zur Gleichbehandlung nach objektiv nachvollziehbaren Kriterien verpflichtet. So kann auch der freie nichtstaatliche Träger seine Klienten und Mitarbeiter wesentlich freier auswählen als die öffentliche Hand. Und private Diskothekenbetreiber können in Ausübung ihres Hausrechts auch ohne Angabe von Gründen unerwünschten Personen den Zugang verwehren.

Allerdings wird heute nicht mehr angenommen, dass die Grundrechte im Zivilrecht keinerlei Bedeutung hätten. Denn aufgrund der Funktion der Grundrechte als wertentscheidende Grundsatznorm (hierzu oben) in Verbindung mit dem Rechtsstaatsprinzip (hierzu unten) muss die ethische Orientierung des Staates *Auswirkungen auf das gesamte gesellschaftliche Leben* haben. Die Grundrechte gelten deshalb nach heute herrschender Meinung *eingeschränkt* auch im Zivilrecht. Aus diesem Grund sind z. B. soziale Gesetze, die die Freiheit der Vertragsparteien im Arbeits- und Mietrecht einschränken, verfassungsgemäß. Ein Geschäftsbetrieb darf nicht offensichtlich bestimmte Bevölkerungsgruppen diskriminieren (z. B. durch ein Schild in einem Lokal „Ausländer werden hier nicht bedient"). Bei einer Vertragsauslegung sind die verfassungsrechtlichen Grundsätze heranzuziehen und ein grober Verstoß hiergegen führt (z. B. bei Wucher) zur Nichtigkeit (vgl. §§ 138, 242, 315 BGB) und zu Schadenersatzpflichten (§ 826 BGB). Die im Zivilrecht geltende *Vertragsfreiheit* der Bürger wird durch diese Drittwirkung der Grundrechte *begrenzt*.

§ 138 BGB (Sittenwidriges Rechtsgeschäft – Wucher):
(1) Ein Rechtsgeschäft, das gegen die guten Sitten verstößt, ist nichtig.
(2) Nichtig ist insbesondere ein Rechtsgeschäft, durch das jemand unter Ausbeutung der Zwangslage, der Unerfahrenheit, des Mangels an Urteilsvermögen oder der erheblichen Willensschwäche eines anderen sich oder einem Dritten für seine Leistungen Vermögensvorteile versprechen oder gewähren lässt, die in einem auffälligen Missverhältnis zur Leistung stehen.

§ 242 BGB (Treu und Glauben):
Der Schuldner ist verpflichtet, die Leistung so zu bewirken, wie Treu und Glauben mit Rücksicht auf die Verkehrssitte es erfordern.

Aus der Drittwirkung der Grundrechte können sich ausnahmsweise auch ohne Vertragbeziehung Pflichten zwischen Bürgern ergeben. So sind Eltern aufgrund des Post- und Briefgeheimnis (Art. 10 GG) auch innerhalb des häuslichen Bereichs nicht befugt, die Post ihrer heranwachsenden Kinder ohne deren Einverständnis zu lesen.

Aufgrund von Vorgaben der Europäischen Union sind die Mitgliedsstaaten verpflichtet, Diskriminierung wegen Rasse, Herkunft oder Geschlecht insbesondere durch Arbeitgeber, Vermieter und Dienstleister zu verhindern. Seither wird über das *Allgemeine Gleichbehandlungsgesetz* (AGG) verstärkt auch von privaten Unternehmen und Versicherungen Gleichbehandlung erwartet (vgl. hierzu Seite 39 ff.), ohne dass vollständig klar wäre, wieweit dies letztlich rechtsverbindlich eingefordert und überprüft werden kann. Die Diskussion über die Grenzen der Drittwirkung wird nicht zuletzt in diesem Zusammenhang seit einigen Jahren sehr kontrovers und lebhaft geführt. Unbestritten bleibt aber, dass die Grundrechte im nichtstaatlichen Bereich nur mit erheblichen Einschränkungen gelten können. So muss es z. B. im sozialen Bereich religiös gebundenen Trägern unbenommen bleiben, bevorzugt Mitglieder der eigenen Glaubensgemeinschaft zu beschäftigen, und von Bürgern, die ehrenamtlich ältere Menschen betreuen, kann nicht erwartet werden, dass sie ihre Klienten in einem transparenten Verfahren auswählen. Trotz der zunehmenden Bedeutung der Drittwirkung bestimmen die Grundrechte daher nach wie vor in erster Linie das Selbstverständnis und die Pflichten des Staates.

Funktionen der Grundrechte

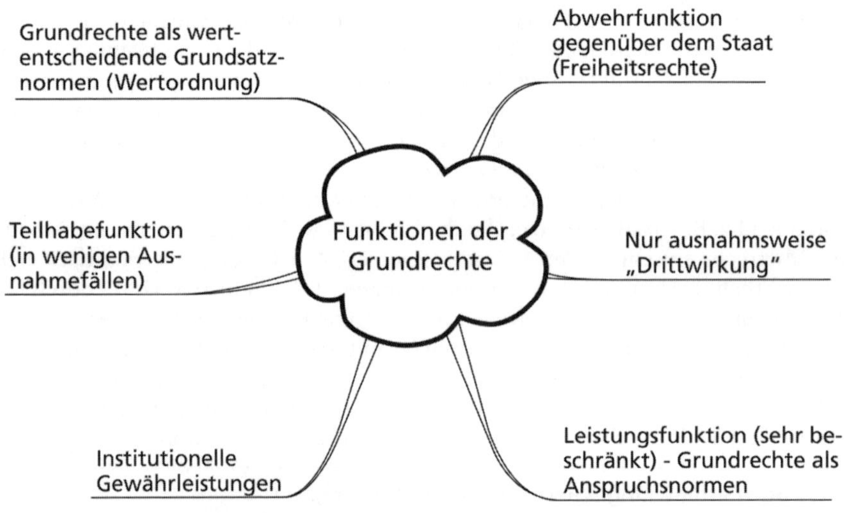

Aktuelle Bezugspunkte/Unzulänglichkeiten

Zahlreiche Grundrechte sind im Grundgesetz als Staatsbürgerrechte, also als Grundrechte für Deutsche, formuliert (Art. 8, 9, 11, 12, 16 GG: „Jeder Deutsche hat das Recht ..."). Da die grundlegenden Freiheitsrechte (Art. 1–6 GG) aber als „Jedermannrechte" gefasst sind, wird allgemein gefolgert, dass auch Ausländern *alle* Grundrechte zustehen, sofern nicht sachliche Gründe eine Unterscheidung rechtfertigen (z. B. bedarf der Aufenthalt und Arbeitsaufnahme in Deutschland einer speziellen Erlaubnis).

Normalerweise sind die Grundrechte im Alltag der Sozialen Arbeit nicht unmittelbar heranzuziehen. Gesetze und Verwaltungsvorschriften sind wesentlich konkretere Maßstäbe. In Konfliktsituationen kann es aber wichtig sein zu wissen, dass die Grundrechte immer vorrangig zu beachten sind und ggf. niederrangige Rechtsvorschriften und Anweisungen damit unwirksam sein können. Die Grundrechte mit ihren verschiedenen Funktionen stehen immer im Hintergrund. In Grundrechtspositionen, also insbesondere die Freiheitssphäre eines Menschen, darf überhaupt nur eingegriffen werden, wenn dies in einem Gesetz vorgesehen ist (zum Gesetzesvorbehalt vgl. unten Seite 36) und dies nicht dem Wesen des Grundrechts widerspricht (vgl. Art 19 GG). Selbst dann darf der Eingriff nicht zu unverhältnismäßigen Einschränkungen führen.

Die Bedeutung der Grundrechte liegt gerade darin, dass die Rechtsordnung naturgegebene Rechte unabhängig von der persönlichen Reife und der Geschäftsfähigkeit des Menschen anerkennt. Die rechtlichen Bestimmungen lassen sich oft unschwer feststellen. So ist es z. B. rechtswidrig, einen Menschen gegen seinen Willen in einem Heim unterzubringen (Art. 2, 13 GG), die Post von Heimbewohnern zu öffnen (Art. 10, 13 GG). Ebenso haben Bewohner von Alten-, Kinder- und Behindertenheimen einen Anspruch auf menschenwürdige Versorgung und Betreuung (Art. 1, 2 GG). Erhebliche Schwierigkeiten bestehen jedoch darin, eine entsprechende *Realisierung* für Jedermann zu gewährleisten. Die Instrumente, etwa Verletzungen des Brief- und Postgeheimnisses oder der Bewegungsfreiheit in der Praxis zuverlässig auszuschließen, sind sehr unzulänglich. Deshalb kommt es in diesen Bereichen leider relativ häufig zu Grundrechtsverletzungen, ohne dass diese geahndet würden. Es fehlt nach wie vor an hinreichend institutionalisierten Strukturen, damit Fehlverhalten von einzelnen Personen hinreichend bekannt und verfolgt wird.

Sonderrechtsverhältnisse

In bestimmten Bereichen wie Strafvollzugsanstalten und psychiatrischen Kliniken, aber auch in Schulen, in Hochschulen und gegenüber Obdachlosen in speziellen Unterkünften und Beamten gelten die Grundrechte nur eingeschränkt. Aus ganz unterschiedlichen Gründen besteht hier eine besondere Abhängigkeit von staatlicher Verwaltung. Für diese Personengruppen gilt nicht das von Distanz zum Staat geprägte „allgemeine Gewaltverhältnis“, sondern die hiervon betroffenen Personen stehen in einer besonderen Beziehung zum Staat, woraus sich der Begriff „*Sonderrechtsverhältnis*“ herleitet (frühere Bezeichnung: *besonderes Gewaltverhältnis*). So wird in einer Haftanstalt die Freiheit der Inhaftierten erheblich eingeschränkt. Unter anderem darf hier zur Vermeidung von Konspiration mit anderen Straftätern, zum Schutz des Häftlings und zwecks Vermeidung von Ausbrüchen die Post (Art. 10 GG) kontrolliert und falls erforderlich gelesen werden (vgl. §§ 28–31 i.V.m. § 196 StVollzG). Ein Beamter ist im dienstlichen und privaten Bereich dem Staat zu besonderer Loyalität verpflichtet, weshalb ihm generell das Streikrecht vorenthalten wird und seine Meinungsäußerungsfreiheit (Art. 5 GG), vor allem im Dienst, Einschränkungen unterliegt (keine Werbung für Parteien oder religiöse Bekenntnisse).

Auch in einem solchen Rechtsverhältnis bleiben die betroffenen Personen aber Grundrechtsträger. Eingriffe in die Grundrechte dürfen – auch im Sonderrechtsverhältnis – nur erfolgen, wenn und soweit dies in einem Gesetz ausdrücklich vorgesehen ist (*Gesetzesvorbehalt*, vgl. unten Seite 36 ff.). Auch wenn dies der Fall ist, müssen die Eingriffe entsprechend dem *Verhältnismäßigkeitsgrundsatz* (vgl. unten Seite 42) immer so gering wie möglich ausfallen (Einzelfallprüfung). Deshalb wäre eine Dienstanweisung, die ohne nähere Prüfung generell die Postkontrolle bei allen Strafgefangenen vorsieht, rechtswidrig.

Abgesehen von den genannten Bereichen gibt es *keine* Sonderrechtsverhältnisse. Insbesondere gibt es keine Gesetze, die solche Eingriffe in Heimen für Kinder und Jugendliche, Einrichtungen der Behindertenhilfe oder Altenpflege generell, etwa im Ermessen der betreuenden Personen, zulassen würden. Freiheitsentziehende Maßnahmen oder fehlender Schutz der Intimsphäre sind vielmehr in sozialen Einrichtungen regelmäßig rechtswidrig. Hiervon gibt es nur ganz wenige Ausnahmen, die speziell gesetzlich geregelt sind und einer richterlichen Anordnung bedürfen (zu Zwangsbefugnissen bei rechtlicher Betreuung vgl. z. B. unten Seite 62 f.). Aufgrund der zentralen Bedeutung der Freiheitsrechte ist gerade öffentliche Verwaltung vielmehr in zentraler Weise auf die Förderung der Eigenverantwortung der Bürger verpflichtet – auch wenn dies einen erheblichen Mehraufwand oder Mehrkosten verursacht. Die Freiheitsrechte sind auch der Grund, warum es in der Sozialen Arbeit vorrangig um die Bereitstellung von Leistungsangeboten geht, deren Annahme freiwillig ist und Kooperationsbereitschaft bei den Betroffenen voraussetzt.

Verfassungsprinzipien

Neben den Grundrechten gibt es eine Reihe weiterer grundlegender Bestimmungen, die sich aus der Verfassung (Grundgesetz) ergeben und für alle Bereiche des Rechts von zentraler Bedeutung sind. Diese Verfassungsprinzipien ergeben sich aus den Grundrechten und sind mit diesen untrennbar verbunden.

Rechtsstaatsprinzip

Das *Rechtsstaatsprinzip* garantiert, dass alle staatliche Gewalt (Gesetzgebung, Verwaltung und Rechtsprechung) an die Verfassung gebunden ist. Der Staat ist weder allmächtig noch darf er willkürlich handeln. Der Bürger ist nicht Untertan des Staates, sondern der Staat ist einzig dazu da, die Rechte und Interessen der Bürger zu schützen und zu fördern. Diese Verpflichtung des Staates bedarf klarer Strukturen, damit staatliche Macht sich nicht aufgrund der vielfältigen Abhängigkeit des Bürgers vom Staat – entgegen allen Absichtserklärungen – allmählich verselbständigt. Der Bürger hat deshalb nicht nur in Auseinandersetzungen mit anderen Bürgern, sondern auch bezogen auf sämtliches staatliches Verhalten Anspruch auf einen *effektiven Rechtsschutz* durch unabhängige Gerichte (Art. 19 Abs. 4 GG) (im Einzelnen hierzu unten Seite 180 ff).

Ermöglicht wird eine solche geregelte Kontrolle staatlicher Macht durch das Prinzip der *Gewaltenteilung*, wonach Gesetzgebung, öffentliche Verwaltung und Rechtsprechung durch von einander unabhängige Organe ausgeübt wird (Art. 20 Abs. 2 GG). Die wechselseitige Kontrolle staatlicher Macht ist wesentliche Grundlage des *Rechtsstaats* (vgl. zur Gewaltenteilung auch oben Seite 15 f.). Damit wird der Erfahrung Rechnung getragen, dass bedingungsloses Vertrauen gegenüber staatlichem Handeln nicht angebracht ist und eine fehler- und konfliktfreie Verwaltung ebenso wenig realisierbar ist wie eine fehlerfreie Gesetzgebung.

Bindung an das Gesetz

Zu den Wesensmerkmalen jeder Rechtsordnung gehört, dass Rechtsnormen nicht nur aufgestellt werden, sondern auch verbindlich sind. Im demokratischen Rechtsstaat bedeutet dies, dass durch die Parlamente legal erlassene Gesetze von jedermann zu beachten sind. Von Gesetzen geht eine Bindungswirkung aus, der man sich (legal) nicht entziehen kann (*Legalitätsprinzip*). Diese Gesetzesbindung kann unterschiedlich gestaltet sein:

Es ist zu unterscheiden zwischen dem „*Vorrang des Gesetzes*“ und dem „*Vorbehalt des Gesetzes*“. Die Verfassung und die durch ein Parlament erlassenen Gesetze gehen allen anderen Formen der Rechtsetzung – die in der Hierarchie der Rechtsnormen weiter unten stehen (Rechtsverordnungen, Satzungen, Verträge, Einzelanweisungen) – und jeder anderen staatlichen Willensäußerung (Einzelanordnungen wie Verwaltungsakte oder verwaltungsinterne Regelungen) grundsätzlich vor. Diese rechtliche Überlegenheit des Gesetzes wird als *Vorrang des Gesetzes* bezeichnet. Die Folge ist, dass von einem Gesetz abweichendes Verhalten stets rechtswidrig ist. Soweit im Gesetz selbst keine Ausnahmeregelungen vorgesehen sind, bedarf es für eine Abweichung einer Änderung oder Aufhebung des Gesetzes im geregelten Gesetzgebungsverfahren. Soweit allerdings gesetzliche Regelungen nicht vorliegen, besteht Handlungsfreiheit. Dieser Vorrang des Gesetzes gilt vor allem im Rechtsverkehr unter Bürgern. So sind z. B. bei einem Kaufvertrag bestehende Vorschriften zu beachten (zum Erwerb eines Grundstücks bedarf es z. B. eines notariell beurkundeten Vertrags und bei Haustürgeschäften besteht immer ein Widerrufsrecht). Soweit der Gesetzgeber keine Regelungen getroffen hat, besteht Vertragsfreiheit. Es besteht *keine* umfassende staatliche Kontrolle oder Reglementierung. D. h. man darf sich z. B. als Gegenleistung für einen Computer zu Gartenarbeit verpflichten oder einen Verein gründen, um speziellen sozialen Problemen zu begegnen, die durch öffentliche Leistungen nicht abgedeckt werden.

Durch den Vorrang des Gesetzes wird Rechtsklarheit nur insoweit hergestellt, wie Regelungen bestehen; im Übrigen besteht Gestaltungsfreiheit. Der *Vorbehalt des Gesetzes* geht weiter. Soweit der Vorbehalt des Gesetzes gilt, ist ein wie auch immer geartetes Verhalten nur zulässig, wenn hierfür eine entsprechende gesetzliche Grundlage gegeben ist. Eine gesetzliche Regelung ist hier zwingende Voraussetzung dafür, dass man überhaupt tätig werden darf. Dieser Vorbehalt des Gesetzes hat in allen Bereichen staatlicher Verwaltung große Bedeutung. Die Konsequenz ist, dass öffentliche Verwaltung, wenn gesetzliche Regelungen fehlen, entsprechende Sachverhalte nicht als „rechtsfreien Raum“ selbst gestalten darf.

Bindung an das Gesetz

Vorrang des Gesetzes	**Vorbehalt des Gesetzes**
▶ Gesetze müssen beachtet werden	▶ Gesetze müssen beachtet werden
▶ Soweit keine gesetzlichen Regelungen gegeben sind, besteht Gestaltungsfreiheit	▶ Soweit keine gesetzlichen Regelungen bestehen, darf nicht gehandelt werden.
⇒ im Zivilrecht ⇒ im Europäischen Recht ⇒ interne Organisation von Behörden	⇒ im Verhältnis Staat - Bürger: – Eingriffe in Grundrechte – öffentliches Sozialleistungsrecht – Strafrecht – …

Sozialverwaltung, wie öffentliches Handeln überhaupt, erfolgt damit nicht nach eigenen, möglicherweise von ihr selbst entwickelten Gesetzmäßigkeiten, sondern ist an die geltenden Gesetze gebunden. Diese Gesetzesbindung der Verwaltung wird häufig wegen sich daraus leicht ergebender Obrigkeitshörigkeit und fehlender Flexibilität kritisiert. Sinn der strengen Gesetzesbindung ist aber, dass Verwaltung in einen unmittelbaren Zusammenhang zur *demokratischen Willensbildung* in den Parlamenten gestellt wird. Die Gesetzesbindung ist letztlich Garant für eine demokratische Bestimmung des Verwaltungshandelns und eine entsprechende parlamentarische Kontrolle. Gleichzeitig werden hierdurch Willkür und unkontrollierbare Eigengesetzlichkeiten in der Verwaltung verhindert. Eine weitere Folge ist, dass das Handeln der Verwaltung für den Bürger dadurch voraussehbar und berechenbar wird (*Rechtssicherheit*) und eine Gleichbehandlung aller Bürger (hierzu unten) garantiert werden kann. Ein öffentlicher Sozialleistungsträger kann deshalb – im Unterschied zu privaten Initiativen – nur dann und soweit Leistungen erbringen, wie er hierzu gesetzlich ermächtigt ist. Geringe Flexibilität und manchmal langes Warten auf notwendige Gesetzesänderungen sind der Preis für diese Rechtssicherheit. In der Sozialen Arbeit Tätige sollten wegen des Gesetzesvorbehalts stets über die aktuellen gesetzlichen Grundlagen informiert sein.[4]

Dieser Vorbehalt des Gesetzes gilt generell im Verhältnis öffentlicher Verwaltung *zum Bürger*. Lediglich soweit durch ein Handeln der Verwaltung die Beziehung zum Bürger *nicht* berührt ist, gilt auch der Gesetzesvorbehalt nicht. D. h. *interne Behördenstrukturen* und Verwaltungsabläufe kann eine Behörde frei gestalten – soweit gesetzliche Bestimmungen nicht entgegenstehen (Vorrang des Gesetzes). Man spricht von einer weitgehenden *Organisationsfreiheit* der Behörden. Unter anderem Jugend- und Sozialämter wissen diese durchaus beachtliche Eigenverantwortung in organisatorischen Belangen zu schätzen, um flexibles und situationsgerechtes Verwaltungshandeln zu ermöglichen. Unter den Stichworten *Deregulierung* und *Neue Steuerungsmodelle* werden bestehende Vorschriften abgebaut, um die Eigenverantwortung hinsichtlich interner Verwaltungsabläufe zu stärken (hierzu unten Seite 166 f). Diese Gestaltungsspielräume können aber auch von übergeordneten Behörden oder durch den Behördenleiter ausgeübt werden und bedeuten dann eine verstärkte Weisungsabhängigkeit (vgl. unten Seite 107 f). Die Unterscheidung zwischen „Gesetzesvorbehalt" und „Vorrang des Gesetzes" ist von grundlegender Bedeutung, um die Relevanz von Gesetzen in einem bestimmten Handlungsfeld zu verstehen.

Bedauerlicherweise gibt es *keine vollständig klare Regelung*, wann auch ohne gesetzliche Ermächtigung Verwaltungsbehörden selbständig rechtsgestaltend tätig werden können. Generell kann man sagen, dass sobald hierdurch die Freiheit eines Menschen beeinträchtigt wird (Art. 2 Abs. 1 GG) oder in seine Eigentums- und vermögenswerten Rechte (Art. 14 GG) eingegriffen wird, dies nur auf der Grundlage eines Gesetzes in Betracht kommt. Hinsichtlich der öffentlichen Sozialleistungen ist in § 31 SGB I klar geregelt, dass „Rechte und Pflichten (gegenüber dem Bürger) nur begründet, festgestellt, geändert oder aufgehoben werden, soweit ein Gesetz es vorschreibt oder zulässt". Nicht nur Eingriffe in die Rechte des Bürgers, sondern auch die Erbringung von öffentlichen Leistungen ist im sozialen Bereich deshalb nur auf der Grundlage eines Gesetzes zulässig. Handeln hingegen Privatpersonen oder entsprechende Vereinigungen, ist das Handeln nur rechtswidrig, wenn es gegen eine bestehende Rechtsnorm verstößt.

---

[4] Empfehlenswert sind die speziellen Gesetzessammlungen für Sozialberufe von S. Gastiger (Lambertus-Verlag), T. Klie (Vincentz Verlag) und U. Stascheit (Nomos Verlag).

Die in zahlreichen Vorschriften enthaltenen *Beurteilungs-* und *Ermessensspielräume* (hierzu ausführlich unten Seite 90 ff) zugunsten der Eigenverantwortlichkeit der Verwaltungseinrichtung stehen nicht im Widerspruch zur Gesetzmäßigkeit der Verwaltung, sondern sind eine besondere Form der Gesetzesbindung. Denn auch solche gesetzlichen Regelungen bestimmen eindeutig – wenn auch unter Einräumung von Spielräumen –, welches Handeln der Verwaltung rechtmäßig ist. Die Behörde ist dann als Rechtsanwender verpflichtet, auf der Grundlage des Gesetzes eine eigenständige Beurteilung vorzunehmen.

Gleichbehandlungsgrundsatz

Der *Gleichbehandlungsgrundsatz* (etwas missverständlich auch *allgemeiner Gleichheitssatz* genannt) gilt ebenso wie der Verhältnismäßigkeitsgrundsatz (hierzu unten Seite 42) nur für den öffentlichen (staatlichen) Bereich. Der Gleichbehandlungsgrundsatz führt zu einer weiteren Bindung öffentlicher Verwaltung über die gesetzlichen Vorgaben hinaus.

Gleichbehandlung ist keineswegs selbstverständlich. Denn der Naturzustand, ohne staatliche Regelungen, ist von Ungleichheiten geprägt. Es gilt das Recht des Stärkeren und Willkür („Der Mensch ist des Menschen Wolf", Jean-Jacques Rousseau, 1712–1778). Die Schaffung von Gleichberechtigung und Gleichbehandlung – was auch immer darunter im Einzelnen zu verstehen ist – setzt erhebliche staatliche und gesellschaftliche Anstrengungen voraus.

Während die einzelnen Menschen von ihren Freiheitsrechten (Grundrechten) Gebrauch machen können und niemandem gegenüber Rechenschaft ablegen müssen, mit wem sie aus welchen Gründen Verbindlichkeiten eingehen, sind alle öffentlichen Einrichtungen verpflichtet, alle Bürger/Klienten *gleich* zu behandeln. In Art. 3 Abs. 1 GG heißt es deshalb: alle Menschen sind „vor dem Gesetz" gleich. Der Staat ist nicht berechtigt, einzelne Menschen zu bevorzugen oder zu benachteiligen. Er muss vielmehr durch aktives Handeln sicherstellen, dass Ungerechtigkeiten vermieden werden. Bürger und private Initiativen sind hingegen in ihrer Entscheidung grundsätzlich frei, mit welchen Personen sie Verträge abschließen und wen sie z. B. durch Zuwendungen begünstigen wollen (zu Einschränkungen durch die Drittwirkung der Grundrechte vgl. oben Seite 32).

Die Anwendung dieses Grundsatzes ist allerdings mit erheblichen Schwierigkeiten verbunden. Denn der Gleichheitssatz geht nicht soweit, dass etwa der Staat verpflichtet wäre, finanzielle Ungleichheiten zwischen armen und reichen Bürgern vollständig abzubauen. Auch staatliche Sozialleistungen werden nicht ohne Unterschied allen Bürgern in gleichem Umfang zuteil. Die Anwendung des Gleichbehandlungsgrundsatzes ist vielmehr mit Bewertungen und Differenzierungen verbunden. So haben Kinder im allgemeinen Rechtsverkehr nicht die gleichen Rechte wie Erwachsene, und im Steuerrecht führt gerade die unterschiedliche, einkommensabhängige Besteuerung zu *gerechten* Ergebnissen.

Das Bundesverfassungsgericht hat formuliert, dass Art. 3 GG dann verletzt ist, „wenn der Staat eine Gruppe von Normadressaten im Vergleich zu anderen Normadressaten ungleich behandelt, obwohl zwischen beiden Gruppen keine Unterschiede von solchem Gewicht bestehen, dass diese eine ungleiche Behandlung rechtfertigen könnten" (BVerfGE, in: NJW 1992, 2869). Mit dem Gleichheitssatz ist also nicht gemeint, dass alle Menschen nach dem „Gießkannenprinzip" identisch behandelt werden müssen, sondern Gerechtigkeit soll in einem differenzierteren Sinn hergestellt werden. Es sind Kriterien notwendig, aus denen sich ergibt, was *gleich* und was *ungleich* zu behandeln ist.

Bei der Herausbildung dieser Kriterien hat der Gesetzgeber einen erheblichen Entscheidungsspielraum, indem er z. B. bestimmten Personengruppen Vergünstigungen gewährt und anderen Belastungen auferlegt. Die Kriterien der Gleichbehandlung sind also nicht für alle Zeiten vorgeben, müssen aber vor dem Hintergrund der Verfassung nachvollziehbar und vertretbar sein. Lediglich hinsichtlich der Behandlung von Männern und Frauen (Art. 3 Abs. 2 GG) ethnischer, kultureller und religiöser Unterschiede (Art. 3 Abs. 3) ist eine Pflicht zur Gleichbehandlung durch den Verfassungstext vorgegeben. Hinsichtlich behinderter Menschen (Art. 3 Abs. 3 Satz 2 GG) ist aufgrund des Wortlauts des Gesetzes eine Bevorzugung zulässig, lediglich eine Benachteilung wäre verfassungswidrig. Dies ist deshalb angemessen, weil diese Personengruppe im Vergleich zu anderen Menschen ohnehin in vielfältiger Weise besonderen Belastungen und Benachteiligung ausgesetzt ist.

Artikel 3 GG lautet:

(1) Alle Menschen sind vor dem Gesetz gleich.
(2) Männer und Frauen sind gleichberechtigt. Der Staat fördert die tatsächliche Durchsetzung der Gleichberechtigung von Frauen und Männern und wirkt auf die Beseitigung bestehender Nachteile hin.
(3) Niemand darf wegen seines Geschlechtes, seiner Abstammung, seiner Rasse, seiner Sprache, seiner Heimat und Herkunft, seines Glaubens, seiner religiösen oder politischen Anschauungen benachteiligt oder bevorzugt werden. Niemand darf wegen seiner Behinderung benachteiligt werden.

Eindeutig verbietet der Gleichheitsgrundsatz jedes willkürliche – d. h. vernünftigerweise nicht begründbares – Verhalten (*Willkürverbot*).

Bei der Beurteilung der Frage, welche Fälle vergleichbar sind, sind in erster Linie die Vorgaben des Gesetzes zu beachten. Darüber hinaus bindet sich die Verwaltung aber durch eine gleichförmige Praxis und eine übliche Ermessensbetätigung auch selbst. Diese *Selbstbindung der Verwaltung* durch bestimmtes (rechtmäßiges) Verhalten von einiger Dauer in einer Mehrzahl von Fällen verbietet eine Abweichung im Einzelfall. Der Gleichbehandlungsgrundsatz führt auch hier zu einem subjektiven Rechtsanspruch des Einzelnen auf Gleichbehandlung. In der Praxis heißt dies, dass bei der Beurteilung eines Einzelfalles immer auch zu prüfen ist, wie in *vergleichbaren* Fällen tatsächlich verfahren wurde.

Häufig ist umstritten, wann eine Ungleichbehandlung gerechtfertigt ist. So sind regionale Unterschiede teilweise als gerechtfertigt anzusehen (z. B. aufgrund unterschiedlicher Finanzkraft der Kommunen). Nach herrschender Meinung ist auch dann ein sachlicher Grund für eine Ungleichbehandlung gegeben, wenn ein vorher im Haushaltsplan vorgesehener Betrag für bestimmte Maßnahmen verbraucht ist und aus diesem Grund ein Antragsteller keine Zuwendungen erhält (dies gilt allerdings nur soweit ein Ermessensspielraum besteht, nicht aber für „Muss“-Leistungen!). Eine üblich gewordene Handhabung kann durch eine grundsätzliche Neuregelung (z. B. eine interne Dienstanweisung) geändert werden. Dadurch wird dann die Selbstbindung der Verwaltung aufgehoben. Problematisch ist die Beurteilung der Frage, ob im Einzelfall – entgegen einer langjährigen Praxis – die Förderung bestimmter nichtstaatlicher Sozialeinrichtungen aus finanziellen Gründen auf einige wenige beschränkt werden darf. Grundsätzlich haben alle Freien Träger einen Anspruch auf Gleichbehandlung. Ausnahmsweise kann aber etwas anderes gelten, wenn dadurch eine effektive Verwendung der vorhandenen Mittel gefährdet ist oder ohnehin der Fortbestand der nicht geförderten Einrichtungen sehr fraglich ist.

In keinem Fall kann aus der Pflicht zur Gleichbehandlung abgeleitet werden, dass eine Behörde durch vorausgehendes *rechtswidriges* Verhalten gebunden wäre, sich auch in Zukunft rechtswidrig zu verhalten. Es besteht in keinem Fall ein Anspruch auf „*Gleichbehandlung im Unrecht*".
Die Verpflichtung öffentlicher Einrichtungen zur Gleichbehandlung hat auch unerwünschte Auswirkungen. Denn hierdurch werden die Möglichkeiten einer manchmal ethisch gebotenen Einzelfallgerechtigkeit eingeschränkt. Häufig wird auch eine im Einzelfall sinnvolle Maßnahme nicht gewährt, weil dies zu unübersehbaren Verpflichtungen in anderen Fällen führen kann.

Maßstäbe der Gleichbehandlung

1. Vorgaben in der Verfassung
2. Vorgaben durch einzelne Gesetze
3. Selbstbindung durch vorausgehende Handhabung der Verwaltung

Verbleibende Spielräume sind nach „Sinn und Zweck" dieser Vorgaben zu gestalten. Persönliche Wertvorstellungen des Rechtsanwenders dürfen keine Rolle spielen.

Weltanschauliche Neutralität

Der Staat und damit die gesamte öffentliche Verwaltung ist in religiösen und weltanschaulichen Fragen zur strengen Neutralität verpflichtet (*Neutralitätspflicht des Staates*). Dies ergibt sich unmittelbar aus den Grund- und Menschenrechten. Da die Bürger berechtigt sind, ihre Überzeugungen in ganz unterschiedlicher Weise ungestört zu entfalten (Religionsfreiheit, Meinungsäußerungsfreiheit), kann es insoweit *keine* staatlichen *Vorgaben* geben. In Verbindung mit der Verpflichtung zur Gleichbehandlung ergibt sich daraus ein Verbot für alle Arten einer Bevorzugung bestimmter weltanschaulicher Überzeugungen.

Allerdings kann der Staat nicht in jeder Hinsicht völlig neutral sein. Wie dargelegt, gründen bereits die Grundrechte auf dem ethischen Bekenntnis zu einer bestimmten Vorstellung vom Menschen. Aber auch die anderen Prinzipien des Staates, wie Rechtsstaatsprinzip, Toleranzgebot, Subsidiarität oder spezifische soziale Leistungen, sind nicht Ausdruck grenzenloser Neutralität, sondern sehr konkreter *Wertentscheidungen*. Es besteht somit ein Spannungsfeld zwischen der Neutralitätspflicht und den anderen staatlichen Prinzipien (hierzu auch oben Seite 30).

Fest steht, dass die Neutralität nicht zugunsten einer bestimmten religiösen Richtung durchbrochen werden darf. Denn ein bestimmtes religiöses Bekenntnis gehört in Deutschland wie in Europa (im Unterschied zum Mittelalter und manchen islamischen Staaten) nicht zu den Grundlagen der staatlichen Macht. Fest steht ebenso, dass Wertungen, soweit sie von öffentlicher Seite getroffen werden, immer von Toleranz geprägt sein müssen und ein weiter Rahmen für individuelle Entfaltung *unterschiedlicher Lebensentwürfe* bestehen bleiben muss. Andererseits darf der Staat zum eigenen Schutz extreme, staatsgefährdende Gruppierungen ebenso verbieten wie Gruppierungen, die die Menschenrechte anderer Menschen beeinträchtigen (*Grenzen der Freiheitsrechte*).

Dies bedeutet aber keine Missachtung oder Geringschätzung weltanschaulicher Positionen oder gegenüber der Herausbildung entsprechender gesellschaftlicher Strukturen. Im Gegenteil: Da Freiheit zur Entfaltung des Menschen gehört und auch der Staat auf sich daraus ergebende Formen *gesellschaftlicher Selbstorganisation* angewiesen ist, steht er religiösen und weltanschaulichen Gruppierungen grundsätzlich positiv gegenüber. Aber eben ohne selbst Stellung zu beziehen oder einzelne Gruppierungen bevorzugen zu dürfen. Dies ist z. B. Grundlage für eine enge *Kooperation* mit den großen christlichen Kirchen unter gleichzeitiger Respektierung deren Eigenständigkeit und Selbstverwaltung. Dies kommt in Art. 140 GG zum Ausdruck.[5] Für die Soziale Arbeit bedeutet dies, dass staatlicherseits eine Kooperation und Förderung unterschiedlicher freier, nicht staatlicher Träger zu erfolgen hat (hierzu ausführlich unten Seite 136 ff).

Verhältnismäßigkeitsgrundsatz

Zu den Grundsätzen des Rechtsstaats gehört weiter, dass alle Maßnahmen staatlichen Handelns *verhältnismäßig* sein müssen. Dieser Grundsatz trägt der Tatsache Rechnung, dass abstrakte Rechtsnormen nicht in allen Einzelfällen zu Ergebnissen führen, die dem Prinzip der Billigkeit genügen. Vor allem bei Entscheidungen, die im Ermessen einer Behörde stehen, also wenn unterschiedliche oder unterschiedlich weit gehende Maßnahmen in Betracht kommen, hat die Behörde darauf zu achten, dass der Bürger hierdurch nicht unverhältnismassig belastet wird (*Übermaßverbot*). Denn vor dem Hintergrund der Grundrechte verbietet sich eine Normanwendung, die zu unmenschlichen Ergebnissen führen könnte. Wenn eine an sich gesetzlich eindeutig vorgeschriebene Maßnahme im Einzelfall zu einer *unverhältnismäßigen Härte* führt, ist diese Maßnahme – entgegen der abstrakt geltenden Rechtslage – zu unterlassen bzw. eine Maßnahme zu wählen, die den Bürger weniger belastet.

Hierdurch soll aber nicht die strenge Gesetzesbindung, die normative juristische Methode (Subsumtion) und die generelle Verpflichtung zur Gleichbehandlung zugunsten einer Einzelfallgerechtigkeit aufgehoben werden. Nur in sehr engen Grenzen werden die oben geschilderten starren Prinzipien des Rechtsstaats durch den Verhältnismäßigkeitsgrundsatz ergänzt. Es müssen ganz besondere Gründe vorliegen, damit eine Gesetzesanwendung im Rechtsinne unverhältnismäßig und damit rechtswidrig ist. Für die rechtliche Prüfung wurden verbindliche Kriterien entwickelt:

So muss geprüft werden, ob die gesetzlich vorgeschriebene Maßnahme in der konkreten Situation überhaupt *geeignet* ist, das durch das Gesetz angestrebte Ziel zu erreichen. Als nächstes ist zu prüfen, ob die gesetzlich vorgesehene Maßnahme hierzu auch *erforderlich* ist. Möglicherweise kann das Ziel auch durch andere Maßnahmen oder Mittel erreicht werden, die den Betroffenen oder die Allgemeinheit weniger beeinträchtigen. Dann ist dieses Mittel zu wählen. Als Drittes ist schließlich auf der Grundlage einer Interessenabwägung zu prüfen, ob die Vorteile, die durch die Maßnahme erreicht werden, die Belastung für den Betroffenen in solcher Weise überwiegen, dass die Maßnahme unter Berücksichtigung aller Umstände für den Betroffenen *zumutbar* ist. Nur wenn nach dieser Prüfung der *Geeignetheit*, Erforderlichkeit und Zumutbarkeit das Handeln gerechtfertigt ist, ist es verhältnismäßig und damit rechtmäßig. Nach der Rechtsprechung ist z. B. unverhältnismäßig, wenn ein Sozialamt bzw. eine Arbeitsagentur von jedem Hilfeempfänger (ohne konkreten Verdacht) verlangt, seine Bank von der Schweigepflicht zu entbinden, um Angaben über Sparguthaben überprüfen zu können (fehlende Zu-

[5] Daraus ergibt sich eine Vielzahl schwieriger und kontrovers diskutierter Fragen. Z. B. die Frage, wie Religionsunterricht in Schulen und Seelsorge in Krankenhäusern zu verantworten und finanzieren ist. Hier greifen öffentliche und kirchliche Angelegenheiten ineinander. Große aktuelle Bedeutung hat auch die Frage einer stärkeren Kooperation mit nicht christlichen, vor allem islamischen, Religionsgemeinschaften.

mutbarkeit). Ebenso darf die Polizei eine öffentliche Veranstaltung (z. B. Demonstration) wegen Beeinträchtigung öffentlicher Interessen nicht vollständig verbieten, wenn die Interessen der Allgemeinheit auch durch eine zeitliche oder örtliche Begrenzung der Veranstaltung gewahrt werden können (fehlende Erforderlichkeit).

Diese individuelle Abwägung darf allerdings – entsprechend dem Grundsatz der Gesetzmäßigkeit der Verwaltung (hierzu oben Seite 36 f) – *nicht im Widerspruch* zur Zielsetzung der gesetzlichen Regelung erfolgen. Voraussetzung für eine Abweichung von der Regelung im Gesetz ist vielmehr, dass die Interessenabwägung des Gesetzgebers den betreffenden Einzelfall nicht mit erfassen wollte oder konnte. Durch den Verhältnismäßigkeitsgrundsatz kann die Rechtslage in engen Grenzen bestimmten Lebensverhältnissen angepasst werden, selbst wenn eine Änderung bzw. entsprechende Differenzierung im Gesetz (noch) nicht erfolgt ist. Für eine Abwägung nach dem Verhältnismäßigkeitsgrundsatz ist überhaupt nur Raum, sofern nicht andere rechtliche Vorschriften herangezogen werden können, um den unverhältnismäßigen Eingriff in die Rechte des Bürgers abzuwehren.

Erst im Laufe der Zeit hat das Verhältnismäßigkeitsprinzip eine zentrale Bedeutung für alle Bereiche und Ebenen der Verwaltung erlangt. Heute muss seine Beachtung zur Vermeidung unbilliger Härten bei jeder Verwaltungstätigkeit zumindest im Hintergrund immer geprüft werden. Die Verhältnismäßigkeitsprüfung ist Grundlage zahlreicher Gerichtsurteile zugunsten Betroffener und zu Lasten einer allein am Gesetzestext orientierten Rechtsanwendung. Eine extensive Anwendung wird aber immer wieder auch kritisiert, weil die Gefahr besteht, dass dadurch dem Gesetzgeber hinsichtlich einzelner Fallkonstellationen die Möglichkeit entzogen wird, verbindliche Regelungen zu treffen und sowohl in der Bevölkerung als auch der Verwaltung Unsicherheiten über die richtige Rechtsanwendung die Folge ist. Im Konfliktfall kann es sehr schwierig sein festzustellen, ob tatsächlich eine konkrete Maßnahme „gerade noch" oder aber „gerade nicht mehr" verhältnismäßig ist.

Die Gesetzesbindung der Verwaltung (Legalitätsprinzip) wird in ähnlicher Weise durch das *Opportunitätsprinzip* eingeschränkt bzw. ergänzt. Hierbei handelt es sich um einen nicht gesetzlich formulierten, alten Grundsatz der Verwaltung, der im Rechtsstaat an Bedeutung verloren hat. Im Mittelpunkt steht nicht der Schutz des Bürgers vor unzulässigen Einschränkungen (Verhältnismäßigkeitsprinzip), sondern dass die Verwaltung ihr Tätigwerden in Einzelfällen davon abhängig machen kann, ob ihr Handeln *sinnvoll* (opportun) ist. Nach dem Opportunitätsprinzip darf in Bagatellangelegenheiten trotz gesetzlicher Bestimmungen ein Handeln unterbleiben, wenn hierzu unverhältnismäßiger Verwaltungsaufwand notwendig wäre. Aus dem Opportunitätsprinzip ergibt sich auch, in welchem Umfang die Verwaltung *Aufklärungs- und Ermittlungsarbeit* leisten muss, ohne dass ein konkreter Antrag des Betroffenen vorliegt. Ebenso hat das Opportunitätsprinzip bei der Ausübung von Ermessensentscheidung (hierzu unten Seite 93 ff) wesentliche Bedeutung.

Sozialstaatsprinzip

In Art. 20 Abs. 1 GG ist geregelt, dass die Bundesrepublik Deutschland ein „sozialer Bundesstaat" ist. Die Verpflichtung des Staates, für soziale Gerechtigkeit auf der Grundlage der Achtung der Menschenwürde und des Rechtsstaatsprinzips zu sorgen, hat damit Verfassungsrang. Dadurch ist allerdings nicht festgelegt, in welchem Umfang und bezogen auf welche konkreten Situationen soziale Leistungen erbracht werden müssen. Es handelt sich hierbei vielmehr um eine *Staatszielbestimmung*. Das bedeutet, dass alle staatlichen Organe in ihrer gesamten Tätigkeit dieses Ziel zu beachten haben. Für die Verwaltung ist dieses Prinzip eine bindende *Auslegungsregel*, die regelmäßig bei der Anwendung von unbestimmten Rechtsbegriffen und der Ausfüllung von Ermessungsvorschriften zu berücksichtigen ist.

Die Rechtsprechung hat aus dem *Sozialstaatsprinzip* zwar die Verpflichtung zur Schaffung einer „gerechten Sozialordnung", „Chancengleichheit für sozial Benachteiligte" und ein „Grundrecht auf Sicherung des notwendigen Lebensbedarfs" abgeleitet. Damit ist aber keineswegs geklärt, wann eine Ordnung im Einzelnen gerecht und sozial ist, Chancengleichheit hergestellt ist, oder was zum Minimum des notwendigen Lebensbedarfs gehört. Insoweit besteht vielmehr ein erheblicher Gestaltungsspielraum für die Politik. Erst durch konkrete Regelungen u. a. im Sozialgesetzbuch (z. B. Sozialhilfe, Ausbildungsförderung, Behindertenhilfe, Kranken-, Renten-, Pflege- und Unfallversicherung), im Arbeitsrecht (z. B. Kündigungsschutz, Mutterschutz, Schwerbehindertenschutz und Jugendarbeitsschutz) und in der Steuergesetzgebung (Steuerprogression, Steuerfreiheit für Existenzminimum, zahlreiche Freibeträge und Steuerbegünstigungen) wird die soziale Wirklichkeit verbindlich gestaltet.

Für den Einzelnen lassen sich allein aus dem Sozialstaatsprinzip – anders als beim Schutz der Grundrechte (hierzu bereits oben Seite 28) – *keine Ansprüche* auf konkrete Sozialleistungen ableiten. Erst die das Sozialstaatsprinzip konkretisierenden Gesetze begründen subjektive und damit einklagbare Ansprüche.

Subsidiaritätsprinzip

Mit diesem aus der Soziologie stammenden und wesentlich von der katholischen Soziallehre geprägten Begriff lässt sich treffend sowohl ein Grundprinzip der Sozialen Arbeit als auch unserer Rechtsordnung beschreiben. Hiernach steht bei jedem Hilfehandeln die individuelle Entfaltung und Verantwortung des Menschen im Vordergrund. Die personnähere Institution (z. B. Familie, Gemeinde) hat dabei Vorrang vor übergeordneten Institutionen (z. B. Staat), individuellen Veranlagungen, Weltanschauungen und Wünschen ist soweit als möglich Rechnung zu tragen. Hilfe ist hiernach immer soweit eben möglich als *Hilfe zur Selbsthilfe* zu gestalten.

Ein starres Handlungskonzept ergibt sich aus dem Subsidiaritätsprinzip allerdings nicht, da in konkreten Situationen stets zu prüfen ist, ob es zur effektiveren Hilfe nicht doch der übergeordneten Institution bedarf. Keineswegs geklärt ist auch, wie das Verhältnis des Einzelnen zu den notwendigen größeren sozialen Einheiten entsprechend diesem Prinzip sinnvoll zu gestalten ist.

Dieser Leitbegriff hat sich als wichtiger ordnungspolitischer Begriff durchgesetzt und ist Grundlage rechtlicher Strukturen, die an diesem Prinzip zu messen sind. Die umfassenden Zuständigkeiten der Kommunen gründen ebenso hierauf wie die Nachrangigkeit der Fürsorgeleistungen (Grundsicherung für Arbeitssuchende, Sozialhilfe, Leistungen für Asylbewerber) und die Verpflichtung des Staates, freie Träger aktiv zu unterstützen. Bezogen auf die Europäische Union beschreibt es die vorrangige Zuständigkeit der einzelnen Mitgliedsstaaten (vgl. Art. 23 GG).

3. Abgrenzung öffentliches Recht und Privatrecht

Öffentliches Recht

Aufgrund der Bezugnahme auf die Menschenrechte ist unsere Rechtsordnung von großer Freiheitlichkeit des Bürgers geprägt. Von Handlungsfreiheit und Selbstverantwortung ist daher das Rechtsleben in fast allen Bereichen weitgehend bestimmt. Auch staatliche Verwaltung darf nicht diese individuellen Freiheiten ignorieren, sondern zurecht wird ihre dienende Funktion gegenüber dem Bürger immer mehr betont. Der Bürger muss nicht mehr als Bittsteller auftreten, was schon in langen Warteschlangen vor Amtsstuben zum Ausdruck kam, sondern durch Umstrukturierungen wird zunehmend die *Dienstleistungsfunktion* und mit Serviceleistungen Bürgernähe betont. Gerade bei persönlichen Hilfeleistungen gestaltet der Bürger als Handlungspartner den Inhalt öffentlichen Leistungen wesentlich mit. So kann der Betroffene häufig zwischen unterschiedlichen Leistungsangeboten wählen (vgl. unten Seite 136 ff), und teilweise werden die Leistungen in einem Hilfeplanverfahren mit ihm gemeinsam entwickelt (ausdrücklich § 5, § 36 SGB VIII). (Ob dies soweit gehen muss, dass Leistungsempfänger bei der Arbeitsagentur als „Kunden" bezeichnet werden, ist allerdings fraglich). Diese Entwicklungen ändern aber nichts daran, dass schon wegen der notwendig strengen Kontrolle über die Verwendung staatlicher Mittel, vor allem aber aufgrund der besonderen Aufgaben, die der Staat wahrzunehmen hat, im öffentlichen Bereich besondere Regeln gelten müssen, die auf andere Bereiche nicht übertragbar sind. Bei der Darstellung der *Grundrechte*, dem *Gleichbehandlungsgrundsatz*, dem *Verhältnismäßigkeitsgrundsatz* und der *Bindung an das Gesetz* wurde auf die besonderen Pflichten öffentlicher Gewalt bereits eingegangen.

Die Pflichten des Staates, die Freiheit der Bürger zu respektieren, sind überhaupt erst vor dem Hintergrund entstanden, dass er über Möglichkeiten verfügt, Regelungen und Anordnungen zu erlassen, die der Betroffene beachten muss, gleich ob er damit einverstanden ist oder nicht. In besonderer Weise bekommt dies derjenige zu spüren, der gegen Rechtsvorschriften verstößt. Historisch bestand die Hauptpflicht des Staates darin, für Sicherheit und Ordnung zu sorgen (Polizeibehörden, Bau-, Gesundheits- und Gewerbeaufsicht). Heute ist neben die „*Ordnungsverwaltung*" in großem Umfang „*Leistungsverwaltung*" getreten: staatliche Maßnahmen zur Daseinsvorsorge und Förderung sozialer Gerechtigkeit. In großem Umfang gibt es Sozialleistungen des Staates, die – anders als im freien Wirtschaftsleben – häufig ohne Gegenleistung und grundsätzlich gegenüber jedermann erbracht werden. All diese Maßnahmen kann die Gemeinschaft nur erfüllen durch Leistungen der Gesamtheit aller Bürger. Vor allem gehören hierzu zahlreiche Geldleistungspflichten (Steuern, Gebühren und Beiträge). Es gibt aber auch persönliche Leistungspflichten gegenüber dem Staat (Meldepflichten, Nothilfepflichten, Wehrdienst), die teilweise auch mit wesentlichen Vorteilen für den Verpflichteten verbunden sind (Schulpflicht, Impfpflicht). Diesen Pflichten darf der Bürger sich nicht entziehen, und staatliches Handeln ist zu einem erheblichen Teil damit beschäftigt, abweichendes Verhalten zu verhindern. Man spricht von „*hoheitlichem Handeln*" der öffentlichen Stellen, welches auf dem „*Gewaltmonopol des Staates*" beruht. Hiervon ist das *Öffentliche Recht* ebenso geprägt wie von der Pflicht zur Beachtung und Förderung der Freiheitsrechte.

Diese für das öffentliche Recht typische Befugnis, den Bürger einseitig verpflichten zu können, kommt nicht in allen Bereichen gleich stark zum Ausdruck (z. B. Leistungsverwaltung). Außerdem darf die Befugnis zur verbindlichen *Regelung* (hoheitliches Handeln) nicht verwechselt werden mit der Macht, diese auch notfalls mit Gewalt (polizeiliche Maßnahmen) durchsetzen zu können. So kann ein öffentlicher Leistungsträger aufgrund seiner hoheitlichen Befugnisse einen Hilfebedürftigen auffordern, erforderliche Unterlagen vorzulegen und bei Verweigerung die Leistungen kürzen oder einstellen. Die Mitarbeiter einer Sozialbehörde sind aber auch bei einem noch so dringenden Verdacht auf Sozialleistungsmissbrauch nicht befugt, die

Wohnung eines Leistungsempfängers gegen dessen Willen zu betreten. Das gleiche gilt bei der Inobhutnahme eines Kindes nach § 42 SGB VIII. Diese Befugnisse sind allein bei den Polizeibehörden im Zusammenwirken mit den Gerichten angesiedelt. Sozialleistungsbehörden sind nicht befugt, Maßnahmen mit Gewalt durchzusetzen. Ggf. müssen sie sich an die Gerichte bzw. die Polizeibehörden wenden.

Lediglich bei Notstand, d. h. zum Schutz überragender Rechtsgüter, und wenn andere Hilfe nicht erreichbar ist, kann ein eigenmächtiges Eingreifen ausnahmsweise gerechtfertigt sein (vgl. § 34 StGB, §§ 227 ff BGB, § 127 Abs. 1 StPO). Diese Befugnis zur Selbsthilfe, wenn polizeiliche Hilfe nicht erreichbar ist und erhebliche Gefahr droht (Gefahr im Verzug), ist kein Privileg für im sozialen Bereich Tätige, sondern besteht für jedermann.

Zum öffentlichen Recht gehören die Rechtsbeziehungen im Verhältnis Staat – Bürger und zwischen öffentlichen Rechtsträgern (Verhältnis Staat – Staat).

Privatrecht/Zivilrecht

Vom öffentlichen Recht zu unterscheiden ist das *Privatrecht* (gleichbedeutend ist die Bezeichnung *Zivilrecht*). Hier geht es nicht um die Gestaltung von Gemeinwohlinteressen und Ausübung staatlicher Macht, sondern um Rechtsverhältnisse zwischen Bürgern. Im Zivilrecht, im Wesentlichen im Bürgerlichen Gesetzbuch (BGB) geregelt, gibt es deshalb keine hoheitlichen Befugnisse und keine allgemeinen Ermittlungs-, Beratungs- und Leistungspflichten. Das Privatrecht beruht ganz wesentlich auf *Vertragsfreiheit*. Das heißt, Rechte und Pflichten ergeben sich durch den Abschluss von Vereinbarungen (Verträgen). Ob und mit welchem Inhalt Verträge abgeschlossen werden, ist den Rechtssubjekten überlassen. Sie sind insoweit frei. Anwendung findet das Privatrecht auf Rechtsverhältnisse zwischen Personen, Unternehmen und Personenzusammenschlüssen, die sich rechtlich als *gleichrangige* Rechtssubjekte (sei es als Partner oder Kontrahenten) gegenüberstehen.

Von der Unterscheidung zwischen öffentlichem Recht und Privatrecht ist unter anderem abhängig, ob bei Streitigkeiten das *Verwaltungs- bzw. das Sozialgericht* oder das *Zivilgericht* zuständig ist, ob bei Fehlverhalten eine Haftung des Staates in Betracht kommt, ob einseitig ohne Einverständnis des Bürgers Rechtsbeziehungen geregelt werden können, ob nach dem Untersuchungsgrundsatz von Amts wegen die Interessen des Bürgers ermittelt werden müssen (vgl. unten Seite 176 ff.) und in welcher Rechtsform eine Teilnahme am Rechtsleben möglich ist (juristische Person des öffentlichen oder des Privatrechts). Ebenso hängt hiervon ab, welches Arbeitsrecht Anwendung findet, welche Weisungsbefugnisse innerhalb einer Einrichtung bestehen, ob eine Kooperationspflicht zu anderen Dienststellen (Amtshilfe) besteht und welche Datenschutzbestimmungen gelten. Die Unterscheidung zwischen öffentlichen und privaten Leistungen bzw. Pflichten ist deshalb von erheblicher praktischer Bedeutung.

Diese wichtige und grundlegende Unterscheidung bereitet allerdings immer wieder Schwierigkeiten. Zu beachten ist vor allem, dass nicht etwa deshalb öffentliches Recht vorliegt, weil staatliche Gesetze eine Rolle spielen. Alle Gesetze sind per Definition staatliches Recht. Im Privatrecht beschränken sich die Vorschriften aber auf die Vorgabe von Strukturen und Rahmenbedingungen (lediglich Vorrang des Gesetzes). *Ob* eine Rechtspflicht eingegangen wird, bleibt hier aber vollständig den Vertragsparteien überlassen. Rechte und Pflichten bestehen im Falle eines Vertragsschlusses zwischen den privaten Rechtssubjekten. Entscheidendes Kennzeichen des

Öffentliches Recht	Privatrecht (Zivilrecht)
Die Grundrechte verpflichten staatliche Gewalt (Bund/Länder/Kommunen/gesetzl. Sozialversicherungen ...) auf: – Schutz und Förderung der Grundrechte des Bürgers (Freiheit, Eigenverantwortung) – weltanschauliche Neutralität – Gleichbehandlung aller Bürger (Art 3 I GG) – Beachtung best. Verfahrensweisen (SGB X z. B. Untersuchungsgrundsatz § 20 SGB X) – Unterlassung unverhältnismäßiger Eingriffe (Verhältnismäßigkeitsgrundsatz).	**Bürger und nichtstaatliche Institutionen sind durch die Grundrechte begünstigt:** – freie Entfaltung der Persönlichkeit – Bindung an die Grundrechte nur soweit „Drittwirkung" besteht (z. B. Verbot sittenwidriger Geschäfte) – keine Gleichbehandlungs-, Neutralitäts- und Ermittlungspflichten. Jeder muss seine Interessen selbst wahrnehmen. (Grenze: Strafrecht, „gute Sitten", allgemeines Gleichbehandlungsgesetz)
Öffentlich-rechtliches Handeln muss durch Gesetze legitimiert sein (**Gesetzesvorbehalt** § 31 SGB I), Entscheidungen müssen auf objektiv nachvollziehbaren Gründen beruhen, Ermessensspielräume nur soweit gesetzlich vorgesehen.	Privatpersonen sind über die Beweggründe ihres Handelns keine Rechenschaft schuldig. Soweit keine gesetzlichen Vorschriften entgegen stehen, sind sie in ihrem Handeln frei (lediglich **Vorrang des Gesetzes**).
Der Bürger kann durch staatliches Verwaltungshandeln – auch gegen seinen Willen – **einseitig verpflichtet** werden (z. B. Steuerbescheid, Meldepflichten, Straßenverkehrsordnung ...).	Rechtspflichten werden ausschließlich durch freie Vereinbarungen zwischen den Beteiligten (**Vertragsfreiheit**) begründet.
Öffentliche Verwaltung ist selbst **Partei** des Rechtsverhältnisses.	Verpflichtete sind Privatpersonen und deren Zusammenschlüsse (natürliche und juristische Personen des Privatrechts). Durch (staatliche) Gesetze werden **lediglich Gestaltungsmöglichkeiten** normativ **vorgegeben.**
Rechtmäßigkeitskontrolle erfolgt durch die **Verwaltungsgerichte u. Sozialgerichte.**	Rechtmäßigkeitskontrolle erfolgt durch die **Zivilgerichte** (Amts- und Landgerichte).
Gebiete: Verwaltungsrecht, Sozialgesetzbuch, Gerichtsverfahrensrecht, Strafrecht.	**Gebiete:** BGB (Familienrecht, Vertragsrecht, Mietrecht, Vereinsrecht u. a.), Wirtschaftsrecht.
Die Anwendbarkeit des öffentlichen Rechts bzw. des Privatrechts (BGB) hat erhebliche Konsequenzen für die Praxis der Sozialen Arbeit: interne Kontrolle, freie Auswahl der Klienten, allgemeine Versorgungspflichten, Befugnisse für belastende Maßnahmen, Zuständigkeit der Gerichte ... Im Einzelfall kann eine Zuordnung schwierig sein, da öffentliche Aufgaben auch durch private Einrichtungen wahrgenommen werden (z. B. gewerbliche und gemeinnützige Träger im sozialen Bereich) und andererseits öffentlich Rechtsträger auch wie Privatpersonen am Rechtsleben teilnehmen (Kauf von PKW, gewerbliche Vermietung von Immobilien). Es ist nach den unterschiedlichen Tätigkeits- und Rechtsbereichen zu differenzieren. Es werden unterschiedliche Theorien angewandt, um den staatlich-hoheitlichen Bereich vom privatrechtlichen Bereich abzugrenzen.	

öffentlichen Rechts ist hingegen, dass Verbindlichkeiten gegenüber dem staatlich geordneten Gemeinwesen begründet oder geregelt werden.

Z. B. im Miet-, Arbeitsrecht und Verbraucherschutzrecht gibt es zwar in ausgeprägter Weise soziale Schutzbestimmungen zugunsten der Mieter, Arbeiter und

Verbraucher, die zwingend von jedermann zu beachten sind. An dem Abschluss entsprechender Verträge ist der Staat aber dennoch nicht beteiligt, insbesondere wird nicht er, sondern werden die Vertragsparteien zu einem bestimmten wechselseitigen Verhalten verpflichtet. Die Vertragsparteien sind grundsätzlich frei und niemandem Rechenschaft schuldig, ob und aus welchen Gründen sie sich überhaupt verpflichten wollen. Diese Regelungen gehören deshalb zum Bereich des Privatrechts. Ob der Mieter seine Mietschulden bezahlen kann oder der Arbeitnehmer seinen Arbeitspflichten nachkommt, ist das Risiko des Vermieters/Arbeitgebers.

Überschneidungen beider Bereiche

Zu beachten ist, dass auch staatliche Behörden nach den Regeln des Privatrechts tätig werden können. Bei der Beurteilung, ob ihr Tätigwerden öffentlichem oder privatem Recht unterliegt, ist auf den Zusammenhang und die Natur des Rechtsverhältnisses abzustellen. Wenn eine Behörde oder eine Person im Rahmen der Aufgaben tätig wird, die typischer Weise öffentlichen Verwaltungsträgern übertragen sind, handelt sie öffentlich-rechtlich. Kauft eine Behörde hingegen z. B. Büromaterial oder Kraftfahrzeuge auf dem freien Markt oder veräußert sie gewinnorientiert Immobilien, so gilt das allgemeine Privatrecht. Man nennt dies *fiskalisches Handeln*. In vielen Fällen kann die Verwaltung auch selbst entscheiden, ob öffentliches Recht oder Privatrecht zur Anwendung kommt. So können die Mitarbeiter im öffentlichen Dienst häufig sowohl als Arbeiter oder Angestellte (Privatrecht) oder als Beamte (öffentliches Recht) beschäftigt werden.

Letztlich ist es schwierig, öffentliche Verwaltung exakt zu definieren (hierzu bereits oben Seite 20 ff.). Dabei sind materielle und formelle Kriterien zu berücksichtigen: öffentliche Verwaltung liegt nur dann vor, wenn inhaltlich öffentliche (staatliche) Angelegenheiten von einem *Organ des Gemeinwesens* tatsächlich besorgt werden. Öffentliche Angelegenheiten können aber auch von Einrichtungen besorgt werden, die nicht Teil der Organisation des Gemeinwesens sind. In solcher Weise werden z. B. Leistungen der Kinder- und Jugendhilfe, aber auch der Eingliederung in Arbeit, der Sozialhilfe, der Behindertenhilfe, Pflegeleistungen und vieles mehr von *freien* (privaten) *Trägern* erbracht. Seit einiger Zeit werden z. B. auch öffentliche Fördermittel in der Form privatrechtlicher Bankdarlehen gewährt (z. B. BAföG). Grundlage hierfür sind vertragliche Regelungen zwischen dem öffentlichem Leistungsträger und dem privatrechtlichen Leistungserbringer. Man spricht von *Public-Private-Partnership*. Der Sache nach handelt es sich hierbei um eine besondere Form der Erfüllung öffentlicher Aufgaben (vgl. im Einzelnen hierzu unten Seite 136). Schwierige Abgrenzungsprobleme entstehen durch so genannte Privatisierung öffentlicher Versorgungseinrichtungen wie Bahn, Post, Müllabfuhr, Stromwerke und Verkehrsbetriebe. Das gleiche gilt, wenn z. B. eine Kommune eine Wohnbaugesellschaft in der Rechtsform einer GmbH betreibt mit dem Ziel, preiswerten Wohnraum zu schaffen. Eine scharfe Trennung von Öffentlichem Recht und Privatrecht ist hier oft nicht mehr möglich. Man spricht von privatrechtlichen Leistungsverhältnissen mit öffentlich-rechtlichen Bindungen, *Verwaltungsprivatrecht* oder in neuer Zeit auch von *öffentlichen Unternehmern (z. B. Landesbanken, öffentlich-rechtliche Rundfunkanstalten, Post, Telekom …)*. Dies kann zu einer merkwürdigen Verzahnung von öffentlich-rechtlichen Leistungsverhältnissen (z. B. Beratungspflichten, allgemeiner Zugang, aber auch Nutzungszwang) mit privatrechtlichen Bestimmungen (z. B. Verbraucherschutzvorschriften, freiem Wettbewerb) führen.

Problematisch könnte auch die Beurteilung des Rechtsverhältnisses zwischen *Sozialversicherungen* zu den Versicherten sein, da die Versicherungsverhältnisse auf Mitgliedschaft beruhen und die Versicherungen als eigenständige Körperschaften nicht unmittelbar zum staatlichen Bereich gehören. Aufgrund der gesetzlichen Regelung hat aber der gesamte Bereich des Sozialgesetzbuches öffentlich-rechtlichen Charakter. Rechtsverhältnisse zwischen Trägern der Sozialversicherung und ihren Mitgliedern sind daher ebenso öffentlich-rechtlicher Natur wie Rechtsbeziehungen im Bereich der Sozialhilfe, der Arbeits- und Ausbildungsförderung, der Jugendhilfe, der Eingliederungshilfe für Behinderte und auch Regelungen über Wohngeld und Kindergeld. Dies unabhängig davon, ob die Leistungen letztlich von einer Behörde, einer frei-gemeinnützigen Einrichtung oder einem kommerziell arbeitendem Unternehmen erbracht werden.

Die Unterscheidung zwischen Öffentlichem Recht und Privatrecht ist für die Praxis der Sozialen Arbeit zwar von erheblicher Bedeutung, die Abgrenzung beider Bereiche kann jedoch im Einzelfall mit erheblichen Schwierigkeiten verbunden sein. Völlig eindeutige Abgrenzungskriterien gibt es nicht. Die schlichte Feststellung, ob Maßnahmen auf der Grundlage von Gesetzen erfolgen, die dem öffentlichen Recht oder dem Privatrecht zuzuordnen sind, ist in jedem Fall ein wichtiges und einfach zu handhabendes Indiz für die Zuordnung. Bei vielen Arbeitsabläufen in der Sozialen Arbeit ist es auch nicht schwierig festzustellen, in welchem Rechtsbereich man sich bewegt. Es kommt dann lediglich darauf an, sich die jeweils geltenden Regelungen und Rechtspflichten zu vergegenwärtigen.

Tendenzen

Im Gegensatz zu früherem, streng obrigkeitlichem Verhalten sucht die Verwaltung heute häufig den Konsens mit den betroffenen Bürgern. Statt einseitig von Regelungsbefugnissen Gebrauch zu machen, gewinnen vertragliche Vereinbarungen – auch innerhalb des öffentlichen Rechts – an Bedeutung.

Besonders deutlich wird dies darin, dass staatliche Sozialleistungen in großem Umfang von privaten, gemeinnützigen und gewinnorientierten Einrichtungen erbracht werden. Der Bürger erhält auf diese Weise Wahlmöglichkeiten zwischen unterschiedlichen Anbietern. Voraussetzung hierfür ist die Kooperation staatlicher Behörden mit nichtstaatlichen Trägern. Nach §§ 75 ff SGB XI, §§ 78a ff SGB VIII und §§ 71 ff SGB XI sind frei auszuhandelnde Vereinbarungen Grundlage dieser Kooperationen. Hierdurch soll – so jedenfalls das Ziel – die Vielfalt und Flexibilität der Angebote steigen und stärker den Vorstellungen und Bedürfnissen der Klienten entsprochen werden, als dies durch einheitliche staatliche Organisation möglich ist. Ein Rechtssubjekt des Privatrechts (freier Träger) erbringt hier öffentliche Leistungen, ohne seine Eigenständigkeit als nichtstaatlicher (freier) Träger zu verlieren (ausführlicher hierzu unten Seite 136 ff).

Erhebliche Bedeutung gerade auch im sozialen Bereich hat die Übertragung von Regelungs- und Überwachungsfunktionen auf Organisationen außerhalb der staatlichen Verwaltung (vgl. Qualitätssicherungsvereinbarungen und Schiedsstellenverfahren als Teil der Leistungsvereinbarungen mit freien Trägern, unten Seite 145 ff). Der Staat zieht sich derzeit immer häufiger auf die Rahmensetzung und die Gewährleistung von Zielen zurück und überlässt die Umsetzung der mehr oder weniger detailliert gebundenen Selbstverantwortung nichtstaatlichen Einrichtungen, Privatpersonen und teilweise auch den unteren Behörden (z. B. unter dem Stichwort

„outsorcing“). An die Stelle staatlicher Regulierung soll *Selbstregulierung* treten. Dies führt in vielen Bereichen zu einer neuen Qualität von öffentlicher und privater Verwaltung und einem neuen Verständnis von öffentlichem Recht. Dies bedeutet aber nur scheinbar größere Effizienz und Bürgernähe, wenn diese Umstellungen, wie häufig, mit Einsparungen finanzieller Mittel verbunden werden. Außerdem wird hierdurch die Abhängigkeit von öffentlicher Leistung und Verwaltung in der Substanz meist weder für den Bürger noch für die Leistungserbringer geringer – aber weniger durchschaubar. Diese Themen werden auch im Zusammenhang mit *Neuen Steuerungsmodellen* der öffentlichen Verwaltung diskutiert (hierzu unten Seite 166 ff).

Beispiel Heimgesetz

Es gibt aber auch Bereiche, in denen öffentliche Kontrolle zunimmt, privatrechtliche Freiheiten eingeschränkt werden und individuelle Eigenverantwortlichkeit durch öffentliche Verantwortung ergänzt wird. Insbesondere in Heimen unterschiedlicher Art hat sich gezeigt, dass die dort lebenden Menschen häufig nicht in der Lage sind, ihre Interessen und Rechte selbst wahrzunehmen. Sie sind vielmehr häufig aufgrund ihrer Hilflosigkeit anderen Menschen, anonymen Einrichtungen und finanziellen Interessen ausgeliefert. Deshalb wurde 1975 mit dem Heimgesetz eine staatliche Aufsicht über Heime für alte Menschen sowie pflegebedürftige oder behinderte Volljährige eingeführt.[6] Diese Regelung ist keineswegs selbstverständlich, da die private Errichtung und der Betrieb von Serviceeinrichtungen, Wohnanlagen und Freizeiteinrichtungen staatlicher Kontrolle grundsätzlich entzogen ist. Denn die Rechtsordnung geht davon aus, dass erwachsene Menschen durch entsprechende Vertragsgestaltung ihre Rechte selbst wahrnehmen und sich der freie Markt durch entsprechende Nachfrage *ohne* staatliche Regulierung kundenorientiert entwickelt. Die Schaffung des *Heimgesetzes* bedeutet hier einen Einschnitt. Seine Geltung ist nicht an die Verwendung öffentlicher Mittel geknüpft, sondern an den Betrieb einer Einrichtung, deren Bewohner typischer Weise besonders schutzbedürftig sind.

Nach den mehrmals geänderten und erweiterten Bestimmungen des Heimgesetzes (einschließlich mehrerer Rechtsverordnungen) stehen diese Einrichtungen unter einer umfassenden staatlichen Aufsicht (ausgeübt durch die *Heimaufsicht* der Landratsämter bzw. der kreisfreien Städte). Ihre Inbetriebnahme bedarf einer Genehmigung, bauliche Mindestanforderungen sind zu erfüllen und die Beschäftigung qualifizierten Personals muss sichergestellt sein. Darüber hinaus ist gesetzlich vorgeschrieben (§ 8 HeimG), dass Heimverträge grundsätzlich unbefristet abzuschließen sind. Der Bewohner kann aber aus wichtigem Grund jederzeit kündigen (ohne wichtigen Grund spätestens am dritten Werktag zum Ende desselben Monats), während der Heimträger überhaupt nur in Ausnahmefällen ein Kündigungsrecht hat und dem Bewohner in vielen Fällen dann eine „angemessene anderweitige Unterbringung zu zumutbaren Bedingungen“ nachweisen muss.

In diesen Regelungen wird zum Schutze der Heimbewohner massiv in die Vertragsfreiheit des Zivilrechts und die Eigentumsrechte der Heimträger eingegriffen. Dies geht soweit, dass die Aufsichtsbehörde jederzeit angemeldet oder unangemel-

---

[6] Für Einrichtungen der Kinder- und Jugendhilfe gilt das Heimgesetz nicht. Die Problemlage ist hier eine andere, da die nicht volljährigen Bewohner durch die Sorgeberechtigten vertreten werden. Insoweit gelten die Schutzvorschriften der §§ 45 ff SGB VIII.

det das Recht hat, jedes Heim zu betreten, um Prüfungen und Besichtigungen durchzuführen, die geschäftlichen Unterlagen einzusehen und sich mit den Bewohnern in Verbindung zu setzen (§ 15 HeimG). Insoweit wurde ausdrücklich die Unverletzlichkeit der Wohnung (Art. 13 GG) hinsichtlich der Rechte des Heimträgers eingeschränkt. Mit diesen Regelungen wird öffentlich-rechtliche Verantwortung in den Bereich des Privatrechts ausgedehnt, ohne dass die grundlegende Bedeutung des privatrechtlichen Vertragsverhältnisses zwischen Bewohner und Heim in Frage gestellt würde oder die Heimträger in den Bereich des öffentlichen Rechts eingebunden würden.

Darüber hinaus ist in diesen Heimen eine *Mitwirkung der Heimbewohner* bei der Regelung wichtiger Heimangelegenheiten verbindlich vorgeschrieben (§ 10 HeimG). Der von den Bewohnern demokratisch gewählte Heimbeirat (ersatzweise Heimfürsprecher) ist an allen Angelegenheiten der Unterbringung, Aufenthaltsbedingungen, Heimordnung, Verpflegung und Freizeitgestaltung zu beteiligen. Zu den Aufgaben des Heimbeirats gehört auch, Beschwerden entgegenzunehmen und auf deren Erledigung gegenüber der Heimleitung hinzuwirken. Damit kann zumindest teilweise auch dem Problem begegnet werden, dass alte und pflegebedürftige Heimbewohner in großer Zahl nicht in der Lage sind, selbst ihre vertraglichen Rechte und Grundrechtspositionen *(subjektiven Rechte)* durchzusetzen (vgl. oben Seite 18 f.). Seit der neuesten Gesetzesänderung müssen nicht alle Mitglieder des Beirats Heimbewohner sein. Auch Angehörige, Seniorenvertreter und andere Vertrauenspersonen können gewählt werden (§ 10 Abs. 5 HeimG). (Insgesamt zu Problemen der Rechtsdurchsetzung vgl. unten Seite 170 ff).

Literaturhinweise zur Vertiefung:

Croessmann, Gunter u. a.: Taschenkommentar Heimgesetz (2002).
Dahlem, Otto u. a.: Kommentar zum Heimgesetz (2005).
Gastiger, Sigmund: Erste Hilfe in Recht (2004).
Kessler, Rainer: Soziale Arbeit und Grundgesetz, in: Kreft, Dieter u. a.: Soziale Arbeit und Recht (1994), S. 34 ff.
Kienzle, Theo: Das Recht in der Heilerziehungs- und Altenpflege (2004).
Seifert, Karl-Heinz u. a.: Grundgesetz für die Bundesrepublik Deutschland (2003), vor Art. 1 Rndr. 3 ff.
Wolff, Hans J. u. a.: Verwaltungsrecht, Bd. 1 (1999), S 173 ff.

III. Rechtsfähigkeit, Handlungsfähigkeit, gesetzliche Vertretung, juristische Personen

Zu Kapitel III: Übungsfall 3 (Selbstständigkeit im Alter), Seite 229 ff., Übungsfall 2 („Auffällig"), Seite 225 ff.

1. Rechtsfähigkeit

Aus den Menschenrechten folgt unmittelbar, dass jeder Mensch Träger von eigenen, teilweise unveräußerlichen Rechten ist und ebenso gegenüber Anderen rechtlich verbindliche Verpflichtungen eingehen kann. Dies ist ausdrücklich in § 1 BGB geregelt, gilt aber für die gesamte Rechtsordnung. Dort heißt es: „Die Rechtsfähigkeit beginnt mit der Vollendung der Geburt". Eine entsprechende Regelung bezüglich des Endes der Rechtsfähigkeit fehlt (Gesetzeslücke). Es ist aber allgemein anerkannt, dass sie mit dem Tod erlischt. *Jeder Mensch* ist also *Rechtspersönlichkeit* nach unserer Rechtsordnung. So haben Jugendliche einen Anspruch auf Schutz des Brief- und Postgeheimnisses (auch gegen über Eltern und Erziehern), behinderte Menschen einen Anspruch auf menschenwürdige Versorgung in Pflegeeinrichtungen. Andererseits unterliegen auch Kinder (wenn sie Vermögen haben) der Steuerpflicht. Schwierige Abgrenzungsprobleme kann es bei der Frage geben, ob das menschliche Leben ausnahmsweise schon vor der Geburt rechtlichen Schutz verdient (vgl. etwa § 218 StGB, die Erbrechtsregelung in § 1923 Abs. 2 BGB) oder der Rechtsschutz auch teilweise nach dem Tod fortwirkt (vgl. etwa § 168 StGB, Rechtsprechung zu Fortwirkungen des Persönlichkeitsrechts). Von grundlegender Bedeutung ist aber, dass die Rechtsfähigkeit unabhängig von der Nationalität, dem Alter oder der geistigen und körperlichen Verfassung eines Menschen besteht. Jeder Mensch hat insbesondere Anspruch auf Achtung und Schutz seiner Grundrechte. Zahlreiche Probleme ergeben sich freilich, wenn es darum geht, diese Rechte auch zu realisieren.

Von der Rechtsfähigkeit zu unterscheiden ist die Frage, ob man durch *eigenes Handeln* Rechtswirkungen erzeugen kann. Vor allem für Kinder und erwachsene Menschen, die in ihren geistigen oder körperlichen Fähigkeiten erheblich eingeschränkt sind, regelt das Gesetz in abgestufter Weise, dass ihr eigenes Verhalten rechtlich ganz oder teilweise unerheblich ist. Deren Rechte und Pflichten werden nach klar umschriebenen Regelungen von anderen Personen (*gesetzlichen Vertretern*) wahrgenommen.

Da es hierbei wesentlich darum geht, unter welchen Voraussetzungen Menschen nach außen, im allgemeinen Rechtsverkehr, Verbindlichkeiten erzeugen können, sind diese Fragen im Zivilrecht (BGB) geregelt, haben aber darüber hinaus entsprechende Bedeutung für den Bereich des öffentlichen Rechts (vgl. § 11 Abs. 1 Nr. 1 SGB X). Es wird unterschieden zwischen *Geschäftsfähigkeit* und *Deliktfähigkeit*.

2. Geschäftsfähigkeit

In § 104 BGB ist geregelt, dass derjenige, der nicht das siebente Lebensjahr vollendet hat oder sich in einem die „freie Willensbestimmung ausschließenden Zustande krankhafter Störung der Geistesfähigkeit befindet“, *geschäftsunfähig* ist. Das heißt diese Personen können ihre eigenen Angelegenheiten nicht selbst regeln. § 105 Abs. 1 BGB erläutert, dass von diesen Personen abgegebene Willenserklärungen *nichtig* sind (zur Feststellung der Geschäftsunfähigkeit Erwachsener unten Seite 47).

Kinder und Jugendliche, die das siebte, nicht aber das 18. Lebensjahr vollendet haben, sind *beschränkt geschäftsfähig* (§ 106 ff BGB). Das heißt, von diesen Personen abgegebene Willenserklärungen sind grundsätzlich nur dann wirksam, wenn der gesetzliche Vertreter vorher einwilligt oder nachher das Rechtsgeschäft genehmigt. Hiervon gibt es allerdings einige Ausnahmen. So kann der Minderjährige Rechtsgeschäfte, die für ihn ausschließlich einen *rechtlichen Vorteil* bedeuten, alleine abschließen (strenge Auslegung: z. B. Schenkung eines Grundstücks ist wegen der damit verbunden Verpflichtungen nicht ausschließlich vorteilhaft). Ebenso kann er alleine Verträge schließen, sofern er die Gegenleistung „mit Mitteln bewirkt, die ihm zu diesem Zwecke oder zur freien Verfügung“ vom gesetzlichen Vertreter überlassen wurden („Taschengeldparagraph“: § 110 BGB). Darüber hinaus gilt man bereits mit Vollendung des 14. Lebensjahres als religionsmündig. In einigen Bundesländern wurde auf kommunaler Ebene das Wahlrecht für Jugendliche ab 16 Jahren eingeführt (Schleswig-Holstein, Nordrhein-Westfalen, Niedersachsen, Sachsen-Anhalt, Mecklenburg-Vorpommern).

Geschäftsfähigkeit		
voll geschäftsfähig	**beschränkt geschäftsfähig**	**geschäftsunfähig**
• Personen über 18 Jahre, soweit nicht Geschäftsunfähigkeit nach § 104 BGB	• Personen 7 bis 18 Jahre (§ 106 BGB)	• Personen unter 7 Jahre • erhebliche, krankhafte Störung der Geistestätigkeit (§ 104 BGB)
⇒ Befugnis, in eigenen Angelegenheiten alle Arten von Rechtsgeschäften – im Rahmen des Rechts – selbst zu tätigen	⇒ Rechtsgeschäft nur wirksam – mit Einwilligung des gesetzl. Vertreters (§ 107 BGB), – lediglich rechtlicher Vorteil (§ 107 BGB) oder – aus eigenen Mitteln (Taschengeld, § 110 BGB)	⇒ Erklärungen sind rechtlich bedeutungslos (§ 104 BGB)
Andere Personen können nach Belieben mit der Geschäftsführung beauftragt werden (Erteilung einer Vollmacht)	Im Übrigen Vertretung durch Personensorgeberechtigte (§ 1626 BGB)	Interessen werden bei Volljährigen soweit nötig durch einen gesetzlichen Betreuer wahrgenommen (§§ 1896 ff BGB); bei Minderjährigen durch Personensorgeberechtigte oder Vormund

Altersabhängige Rechte		
Lebensalter	Rechte und Pflichten	Bedeutung
„nasciturus" (gezeugt, aber noch nicht geboren)	• Erbfähigkeit	• Erbfähigkeit (§ 1923 Abs. 2) BGB
Vollendung der Geburt	• Rechtsfähigkeit	• Fähigkeit, Träger von Rechten und Pflichten zu sein (§ 1 BGB)
vor Vollendung des 7. Lebensjahrs	• Geschäftsunfähigkeit • Deliktunfähigkeit	• Willenserklärungen sind nichtig (§§ 104, 105 BGB) • keine Verantwortung für Schadenzufügung (§ 828 Abs. 1 BGB)
Vollendung des 7. Lebensjahrs	• beschränkte Geschäftsfähigkeit • bedingte Deliktfähigkeit	• rechtsgeschäftliches Handeln nur wirksam mit Zustimmung des gesetzliche Vertreters (§§ 106 ff BGB); Ausnahme: §§ 107, 110 BGB • Verantwortung für Schadenzufügung nur bei Einsichtsfähigkeit (§ 828 Abs. 3 BGB)
Vollendung des 10. Lebensjahrs	• Anhörung bei Konfessionsänderung	• Meinungsäußerungsrecht des Kindes (§ 3 Abs. 2 S. 5 RelKErzG)
Vollendung des 12. Lebensjahrs	• kein Konfessionswechsel gegen den Willen des Kindes	• „Mitbestimmungsrecht" des Kindes (§ 5 S.2 RelKErzG)
vor Vollendung des 14. Lebensjahrs	• Strafunmündigkeit	• keine Schuldfähigkeit des Kindes (§ 19 StGB)
Vollendung des 14. Lebensjahrs	• strafrechtliche Verantwortlichkeit als „Jugendlicher" • Religionsmündigkeit • Sonderregeln im Arbeitsrecht	• strafrechtliche Verantwortlichkeit 14–18 Jähriger nur bei Einsichtsfähigkeit (§§ 1 Abs. 2, 3 S. 1 JGG) • freie Wahl des religiösen Bekenntnisses (§ 5 S. 1 RelKErzG) • (§ 2 Abs. 2 JArbSchG, § 113 BGB)
Vollendung des 15. Lebensjahrs	• sozialrechtliche Handlungsfähigkeit	• § 36 SGB I, Recht, Anträge auf Sozialleistungen zu stellen und zu verfolgen, soweit der gesetzliche Vertreter nicht widerspricht.
Vollendung des 16. Lebensjahrs	• Ehemündigkeit • Personalausweisführungspflicht • Testierfähigkeit	• Möglichkeit, mit volljährigem Partner Ehe zu schließen (§ 1303 Abs. 2 BGB) • (§ 1 Abs. 1 S. 1 PersAuswG) • Fähigkeit ein Testament zu errichten (§§ 2229 Abs. 1, 2233 Abs. 1, 2247 Abs. 4 BGB)

Altersabhängige Rechte		
Lebensalter	Rechte und Pflichten	Bedeutung
Vollendung des 18. Lebensjahrs	• Volljährigkeit • Strafrechtliche Verantwortlichkeit als „Heranwachsender" • Wehrpflicht • Wahlrecht	• volle Geschäftsfähigkeit (§ 2 BGB), volle Testierfähigkeit, volle Deliktsfähigkeit, Ehemündigkeit, Prozessfähigkeit • Unter bestimmten Voraussetzungen gemilderte Anwendung des materiellen Strafrechts auf 18–20jährige (§§ 1 Abs. 2, 105, 106 JGG). • (§ 1 WehrpflG) • Aktives und passives Wahlrecht für den Bundestag (Art. 38 GG).
Vollendung des 21. Lebensjahrs	• Volle strafrechtliche Verantwortlichkeit	• (§ 1 Abs. 2 JGG) = keine Anwendung des Jugendstrafrechts
Vollendung des 40. Lebensjahrs	• Wählbarkeit zum Bundespräsidenten	• Regelung in Art. 54 Grundgesetz
In höchstpersönlichen Angelegenheiten (z. B. Einwilligung in Operation, Weitergabe personenbezogener Daten, Schwangerschaftsabbruch) können Minderjährige und Betreute entsprechend ihrer Einsichts- und Handlungsfähigkeit auch ohne ihren gesetzlichen Vertreter verbindlich handeln.		
Bei den Regelungen über Rauchen (ab 18 Jahre), Alkoholkonsum (ab 16 Jahre) und jugendgefährdender Schriften (abgestuft) geht es nicht um Rechte der Minderjährigen, sondern um Pflichten bestimmter Institutionen (Schule, Gaststätten, Kino, Zeitschriftenhandel) bei der Abgabe/Aufsicht (vgl. §§ 4 ff Jugendschutzgesetz). Die Personensorgeberechtigten können für den Minderjährigen einschränkendere oder großzügigere Regelungen treffen.		

Das heißt, wenn ein 7-Jähriger einen Fußball kauft, ist dieses Geschäft nur wirksam, wenn er den Kaufpreis mit Geld bezahlt, welches ihm hierfür von seinen Eltern überlassen wurde. Ist dies nicht der Fall, können die Personensorgeberechtigten später das Geld zurückverlangen. Der Verkäufer kann zwar den Ball zurückfordern, ist dieser aber mittlerweile benutzt oder beim Spielen beschädigt worden, geht dies allein zu seinen Lasten, da der Fußball weder wirksam verkauft noch übereignet wurde.

Für den sozialen Bereich von besonderer Bedeutung ist, dass Jugendliche ab Vollendung des 15. Lebensjahres befugt sind, selbst Anträge auf *Sozialleistungen* zu stellen, zu verfolgen und Sozialleistungen entgegenzunehmen (vgl. § 36 Abs. 1 SGB I). Diese Befugnis ist zwar dahingehend eingeschränkt, dass dies nur gilt, sofern der gesetzliche Vertreter (i. d. R. die Eltern) dem nicht widerspricht (§ 36 Abs. 2 Satz 1 SGB I). Außerdem bedürfen Handlungen, die typischerweise mit Nachteilen verbunden sein können, wie die Rücknahme von Anträgen, Verzicht auf Sozialleistungen, Entgegennahme von Darlehen auch im sozialen Bereich, stets der Zustimmung des gesetzlichen Vertreters (§ 36 Abs. 2 Satz 2 SGB I). Die Regelung ist aber in den keineswegs seltenen Fällen von erheblicher Bedeutung, in denen die Eltern aus Gleichgültigkeit oder aus Scham Sozialleistungsansprüche für ihre Kinder in eigener Initiative nicht geltend machen. Für die Praxis heißt dies, dass z. B. Anträge auf Arbeitslosengeld oder BAföG zu bearbeiten sind, *ohne* dass die Personensorgeberechtigten vorher ihr Einverständnis erklärt haben müssen. Sie „sollen" hierüber von der bearbeitenden Behörde lediglich informiert werden. Für Verwunderung sorgt vielfach, dass diese Regelung für alle Bereiche des Sozialgesetzbuchs gilt, *außer* in der Kinder- und Jugendhilfe. Als Grund hierfür wird genannt, dass die Verantwortung der Eltern für die Erziehung ihrer Kinder durch eine Antragsbefugnis der Kinder nicht ausgehöhlt werden soll. Zutreffend ist, dass es in den anderen Sozialleistungsbereichen fast ausschließlich um Geld- und Sachleistungen geht, während in der Kinder- und Jugendhilfe unweigerlich Erziehungs- und Weltanschauungsfragen eine zentrale Rolle spielen. Rechtssystematisch ist zu beachten, dass nach § 27 SGB VIII für Hilfe zur Erziehung ausschließlich die Personensorgeberechtigten antragsberechtigt sind, nicht aber die Jugendlichen selbst. (Abweichend hiervon gibt es lediglich in Not- und Konfliktlagen einen Anspruch des Jugendlichen auf vorläufige Inobhutnahme nach § 42 SGB VIII und auf Beratung nach § 8 ABS. 3 SGB VIII, vgl. unten Seite 193 und Seite 123 f).

Soweit eine Person nicht befugt ist, ihre Angelegenheiten selbst zu regeln, regelt das Gesetz, durch wen dessen Interessen stellvertretend wahrgenommen werden (hierzu und zur Beteiligung von Jugendlichen unten Seite 58 f).

3. Deliktfähigkeit und Haftung

Eine etwas andere Fragestellung ist, ob jemand für einen Schaden, den er einem anderen zugefügt hat, haftbar gemacht werden kann. Im Unterschied zur Geschäftsfähigkeit geht es bei der *Deliktfähigkeit* nicht darum, wer rechtlich verbindliche Erklärungen abgeben kann, sondern um die Frage, wer für ein Fehlverhalten zur Verantwortung gezogen werden kann, auch ohne dass zuvor eine rechtsgeschäftliche Regelung für diesen Fall getroffen wurde *(Schadenersatz)*.

In § 823 BGB ist geregelt, dass derjenige, der Rechtsgütern eines anderen Schaden zufügt, hierfür einzustehen hat. Voraussetzung hierfür ist aber nicht nur ein *widerrechtliches,* sondern auch ein *schuldhaftes* (vorsätzliches oder fahrlässiges) Verhalten. Voraussetzung ist eine zumindest fahrlässige Verletzung von Sorgfaltspflichten (z. B. Streupflicht im Winter, Aufklärungspflichten des Arztes, Produkthaftung). Liegt ein solches schuldhaftes Handeln nicht vor, kommt (von Ausnahmen der Gefährdungshaftung z. B. im Straßenverkehr abgesehen) eine Haftung nicht in Betracht. Bei Unglückfällen, Naturereignissen oder wenn ein Schuldiger nicht ermittelt werden kann, hat der Geschädigte das Nachsehen. Eine Entschädigung findet nicht statt. Nur ausnahmsweise (z. B. Opfer von Gewalttaten) ist ein Ausgleich durch den Staat vorgesehen (Gewaltschutzgesetz). Diese Konsequenz wird abgemildert durch zahlreiche Versicherungen, die teilweise freiwillig abgeschlossen werden können (z. B. Gebäudeversicherung, Lebensversicherung) oder gesetzlich vorgeschrieben sind (Unfallversicherung, Krankenversicherung, Rentenversicherung, Kfz-Versicherung). Dieser Versicherungsschutz greift aber nur für die vertraglich bzw. gesetzlich geregelten Fälle. So werden *eigene* Schäden von Kindern und Jugendlichen, die *in Einrichtungen der Jugendhilfe* betreut werden, durch die gesetzliche Unfallversicherung ausgeglichen. Schäden, die ein Minderjähriger in einer Pflegefamilie, bei privat organisierter Betreuung erleidet, und Schäden, die Minderjährige *anderen* Personen zufügen (z. B. Beschädigung parkender Autos, zu Bruch gehende Fensterscheiben), sind durch die Unfallversicherung regelmäßig nicht abgedeckt. Insoweit gelten die allgemeinen Haftungsgrundsätze des BGB, auf die im Folgenden näher eingegangen wird.

Neben einer objektiven Pflichtverletzung setzt eine Haftungspflicht ein Verschulden des Verursachers voraus. Bei erwachsenen Menschen ist grundsätzlich von deren Deliktfähigkeit (Schuldfähigkeit) auszugehen, sofern nicht das Gegenteil erwiesen ist. Gerade bei einer Schadensverursachung durch Minderjährige ist es aber oft schwer festzustellen, ob und wem ein persönliches Verschulden angelastet werden kann. Es ist jedenfalls nicht so, dass Eltern in jedem Fall für Fehlverhalten ihrer Kinder einstehen müssten – auch wenn dies vielfach angenommen wird und unter anderem durch Beschilderung („Eltern haften für ihre Kinder") ein solcher Eindruck erweckt wird. Es ist vielmehr wie folgt zu unterscheiden:

Kinder unter 7 Jahren können nach § 828 Abs. 1 BGB generell für einen Schaden, den sie verursacht haben, *nicht* zur Verantwortung gezogen werden (im Straßenverkehr bis 10 Jahre). Sie gelten als nicht deliktfähig. Dasselbe gilt für Erwachsene „im Zustand der Bewusstlosigkeit" oder bei einer „krankhaften Störung der Geistestätigkeit" (§ 827 BGB). Minderjährige ab Vollendung des siebten Lebensjahres sind schadenersatzpflichtig, soweit ihre Einsichts- und Handlungsfähigkeit reicht (§ 828 Abs. 2 BGB). Das heißt bei Personen im Alter von 7 bis 18 Jahren muss im Einzelfall anhand der Entwicklung der jeweiligen Persönlichkeit und den konkreten Handlungszusammenhängen festgestellt werden, ob die notwendige Reife vorliegt. Liegt die notwendige Reife nicht vor, so kommt auch hier eine Haftung des Minderjährigen nicht in Betracht.

Wenn ein 9-Jähriger beim Spielen mit einem Ball eine Fensterscheibe im Nachbarhaus zerstört, ist er selbst nur haftbar, wenn er in der Lage war, dies vorauszusehen. Dies hängt von den konkreten Umständen (Örtlichkeiten) und persönlichen Reife des 9-Jährigen ab. Letzteres muss im Streitfall durch ein psychologisches Gutachten festgestellt werden. Damit gelten völlig andere Maßstäbe als bei der Frage, ob das Rechtsgeschäft eines Minderjährigen wirksam ist.

Getrennt hiervon ist zu prüfen, ob die Eltern bzw. andere aufsichtspflichtige Personen für den durch einen Minderjährigen verursachten Schaden haften müssen. Dies setzt aber ein *eigenes Verschulden* dieser Personen voraus. Die damit verbundenen Sorgfaltspflichten hinsichtlich der Beaufsichtigung von Kindern führen aber nicht zu einer hundertprozentigen Überwachungspflicht. Die Rechtsprechung hat vielmehr mehrfach bestätigt, dass es bei der Erziehung von Kindern keine hundertprozentige Überwachung geben kann. Erziehung zu einer eigenständigen und verantwortungsvollen Persönlichkeit erfordert vielmehr auch Vertrauen seitens des Erziehenden und Freiräume für den Minderjährigen. Deshalb kann auch bei ordnungsgemäßer Beaufsichtigung ein Fehlverhalten des Minderjährigen nicht immer verhindert werden. In § 832 BGB ist geregelt, dass aufsichtspflichtige Personen nicht haften, wenn sie den Nachweis erbringen, dass sie ihrer Aufsichtspflicht genügt haben oder der Schaden auch bei Beachtung der Aufsichtspflicht entstanden wäre *(Exkulpationsbeweis)*. Im Ergebnis heißt dies, dass es Schadenverursachungen von Kindern und Jugendlichen gibt, für die weder die Minderjährigen noch die aufsichtspflichtigen Personen haftbar sind.

Aus den konkreten Umständen, insbesondere dem Alter, dem Entwicklungsstand und dem früheren Verhalten der Minderjährigen, aber auch aus den objektiven Gefahren ergibt sich der Umfang der konkreten Pflichten (z. B. sind besondere Vorkehrungen bei verhaltensauffälligen oder straffälligen Jugendlichen nötig). Nach § 832 Abs. 2 BGB gelten diese Grundsätze nicht nur für Eltern, sondern ebenso für Personen und Einrichtungen, die *durch Vertrag* zur Aufsicht verpflichtet sind. Das heißt, dass nicht nur Eltern, sondern auch Einrichtungen der Jugendhilfe und ebenso Erzieher bzw. Sozialpädagoginnen für Schäden durch Minderjährige einstehen müssen, wenn

Haftung für Schäden (§§ 823 ff. BGB)

Sach- oder Personenschäden: • bei unbeteiligten Dritten • bei zu betreuenden Personen • bei Betreuungspersonen

durch den Schädigenden selbst (§ 823 BGB)

Klient / zu Beaufsichtigende nur sofern schuldfähig
- über 7 Jahre alt (§ 828 Abs. 1, 3 BGB)
- nötige Einsichtsfähigkeit (§ 827 BGB)

(Ausnahme: Billigkeit § 829 BGB)

Betreuer / Arbeitgeber
- Sorgfaltspflicht-verletzungen

durch Aufsichtspflichtige (§ 832 BGB)
- Privatperson
- Einrichtung
- Mitarbeiter einer Einrichtung

für Verhalten des Beaufsichtigten außer Aufsichtspflichtige weist nach (Beweislast !):
- Aufsicht wurde pflichtgemäß ausgeübt oder
- Schaden wäre auch bei Pflichterfüllung eingetreten

Aufsichtspflichten / Sorgfaltspflichten können entstehen durch

Gesetz
- elterliche Sorge
- rechtliche Betreuung
- spezielle Regelungen wie § 823 BGB

Vertrag (mündl., schriftl., stillschweigend)/vertragliche Nebenpflichten
- Arbeitsvertrag
- Aufnahme in WfbM gem. § 136 SGB IX
- Heimvertrag
- sonstiges Betreuungsverhältnis

Umfang der Aufsichtspflichten / Sorgfaltspflichten ist abhängig von
- Eigenart und Charakter des Klienten
- konkrete Umstände (z.B. Kenntnis über Eigenarten des Klienten, gefährliche Situationen)
- Persönlichkeitsrechte des Klienten (Selbstständigkeit, freie Entfaltung)
- Zumutbarkeit bestimmter Maßnahmen für den Verpflichteten

- An die Stelle der Haftung des Schädigenden/Aufsichtspflichtigen kann eine freiwillige/gesetzliche Unfall- oder Haftpflichtversicherung treten
- Liegen die Voraussetzungen für eine Haftung nicht vor, hat der Geschädigte das Nachsehen (Unglücksfälle)
- Häufig haften Handelnde, Aufsichtspflichtige, Einrichtung und gesetzliche Betreuer als Gesamtschuldner nebeneinander (§ 840 Abs. 1 BGB)

sie nicht nachweisen können, ihre Pflichten erfüllt zu haben. Die Einrichtung ist dafür verantwortlich, angemessene Organisationsstrukturen und Arbeitsbedingungen zu gewährleisten *(Organisationsverschulden)*. In vielen Fällen kann der Geschädigte wahlweise sowohl die Aufsichtsperson persönlich als auch die Einrichtung in Anspruch nehmen. Um diesen unüberschaubaren Risiken zu begegnen, ist der Abschluss einer Berufshaftpflichtversicherung allen Trägern der Jugendhilfe, aber auch jedem Mitarbeiter zu empfehlen. Soweit öffentliche Einrichtungen Leistungen der Kinder- und Jugendhilfe selbst erbringen, sind die hiervon abweichenden Grundsätze der Staatshaftung (Art. 34 GG i.V.m. § 839 BGB) zu beachten.

4. Gesetzliche Vertretung

Minderjähriger

Generell kann jede Person sich, wenn sie geschäftsfähig ist, nach eigenem Belieben auf der Grundlage eines Rechtsgeschäfts (Vertrag) von einer anderen Person vertreten lassen. Dies ist Ausdruck seiner Freiheitsrechte. Man spricht insoweit von *ge-*

willkürter Stellvertretung (geregelt in §§ 164 ff BGB). Im Unterschied hierzu ist für Minderjährige durch Gesetz verbindlich geregelt, *wer* deren Interessen zu vertreten hat. Nach § 1629 I BGB (vgl. auch Art. 6 Abs. 2 GG) geschieht dies grundsätzlich durch die Eltern gemeinsam. Die Vertretung des minderjährigen Kindes ist Teil der elterlichen Sorge (hierzu ausführlich unten Seite 76 ff). Auch wenn die Eltern das „wachsende Bedürfnis des Kindes zu selbständigem verantwortungsbewusstem Handeln" zu berücksichtigen und entsprechend dem Entwicklungstand „Fragen der elterlichen Sorge mit dem Kind zu besprechen und nach Möglichkeit Einvernehmen anzustreben" haben (§ 1626 Abs. 2 BGB), ändert dies nichts an der rechtlichen Vertretung durch die Eltern (zu den wenigen Ausnahmen vgl. oben Schaubild „Altersabhängige Rechte", Seite 54 f.). Das heißt, letztlich kommt es bei der Vertretung nach außen und in Angelegenheiten der Personensorge auf den Willen der Eltern an. Diese starke Position der Eltern bis zur Vollendung des achtzehnten Lebensjahres wird zu Recht kritisiert, da in einer gelingenden Erziehung die Verantwortung Jugendlicher allmählich wächst und zu fördern ist. Die letztlich starre Regelung ist somit lebensfern, hat aber den entscheidenden Vorteil, Klarheit gerade auch gegenüber Geschäftspartnern zu schaffen und schwierige Nachforschungen im Einzelfall über die Reife des Jugendlichen zu ersparen (anders als bei in ihrer Geschäftsfähigkeit eingeschränkten Volljährigen, hierzu weiter unten).

Die umfassende Verantwortung der Eltern für ihre minderjährigen Kinder umfasst auch die Befugnis, anderen Personen, z. B. Freunden, Kindergärten, aber auch Pflegeeltern und stationären Einrichtungen der Jugendhilfe (jederzeit widerruflich), Aufgaben zu übertragen. Diese handeln dann anstelle der Personensorgeberechtigten (vgl. § 1688 BGB). Zu möglichen Einschränkungen der Vertretungsbefugnisse der Eltern vgl. unten Seite 79 f.

Volljähriger

Grundsätzlich regeln Volljährige ihre Angelegenheiten selbst; ein Eingriff in ihre rechtliche Eigenverantwortung ist rechtswidrig. Eine Ausnahme besteht jedoch bei erheblicher psychischer oder körperlicher Beeinträchtigung aufgrund von Krankheit oder Alter. Hier besteht eine besondere *Fürsorgepflicht des Staates*, diese Personen zu schützen. Deshalb sind die Gerichte verpflichtet, nicht nur auf Antrag des Betroffenen, sondern auch von Amts wegen tätig zu werden. Die Betroffenen sehen hierin häufig die Gefahr einer „Entrechtlichung". Seit dem Jahr 1992 wurde die Rechtsstellung beeinträchtigter Menschen deutlich verbessert. Im Unterschied zur Vertretung Minderjähriger kann es keine einheitliche Altersgrenze geben, wann ein erwachsener Mensch einen Vertreter braucht. Es gibt auch keine gesetzlichen Bestimmungen, die einheitlich die Vertretung durch bestimmte Personen (z. B. Ehepartner, Kinder) regeln würden. Die Regelungen für die Vertretung nicht geschäftsfähiger Erwachsener sind wesentlich weniger klar geordnet und greifen deutlich weniger zuverlässig als die entsprechenden Vorschriften für die Vertretung Minderjähriger.

Geschäftsunfähigkeit

Die Willenserklärung, die jemand abgibt, der „nicht im Stande ist, seinen Willen frei und unbeeinflusst von einer vorliegenden Geistesstörung zu bilden oder nach rationalen Einsichten zu handeln" (Definition der Rechtsprechung), ist nach §§ 104 f BGB nicht wirksam. Hierdurch werden die betroffenen Personen vor nachteiligen Rechtsfolgen geschützt. Seit dem Jahr 1992 wird die Geschäftsunfähigkeit aber wegen ihrer diskriminierenden Wirkung nicht mehr generell (quasi auf Vorrat) durch Gerichtsbeschluss festgestellt. Eine *Entmündigung* Erwachsener gibt es in Deutschland nicht mehr. Vielmehr muss im Einzelfall, wenn über die Wirksamkeit einer konkreten Erklärung gestritten wird, festgestellt werden, ob diese im Zustand einer vorübergehenden oder ständigen Geschäftsunfähigkeit abgegeben wurde. Dies bedeutet ein erhebliches Risiko für Personen, die mit alten und kranken Menschen Geschäfte abschließen wollen, weil die Geschäftsfähigkeit häufig nicht offensichtlich ist und die betroffene Personen sich im Nachhinein möglicherweise auf ihre Geschäftsunfähigkeit berufen können. Nach der Rechtsprechung ist allerdings nur bei ganz erheblichen Beeinträchtigungen von einer Geschäftsunfähigkeit auszugehen.

Rechtliche Betreuung

Von erheblich größerer praktischer Bedeutung sind Situationen, in denen ältere und kranke Menschen Unterstützung brauchen, damit ihre Angelegenheiten und Interessen wahrgenommen werden. Dies gilt insbesondere für die große Zahl pflegebedürftiger Menschen, die nicht in der Lage sind, ihre Angelegenheiten selbst zu regeln. Für diese Menschen wird bei Bedarf durch das Vormundschaftsgericht ein Betreuer bestellt (§§ 1896 ff BGB). (In Württemberg werden diese Aufgaben teilweise durch die staatlichen Notare wahrgenommen.) Der Betreuer ist gesetzlicher Vertreter des Betreuten. Wann die Voraussetzungen für ein solches Einschreiten gegeben sind, ist bezogen auf den Einzelfall keineswegs leicht zu beurteilen. Eine Drogenabhängigkeit, leichtsinniges Verhalten (Verschwendungssucht, Selbsttötungsabsicht) oder auch Bequemlichkeit des Betroffenen reichen hierfür nicht aus. Eine allgemeine staatliche Überwachung, ob z. B. Menschen in einem Heim einer rechtlichen Betreuung bedürfen, gibt es ebenfalls nicht. Das Vormundschaftsgericht wird auf Antrag des Betroffenen selbst oder auf Grund von Hinweisen aus dessen Umfeld (häufig Angehörige, Pflegekräfte oder Nachbarn) tätig.

Der Betreuer ist verpflichtet, die Interessen des Betreuten wahrzunehmen. Dadurch werden aber die Rechte des Betreuten, im Unterschied zur Rechtslage vor 1992, grundsätzlich nicht eingeschränkt. Mit der Bestellung ist auch keine Beurteilung der Geschäftsfähigkeit oder des geistigen Zustands des Betreuten verbunden. Der Betreuer wird vielmehr *ergänzend* bzw. zusammen mit dem Betreuten tätig und hat den Willen des Betreuten zu beachten. Der Betreuer muss es somit auch hinnehmen, wenn der Betreute anders handelt, als er es für richtig hält. Bei ernsten Konflikten kann der Betreuer im Interesse des Betreuten das Vormundschaftsgericht anrufen. Nur in ganz wenigen Fällen, in denen eine Gefahr besteht, dass die zu betreuende Person sich aufgrund einer geistigen Störung selbst schädigt, kann das Vormundschaftsgericht die Befugnisse des Betreuten einschränken (*Einwilligungsvorbehalt* § 1903 BGB). Dann sind Erklärungen des Betreuten nur wirksam, wenn der Betreuer vorher oder nachher zustimmt.

§ 1897 BGB sieht vor, dass die Betreuung in der Regel durch eine Person aus dem Umfeld des zu Betreuenden ehrenamtlich (lediglich Aufwandsentschädigung) wahrgenommen wird (ca. 80 % aller Betreuungen). Nur wenn dies nicht möglich ist, kommt ein Berufsbetreuer in Betracht (durch die Betreuungsstelle bei der Stadt/Landratsamt). Die Betreuung kann auch durch einen anerkannten Betreuungsverein erfolgen. Ein ehrenamtlicher Betreuer erhält jährlich eine pauschale Aufwandsentschädigung gem. § 1835 a BGB in Höhe von derzeit 323 €; Berufsbetreuer mit

Hochschulabschluss einen Satz i.H.v. derzeit 44 € pro Stunde. Bzgl. Vorsorgevollmachten gibt es entsprechende allgemeine Regelungen nicht, dies kann aber vertraglich mit den Betroffenen frei vereinbart werden.

Aufgabe des Betreuers ist es nicht, pflegerische Aufgaben und alltägliche Dienste zu übernehmen. Die Betreuung bedeutet also keine Entlastung für soziale Dienste. Insoweit ist der Begriff missverständlich. Es geht ausschließlich um eine Betreuung und Vertretung in *rechtsgeschäftlicher Hinsicht*. Um Interessenkollisionen zu vermeiden, ist es sogar ausdrücklich verboten, dass Personen, die in einer Einrichtung tätig sind, in der der Betreute wohnt, die rechtliche Betreuung übernehmen (§ 1897 Abs. 3 BGB).

Im Unterschied zur früheren Vormundschaft (diese gibt es jetzt nur noch für Minderjährige) ist der Betreuer nicht mehr automatisch für alle Belange des Betreuten zuständig. Durch das Vormundschaftsgericht wird vielmehr nach persönlicher Prüfung durch den Richter festgelegt, auf welche Angelegenheiten sich die Betreuung zu erstrecken hat (z. B. Beantragung von Sozialhilfe oder Rente, Regelung von Unterhaltspflichten, Regelung von Miet- und Wohnungsangelegenheiten, Überwachung der Taschengeldverwendung in einem Heim, Abschluss eines Heimvertrages, Einwilligung in eine Heilbehandlung ...). Nur in Ausnahmefällen darf eine umfassende Vertretung angeordnet werden. Die Betreuung wird durch das Gericht überwacht und ist maximal auf fünf Jahre zu befristen (danach erneute Prüfung). Angelegenheiten von wesentlicher Bedeutung stehen generell unter einem *Genehmigungsvorbehalt* seitens des Gerichts (§ 1904 BGB). Außerdem darf ein Betreuer nur bestellt werden, soweit ein Vertretungs*bedarf* besteht. Wird z. B. ein alter Mensch in einem Krankenhaus oder bei Angehörigen versorgt, ohne dass rechtlich relevante Erklärungen (z. B. Einwilligung in Operationen, Kündigung einer Wohnung etc.) abgegeben werden müssen, besteht kein akuter Bedarf an einer gesetzlichen Vertretung. Es ist damit rechtlich in Ordnung, dass sehr viele Menschen, auch wenn sie offensichtlich ihre Angelegenheiten nicht selbst wahrnehmen können, keinen gesetzlichen Betreuer haben – eben wenn dies in der konkreten Lebenssituation nicht „erforderlich“ (§ 1896 Abs. 2 BGB) ist. Obwohl in Deutschland ca. sechs Millionen Menschen von einer psychischen Krankheit betroffen sind, stehen deshalb nur ca. 300.000 Personen unter Betreuung.

Erforderlich ist eine Betreuung vor allem dann nicht, wenn der Betroffene selbst eine Person seines Vertrauens bevollmächtigt hat (gewillkürte Vertretung, hierzu bereits oben Seite 58 f). Eine solche Vollmacht kann *vorsorglich* erteilt werden, bevor der Betreuungsfall eintritt und sie hat Wirkung auch dann, wenn der Betroffene sich hierzu später (z. B. aufgrund eines Unfalls oder einer fortschreitenden Krankheit) nicht mehr äußern kann. Durch eine solche Ermächtigung können dem Vertreter (häufig einem Verwandten oder einer andern Vertrauensperson) weitgehende Befugnisse übertragen werden. Die gesetzliche Vertretung (Betreuung) ist dann entbehrlich, soweit der Betroffene selbst Vorsorge getroffen hat. Solche *Vorsorgevollmachten*Vorsorgevollmacht sind deshalb weitgehend zu einer wirkungsvollen Alternative zum gerichtlichen Betreuungsverfahren geworden. Diese Bevollmächtigung muss nicht generell in einer bestimmten Form erfolgen (eine Bevollmächtigung kann unter Umständen auch vermutet werden). Schon um Unklarheiten zu vermeiden, den Nachweis der Befugnis zu sichern und eine Aufklärung des Betroffenen sicherzustellen, ist aber aus guten Gründen eine notarielle Beurkundung der Vorsorgevollmachten üblich geworden. Soll der Bevollmächtigte befugt sein, für eine andere Person auch in gefährliche ärztliche Maßnahmen oder freiheitsentziehende Maßnahmen einzuwilligen, ist eine schriftlich erteilte Vollmacht zwingend erforderlich.

Eingriffe in die Selbstbestimmung durch das Vormundschaftsgericht

Vormundschaft (§§ 1773–1895 BGB)	Betreuung (§§ 1896–1908 BGB)	Pflegschaft (§§ 1909–1921 BGB)
Umfassende Personen- und Vermögenssorge für einen Minderjährigen, anstelle der Eltern.	Teilweise oder auch vollständige Vertretung, neben oder anstelle der Geschäftsfähigkeit des Betreuten.	Wahrnehmung der Interessen eines Voll- oder Minderjährigen für einen speziellen Aufgabenkreis und vorübergehende Dauer.
• Vormundschaft ist zu unterscheiden von einer lediglich unterstützenden Beistandschaft durch das Jugendamt (1712 BGB), einer Regelung der elterlichen Sorge zwischen den Eltern (§ 1687 BGB) und der Regelung von Einzelfragen durch das Familiengericht (§§ 1666 f. BGB)	• Betreuung sagt nichts über die Geschäftsfähigkeit des Betreuten aus • Die Befugnisse des Betreuers sind möglichst wenig weitgehend und differenziert zu umschreiben • Wenn die Interessen des Betroffenen auch ohne Betreuung gewahrt sind (Vollmachten des Betroffenen, Versorgung durch Angehörige oder soziale Dienste), ist für die Bestellung eines Betreuers kein Raum	• Ergänzungspflegschaft (§ 1909 BGB) • Abwesenheitspflegschaft (§ 1911 BGB) • Pflegschaft über die Leibesfrucht (§ 1912) • Pflegschaft für unbekannte Beteiligte (§ 1913) • Pflegschaft für Sammelvermögen (§1914 BGB) • Verfahrenspflegschaft (§§ 50, 67 FGG) • Nachlasspflegschaft (§1960 BGB)

Allein die gesetzliche Vertretung durch die Eltern entsteht ohne gerichtliche Prüfung. Die Bestellung des Vormunds, des Betreuers und des Pflegers erfolgt durch das Vormundschaftsgericht. Die Bestellung wird jeweils durch eine Urkunde dokumentiert. Das Vormundschaftsgericht wacht außerdem über die Ausübung der Personensorge. Für bestimmte (höchstpersönliche) Angelegenheiten ist die ausdrückliche Zustimmung des Gerichts erforderlich.

Außerdem muss die anstehende Maßnahme hiervon *ausdrücklich* erfasst sein (§ 1904 Abs. 2, § 1906 Abs. 5 BGB).

Anders als die Betreuung ist die Bevollmächtigung staatlicher Kontrolle entzogen. Lediglich wenn dem Vormundschaftsgericht bekannt wird, dass die bevollmächtigte Person gegen die Interessen der Betroffenen Person handelt oder ihre Kompetenzen überschreitet, hat es die Angelegenheit zu überprüfen und ggf. anstelle des Bevollmächtigten einen Betreuer zu bestellen. Die Bundesnotarkammer hat allerdings bundesweit ein *Vorsorgeregister* errichtet, um es den Vormundschaftsgerichten zu erleichtern, notariell beurkundete Vorsorgevollmachten schnell und zuverlässig aufzufinden.

Zwangsbefugnisse/Unterbringung

Der Betreuer bzw. Bevollmächtige ist berechtigt und verpflichtet, anstelle und soweit erforderlich und gerichtlich geregelt auch gegen den Willen des Betroffenen Entscheidungen zu treffen – soweit dies für das Wohl des Betreuten notwendig ist. Besonders problematisch sind Fälle, in denen Maßnahmen gegen den aktiven Widerstand des Betreuten ausgeführt werden oder er in seiner Bewegungsfreiheit eingeschränkt wird. Dabei handelt es sich um *freiheitsbeschränkende Maßnahmen*, die als Freiheitsberaubung (§ 239 StGB) strafbar sein können. Hierzu ist auch ein Vertreter/Betreuer nicht ohne weiteres befugt.

§ 239 StGB lautet:
„Wer einen Menschen einsperrt oder auf andere Weise der Freiheit beraubt, wird mit Freiheitsstrafe bis zu fünf Jahren oder mit Geldstrafe bestraft."

Die Befugnis, Angelegenheiten ohne oder gegen den Willen des Betroffenen zu entscheiden, ist keinesfalls identisch mit der Befugnis, diese auch *zwangsweise* gegen den Widerstand des Betroffenen durchzusetzen. Hierzu bedarf es vielmehr einer speziellen Ermächtigung. Freiheitsbeschränkende Maßnahmen sind nur zulässig, wenn der Betroffene hierin zuvor ausdrücklich eingewilligt hat, eine Notstandssituation gegeben ist (§ 34 StGB, also sofortiges Handeln nötig ist, um überragenden Schaden zu verhindern) oder ein entsprechender richterlicher Beschluss des Vormundschaftsgerichts vorliegt (vgl. Art. 104 GG).[7] Darüber hinaus muss die jeweilige Maßnahme in der konkreten Situation notwendig und verhältnismäßig sein (vgl. hierzu oben S. 42 f.). Die Gerichte prüfen in sehr strenger Weise, ob diese Voraussetzungen gegeben sind.

Freiheitsbeschränkung ist rechtswidrig

außer

Einwilligung des Betroffenen
- jederzeit widerruflich
- nur schriftlich
- ausdrückliche Regelung

Notstand/ Notwehr
- Gefahr für wichtige Rechtsgüter
- sofortiges Handeln nötig
- Situation nicht vorhersehbar

Ermächtigung durch Vormundschaftsgericht
- Betroffene kann eigenen Willen nicht bilden/äußern
- pers. Eindruck Richter
- Befristung auf max. 2 Jahre

- Über eine Unterbringung können Mitarbeiter einer Einrichtung, auch wenn dies im Interesse des Betroffenen ist, nicht entscheiden (§ 1906 BGB).
- Freiheitsbeschränkende Maßnahmen dürfen allenfalls einmalig und nur von kurzer Dauer ohne richterliche Entscheidung angeordnet werden (§ 1906 Abs. 4 BGB).
- Im häuslichen Bereich ist für Angehörige eine ausdrückliche Ermächtigung entbehrlich (§ 1906 Abs. 4 BGB).
- Maßnahmen, die nicht dem Wohl des Betroffenen dienen (z. B. der Zeitersparnis für Pflegekräfte) oder unverhältnismäßig sind, sind immer rechtswidrig und strafbar.
- Für Zwangsmaßnahmen zum Schutz anderer Menschen sind die Polizeibehörden bzw. Gerichte zuständig (außer vorübergehende Maßnahmen bei Gefahr im Verzug).

Freiheitsbeschränkende Maßnahmen sind z. B. Bettgitter, Fixierungen, Verschließen von Räumen oder Stationen, Verhinderung eines Ortswechsels durch körperliche Gewalt oder auch psychischen Druck, Verabreichung von Psychopharmaka, elektronische Meldesysteme oder die Wegnahme von Kleidern, Schuhen oder Hilfsmitteln, wenn der Betroffenen damit in seiner Bewegungsfreiheit eingeschränkt wird.

---

[7] Freiheitsentziehende Maßnahmen auf der Grundlage eines Strafverfahrens werden hier vernachlässigt. Die Strafgerichte werden nicht präventiv und auch nicht zum Schutz des Betroffenen, sondern in Folge einer bereits begangenen Straftat tätig.

Eine besonders weitgehende Form der Freiheitsentziehung ist die geschlossene Unterbringung in einem Heim oder einem psychiatrischen Krankenhaus. Eine solche Unterbringung kommt zum Schutz des Unterzubringenden (*Selbstgefährdung*) oder zum Schutz der Allgemeinheit (*Fremdgefährdung*) in Betracht. Bei der Unterbringung wegen Fremdgefährdung handelt es sich um eine polizeiliche Maßnahme zur Aufrechterhaltung der öffentlichen Sicherheit und Ordnung. Sie erfolgt nach den Unterbringungsgesetzen/Psychiatriegesetzen der Länder, häufig auf Antrag der Ordnungsämter. Auch die sozialen Dienste können dies veranlassen. Sie sind hierzu aber nicht verpflichtet.

Freiheitsentziehende Maßnahmen wegen *Selbstgefährdung* sind nur auf der Grundlage des § 1906 BGB zulässig. Sie kommen nur in Betracht, wenn dies *zum Wohl des Betroffenen* unvermeidlich ist. Aufgrund der Freiheitsrechte (vgl. oben zur Bedeutung der Grundrechte Seite 28 ff.) kommt dabei dem tatsächlich geäußerten, ersatzweise dem mutmaßlichen, Willen des Betroffenen entscheidende Bedeutung zu. So rechtfertigt nach der ständigen Rechtsprechung drohende Verwahrlosung kein Eingreifen gegen den Willen des Betroffenen. Auch eine akute Gesundheitsgefährdung rechtfertigt keine Zwangsmaßnahmen, wenn der Betroffene seinen Willen insoweit eigenverantwortlich und frei bilden kann.[8]

In § 1906 BGB werden zunächst die Vorrausetzungen für eine Unterbringung in hierfür speziell vorgesehene Einrichtungen beschrieben. Sie kommt überhaupt nur in Betracht, wenn eine Überwachung des Freiheitsentzugs durch einen Bevollmächtigten des Untergebrachten oder einen gesetzlichen Betreuer sichergestellt ist. Aber auch der Betreuer darf in eine Unterbringung nur auf der Grundlage einer Genehmigung durch das Vormundschaftsgericht einwilligen (Abs. 2). Der zuständige Richter muss den Betroffenen vorher persönlich anhören und sich einen Eindruck von der Situation verschaffen (i. d. R. durch Aufsuchen des Betroffenen in der Unerbringungseinrichtung). Durch eine Bevollmächtigung seitens des Betreuten (Vorsorgevollmacht) kann dieses Verfahren nur ersetzt werden, wenn sie schriftlich erfolgt ist und die Unterbringung hierin ausdrücklich erfasst ist (Abs. 5). Dabei ist zu beachten, dass der Untergebrachte eine Vollmacht jederzeit widerrufen kann.

Diese Bestimmungen des § 1906 BGB gelten aber auch für andere Einrichtungen (z. B. Altenheime, Pflegeheime), wenn freiheitsentziehende Maßnahmen „über einen längern Zeitraum oder regelmäßig" erfolgen (Abs. 4). Das heißt, auch hier dürfen z. B. Bettgitter eigenmächtig *allenfalls einmalig* angebracht werden, und altersverwirrte Menschen dürfen nur kurzfristig (nicht länger als ca. einen Tag) am Verlassen der Einrichtung gehindert werden. Für weitergehende Maßnahmen bedarf es auch hier einer richterlichen Genehmigung. Etwas anderes gilt nach dem Wortlaut des Gesetzes (Umkehrschluss aus Abs. 4) nur, wenn der Betroffene im *häuslichen Bereich* lebt. Angehörige dürfen dann auch auf Dauer ohne gerichtliche Genehmigung die Freiheit beschränken. Auch in diesen Fällen kann dies selbstverständlich immer nur erfolgen, soweit und solange dies im Interesse des Betroffenen unvermeidlich ist. Sonst wird der Straftatbestand des § 239 StGB erfüllt und die Angehörigen haben mit Strafverfolgung zu rechnen.

---

[8] Etwas anderes gilt aber dann, wenn Eltern ihre Zustimmung zu lebensrettenden Maßnahmen für ihre Kinder versagen. Damit überschreiten sie nach der Rechtsprechung ihre elterlichen Befugnisse. Nur für die eigene Person kann man notwendige Hilfe verweigern. Lediglich aus religiösen Gründen ist teilweise ein etwas weiter gehendes Erziehungsrecht anzunehmen (z. B. Verweigerung von Bluttransfusionen für minderjährige Kinder durch Mitglieder der Zeugen Jehovas).

5. Juristische Personen

Nicht nur Personen können Träger von Rechten und Pflichten sein. Gerade im Wirtschaftsleben (aber nicht nur dort) besteht ein Bedürfnis nach einer eigenständigen Verantwortlichkeit von Institutionen, Firmen und Vereinen (z. B. GmbH, gGmbH, AG, eingetragener Verein). Im Recht sind hierfür bestimmte, recht unterschiedlich gestaltete Strukturen vorgesehen. Soweit eine eigene Rechtsfähigkeit besteht, spricht man von „juristischen Personen". Sie nehmen – mit gewissen Einschränkungen – am Rechtsleben teil wie „natürliche Personen" (Menschen). Von besonderem Interesse ist, durch wen juristische Personen vertreten werden und wer in welchem Umfang für Verbindlichkeiten haftet. Folgende Grundtypen von Personenzusammenschlüssen/Gesellschaften sind zu unterscheiden:

BGB-Gesellschaft

Auf der Grundlage der Vertragsfreiheit können (geschäftsfähige) Menschen sich formfrei ganz entsprechend den jeweiligen Vorstelllungen zusammentun, um im Rechtsverkehr aufzutreten und ein gemeinsames Ziel zu verfolgen. Es kann z. B. darum gehen, gemeinsam (und damit kostengünstiger) Heizöl zu bestellen, gemeinsam Lotto zu spielen mit der Vereinbarung die Kosten und den möglichen Gewinn zu teilen, eine Mitfahrgemeinschaft zu regeln oder eine gemeinsame Reise zu planen. Die wechselseitigen Verbindlichkeiten richten sich danach, was die beteiligten Personen untereinander vereinbart haben. Auch die Ausgleichspflicht für Einnahmen und Ausgaben richtet sich nach den individuellen Vereinbarungen. Ebenso kommt es im Verhältnis zu anderen Personen/Geschäftspartnern allein darauf an, was zwischen *diesen* Parteien vereinbart wurde. Das heißt, wenn jemand z. B. 4000 l Heizöl bestellt, ist er zur Abnahme der gesamten Menge verpflichtet, auch wenn er mit seinem Nachbarn vereinbart hatte, dass dieser die halbe Menge abnimmt. Etwas anderes gilt nur, wenn für den Lieferanten bei Vertragsschluss erkennbar ist, dass der Auftraggeber nur teilweise für sich und im Übrigen für den Nachbarn (als dessen Vertreter) handelt. Jemand kann nur mit Bindungswirkung für einen anderen etwas regeln, soweit er hierzu von diesem beauftragt wurde (Vollmacht). Zur Klarstellung regelt das BGB (§§ 705 BGB) lediglich, dass es für jede Vertretung nach außen einer Bevollmächtigung bedarf und dass für Verbindlichkeiten gemeinsam Handelnden im Zweifel gemeinsam einzustehen haben. Solche *Gesellschaften* werden häufig gebildet ohne schriftliche Form und auch, ohne dass die Beteiligten sich dessen bewusst sein müssten (vgl. Beispiel oben).

Es gelten die allgemeinen Regeln des Vertragsrechts, insbesondere der Stellvertretung. Eine eigene Rechtsperson ist die BGB-Gesellschaft nicht. Das bedeutet, wenn eine Gesellschaft etwas erwirbt, erwerben es tatsächlich die Mitglieder und für Verbindlichkeiten müssen sie mit ihrem Privatvermögen einstehen. Von besonderer Bedeutung ist, dass eine gemeinschaftliche Verpflichtung dazu führt, dass jeder gegenüber dem gemeinsamen Geschäftspartner im Zweifel als *Gesamtschuldner* haftet (§ 427 BGB). Das heißt, der Gläubiger kann die Forderung in vollem Umfang von jedem beliebigen Gesellschafter einfordern (§ 421 BGB). Zum Schutz des Rechtsverkehrs wird ihm nicht zugemutet, die Forderung gegenüber einer möglicherweise größeren Zahl von Gesellschaftern anteilsmäßig durchzusetzen. Dies müssen die Mitglieder einer BGB-Gesellschaft vielmehr untereinander regeln. Für jedes Mitglied bedeutet dies das Risiko, für die gesamten Verpflichtungen der Gesellschaft in Anspruch genommen zu werden. Das heißt, wenn jemand ausdrücklich für sich und seinen Nachbarn eine Lieferung von 4000 Liter Heizöl bestellt, kann der Lieferant von jedem der beiden den vollen Kaufpreis einfordern. Von Bedeutung ist dies vor allem, wenn ein Gesellschafter nicht zahlungsfähig ist. Hinzu kommt, dass der tatsächlich Handelnde allein persönlich verpflichtet ist, falls er – möglicherweise unwissend – seine Kompetenzen überschreitet, also ohne Vertretungsmacht handelt (vgl. 179 BGB).

Häufig liegt eine BGB-Gesellschaft vor, wenn mehrere Fachkräfte einen Pflegedienst gemeinsam aufbauen, eine Elterninitiative Kinderbetreuung eigenverantwortlich regelt oder eine Freizeit für Jugendliche organisiert wird. Die gleichen Grundsätze gelten, wenn sich eine größere Anzahl von Personen zu einem (nicht eingetragenen) Verein zusammenschließt (§ 54 BGB).

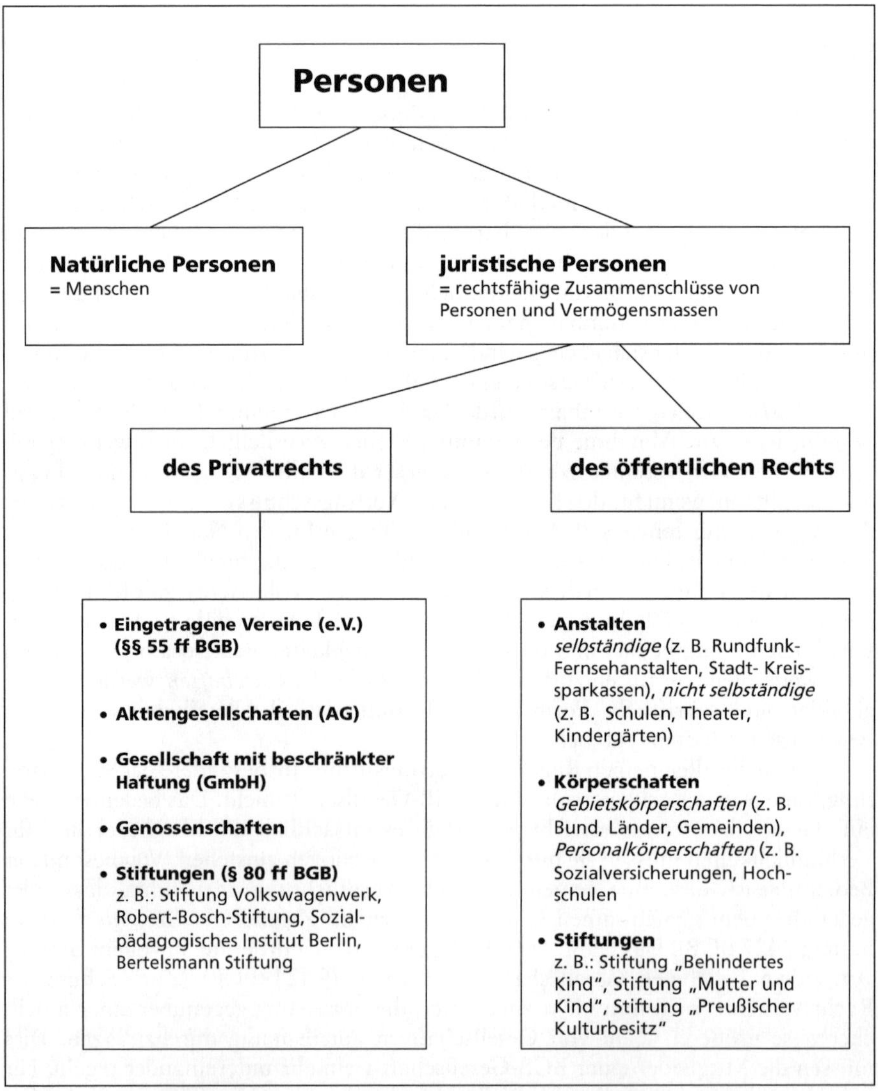

Verein

Im Unterschied zur BGB-Gesellschaft liegt ein Verein nur vor, wenn bestimmte, klare Organisationsformen erfüllt sind (vgl §§ 21 ff BGB). Zu unterscheiden ist zwischen dem *nicht rechtsfähigen* (nicht im Vereinsregister eingetragenen) Verein und dem *rechtsfähigen* (im Vereinsregister eingetragenen Verein).

Der Verein ist der Zusammenschluss mehrerer Personen zur Erfüllung eines beliebigen gemeinsamen Zweckes. Wesentliches Merkmal eines Vereins ist, dass die Mitglieder nach demokratischen Grundsätzen die Ziele und die Art der Aufgabenerfüllung bestimmen. Man unterscheidet zwischen ideellen und wirtschaftlichen Vereinen. Die Verfassung des Vereins muss in einer Satzung schriftlich festgelegt und die Geschäftsführung durch einen Vorstand geregelt sein. Im Unterschied zum eingetragenen Verein müssen beim nicht rechtsfähigen Verein keine bestimmten formalen Voraussetzungen (z. B. über Mindestmitgliederzahl) zwingend erfüllt sein.

Im Unterschied zur BGB-Gesellschaft ist seine Existenz von einem Wechsel der Mitglieder unabhängig. Da mit der Gründung eines Vereins ein gewisser Organisationsaufwand verbunden ist, empfiehlt sich die Gründung eines Vereins nur, wenn es darum geht, für eine größere Zahl von Beteiligten gemeinsame Regeln festzulegen, und davon auszugehen ist, dass der Verein eine gewisse Dauer bestehen wird. Da auch hier die oben geschilderten Haftungsprobleme bestehen (§ 54 BGB), ist der nicht rechtsfähige Verein nur sinnvoll, wenn die Tätigkeit des Vereins nicht mit größeren Haftungsrisiken verbunden ist.

Rechtsfähiger Verein

Im Unterscheid zum nicht eingetragenen Verein und zur BGB-Gesellschaft hat der eingetragene Verein eine eigene Rechtspersönlichkeit (juristische Person), mit eigenem Vereinsvermögen und geregelter Geschäftsführung. Nach §§ 21, 55 ff BGB erlangt ein Verein Rechtsfähigkeit durch Eintragung im Vereinsregister. Die Vereinsregister sind bei den Amtsgerichten angesiedelt. Folgende Voraussetzungen müssen für eine Eintragung erfüllt sein:

Zur Gründung eines eingetragenen Vereins bedarf es mindestens sieben Mitglieder, die natürliche Personen sein müssen. Der Zweck des Vereins, die Geschäftsführung, Bestimmungen über den Ein- und Austritt der Mitglieder, deren Mitsprachbefugnisse und die Höhe der Mitgliedsbeiträge müssen in einer Satzung schriftlich festgelegt werden. Diese Satzung ist beim zuständigen Amtsgericht zu hinterlegen (§§ 55 ff BGB).

Der Vorstand des Vereins (oder sein Vertreter) ist befugt, Geschäfte zugunsten und zulasten des Vereins abzuschließen. Vertragspartner ist dann allein der rechtsfähige Verein. Für Verbindlichkeiten wird ausschließlich mit dem Vereinsvermögen gehaftet. Die Verpflichtungen der Vereinsmitglieder ergeben sich allein aus der Satzung. Diese rechtliche Eigenständigkeit des Vereins kommt durch den Zusatz im Namen „eingetragener Verein“ bzw. kurz „e. V.“ nach außen erkennbar zum Ausdruck.

Eine Einrichtung, die ausschließlich darauf ausgerichtet ist, in gemeinnütziger Weise dem Allgemeinwohl zu dienen, wird auf Antrag durch das Finanzamt als gemeinnützig anerkannt. Dies führt zu weitgehender Steuerbefreiung für die Einrichtung (Gewerbe-, Umsatz-, Vermögenssteuer u. a.) und zu der Befugnis, Spendenbescheinigungen mit steuerbefreiender Wirkung für den Spender auszustellen. Im sozialen Bereich hat diese anerkannte Gemeinnützigkeit darüber hinaus große

Bedeutung für die öffentliche Reputation. Die Anerkennung als gemeinnützig wird traditionell vor allem eingetragenen Vereinen zu Teil. Aber auch andere Körperschaften wie GmbH, Stiftung und selbst nicht rechtsfähige Vereine können die Anerkennung beantragen, wovon zunehmend Gebrauch gemacht wird.

Andere Rechtsträger

Zu den weiteren juristischen Personen, die eigenständig am Rechtsverkehr teilnehmen können, zählen Aktiengesellschaften (AG), Gesellschaften mit beschränkter Haftung (GmbH), Genossenschaften, Stiftungen und Körperschaften des öffentlichen Rechts. Die GmbH hat im Rechtsverkehr (auch im Sozialwesen) mittlerweile erhebliche Bedeutung erlangt, weil die Gläubiger hier die Sicherheit haben, dass ein gewisses Kapital als Haftungsmasse zur Verfügung steht (Stammkapital), andererseits die Haftung aber auf dieses Kapital beschränkt ist und damit die finanziellen Risiken für den Betreiber überschaubar bleiben. Wird das Vermögen und ein eventueller Gewinn ausschließlich für gemeinnützige Zwecke verwandt, wird wegen der genannten steuerlichen Vergünstigungen häufig eine gemeinnützige GmbH (gGmbH) gegründet. Im Einzelnen kann auf diese Fragen hier nicht eingegangen werden. (Zu Körperschaften des öffentlichen Rechts vgl. unten Seite 158 f.).

Literaturhinweise zur Vertiefung:

Bienwald, Werner: Betreuungsrecht (1999).
Birr, Christiane: Die Haftung Minderjähriger (2005).
Bühler, Ernst u. a.: Betreuungsrecht und Patientenverfügungen (2005).
Claussen, Hans u. a: Aufsichtspflicht und Aufsichtspflichtverletzung (1995).
Falterbaum, Johannes: Caritas und Diakonie (2000).
Jürgens, Andreas u. a.: Kommentar zum materiellen Betreuungsrecht, zum Verfahrensrecht und zum Vormünder- und Betreuervergütungsgesetz (2005).
Kienzle, Theo: Das Recht in der Heilerziehungs- und Altenpflege (2004).
Knittel, Bernhard: Betreuungsrecht (2006).
Mayer, Günter: Aufsichtspflicht, Haftung, Versicherung (2003).
Raack, Wolfgang u. a.: Leitfaden Betreuungsrecht für Betreuer, Angehörige, Betroffene, Ärzte und Pflegekräfte (2005).
Zimmermann, Walter: Betreuungsrecht von A–Z (2000).

IV. Familienrecht

Zu Kapitel IV: Übungsfall 1 (Eine ganz normale Familie), Seite 219 ff.

1. Verfassungsrechtliche Grundlagen

Jeder Mensch kann frei darüber entscheiden, ob und in welcher Weise er zwischenmenschliche Bindungen eingehen möchte. Der Staat respektiert dies als eine wesentliche Form der freien Entfaltung der Persönlichkeit (zur Bedeutung der Grund- und Menschenrechte vgl. oben Seite 28 ff). Gleichzeitig stellt er im Rahmen der institutionellen Gewährleistung (hierzu oben Seite 31) Strukturen bereit, damit solche Beziehungen auch rechtsverbindlich gestaltet werden können. Über diese Rechtsstrukturen wird konkrete Gestaltung der Freiheit möglich. Neben Regelungen für Ehe und Partnerschaft bedarf es auch einer rechtlichen Ausgestaltung der Beziehungen zwischen Eltern und ihren Kindern. Diese Sorgeverantwortung für Minderjährige wird im Wesentlichen durch den Staat vorgegeben.

Da das Verständnis von Ehe und Familie gesellschaftlichen Wandlungsprozessen unterliegt (vgl. oben Seite 11 f), gibt es immer wieder leidenschaftliche Auseinandersetzungen darüber, welche rechtlichen Regelungen angemessen sind. Es gibt Wahlmöglichkeiten zwischen unterschiedlichen Güterständen während der Ehe, Regelungen für die Auflösbarkeit der Ehe, seit dem Jahr 2001 Strukturen für gleichgeschlechtliche Partnerschaften und Regelungen für die elterliche Sorge verheirateter und nicht verheirateter Eltern. Das Familienrecht schafft Rechtsklarheit und Rechtssicherheit für die beteiligten Personen und regelt das wechselseitige Einstehen für einander in der Familie. Vor allem bezogen auf die Interessen von Kindern und Jugendlichen, aber auch bezogen auf Ehepartner erfüllt das Recht eine ausgeprägte Schutzfunktion.

Stets geht es dabei um Rechtsbeziehungen zwischen Bürgern, weshalb das Familienrecht als Teil des Zivilrechts im Bürgerlichen Gesetzbuch (4. Buch des BGB, §§ 1297–1921) geregelt ist. Nur soweit der Staat nicht nur rechtliche Strukturen für die Bürger allgemeingültig vorgibt, sondern von staatlicher Seite Leistungen erbracht werden, gelten die Regelungen des öffentlichen Rechts (z.B. Leistungen der Kinder- und Jugendhilfe). Im Familienrecht gibt es zahlreiche Berührungspunkte zu öffentlich-rechtlichen Rechtsgebieten (zu den grundlegenden Unterschieden beider Rechtsbereiche oben Seite 44 ff). Dies ist z. B. der Fall, wenn die elterliche Sorge durch Leistungen der Kinder- und Jugendhilfe ergänzt wird, insbesondere wenn gegen den Willen der Personensorgeberechtigen gehandelt wird. Aber auch die familienrechtlichen Unterhaltsregelungen zwischen Eltern und Kindern bzw. Ehegatten wirken sich darauf aus, wann ein Anspruch auf öffentliche Leistungen, insbesondere auf Arbeitslosengeld II oder Sozialhilfe, entstehen kann. (Zu den mittlerweile sehr komplizierten und differenzierten Ineinandergreifen von öffentlichen und zivilrechtlichen Leistungen vgl. unten Seite 85 ff.).

Aus Art. 6 Abs. 1 Grundgesetz (GG) ergibt sich die Verpflichtung, mit Hilfe der staatlichen Ordnung Ehe und Familie zu schützen. Diese Formen des Zusammenlebens sind damit gegenüber anderen Formen hervorgehoben und auch privilegiert (z. B. erhebliche Steuervergünstigungen für Verheiratete). Nach der jüngeren Rechtsprechung ist der Begriff der Familie heute in einem weiten Sinn zu verstehen, so dass auch so genannte Einelternfamilien und Familien mit Stiefelternteilen hiervon erfasst werden. Der besondere Schutz der Ehe setzt hingegen nach wie vor einen formellen Eheschluss voraus. Nicht eheliche Lebensgemeinschaften – in welcher Form auch immer – sind nicht erfasst. Sofern es sich um so genannte eheähnliche Gemeinschaften handelt, dürfen diese durch die Rechtsordnung nicht besser (wohl aber schlechter) gestellt werden als Ehepaare. Dies ergibt sich aus der in Art. 6 GG geregelten besondern Bedeutung der Ehe in Verbindung mit Art. 3 GG (zur Bedeutung des Gleichbehandlungsgebots vgl. oben Seite 39 f). Die bei einer eingetragenen Lebenspartnerschaft geltenden Rechte ergeben sich nicht aus Art. 6 GG, sondern dem allgemeinen Recht auf freie Lebensgestaltung gem. Art. 2 GG (hierzu ausführlich unten Seite 73 f).

Art. 6 Abs. 2 Satz 1 GG beschreibt die Verantwortung der Eltern für ihre Kinder als deren *natürliche Rechte* und vor allem *Pflichten.* Mit dem Begriff „natürlich" wird herausgestellt, dass es sich hierbei um vorstaatliche Rechte und Pflichten der Eltern handelt, in welche der Staat grundsätzlich nicht eingreifen darf (vgl. oben Seite 28 ff). Da der Staat andererseits aber das Leben und die Entfaltung aller Menschen zu schützen hat, regelt Art 6 Abs. 2 Satz 2 GG, dass „die staatliche Gemeinschaft" darüber zu wachen hat, dass die Rechte von Kindern auf Pflege und Erziehung durch die Eltern auch gewährleistet werden. Damit sind Konflikte hinsichtlich der Frage vorgezeichnet, wie weit die Elternverantwortung für staatliche Macht unantastbar ist und wie weit eine Kontrolle der Eltern und ggf. Eingriffe in ihre „natürlichen Rechte" zulässig und notwendig sind. Die Verfassung beschreibt letztlich ein Spannungsverhältnis, ohne dass für alle denkbaren Lebenssituationen Lösungswege vorgegeben werden könnten. Dieses *Wächteramt* des Staates ist sicher weniger als eine allgemeine staatliche Kontrolle und hat vor allem unterschiedliche Erziehungsstile und Wertvorstellungen der Eltern zu respektieren. Andererseits muss es funktionierende öffentliche Strukturen geben, die Beeinträchtigungen des Kindeswohls, möglichst zuverlässig vermeiden. Dabei kann zwar in zahlreichen Fällen der Elternwille letztlich nicht der entscheidende Maßstab sein, andererseits ist aber bei sämtlichen Eingriffen in die Elternverantwortung zu bedenken, dass nach den Erkenntnissen der Psychiatrie und Psychologie auch bei schwierigen Familiensituationen der Beziehung des Kindes zu seinen Eltern wesentliche Bedeutung zukommt. Art. 6 Abs. 3 GG regelt deshalb aus guten Gründen, dass nur bei „Versagen der Eltern" oder wenn „Verwahrlosung droht", also bei erheblichen Beeinträchtigungen des Kindeswohls, Kinder gegen den Willen der Eltern von diesen getrennt werden dürfen. Durch § 1666 BGB wird präzisiert, dass bei einer wie auch immer

Artikel 6 Grundgesetz lautet:

(1) Ehe und Familie stehen unter dem besonderen Schutze der staatlichen Ordnung.

(2) Pflege und Erziehung der Kinder sind das natürliche Recht der Eltern und die zuvörderst ihnen obliegende Pflicht. Über ihre Betätigung wacht die staatliche Gemeinschaft.

(3) Gegen den Willen der Erziehungsberechtigten dürfen Kinder nur auf Grund eines Gesetzes von der Familie getrennt werden, wenn die Erziehungsberechtigten versagen oder wenn die Kinder aus anderen Gründen zu verwahrlosen drohen.

(4) Jede Mutter hat Anspruch auf den Schutz und die Fürsorge der Gemeinschaft.

(5) Den unehelichen Kindern sind durch die Gesetzgebung die gleichen Bedingungen für ihre leibliche und seelische Entwicklung und ihre Stellung in der Gesellschaft zu schaffen wie den ehelichen Kindern.

gearteten *Kindeswohlgefährdung* (unbestimmter Rechtsbegriff, vgl. hierzu unten Seite 90 f) nur durch eine Entscheidung des Familiengerichts in die Verantwortung der Eltern eingegriffen werden darf (zur Rolle der Jugendhilfe in diesen schwierigen Situationen vgl. unten Seite 123 f).

2. Eherecht

Aufgrund der weltanschaulichen Neutralität des Staates fehlt im Gesetz weitgehend eine Definition über Sinn, Zweck und Ausgestaltung der Ehe. Bis auf Rahmenbestimmungen (§§ 1297 ff BGB) ist die inhaltliche Gestaltung den Ehegatten überlassen. Hier nach kann eine Ehe nur zwischen Partnern verschiedenen Geschlechts geschlossen werden und setzt immer den freien Entschluss beider Ehegatten voraus (keine Zwangsehe). Außerdem ist eine Ehe gleichzeitig nur mit einem Partner möglich (*Monogamie*) und wird grundsätzlich auf lebenslange Dauer geschlossen (Befristung ist unzulässig). Außerdem ist die Ehe von Gleichberechtigung der Partner geprägt (Art. 3 Abs. 2 GG), und diese sind verpflichtet, aufeinander Rücksicht zu nehmen und notfalls eigene Interessen zurückzustellen. Grundsätzlich kann in Deutschland eine Ehe nur zwischen erwachsenen Menschen geschlossen werden (Ehemündigkeit). Das Familiengericht kann unter bestimmten Voraussetzungen eine Ehe zulassen, wenn lediglich ein Partner volljährig ist und der andere mindestens 16 Jahre alt ist (§ 1303 Abs. 2 BGB). Die Ehe zwischen in gerader Linie Verwandten und Geschwistern (auch Halbgeschwistern) ist verboten (§ 1314 Abs. 1 BGB).

Rechtsfolgen der Ehe

Mit der Ehe wählen die Ehegatten einen gemeinsamen Familiennamen (Nachnamen), wobei derjenige, dessen Name nicht Familienname wird, seinen bisherigen Namen (meist Geburtsnamen) dem Familiennamen als Begleitname wahlweise voranstellen oder anfügen kann (§ 1355 BGB). Hierbei handelt es sich jedoch lediglich um eine „Soll-Bestimmung"; seit dem Jahr 1993 kann auch jeder Ehegatte seinen bisherigen Namen weiterführen. Nach § 1353 Abs. 1 BGB sind die Ehegatten zur ehelichen Lebensgemeinschaft verpflichtet; die Erfüllung dieser Verpflichtung kann aber nicht zwangsweise durchgesetzt werden. Beiden Ehegatten steht die gemeinsame Nutzung der Ehewohnung zu. Will ein Ehegatte getrennt leben, z. B. um die für eine Scheidung notwendige Trennungszeit zu erreichen, kann er unter den Voraussetzungen des § 1361b Abs. 1 BGB die vollständige oder teilweise Überlassung der Wohnung verlangen. Für den Fall, dass Gewalt durch einen Ehegatten droht, kann dem Opfer die Wohnung zur alleinigen Nutzung durch das Familiengericht zugewiesen werden (§ 1361b Abs. 2 BGB). Sofern die Ehegatten nicht getrennt leben, kann im Rahmen der „Schlüsselgewalt" (§ 1357 BGB) jeder Ehegatte mit Wirkung auch für den anderen Geschäfte zur Deckung des Lebensbedarfs der Familie tätigen (Gesamtschuldner).

Eheliche Güterstände

Hinsichtlich der Regelung der Vermögensverhältnisse können die Ehegatten zwischen drei unterschiedlichen Güterständen wählen (§§ 1363 ff BGB). Hierzu können sie zu Beginn der Ehe oder auch später einen Ehevertrag abschließen.

Möchten die Ehegatten auch während der Ehe ihre Vermögensverhältnisse getrennt behalten wie unverheiratete Menschen, so können sie den Güterstand der *Gütertrennung* wählen. Gemeinsame Verpflichtungen entstehen dann nur, soweit die Eheleute dies bezogen auf Einzelfragen ausdrücklich regeln oder sich dies aus Geschäften des täglichen Lebens ergibt (wechselseitige Unterhaltspflichten werden hierdurch allerdings nicht berührt).

Möchten die Ehegatten hingegen ihre getrennten Vermögen zu einer gemeinsamen Vermögensmasse zusammenführen, worüber dann wahlweise jeder der beiden oder nur beide gemeinsam verfügen können, so kann *Gütergemeinschaft* gewählt werden. Von diesem Gesamtgut sind dann nur wenige Vermögensgüter ausgenommen (z. B. Ererbtes, bestimmte Beteiligungen an Personengesellschaften).

Die dritte und häufigste Form ist die so genannte *Zugewinngemeinschaft* (§§ 1363 ff BGB). Hiernach bleiben während der Ehe die Vermögensmassen der Ehegatten getrennt (wie bei der Gütertrennung) und jeder verwaltet sein Vermögen selbständig. Es bestehen lediglich wenige Verfügungsbeschränkungen, etwa wenn ein Ehegatte über sein Vermögen als Ganzes oder über Hausratsgegenstände verfügen möchte (§§ 1365–1369 BGB). Bei Beendigung der Ehe (Tod oder Scheidung) findet jedoch zwischen den Ehegatten ein Ausgleich des Vermögensteils statt, den jeder von ihnen während der Ehe hinzugewonnen hat. Dies führt im Fall der Scheidung oft zu schwierigen Berechnungen und heftigen Auseinandersetzungen. Denn hierzu muss das Vermögen der Ehegatten zu Beginn der Ehe (Anfangsvermögen) und deren Vermögen am Ende der Ehe (Endvermögen) ermittelt werden. Die zweifelsfreie Festsetzung des Wertes von Immobilien und anderer Wertgegenstände ist aber im Nachhinein (oft Jahre oder Jahrzehnte nach Beginn der Ehe) oft kaum möglich. Vielfach ist es auch schwierig, die Vermögenszugehörigkeit bestimmter, während der Ehe angeschaffter Gegenstände klar festzustellen. Wenn die Ehe durch Tod eines Partners beendet wird, entfällt diese Berechnung; stattdessen erhöht sich der Erbteil des länger lebenden Ehegatten um ein Viertel (Pauschalierung des Zugewinnausgleichs, § 1371 i.V.m. § 1931 BGB). Solange es zu keiner Erbauseinandersetzung mit anderen Erben (z. B. Kindern) kommt, kann der Überlebende das gesamte Vermögen des Verstorbenen zusammen mit seinem eigenen Vermögen – also ohne jede Trennung – verwalten und nutzen. Nach dem Tod des länger lebenden Ehegatten kommt es dann zu einer Aufteilung des Vermögens beider Eheleute. Die Zugewinngemeinschaft ist in Deutschland der bei weitem häufigste Güterstand und besteht auf Grund gesetzlicher Regelung (§ 1363 Abs. 1 BGB) immer dann, wenn bzw. solange die Ehepartner keine andere Regelung wählen. Der Begriff Zugewinngemeinschaft ist allerdings missverständlich und auch die Betroffenen sind sich der Gütertrennung während der Dauer der Ehe häufig nicht bewusst, da der Vermögensausgleich bei Scheidung oder Tod in der öffentlichen Diskussion im Mittelpunkt steht.

Damit im allgemeinen Rechtsverkehr erkennbar ist, mit welchen Vermögensmassen ein Ehepartner letztlich haftet, können die Ehegatten im *Güterrechtsregister* (geführt bei den Amtsgerichten) ihren Güterstand für jedermann zugänglich eintragen lassen (§§ 1558 ff BGB).

Ehescheidung

Bis zum Jahr 1977 konnte eine Ehe nur geschieden werden (§§ 1564 ff BGB), wenn ein Ehegatte das Scheitern der Ehe (z. B. durch Ehebruch) schuldhaft verursacht hatte und dies im Scheidungsverfahren festgestellt wurde. Nach geltendem Recht kommt es auf das Verschulden nicht mehr an. Eine Ehe kann vielmehr geschieden werden, wenn die Ehe zerrüttet ist (*Zerrüttungs- statt Verschuldensprinzip*). Die Gründe des Scheiterns der Ehe werden nicht mehr ermittelt. Vielmehr wird eine Ehe auf Antrag eines Ehegatten geschieden, „wenn die Lebensgemeinschaft der Ehegatten nicht mehr besteht und nicht erwartet werden kann, dass die Ehegatten sie wieder herstellen" (§§ 1565 Abs. 1 BGB). Das Scheitern der Ehe wird unwiderleglich vermutet, wenn die Ehegatten seit mindestens einem Jahr getrennt leben und beide die Scheidung beantragen *(einvernehmliche Scheidung)*. Beantragt lediglich einer der Ehegatten die Scheidung, wird nach drei Jahren Getrenntleben das Scheitern der Ehe vermutet. Nur in Ausnahmefällen kann das Gericht auch ohne Vorliegen dieser Trennungszeiten eine Ehe scheiden (§ 1565 Abs. 2 BGB). Für Ehescheidungsverfahren ist das Familiengericht (eine Abteilung des Amtsgerichts) zuständig. Über die mit einer Ehescheidung zusammen hängenden Angelegenheiten (Zugewinnausgleich, Neuregelung der elterlichen Sorge, Unterhaltsansprüche u.a.) wird meist in einem Verfahren mit der Ehescheidung entschieden. Die Angelegenheiten können aber auch in getrennten Verfahren verhandelt werden.

3. Eingetragene Lebenspartnerschaften

Verfassungsrechtlich ist der „besondere Schutz von Ehe und Familie" vorgeschrieben (vgl. oben Seite 69 ff), was zahlreiche Sonderreglungen zum Eherecht (hierzu oben), zur elterlichen Sorge (hierzu unten Seite 76 ff), zum Unterhaltsrecht (hierzu unten Seite 81 ff) und zum Erbrecht, aber auch erhebliche steuerliche und andere Vergünstigungen für Ehepaare mit und ohne Kinder zur Folge hat. Seit den 80er Jahren des vergangenen Jahrhunderts wurde zunehmend gefordert, auch andere Formen persönlicher Bindung rechtlich zu regeln. Vor allem homosexuelle und verschiedengeschlechtliche unverheiratete Paare fühlten sich diskriminiert, weil die Sonderregeln des Art. 6 GG auf sie keinerlei Anwendung finden. In der immer noch anhaltenden Diskussion wird auf der einen Seite die besondere Bedeutung von Ehe und Familie und auf der anderen Seite die Freiheit der menschlichen Lebensgestaltung hervorgehoben. Die entscheidende Frage ist, ob und in welcher Weise der Staat in dieser Frage gesellschaftlich relevante Wertungen vornehmen soll. Beide Seiten berufen sich auf Art. 3 GG und fordern Gleichbehandlung bzw. Beachtung der wesensmäßigen Besonderheit von Ehe und Familie (zur Anwendung von Art. 3 GG vgl. oben Seite 39 f). Im europäischen Ausland wurde diese Frage sehr unterschiedlich geregelt. Während beispielsweise in Dänemark und den Niederlanden homosexuelle Partnerschaften der Ehe gleichgestellt sind, wurden in Frankreich und Belgien nur einige Aspekte geregelt und eine vollständige Gleichstellung vermieden. Mit dem so genannten *Lebenspartnerschaftsgesetz* wurden ab August 2001 erstmals in Deutschland spezielle Bestimmungen für homosexuelle Paare eingeführt. Diese Regelungen wurden seither bereits mehrfach ausgeweitet, sind denen zur Ehe nachgebildet, aber nach wie vor weniger weitgehend. Um auch sprachliche Diskriminierungen zu vermeiden, ist die offizielle Bezeichnung in den Gesetzestexten „Lebenspartnerschaftsgesetz" bzw. „Lebenspartner". Diese Formulierung kann allerdings zu Missverständnissen führen. Denn aufgrund der Definition in § 1 Abs. 1 Lebenspartnerschaftsgesetz werden hiervon – anders als im allgemeinen Sprachgebrauch – ausschließlich gleichgeschlechtliche (homosexuelle) Beziehungen erfasst (zu anderen Lebenspartnerschaften vgl. weiter unten).

Eine Lebenspartnerschaft im Sinne des Gesetzes kann (ähnlich wie bei der Ehe) dadurch begründet werden, dass zwei Personen gleichen Geschlechts dies gegenseitig und persönlich vor der zuständigen Behörde erklären. Die zuständige Behörde ist je nach Bundesland die Kreisverwaltung (Baden-Württemberg, Brandenburg, Rheinland-Pfalz), die Gemeinde (Hessen, Saarland), der Notar (Bayern) oder das Standesamt (neue Bundesländer). Die Partner müssen bereit sein, für einander Verantwortung zu tragen und ihr Leben gemeinsam zu gestalten. Eine Lebenspartnerschaft ist nicht möglich, wenn einer der beiden minderjährig ist, verheiratet ist oder bereits eine andere eingetragene Lebenspartnerschaft führt. Die Eintragung gibt der Partnerschaft einen verbindlichen rechtlichen Rahmen. Hierzu gehören einklagbare wirtschaftliche Fürsorge- und Unterstützungspflichten. Das Namensrecht, Güterrecht, Unterhaltsrecht während der Partnerschaft und das Erbrecht entsprechen den Regelungen für Ehegatten. Ebenso finden unter anderem die Grundsätze der Familienversicherung in der gesetzlichen Kranken- und Pflegeversicherung (§ 10 SGB V, § 25 SGB XI), des Eintrittsrechts in den Mietvertrag nach dem Tod eines Partners (§§ 569 ff BGB) sowie die Nachzugsregelungen für einen ausländischen Partner (§ 9 Staatsangehörigkeitsgesetz) Anwendung. In sozialrechtlicher Hinsicht ist die eingetragene Lebenspartnerschaft mit der Ehe gleichgestellt. Insbesondere ist das Einkommen und Vermögen beider Partner bei der Bedarfsberechnung zu berücksichtigen (vgl. § 7 Abs. 3 c SGB II, § 19 Abs. 1–3 SGB XII). Für den Fall des Scheiterns der Partnerschaft sind sowohl die Voraussetzungen (Trennungszeit) als auch die Folgen (insbesondere Unterhaltspflichten) mit den Regelungen bezogen auf die Ehe identisch (vgl. Verweise in § 16 Lebenspartnerschaftsgesetz). Man spricht jedoch nicht von einer Scheidung, sondern die eingetragene Lebenspartnerschaft wird durch das Familiengericht aufgehoben (§ 15 Lebenspartnerschaftsgesetz).

4. Andere Lebensgemeinschaften

Von der Wohngemeinschaft über langjährige eheähnliche Partnerschaften bis hin zu Versorgungsgemeinschaften im Alter gibt es zahlreiche unterschiedliche Formen des engen Zusammenlebens zwischen verschieden geschlechtlichen und gleichgeschlechtlichen Personen. Allein Rechte und Pflichten in der Ehe und in eingetragenen (gleichgeschlechtlichen) Lebenspartnerschaften sind gesetzlich in allgemein gültiger Weise geregelt. Für andere Formen des Zusammenlebens gibt es in Deutschland keine speziellen Strukturen (anders ist dies z. B. in Frankreich). Vor allem wenn diese Beziehungen auseinander gehen, kommt es immer wieder zu schwierigen Auseinandersetzungen. So kann es unterschiedliche Auffassungen darüber geben, wie Zuwendungen auszugleichen sind, die ein Partner im Vertrauen auf das Fortbestehen der Gemeinschaft an den anderen geleistet hat, ob kontinuierliche Mitarbeit im Haushalt oder Betrieb auszugleichen sind oder wie gemeinsame Anschaffungen (Hausrat, PKW) aufzuteilen sind.

Besondere Bedeutung individueller Vereinbarungen

Da der Gesetzgeber keine allgemeinen Regelungen vorgegeben hat, liegt es an den Partnern solcher Lebensgemeinschaften, durch vertragliche Regelungen vorzusorgen (zum Grundsatz der Vertragsfreiheit oben Seite 24 ff). Auf diese Weise können die Betroffenen sehr unterschiedlich und individuell ihre persönlichen Beziehungen regeln. Dies ist auch sinnvoll so, weil es keine allgemeinen Regeln geben kann, wie in diesen sehr unterschiedlich gestalteten Lebensgemeinschaften verfahren werden soll. Mittlerweile gibt es auch zahlreiche Muster für unterschiedliche Partnerschaftsverträge. So kann vertraglich z. B. ein Versorgungsausgleich für den Fall der Trennung geregelt werden, eine wechselseitige Erbeinsetzung erfolgen oder Regelungen für erbrachte bzw. verbrauchte Leistungen getroffen werden. Ein entscheidendes Problem besteht aber darin, dass es geradezu ein Merkmal nichtehelicher Lebensgemeinschaften zu sein scheint, dass – im Unterschied zu Ehe und eingetragener Lebenspartnerschaft – die Beziehungen nicht in rechtlich verbindlicher Weise geregelt werden. Denn zu solchen Lebensgemeinschaften kommt es meist aufgrund emotionaler Empfindungen, die sich allmählich entwickeln und jedenfalls zunächst der rechtlichen Ebene kaum zugänglich sind. Soweit Vereinbarungen getroffen werden, geschieht dies häufig mündlich oder auch stillschweigend durch so genannte *konkludente Erklärungen*. In Streitfällen ist es dann aber häufig schwierig, diese Rechtsbeziehungen zu klären. Auch allgemeine Auslegungsregel helfen dann aufgrund der Vielgestaltigkeit der Beziehungen nicht weiter. Können, wie meist, vertragliche Vereinbarungen nicht nachgewiesen werden, besteht keinerlei Anspruch auf Ausgleich für zur Zeit der Lebensgemeinschaft erbrachte oder verbrauchte Leistungen. Etwas anderes gilt nur, wenn (nachweisbar) nicht einer für beide, sondern beide gemeinsam Werte geschaffen haben (gemeinsame Anschaffungen) und diese am Ende der Gemeinschaft noch vorhanden sind.

Auch für den Fall, dass Kinder zu der Gemeinschaft gehören, entstehen durch das Zusammenleben keine Rechtsbeziehungen. Die Rechtsbeziehungen von Eltern zu ihren Kindern sind grundsätzlich unabhängig von den Rechtsbeziehungen der Eltern untereinander. Die Rechtsverhältnisse der Elternteile zum Kind ergeben sich auch in einer Lebensgemeinschaft allein aus dem Recht der elterlichen Sorge. Das bedeutet, dass die Sorgeverantwortung für ein in einer nichtehelichen Lebensgemeinschaft geborenes Kind allein bei der Mutter liegt, sofern die Eltern keine gemeinsame Sorgeerklärung abgeben (vgl. zur elterlichen Sorge unten Seite 76 ff).

Eheähnliche Gemeinschaften

In vielen Fällen gleichen die Beziehungen weitgehend einer Ehe. Es stellt sich daher die Frage, ob zum Schutz der Betroffenen nicht auch vergleichbare Regelungen zur Anwendung kommen sollten. Dies ist aber schon deshalb kaum möglich, weil es keine klaren Kriterien gibt, welche Beziehungen im Einzelnen hiervon erfasst werden sollten. Außerdem wäre dies eine Art Bevormundung durch den Staat. Denn würden die betroffenen Personen eheähnliche Regelungen wollen, könnten sie ja eine Ehe schließen. Wesentliches Merkmal nicht ehelicher Beziehungen ist gerade, dass eine geringe (rechtliche) Verbindlichkeit gewollt ist. Für die Partner eheähnlicher Beziehungen gilt also auch – wie generell im Zivilrecht –, dass besondere Rechtsbeziehungen nur bestehen, wenn und soweit diese durch Verträge zwischen diesen Personen ausdrücklich begründet wurden.

Bezogen auf öffentlich rechtliche Rechtsverhältnisse, insbesondere im Verhältnis zu öffentlichen Sozialleistungsträgern, ist dies jedoch anders. Grundlage hierfür ist ein etwas komplizierter Gedankengang: Durch eine Ehe entstehen Unterhaltsverpflichtungen. Da diese zivilrechtlichen Unterhaltspflichten gegenüber Leistungen der Grundsicherung für Arbeitsuchende und Sozialhilfeleistungen vorrangig sind (näher hierzu unten Seite 85), bedeutet dies im Fall der Not eines Ehepartners eine Entlastung der öffentlichen Fürsorgesysteme. Die Ehepartner sind damit sozialrechtlich schlechter gestellt als nicht verheiratete Paare. Da aber aufgrund Art. 6 GG alle öffentlichen Stellen verpflichtet sind, Ehe und Familie in besonderer Weise zu schützen und zu fördern (vgl. oben Seite 69 f), darf es eine solche Besserstellung nicht verheirateter Paare nicht geben. Soweit es sich um *eheähnlichen Gemeinschaften* handelt, müssen diese daher sozialrechtlich ebenso behandelt werden wie Ehepaare. Benachteiligungen eheähnlicher, nicht verheirateter Paare (insbesondere im Steuerrecht) sind hingegen zulässig, da Art. 6 GG ausschließlich den besondern Schutz von Ehe und Familie regelt (zum Gleichbehandlungsgrundsatz oben Seite 39 f).

Diese Argumentation hat die merkwürdige Konsequenz, dass Arbeitsagenturen und Sozialämter zum Schutz von Ehe und Familie (aber natürlich auch zur Entlastung ihrer Kassen) zu prüfen haben, ob eine eheähnliche Gemeinschaft vorliegt, um den beteiligten Personen dann gegebenenfalls entsprechende Sozialleistungen vorzuenthalten (so geregelt in § 9 Abs. 2 Satz 1 i.V.m. § 7 Abs. 3 Nr. 3 b SGB II, § 20 SGB XII). Bei anderen Lebensgemeinschaften, die nicht eheähnlich sind, werden diese Sozialleistungen hingegen personenbezogen erbracht, ohne Berücksichtigung des Einkommens und Vermögens des Partners.

Die Rechtsprechung hat eine eheähnliche Gemeinschaft wie folgt definiert: „Eine Lebensgemeinschaft zwischen einem Mann und einer Frau, die auf Dauer angelegt ist, daneben keine anderen Lebensgemeinschaften gleicher Art zulässt und sich durch innere Bindungen auszeichnet, die ein gegenseitiges Einstehen der Partner füreinander begründet, also über die Beziehung in einer reinen Haushalts- und Wirtschaftsgemeinschaft hinausgehen" (BVerfGE 87, 264 f). In der Praxis ist es kaum möglich, diese Voraussetzungen zweifelsfrei festzustellen, zumal die Umstände jedes Einzelfalls zu berücksichtigen sind und die Beteiligen sich häufig selbst nicht im Klaren darüber sind, ob bzw. ab wann die einzelnen Merkmale auf ihre Beziehung zutreffen. Die Rechtsprechung hat anerkannt, dass die Ämter sich bei ihrer Beurteilung weitgehend auf Indizien stützen dürfen, was in vielen Fällen eine Beweislastumkehr bedeutet. Wichtige Indizien für das Bestehen einer eheähnlichen Beziehung sind unter anderem die Dauer der Beziehung (mindestens 1 bis 2 Jahre), gemeinsame Haushaltsführung, gemeinsames Anmieten einer Wohnung, Befugnis über Angelegenheiten des anderen zu verfügen und die Art der gemeinsamen Lebensgestaltung. Die Behörden tun sich schwer, entsprechende Tatsachen festzustellen und wenden sich deshalb häufig an nicht beteiligte Personen, die im Rahmen der Verhältnismäßigkeit zur Auskunfterteilung verpflichtet sind (vgl. unten Seite 179 f). Weigert sich der Leistungsberechtigte entsprechende Angaben zu machen, kann dies zu einem Ausschluss der Leistungen führen (vgl. unten Seite 179 f). Diese Vorgehensweise ist sehr unbefriedigend, hat aber für die Betroffenen und Arbeitsagenturen bzw. Sozialämter mittlerweile beachtliche Bedeutung erlangt.

5. Elterliche Sorge

Rechte und Pflichten der Eltern

Teil des Familienrechts ist die Regelung des Verhältnisses zwischen Eltern und ihren Kindern (§§ 1626–1698b BGB). Solcher rechtlicher Regelungen bedarf es schon deshalb, weil Minderjährige allenfalls eingeschränkt geschäftsfähig sind, also geklärt sein muss, welche anderen Personen für die Wahrnehmung ihrer Interessen verantwortlich sind (vgl. oben Seite 58 f). Die elterliche Sorge ist aber auch Ausdruck der in Art. 6 GG beschriebenen Pflichten und Rechte der Eltern (hierzu oben Seite 69). Die Verantwortung der elterlichen Sorge ergibt sich in der Regel aus der biologischen Abstammung des Kindes (zur Vaterschaftsfeststellung u.a. vgl. §§ 1591 ff BGB). Sie umfasst die Sorge für die Person des Kindes *(Personensorge)*, dessen Vermögen *(Vermögenssorge)* sowie die rechtliche Vertretung des Kindes nach außen (zur Vertretung bereits oben Seite 55 f). Die Personensorge wiederum lässt sich unterteilen in Pflege und Erziehung des Kindes, Aufsichtspflicht (vgl. oben Seite 58 f) und Aufenthaltsbestimmungsrecht. Außerdem ergeben sich aus der Pflicht zur elterlichen Sorge *Unterhaltspflichten* (hierzu unten Seite 79 ff).

Aus § 1626 BGB geht hervor, dass grundsätzlich den Eltern all diese Befugnisse umfassend zustehen und es sich hierbei nicht in erster Line um Rechte der Eltern handelt, sondern vor allem um *Verpflichtungen*, die wesentlich auf den Schutz des Kindes und die Förderung seiner Entwicklung gerichtet sind. Bei der Ausübung haben die Eltern das „wachsende Bedürfnis des Kindes zu selbstständigem verantwortungsbewusstem Handeln" zu berücksichtigen und entsprechend dem Entwicklungstand „Fragen der elterlichen Sorge mit dem Kind zu besprechen und nach Möglichkeit Einvernehmen anzustreben" (§ 1626 Abs. 2 BGB). In vergleichbarer Weise sind Minderjährige „entsprechend ihrem Entwicklungsstand an allen sie betreffenden Entscheidungen der öffentlichen Jugendhilfe zu beteiligen" (§ 8 Abs. 1 SGB VIII). Diese Formen der „Beteiligung" und „Mitsprache" ändern aber nichts an der rechtlichen Vertretung durch die Eltern. Auch wenn die elterliche Sorge wesentlich von Pflichten geprägt ist, haben die Eltern gleichzeitig das Recht, diese in *eigener Verantwortung* zu erfüllen. Das heißt, die Ausübung der elterlichen Sorge durch die Eltern ist nicht nur von dem Minderjährigen, sondern ebenso von allen anderen Personen und auch staatlichen Strukturen in jeder Hinsicht zu respektieren (zu den Rechten Minderjähriger in der Jugendhilfe vgl. unten Seite 123 f). Allein eine Gefährdung des Kindeswohls kann einen Eingriff in diese absoluten Rechte rechtfertigen (hierzu Seite 79 f).

Zur Ausübung der elterlichen Sorge sind grundsätzlich *beide Eltern gemeinsam* befugt (§ 1629 Abs. 1 S. 2 BGB). Das bedeutet, dass ein Elternteil alleine Angelegenheiten des Kindes nicht regeln kann. Beide Elternteile müssen die elterliche Sorge vielmehr in gegenseitigem Einvernehmen ausüben (§ 1627 BGB). Können sie sich in einer Angelegenheit von erheblicher Bedeutung nicht einigen, ist jeder Elternteil befugt, beim Familiengericht eine Entscheidung der Angelegenheit zu beantragen (§ 1628 BGB), wovon in der Praxis allerdings kaum Gebrauch gemacht wird. Die Eltern können sich gegenseitig vertreten, was vor allem in Angelegenheiten des täglichen Lebens häufig geschieht. Eine solche Vertretung ist auch auf der Grundlage stillschweigenden Einverständnisses möglich. Für die Praxis der Jugendhilfe, aber auch alle anderen Rechtsbeziehungen zu Minderjährigen bedeutet dies, dass für alle Maßnahmen sicher zu stellen ist, dass dies dem Willen *beider* Elternteile entspricht (vgl. unten Seite 127 ff und Seite 219 ff). Etwas anderes gilt, wenn ausnahmsweise ein Elternteil nicht personensorgeberechtigt ist.

Sorgeerklärung/Übertragung der elterlichen Sorge

Für den Fall, dass die Eltern zur Zeit der Geburt des Kindes nicht miteinander verheiratet sind, liegt die elterliche Sorge allein bei der Mutter, es sei denn, die Eltern erklären vor einem Notar oder einem Jugendamt, dass sie die elterliche Sorge gemeinsam übernehmen wollen *(Sorgeerklärung)* oder aber sie heiraten einander (§ 1626a ff BGB). Es wird bemängelt, dass sich Väter in diesen Fällen ohne weiteres ihrer Verantwortung entziehen können und es andererseits gegen den Willen der Mutter nicht zur elterlichen Sorge des Vaters kommen kann. Dies widerspricht dem Grundsatz, dass der Kontakt und die Verantwortung der leiblichen Eltern unabhängig von deren persönlichen Verhältnissen zueinander im Interesse des Kindes zu fördern ist. Die Regelung ist aber dennoch gerechtfertigt, wenn man berücksichtigt, dass sonst in den vielen Fällen, in denen Väter nach der Zeugung weder ernsthaften Kontakt zur Mutter noch zum Kind pflegen, eine sinnvolle Ausübung der elterlichen Sorge durch die Mutter erheblich behindert werden könnte. Die gemeinsame elterliche Sorge ist zwar in sehr vielen Fällen, auch bei getrennt lebenden und nicht verheirateten Eltern sinnvoll, aber eben längst nicht immer.

Sind beide Eltern sorgeberechtigt (und verpflichtet), *kann* für den Fall, dass die Eltern nicht nur vorübergehend getrennt leben, die elterliche Sorge auf einen Elternteil übertragen werden (§ 1671 BGB). Eine solche Entscheidung trifft das Familiengericht auf Antrag eines Elternteils. Stimmt der andere Elternteil einer solchen Übertragung zu, hat das Familiengericht dem Antrag stattzugeben. Lediglich für den Fall, dass das Kind über 16 Jahre alt ist und dieser Regelung widerspricht oder der andere Elternteil mit der Übertragung nicht einverstanden ist, kommt es zu einer Prüfung durch das Gericht, ob eine solche Übertragung dem Wohl des Kindes entspricht. Ebenso übt nach dem Tod eines Elternteils der andere die elterliche Sorge alleine aus. Der Ehepartner eines allein sorgeberechtigten Elternteils (Stiefelternteil) hat grundsätzlich keine Befugnisse bezüglich des Kindes des Ehepartners. § 1687b BGB regelt aber, dass er im „Einvernehmen mit dem sorgeberechtigten Elternteil die Befugnis zur Mitentscheidung in Angelegenheiten des täglichen Lebens des Kindes" hat und bei Gefahr im Verzug befugt ist, Rechtshandlungen vorzunehmen, die zum Wohl des Kindes notwendig sind. Ein eigenes Sorgerecht können Stiefeltern nur durch eine Adoption des Kindes erhalten.

Rechte und Pflichten anderer Personen

Die Verantwortung zur elterlichen Sorge schließt die Möglichkeit ein, Teile der umfassenden Befugnisse untereinander aufzuteilen oder auf andere Personen bzw. Institutionen zu übertragen. Dies kann ausdrücklich durch schriftlichen Vertrag, mündliche Vereinbarung oder auch stillschweigendes Einverständnis geschehen. Die rechtliche Struktur ist stets dieselbe. Überlässt eine Mutter ihr Kind z. B. für kurze Zeit der Aufsicht der Nachbarin, wird es im Kindergarten betreut oder in einem Kinderheim untergebracht, erhält die das Kind beaufsichtigende bzw. erziehende Person einen Teil der Befugnisse von den Eltern übertragen. Gleichzeitig heißt dies, dass die Eltern nicht nur den Umfang der übertragenen Verantwortung bestimmen, sondern auch detaillierte Vorgaben machen können, wie die elterliche Sorge auszuüben ist (Vertragsfreiheit).

§ 1688 BGB hat insoweit eine klar stellende Funktion. Aus Abs. 1 und 2 ergibt sich, dass Pflegepersonen und Mitarbeiter einer stationären Einrichtung der Jugendhilfe befugt sind, in Angelegenheiten des täglichen Lebens an Stelle der Eltern zu entscheiden. Diese Befugnisse sind typischer Weise mit einer Fremdunterbringung, die ja in aller Regel nur im Einverständnis mit den Eltern erfolgt, verbunden. Nach Abs. 3 können die Inhaber der elterlichen Sorge aber jederzeit diese Befugnisse einschränken oder durch einzelne Vorgaben konkretisieren. Dies bedeutet, dass die Eltern, auch wenn das Kind über längere Zeit außerhalb der Familie lebt, letztlich die umfassende Verantwortung behalten. In der Praxis der Kinder- und Jugendhilfe führt diese starke Stellung der Eltern (zur Bedeutung von Art 6 GG vgl. oben

Seite 69 ff) immer wieder zu schwierigen Auseinandersetzungen über einzelne Fragen der Erziehung oder Lebensgestaltung von Kindern. In Konfliktfällen können die Träger der Kinder- und Jugendhilfe nur versuchen, die Eltern zu überzeugen, bei einer Beeinträchtigung ihrer Konzeption eine Beendigung der Maßnahme androhen oder, wenn eine Kindeswohlgefährdung droht, über das Jugendamt eine Entscheidung des Familiengerichts anstreben.

Gefährdung des Kindeswohls

Die Verantwortung der Eltern für ihre Kinder wird zwar im BGB gesetzlich beschrieben, aber die staatliche Gewalt greift in aller Regel nicht in die Gestaltung der elterlichen Sorge ein. Selbst bei Unzulänglichkeiten in der Erziehung oder Versorgung der Kinder setzt öffentliche Unterstützung grundsätzlich die Bereitschaft der Eltern voraus, diese Leistungen freiwillig anzunehmen. Lediglich bei missbräuchlicher Ausübung der elterlichen Sorge, also bei ernsten Gefahren für das Wohl des Kindes, ist das Familiengericht nach § 1666 BGB verpflichtet, Regelungen notfalls auch gegen den Willen der Eltern zu treffen und durchzusetzen. Diese Vorschrift ist Ausdruck des Spannungsverhältnisses zwischen der autonomen Ausübung der elterlichen Sorge und dem Auftrag der staatlichen Gemeinschaft, über deren Ausübung zu wachen (hierzu oben Seite 69 ff).

Voraussetzung für ein Einschreiten des Familiengerichts ist, dass das Wohl des Kindes ernsthaft gefährdet ist und die Eltern nicht in der Lage sind, die Gefahr abzuwenden oder die hierzu erforderlichen Maßnahmen einzuleiten (§ 1666 Abs. 1 BGB). Dabei kommt es nicht darauf an, ob die Eltern diese Situation schuldhaft herbeigeführt haben oder ob die Gefahr von ihnen ausgeht. Entscheidend ist allein, dass eine konkrete *Gefahr* für das Kind gegeben ist und diese nur durch ein Eingreifen in die Elternverantwortung *abgewendet werden kann.*

Freilich hat das Familiengericht auch die Folgen seines Eingreifens und den Grundsatz der Verhältnismäßigkeit zu beachten. Meist haben richterliche Anordnungen, insbesondere die Herausnahme des Kindes aus der Familie, auch erhebliche negative Auswirkungen auf das Verhältnis zwischen Eltern und Kind. Es ist daher stets abzuwägen, ob insgesamt die Vorteile einer solchen Maßnahme überwiegen. So werden körperliche Strafen (kleinere Schläge) oder kleinere Verletzungen der Aufsichtspflicht nicht zu einem Einschreiten des Familiengerichts führen, auch wenn in § 1631 Abs. 2 BGB ausdrücklich eine gewaltfreie Erziehung vorgeschrieben ist und die Aufsichtspflicht Teil der elterlichen Sorge ist. Selbst bei einem konkreten Verdacht auf sexuellen Missbrauch Minderjähriger kann es gerechtfertigt sein, das betroffene Kind nicht sofort aus dem Umfeld herauszunehmen, um Beziehungsabbrüche zu anderen Personen (z. B. zur Mutter) zu verhindern. In jedem Fall hat das Gericht *alle Aspekte des Einzelfalls* zu berücksichtigen und zu bewerten. Stereotype Regeln kann es nicht geben, da die Situationen der Kinder und die Auswirkungen äußerer Umstände auf deren Wohl zu unterschiedlich sind. Die Gründe, die zu einer Einschränkung der elterlichen Sorge führen können, sind vielmehr vielfältig. Unzureichende Ernährung oder mangelhafte Wohnverhältnisse können ein Einschreiten ebenso rechtfertigen wie unzureichende Überwachung des Schulbesuchs oder die Verhinderung des Umgangs mit nahen Bezugspersonen des Kindes. Häufig werden zur Aufklärung des Sachverhalts und zur Abschätzung der weiteren Entwicklung Sachverständige hinzugezogen (z. B. Ärzte, Psychologen).

In jedem Fall muss der Eingriff in die Elternrechte aufgrund seiner besonderen Bedeutung so gering wie möglich ausfallen (§ 1666a BGB). Vorrangig vor familienersetzenden Maßnahmen ist stets zu prüfen, ob eine Stärkung der familiären Strukturen möglich und ausreichend ist (Verhältnismäßigkeitsgrundsatz). Das Gericht kann sich auch auf Ermahnungen oder einzelne Anweisungen beschränken oder aber nur die Verantwortung für einzelne Bereiche der elterlichen Sorge (z. B. das Aufenthaltsbestimmungsrecht oder die Vermögenssorge) neu regeln. Anzustreben ist möglichst eine einvernehmliche Regelung mit den Beteiligten. Hierzu kann der Vertreter des Jugendamtes (sozialpädagogische Fachkraft), der an diesen Verfahren stets beteiligt ist (vgl. unten Seite 122 f.), einen wichtigen Beitrag leisten. So kann das Gericht z. B. in vielen Fällen von weiteren Maßnahmen absehen, wenn die Eltern sich bereit erklären, bestimmte Maßnahmen der Jugendhilfe in Anspruch zu nehmen. Man kann sagen, dass die wichtigste Funktion des § 1666 BGB in vielen Fällen darin besteht, allein durch die Möglichkeit von Zwangsmaßnahmen die Personensorgeberechtigten dazu zu bringen, die angebotenen Hilfen letztlich anzunehmen (zu den Leistungen der Kinder- und Jugendhilfe unten Seite 127 ff).

Sind Eltern, die selbst nicht angemessen für ihre Kinder sorgen, bereit, notwendige Maßnahmen der Jugendhilfe in Anspruch zu nehmen (bis hin zu einer Unterbringung in einer Pflegefamilie oder einem Kinderheim), besteht für einen Sorgerechtsentzug kein Anlass. Falls nötig, ist das Familiengericht aber befugt, alle „zur Abwendung der Gefahr erforderlichen Maßnahmen" zu treffen (§ 1666a BGB). Hierzu gehört auch, dass das Familiengericht (im Unterschied zum Jugendamt) die beteiligten Personen notfalls mit Androhung von Zwangsmitteln vorladen kann.

Eine generelle Kontrolle oder Überwachung der elterlichen Sorge, ohne dass ein Verdacht auf Kindeswohlgefährdung vorliegt, kann es allerdings im freiheitlichen Rechtsstaat nicht geben (vgl. oben Seite 28 ff). Zur Wahrung der Interessen des Kindes im Gerichtsverfahren kann ein *Verfahrenspfleger* (auch Anwalt des Kindes genannt) bestellt werden (vgl. § 50 FGG, hierzu auch unter Seite 191). Ist keiner der Elternteile in der Lage, die elterliche Sorge angemessen auszuüben, kann zur Unterstützung der Eltern ein Beistand (§§ 1712 ff BGB), zur teilweisen Ersetzung der elterlichen Sorge ein Pfleger (§ 1909 BGB) und zur vollständigen Ersetzung der elterlichen Sorge ein Vormund (§§ 1773 ff BGB) bestellt werden. Ein Vormund wird auf Vorschlag des Jugendamtes durch das Vormundschaftsgericht bestellt. Die Vormundschaft endet automatisch spätestens mit Vollendung des achtzehnten Lebensjahres. Zur besonderen Problematik minderjähriger Eltern vgl. § 1673 Abs. 2 BGB.

6. Umgangsrecht

Kinder und Jugendliche haben ein Recht auf *regelmäßigen Kontakt mit jedem Elternteil* (§ 1684 BGB). Man spricht vom Umgangsrecht des Kindes. Daneben hat aber auch jeder Elternteil einen Anspruch auf Umgang mit seinem Kind (§ 1684 Abs. 1 BGB). Diese Rechte bestehen unabhängig davon, ob die Bezugsperson Inhaber der elterlichen Sorge ist. Der Umgang ist also auch mit Elternteilen zu gewährleisten, die z. B. aufgrund der Regelungen in § 1626a Abs. 2, § 1671 BGB oder aufgrund Sorgerechtsentzugs nach § 1666 BGB keine Sorgeverantwortung für das Kind haben. Für leibliche Eltern gilt dies auch dann, wenn sozial-familiäre Beziehungen nicht bestanden haben. Auch andere Verwandte (Großeltern, Geschwister) und Personen, die tatsächlich Verantwortung für das Kind tragen oder getragen haben (z. B. Pflegeeltern, Stiefeltern), haben ein eigenes Umgangsrecht, wenn dies dem Wohl des Kindes dient (vgl. § 1685 BGB).

Gerade nach einer Trennung der Eltern, aber auch, wenn den Eltern z. B. wegen Vernachlässigung des Kindes die Sorgeverantwortung entzogen wurde, ist die Realisierung des Umgangsrechts alles andere als problemfrei. Damit der für die Entwicklung des Kindes wichtige Umgang mit seinen Bezugspersonen nicht an den negativen Emotionen zwischen den Eltern oder Ängsten vor Gewalt scheitert, kommt dem Jugendamt bei der Realisierung des Umgangsrechts eine wichtige beratende, vermittelnde und begleitende Rolle zu (vgl. § 1684 Abs. 4 BGB, § 18 Abs. 3 SGB VIII). Bei Konflikten kann das Familiengericht den Umgang regeln (§ 1684 Abs. 3 BGB). Das Wohl des Kindes ist für diese Entscheidungen der entscheidende Maßstab. Das bedeutet, dass das Umgangsrecht eines Elternteils oder einer anderen Bezugsperson zurückzutreten hat, wenn der Umgang (z. B. vorübergehend) dem Kindeswohl nicht entspricht. In der Praxis scheitert der Umgang häufig, wenn der Elternteil, bei dem das Kind lebt, sich nicht kooperativ verhält. Eine zwangsweise Durchsetzung des Umgangsrechtes ist weder sinnvoll noch rechtlich möglich.

7. Unterhaltsrecht

Die familienrechtlichen Beziehungen (Ehe, eingetragene Lebenspartnerschaft, Kindschaftsverhältnis) sind wesentlich von Unterhaltspflichten geprägt. Hierbei geht es um Verpflichtungen zur Deckung des Lebensbedarfs eines Angehörigen, sofern dieser hierzu selbst nicht in der Lage ist. Diese Absicherung materieller Bedürfnisse geschieht in der Regel durch *Geldleistungen.* Eltern können gegenüber ihren unverheirateten Kindern die Unterhaltspflicht auch durch Sachleistungen (*Naturalunterhalt*) erfüllen, das heißt durch Bereitstellung von Wohnraum, Lebensmittel und Kleidung u.a. (§ 1612 Abs. 2 BGB). Da der zum Leben notwendige Bedarf individuell unterschiedlich ist und zu dessen Deckung neben Unterhaltsleistungen auch andere Finanzquellen in Betracht kommen (Gehalt, Rente, Arbeitslosengeld, Kindergeld, Leistungen der Pflegeversicherung, Vermögen, etc.), ist es nicht immer einfach, die familienrechtlichen Unterhaltsansprüche bezogen auf den Einzelfall konkret zu errechnen. Hinzu kommt, dass der Umfang der Pflichten von der Art der familiären Beziehung und dem Verwandtschaftsgrad abhängig ist. Zu unterscheiden ist zunächst zwischen Familien-, Ehegatten- bzw. Lebenspartner- und Verwandtenunterhalt.

Familienunterhalt

Die Ehegatten sind grundsätzlich in gleicher Weise verpflichtet, die Familie durch ihre Arbeit und mit ihrem Vermögen angemessen zu unterhalten (§ 1360 S. 1 BGB). Ist einem Ehegatten die Haushaltsführung überlassen, erfüllt er seine Unterhaltsverpflichtung gegenüber der Familie in der Regel durch Führung des Haushalts (§ 1360 S. 2 BGB). Aufgrund der unterschiedlichen individuellen Fähigkeiten und finanziellen Möglichkeiten rechtfertigt die Verpflichtung wechselseitig füreinander einzustehen auch unparitätische Leistungen. Auch Kinder haben übrigens, solange sie im Haushalt der Eltern leben und von diesen unterhalten und erzogen werden, entsprechend ihren Kräften den Eltern in ihrem Hauswesen und Geschäft Dienste zu leisten (vgl. § 1619 BGB). Solange die Ehegatten (glücklich) miteinander verheiratet sind und die Familie zusammen lebt, regeln die Ehegatten wechselseitige Unterhaltspflichten und solche gegenüber ihren Kindern in aller Regel untereinander ohne rechtliche Auseinandersetzungen. Leben die Ehegatten hingegen getrennt oder gibt es ernsthafte Auseinandersetzungen über Unterhaltsleistungen zwischen Eltern und (meist erwachsenen) Kindern, stellt sich die Frage nach einer Berechnung der individuellen Unterhaltsansprüche eines Ehegatten bzw. der Kinder.

Ehegattenunterhalt

Maßstab für den geschuldeten Unterhalt getrennt lebender Eheleute bzw. eingetragener Lebenspartner sind die Lebensverhältnisse der Ehegatten, insbesondere die Einkommens- und Vermögensverhältnisse zur Zeit der Ehe (§ 1361 BGB, § 5 Lebenspartnerschaftsgesetz). Von einem zur Zeit des Zusammenlebens nicht erwerbstätigen Ehegatten/Lebenspartner kann nur ausnahmsweise erwartet werden, dass er nach der Trennung zur Deckung seines Unterhalts eine Erwerbstätigkeit aufnimmt (§ 1361 Abs. 2 BGB). Anders sieht dies hingegen nach einer Scheidung der Ehe bzw. Aufhebung der Lebenspartnerschaft aus. Grundsätzlich hat dann jeder geschiedene Teil selbst seinen Unterhalt zu bestreiten (§ 1569 BGB). Auch aus einer beendeten Ehe/Partnerschaft ergibt sich aber eine gewisse *nachwirkende Mitverantwortung*, so dass auch nach einer Scheidung Unterhaltsansprüche bestehen können. Dies ist der Fall, wenn eine der in §§ 1570–1573, 1575 f BGB genannten Voraussetzungen gegeben ist. So hat der geschiedene Ehegatte einen Unterhaltsanspruch, der nach der Ehe gemeinsame Kinder pflegt und erzieht (§ 1570 BGB), wenn wegen Alters oder Krankheit im Zeitpunkt der Scheidung bzw. nach Pflege der Kinder eine Erwerbstätigkeit nicht mehr erwartet werden kann (§ 1571 f BGB) oder der geschiedene Ehegatte keine angemessene Erwerbstätigkeit finden kann (§ 1573 BGB). Für die aufgehobene Lebenspartnerschaft gelten die Regeln entsprechend (vgl. § 16 Lebenspartnerschaftsgesetz). In vielen Fällen werden daher durch eine Scheidung die wechselseitigen Verpflichtungen nicht vollständig beendet.

Verwandtenunterhalt

§§ 1601 ff BGB regeln, dass Verwandte in gerader Line wechselseitig verpflichtet sind, wirtschaftlich füreinander einzustehen. Hierbei geht es nicht nur um Unterhaltsansprüche von Kindern gegenüber ihren Eltern. Sondern von zunehmender Bedeutung sind auch Unterhaltsansprüche in umgekehrter Richtung, von Eltern gegenüber ihren Kindern (insbesondere pflegebedürftige Eltern gegenüber ihren erwachsenen Kindern).

§ 1601 BGB (Unterhaltsverpflichtete):

Verwandte in gerader Linie sind verpflichtet, einander Unterhalt zu gewähren.

Welche Personen in „gerader Linie“ miteinander verwandt sind, ergibt sich allein aus der biologischen Abstammung (Stammbaum). So sind Eltern mit ihren Kindern, aber auch Enkel mit ihren Großeltern und Urenkel mit ihren Urgroßeltern (usw.) in gerader Linie verwandt; während zwischen Geschwistern und Tante/Onkel ein solches Verwandtschaftsverhältnis nicht besteht. Diese Unterhaltsverpflichtungen bestehen in beiden Richtungen und unabhängig vom Lebensalter der betroffenen Personen. Ob die Personen durch eine besondere persönliche Beziehung verbunden sind oder die Beteiligten jemals in einem gemeinsamen Haushalt gelebt haben, ist unerheblich (zum Sonderfall unwürdigen Verhaltens vgl. unten Seite 85). Ebenso kommt es bezogen auf minderjährige Kinder nicht darauf an, ob der unterhaltspflichtige Elternteil auch personensorgeberechtigt ist. Leibliche Väter sind deshalb auch dann zu Unterhaltsleistungen verpflichtet, wenn im Übrigen die Mutter allein für das Kind verantwortlich ist. Lediglich durch eine Adoption („Annahme als Kind") erlöschen diese durch Abstammung begründeten Unterhaltpflichten und neue zu den Adoptiveltern treten an deren Stelle (§ 1755 BGB).

Bedürftigkeit und Leistungsfähigkeit

Zivilrechtliche Unterhaltsansprüche können nur realisiert werden, wenn der Unterhaltsberechtigte bedürftig und der Verpflichtete leistungsfähig ist. Bei der Feststellung des Ehegatten-/Lebenspartnerunterhalts und des Verwandtenunterhalts gelten die gleichen Prinzipien, auch wenn die entsprechenden Spezialregelungen an unterschiedlichen Stellen im BGB stehen und bei der Beurteilung der Bedürftigkeit und Leistungsfähigkeit im Einzelnen jeweils detaillierte und durchaus unterschiedliche Maßstäbe zur Anwendung kommen (§§ 1577, 1581, 1602 f BGB). Im Wesentlichen wird hier auf den Verwandtenunterhalt eingegangen.

Bedürftigkeit des Unterhaltsberechtigten ist gegeben, wenn er nicht in der Lage ist, durch eigenes Vermögen, Einkommen oder Einsatz seiner Arbeitskraft für seinen Unterhalt selbst zu sorgen (§ 1602 BGB). Grundsätzlich müssen das gesamte Vermögen und alle Arten von Einkünften eingesetzt werden (zur Berücksichtigung öffentlich-rechtlicher Leistungen, vgl. unten Seite 85 f). Vor allem hinsichtlich der Arbeitskraft kann es allerdings sein, dass eine Erwerbstätigkeit nicht zumutbar ist. Dies ist beispielsweise der Fall, wenn eine erste berufsqualifizierende Ausbildung absolviert wird oder ein naher Angehöriger (z. B. ein Kleinkind) betreut werden muss (vgl. § 1610 Abs. 2 BGB). Im Übrigen bestehen auch keine Unterhaltsansprüche, wenn eine erwerbsfähige Person sich nicht ernsthaft um eine Berufstätigkeit bemüht oder bestimmte berufliche Tätigkeiten ablehnt.

Leistungsfähigkeit des Unterhaltspflichtigen ist nur dann gegeben, wenn er Leistungen erbringen kann, ohne dadurch seinen Eigenbedarf (Selbstbehalt) und den Unterhalt möglicherweise vorhandener, vorrangiger Unterhaltsberechtigter (hierzu sogleich) zu gefährden (§ 1603 BGB). In welcher Höhe ein Eigenbedarf anzuerkennen ist, lässt sich nur bedingt verallgemeinern (zum Pfändungsschutz bzgl. anderer Forderungen vgl. unten Seite 192). Geht es um Unterhaltspflichten gegenüber minderjährigen Kindern bzw. Ehegatten, wird von den Gerichten derzeit ein Selbstbehalt in Höhe von 890 € und gegenüber volljährigen Kindern in Höhe von 1.100 € monatlich anerkannt. Zu berücksichtigen sind aber auch „sonstige Verpflichtungen" des Unterhaltspflichtigen. Hierzu gehören Sozialversicherungsbeiträge und Steuern, aber auch die Tilgung privater Schulden und Aufwendungen für besondere Bedarfslagen, z. B. aufgrund von Krankheiten oder erforderlicher Fortbildungen u. a. Auch der Unterhaltspflichtige muss neben seinen gesamten Einkünften sein Vermögen und seine Arbeitskraft einsetzen, um seine Pflichten zu erfüllen. Gibt jemand grundlos seine Beruftätigkeit auf oder nimmt eine schlechter bezahlte Beschäftigung an, mindert dies seine Unterhaltspflicht nicht, sondern führt zu einer Reduktion des Selbstbehalts. Welche konkreten Verpflichtungen zur Berufsausübung bestehen und welche Vermögenswerte im Einzelnen eingesetzt werden müssen, ist häufig Gegenstand schwieriger Auseinandersetzungen.

Reihenfolge der Unerhaltsverpflichteten und Unterhaltsberechtigten

Sind mehrere Unterhaltspflichtige (Ehegatte/Lebenspartner oder Verwandte) leistungsfähig, kann sich der Bedürftige nicht beliebig aussuchen, wen er in Anspruch nimmt. Das Gesetz gibt vielmehr eine feste Reihenfolge vor, soweit keine anders lautenden vertraglichen Regelungen zwischen den Beteiligten getroffen wurden. Falls der Unterhaltsberechtigte verheiratet ist, muss er vorrangig seinen Ehegatten in Anspruch nehmen (§ 1608 BGB). Dasselbe gilt für eingetragene Lebenspartner. Im Übrigen ist der Grad der Verwandtschaft entscheidend. So sind Kinder vor Enkeln und Eltern vor Großeltern unterhaltspflichtig (§ 1606 BGB). Nur wenn bzw. soweit der vorrangig Unterhaltspflichtige nicht leistungsfähig ist, kann ihm gegenüber kein Unterhaltsanspruch geltend gemacht werden (so genannte Mangelfälle) und der nachrangig Verpflichtete muss eintreten. Haben gleichzeitig mehrere Angehörige Anspruch auf Unterhaltsleistungen, so hat der Verpflichtete zunächst vollständig den Bedarf von Ehegatte und Kindern zu decken *(vorrangige Unterhaltspflicht)* und nur, sofern ihm dann noch weitere Mittel zur Verfügung stehen, ist der Bedarf von Eltern und entfernteren Verwandten zu decken. Seit dem Jahr 2008 gehen Unterhaltspflichten gegenüber Kindern generell solchen gegenüber geschiedenen und nicht geschiedenen Ehepartnern vor. Außerdem haben Elternteile, die ein Kind unter 3 Jahren betreuen, Anspruch auf Betreuungsunterhalt vorrangig vor allen anderen erwachsenen Unterhaltsberechtigten (z. B. auch vorrangig vor einem neuen Ehepartner).

Höhe des Unterhaltsanspruchs

Große Schwierigkeiten bereitet die Feststellung der konkreten Höhe eines Unterhaltsanspruchs. Diese ist abhängig vom angemessenen Lebensbedarf des Unterhaltsberechtigten, aber auch von den Möglichkeiten des zu Unterhaltsleistungen Verpflichteten. Die Rechtsordnung geht davon aus, dass der Unterhaltsberechtigte neben der existenziellen Bedarfsdeckung auch an dem jeweiligen Lebensstandard des unterhaltspflichtigen Angehörigen Anteil haben soll. Der Unterhaltsanspruch kann deshalb deutlich über den Leistungen der Grundsicherung bzw. Sozialhilfe liegen, da diese öffentlich-rechtlichen Fürsorgeleistungen lediglich auf eine Sicherung des Existenzminimums abzielen. In der Praxis haben die Gerichte Tabellen entwickelt, aus denen sich der jeweilige *Grundbedarf* – abhängig von der Höhe des Einkommens des Unterhaltspflichtigen – entnehmen lässt (vgl. unten). Zusätzlich kann ein Anspruch auf Deckung eines laufenden *Mehrbedarfs* (z. B. Beiträge für Kranken- und Pflegeversicherung) oder einmaligen *Sonderbedarfs* (z. B. kieferorthopädische Behandlung, Anwaltskosten, Klassenfahrten) bestehen. Andererseits ist für die Höhe der Unterhaltsleistungen auch der Verwandtschaftsgrad von Bedeutung. Entfernteren Verwandten steht grundsätzlich ein höherer Selbstbehalt zu. Hingegen haben Eltern gegenüber minderjährigen unverheirateten Kindern und Kindern bis 21. Jahre, sofern sie im Haushalt der Eltern leben, eine *gesteigerte Unterhaltspflicht.* Das heißt, es besteht eine gesteigerte Erwerbspflicht und sie müssen alle Mittel (ohne Selbstbehalt) gleichmäßig für den eigenen Unterhalt und den der Kinder einsetzen (§ 1603 Abs. 2 Satz 2 BGB). Bei Unterhaltsansprüchen von Eltern gegenüber ihren erwachsenen Kindern müssen Kinder nach der Rechtsprechung lediglich die Hälfte des den Selbstbehalt übersteigenden Betrags als Unterhaltsleistung erbringen. Außerdem ist ihnen der Einsatz ihres Vermögens weitgehend nicht zuzumuten.

Die Gerichte haben im Laufe der Zeit Tabellen und Leitlinien entwickelt, die als Orientierung zur Berechnung von Unterhaltsansprüchen dienen können. Die größte

Bedeutung hat die Tabelle des Oberlandesgerichts Düsseldorf *(„Düsseldorfer Tabelle“)*. Die Tabellen beziehen sich auf eine erwerbstätige Person, die gegenüber einem Ehegatten und zwei Kindern unterhaltspflichtig ist. Bei abweichender Kinderzahl oder Wiederheirat des Verpflichteten sind die Angaben daher zu modifizieren. Außerdem beziehen sich die Tabellen nur auf den von der Einkommenshöhe des Unterhaltspflichtigen abhängigen Grundbedarf des Unterhaltsberechtigten. Die Berücksichtigung von Mehr- und Sonderbedarf des Unterhaltsberechtigten und möglicherweise erhöhtem Eigenbedarf des Unterhaltspflichtigen ist kompliziert und macht meist die Einschaltung eines Rechtsanwalts oder des Gerichts erforderlich. Alle zwei Jahre werden die Tabellen an die aktuelle wirtschaftliche Gesamtentwicklung angepasst. Die aktuellen Tabellen sind in einschlägiger Literatur, aber auch im Internet ohne Weiteres zugänglich.

Durchsetzung von Unterhaltsansprüchen

Der Unterhaltsberechtigte hat unter den genannten Voraussetzungen (Verwandtschaft/Ehe/eingetragene Lebenspartnerschaft, Bedürftigkeit und Leistungsfähigkeit des Verpflichteten) einen Rechtsanspruch auf Unterhaltszahlungen (subjektive Berechtigter), jeweils monatlich im Voraus (§ 1612 Abs. 3 BGB). Er kann diese Ansprüche, wie im Zivilrecht üblich, nur selber geltend machen und notfalls gerichtlich einfordern. Er ist aber *nicht verpflichtet*, seine Angehörigen in Anspruch zu nehmen. Häufig sehen die Bedürftigen davon ab, ihre Rechte durchzusetzen, z. B. weil alte und pflegebedürftige Eltern ihren Kindern nicht zur Last fallen oder junge Erwachsene ihre zahlungsunwilligen Eltern (bzw. von der Familie getrennt lebende Väter) nicht verklagen wollen. Um feststellen zu können, ob und in welchem Umfang der Unterhaltspflichtige überhaupt leistungsfähig ist, ist dieser auf Nachfrage gegenüber dem Unterhaltsberechtigten zur Offenlegung seiner Vermögensverhältnisse verpflichtet (§ 1605 Abs. 1 BGB). Ausnahmsweise fällt der Anspruch auf Unterhaltsleistungen weg, wenn seine Durchsetzung grob unbillig wäre oder der Bedürftige grobes Fehlverhalten gegenüber dem Leistungspflichtigen gezeigt hat (§§ 1579, 1611 BGB). Dies liegt z. B. vor, wenn ein bedürftiger Elternteil früher seinen eigenen Unterhaltspflichten gegenüber dem jetzt unterhaltspflichtigen Kind nicht nachgekommen ist oder eine Ehe nur von kurzer Dauer war.

Verhältnis zu öffentlich-rechtlichen Sozialleistungen

Es gibt auch zahlreiche öffentlich-rechtlich geregelte Leistungen zur Absicherung des Lebensbedarfs. Es stellt sich daher die Frage, wie weit dies zu einer Entlastung für Angehörige führt, die, wie oben beschrieben, zu zivilrechtlichen Unterhaltsleistungen verpflichtet sind. Hierbei ist in Deutschland nach den einzelnen Leistungen zu differenzieren. Insbesondere Leistungen der Rentenversicherung, Pflegeversicherung und Arbeitslosenversicherung werden erbracht, ohne dass es überhaupt auf die konkrete wirtschaftliche Bedürftigkeit des Leistungsempfängers bzw. dessen Angehörigen ankäme (ausführlicher zu Sozialversicherungsleistungen unten Seite 109 ff). Kindergeld bzw. der entsprechende steuerliche Kinderfreibetrag steht ebenfalls unabhängig von der individuellen Bedürftigkeit den Personen (i.d.R. Eltern) zu, die für ein Kind unter 27 Jahren sorgen (Familienlastenausgleich). Erziehungsgeld bzw. Elterngeld wird hingegen abhängig von den Einkommensverhältnissen der Eltern gezahlt (vgl. § 5 Bundeserziehungsgeldgesetz). Wohngeld wird abhängig von der Miethöhe, dem

Wohnbedarf und den Einkommensverhältnissen gewährt (§ 2 Wohngeldgesetz). Diese öffentlichen Leistungen mindern somit den zivilrechtlichen Unterhaltsanspruch. Anders als bei den genannten Leistungen kommen die öffentlichen Fürsorgeleistungen Arbeitslosengeld II und Sozialhilfe jedoch nur zum Tragen, wenn der Lebensbedarf weder durch eigene Mittel des Bedürftigen noch durch Unterhaltsleistungen des Ehegatten/Lebenspartners bzw. Verwandten gedeckt werden kann. Diese Fürsorgeleistungen sind gesetzessystematisch Ausnahmeleistungen und kommen grundsätzlich nur als *nachrangige* Leistung in Betracht, wenn auch zivilrechtliche Unterhaltsansprüche nicht bestehen (vgl. unten Seite 112 f). Diese weitreichende „Sippenhaftung", wie sie sich aus der Verpflichtung zum Verwandtenunterhalt, aber auch aus der Unterhaltsverpflichtung zwischen Geschiedenen ergibt, ist allerdings nicht unproblematisch. Denn das Grundgesetz fordert Eigenverantwortung und garantiert individuelle Freiheitsrechte und Vertragsfreiheit. Auf das Entstehen von Unterhaltspflichten kann der Verpflichtete aber nur sehr bedingt Einfluss nehmen (vgl. oben Seite 28 ff). Der Vorrang zivilrechtlicher Unterhaltspflichten vor öffentlichen Fürsorgeleistungen wurde deshalb im Laufe der letzten Jahrzehnte immer weiter eingeschränkt. Letztlich hat sich ein unübersichtliches Wechselspiel von Ausnahme und Regel ergeben, welches für die soziale Praxis aber von großer Relevanz ist.

So besteht ein Anspruch auf Sozialhilfe (SGB XII) bzw. Grundsicherung (SGB II) auch dann, wenn ein zivilrechtlicher Unterhaltsanspruch zwar besteht, aber nicht rechtzeitig durchgesetzt werden kann (akute Notlage). Dies kommt z. B. in Betracht, wenn die Adresse des geschiedenen Ehegatten nicht bekannt ist, Eltern trotz Aufforderung ihren Unterhaltspflichten nicht nachkommen oder eine pflegebedürftige Person ihre Angelegenheiten nicht selbst regeln kann. Erbringt der öffentliche Leistungsträger in solchen Fällen Leistungen, obwohl zivilrechtlich ein Angehöriger zu Unterhaltsleistungen verpflichtet ist, gehen diese zivilrechtlichen Unterhaltsansprüche auf den Sozialleistungsträger über (§ 33 Abs. 1 SGB II, § 94 Abs. 1 S. 1 SGB XII). Die Arbeitsagentur bzw. das Sozialamt nimmt anschließend bei dem Unterhaltspflichtigen Regress. Diese Möglichkeit, Regress zu nehmen, wurde für zahlreiche Fallkonstellationen gesetzlich ausgeschlossen. So kann das Sozialamt Forderungen unter anderem nicht gegenüber Großeltern und Enkeln des Leistungsempfängers (Verwandte 2. Grades) durchsetzen (§ 94 Abs. 1 Satz 3 SGB XII). Bezogen auf Sozialhilfeleistungen für behinderte und pflegebedürftige Kinder werden die Eltern lediglich mit einem Pauschalbetrag in Höhe von maximal 46 € monatlich herangezogen (§ 94 Abs. 2 Satz 1 SGB XII). Hinsichtlich Leistungen der Grundsicherung im Alter und bei Erwerbsminderung (4. Kapitel SGB XII) kommt ein Rügriff nur gegenüber Kindern in Betracht, deren Jahreseinkommen 100 000 € überschreitet (§§ 43 Abs. 2, 94 Abs. 1 Satz 3 SGB XII). Bei Leistungen der Grundsicherung für Arbeitsuchende (Arbeitslosengeld II) ist ein Rückgriff auch gegenüber Verwandten 1. Gerades (Eltern) ausgeschlossen, wenn der Leistungsbezieher über 25 Jahre alt ist (vgl. § 33 Abs. 2 SGB II). In den genannten und einigen anderen Konstellationen kommt es letztlich zu einer effektiven Entlastung des Unterhaltspflichtigen, wenn der Bedürftige sich statt an diesen an das Sozialamt bzw. die Arbeitsagentur wendet. Die genannten Ausschlüsse des Rückgriffs lassen zwar klare Strukturen vermissen. Es ist aber eine sozialpolitische Tendenz erkennbar, die öffentliche Verantwortung zu stärken und Angehörige nur noch eingeschränkt für Notlagen ihrer Angehörigen in Haftung zu nehmen. Der Bedürftige hat in diesen Fällen letztlich eine Wahlmöglichkeit zwischen öffentlichen Fürsorgeleistungen und zivilrechtlichen Unterhaltsleistungen. Dabei ist zu beachten, dass diese Leistungen nach völlig unterschiedlichen Vorschriften erbracht werden und sich in der Art der Leistungserbringung und in ihrer Höhe erheblich unterscheiden können.

Hiervon zu unterscheiden sind Leistungen nach dem *Unterhaltsvorschussgesetz*. Danach kann ein Elternteil, der zusammen mit einem Kind unter 12 Jahren getrennt von dem anderen unterhaltspflichtigen Elternteil lebt und die notwendigen zivilrechtlichen Unterhaltsleistungen für das Kind nicht oder nicht regelmäßig erhält, für das Kind beim Jugendamt die Auszahlung eines Unterhaltsvorschusses geltend machen. Hierdurch wird der Unterhaltspflichtige aber nicht von seiner Leistungspflicht befreit. Lediglich wenn das Jugendamt den Unterhaltsanspruch gegenüber dem Unterhaltspflichtigen nicht durchsetzen kann (z. B. fehlende Leistungsfähigkeit, nicht auffindbar), wird der Unterhaltsvorschuss zu einer Ausfallleistung.

Literaturhinweise zur Vertiefung

Bauer, Jost u.a.: Recht und Familie. Rechtliche Grundlagen der Sozialisation (2001).
Duderstadt, Jochen: Die nichteheliche Lebensgemeinschaft (2004).
Fieseler, Gerhard u.a.: Recht der Familie und Jugendhilfe (2005).
Göppinger, Hans u.a.: Unterhaltsrecht (2003).
Hausmann, Reiner/Hohloch, Gerhard: Das Recht der nichtehelichen Lebensgemeinschaft, 2. Auflage, Berlin/Bielefeld/München (2004).
Grziwotz, Herbert: Beratungshandbuch für gleichgeschlechtliche Lebensgemeinschaften und Lebenspartnerschaften (2003).
Grziwotz, Herbert: Partnerschaftsvertrag für nichteheliche und nicht eingetragene Lebensgemeinschaft (2002).
Heiss, Beate u.a.: Unterhaltsrecht (2005).
Münder, Johannes: Familienrecht (2005).
Röchling, Walter (Hrsg.): Handbuch Anwalt des Kindes (2001).
Salgo, Ludwig (Hrsg.): Verfahrenspflegschaft für Kinder und Jugendliche (2002).
Schleicher, Hans: Jugend- und Familienrecht (2003).
Schlüter, Wilfried: BGB-Familienrecht (2005).
Wabnitz, Reinhard J.: Grundkurs Familienrecht (2006).

V. Verwaltungshandeln

1. Einheitlichkeit der Regelungen

Ganz unterschiedliche Bereiche fallen in den Verantwortungsbereich öffentlicher Verwaltung: z. B. Einwohnermeldebehörden, Steuerbehörden, Polizei, Baurechtsbehörden, Gerichte, Ausländerbehörden, Jugend-/Sozialämter, Schulen, Hochschulen, Kindergärten, Krankenhäuser usw. Ganz offensichtlich werden hier sehr unterschiedliche Aufgaben wahrgenommen. Gemeinsam ist diesen Einrichtungen, dass in öffentlicher Verantwortung und durch öffentliche Finanzierung Aufgaben im Interesse der Gemeinschaft wahrgenommen werden. Für die sozialen Belange gibt es hier eine Gesamtverantwortung, die in vielfältigen Strukturen und zahlreichen Leistungsträgern zum Ausdruck kommt.

Man kann Behörden unter anderem danach unterscheiden, ob sie in die Rechte des Bürgers eingreifen (*Eingriffsverwaltung*) oder Leistungen erbringen (*Leistungsverwaltung*). Bei genauerer Betrachtung zeigt sich aber, dass in fast allen Behörden beide Elemente eine Rolle spielen: Verbrechensbekämpfung durch die Polizei führt zu Eingriffen in die Freiheit Einzelner, ist aber gleichzeitig eine Leistung für die Gesamtheit der schutzbedürftigen Bürger. Das Jugendamt ist überwiegend geprägt von Leistungsangeboten zur Förderung von Kindern und Jugendlichen, aber es bestehen auch Eingriffsbefugnisse gegenüber Eltern und Jugendhilfeeinrichtungen, wenn konkrete Gefahren für das Kindeswohl bestehen. Ebenso kann man unterscheiden, ob die Verantwortung für einen bestimmten Bereich beim Bund, einem Bundesland oder der Kommune liegt. Auch hinsichtlich dieser Zuständigkeiten gibt es häufig Überschneidungen, die teilweise nur mit erheblicher Sachkenntnis auseinander gehalten werden können (hierzu unten Seite 152 ff).

Trotz dieser Unterschiedlichkeiten ist die öffentliche Verwaltung überwiegend geprägt von *einheitlichen Grundsätzen*. Die bereits behandelten verfassungsrechtlichen Grundsätze (insbesondere Bindung an das Gesetz, Verhältnismäßigkeitsprinzip, Gleichbehandlungsgrundsatz, Neutralitätsgebot) sind selbstverständlich in allen Bereichen stets zu beachten (vgl. insoweit oben Seite 36 ff). Im Folgenden geht es nun darum, *wie* die strenge Bindung an das Gesetz (*Gesetzesvorbehalt*) umgesetzt wird, welche Probleme und Spielräume hierbei bestehen. Dies sind weitgehend allgemeine Regelungen, die gleichzeitig über die Funktionsweise öffentlicher Verwaltung Aufschluss geben und nicht nur in der Sozialverwaltung von Bedeutung sind. Soweit für Sozialbehörden gegenüber der allgemeinen Verwaltung Besonderheiten gelten, wird jeweils darauf hingewiesen.

Wesentlich geht es darum, dass der Bürger einen Anspruch darauf hat, dass die öffentliche Behörde gemäß den gesetzlichen Vorschriften mit ihm verfährt. Verwaltungshandeln ist die Nagelprobe für das Selbstverständnis eines Staates.

2. Freie und gebundene Verwaltung

Überblick

Auf der Grundlage der strengen Bindung der Verwaltung an das Gesetz (zum Gesetzesvorbehalt vgl. oben Seite 36 ff), die durch die Methode der Subsumtion (vgl. oben Seite 25 ff) umgesetzt wird, ist Verwaltungshandeln im Einzelnen recht unterschiedlich geregelt. Häufig ist die Verwaltung verpflichtet, bei Vorliegen bestimmter Voraussetzungen in einer ganz exakt vorgeschriebenen Weise zu handeln, z. B. eine bestimmte Leistung zu erbringen oder einem Antrag stattzugeben.

Es gibt zahlreiche Vorschriften, in denen unklare oder mehrdeutige Begriffe verwendet oder der Verwaltung ausdrücklich Beurteilungs- und Handlungsspielräume eingeräumt werden. Besteht aufgrund einer gesetzlichen Regelung für die Verwaltung ein Spielraum und übt sie diesen im vorgeschriebenen Rahmen aus, so ist das Handeln der Verwaltung in *soweit* einer rechtlichen Kontrolle entzogen. Zu unterscheiden sind hierbei:

unbestimmte Rechtsbegriffe,
Beurteilungsspielräume und
Ermessensspielräume.

Wenn durch das Gesetz (oder die Gesetze) genau bestimmt ist, welche Leistung bzw. Handlung in Anbetracht einer konkreten Situation zu erbringen ist, spricht man von *gebundener Verwaltung*. Steht der Verwaltung jedoch nach dem Gesetz ein eigener Entscheidungsspielraum darüber zu, welche Leistung gegenüber dem Bürger erbracht wird, spricht man von *freier Verwaltung*. Diese Begriffe sind insofern missverständlich, als auch bei der „freien Verwaltung“ eine Bindung an die Gesetze und allgemeinen Grundsätze des Verwaltungshandelns besteht. Auch ein Ermessen muss immer *pflichtgemäß* ausgeübt werden (hierzu unten).

Für den Sozialarbeiter/Sozialpädagogen ist es wichtig zu wissen, wann welche Entscheidungsspielräume bestehen, weil hierdurch Freiräume, aber auch Pflichten entstehen, in eigener Verantwortung tätig zu werden. Aber auch um zu vermeiden, dass getroffene Entscheidungen durch die Gerichte später korrigiert werden. Hierzu ist es allerdings erforderlich, dass die entsprechenden Vorschriften zutreffend erkannt und fehlerfrei ausgelegt werden. Sowohl das Nichterkennen von Gestaltungsspielräumen als auch die Ausnutzung vermeintlicher Freiräume beeinträchtigt effektives sozialarbeiterischen und sozialpädagogisches Handeln. Wenn Sozialarbeiter/Sozialpädagogen nicht in der Lage sind, Rechtsnormen eigenständig zu beurteilen, so sind sie in der Praxis leicht Verwaltungsfachleuten ausgeliefert, die die vorhandenen Wertungsmöglichkeiten möglicherweise nach ganz anderen, aber ebenfalls rechtmäßigen Kriterien auszuschöpfen verstehen.

Die entscheidende Frage ist also, *wann* der Sozialverwaltung die Wahl zwischen unterschiedlichen Handlungsmöglichkeiten offen steht. Eine andere, ebenfalls wichtige Frage ist, *welche Person* innerhalb einer Einrichtung diese Beurteilungen vornimmt (z. B. Sozialarbeiter/Sozialpädagoge, Einrichtungsleiter oder Verwaltungsbeamte). (Hierzu weiter unten insbesondere Seite 96).

Unbestimmte Rechtsbegriffe

Obwohl Gesetzestexte so exakt wie möglich verfasst werden, gibt es zahlreiche Bestimmungen, die zwar *nach der Formulierung* keinen Entscheidungs- oder Handlungsspielraum für den Rechtsanwender vorsehen, aufgrund der verwendeten Begriffe aber dennoch unterschiedlichen Interpretationen zugänglich sind. Eine zweifelsfreie Anwendung ist hier also nicht in allen Fällen ohne weiteres möglich. Häufig handelt es sich hierbei um Begriffe, die einerseits rechtliche Fachbegriffe sind, ihren Sinn und ihre rechtliche Bedeutung aber erst durch ihren umgangssprachlich bzw. fachspezifisch geprägten Inhalt erhalten. Eindeutiger ist es in diesem Zusammenhang von unbestimmten *Gesetzes*begriffen zu reden. Da sich aber die Bezeichnung „unbestimmte Rechtsbegriffe" weitgehend durchgesetzt hat, wird dieser Sprachgebrauch hier beibehalten.

Solche *„unbestimmten Rechtsbegriffe"* gibt es in allen Rechtsbereichen, angefangen von Art. 1 GG „Würde des Menschen" über „Wohl des Kindes" in § 27 Abs. I SGB VIII und § 1666 BGB bis hin zu „Erwerbsfähigkeit" in § 8 SGB II, „Erziehung zu einer eigenverantwortlichen und gemeinschaftsfähigen Persönlichkeit" in § 1 SGB VIII oder der „Beeinträchtigung der öffentlichen Sicherheit und Ordnung oder sonstiger erheblicher Interessen der BRD" in § 45 AuslG. Im Bereich der Kinder- und Jugendhilfe, des Sozialhilferechts und der Eingliederung in Arbeit kommt unbestimmten Rechtsbegriffen eine besonders große Bedeutung zu (z. B. „geeignete und notwendige Hilfe", „erzieherischer Bedarf"), weil man nur so der vielfältigen sozialen Wirklichkeit gerecht werden kann. An der Auslegung dieser Begriffe entscheidet sich die Rechtmäßigkeit ganz konkreter Maßnahmen. Erst durch eine Interpretation von Begriffen, die im Gesetz verwendet werden, erschließt sich deren Inhalt.

Der Rechtsanwender kann nicht durch eine „freie Beurteilung" auswählen, was unter dem rechtlich normierten Tatbestand „Kindeswohl" zu verstehen oder wann die „öffentliche Sicherheit und Ordnung" gefährdet ist. Wohl aber besteht das Recht und die Pflicht, in einer eigenständigen Überprüfung festzustellen, ob die Besonderheiten des jeweiligen Lebenssachverhalts den (nicht vollständig festgelegten) Kriterien des Gesetzes entsprechen (Subsumtion). Die Verwaltung ist dabei allerdings zu einer möglichst *objektiven* Beurteilung verpflichtet und hat sich darum zu bemühen festzustellen, was der *Gesetzgeber* unter den verwendeten Begriffen verstanden wissen will. D. h., dass im Konfliktfall die Anwendung dieser unbestimmten Rechtsbegriffe in vollem Umfang durch die *Gerichte überprüft* wird. Deshalb sind bei der Anwendung solcher Rechtsnormen die von der Rechtsprechung entwickelten, oft ins Detail gehenden Auslegungskriterien uneingeschränkt zu berücksichtigen. In Zweifelsfragen sollte man ein Lehrbuch oder einen Kommentar zu Rate ziehen, um sich über die anerkannten Auslegungskriterien kundig zu machen.

Häufig ist die Bedeutung unbestimmter Rechtsbegriffe durch Heranziehung anderer Rechtsnormen (*Ergänzungsnormen, Gegennormen*) eindeutig oder jedenfalls eindeutiger bestimmbar. Diese müssen dann zum Verständnis der Rechtsnorm herangezogen werden.

Beispiel: In § 9 Abs. 1 S. 1 SGB II etwa heißt es bezogen auf den Anspruch auf Grundsicherungsleistungen für Arbeitsuchende (Arbeitslosengeld II, Sozialgeld): „Hilfebedürftig ist, wer seinen Lebensunterhalt, seine Eingliederung in Arbeit und den Lebensunterhalt der mit ihm in Bedarfsgemeinschaft lebenden Personen nicht oder nicht ausreichend aus eigenen Kräften und Mitteln ... sichern kann und die erforderliche Hilfe nicht von anderen, insbesondere Angehörigen oder von Trägern anderer Sozialleistungen erhält". Diese Vorschrift kann nur angewendet werden, wenn klar ist, wann der „Lebensunterhalt" und die „Eingliederung in Arbeit" „ausreichend" gesichert ist und welche Anstrengungen „aus eigenen Kräften und Mitteln" erwartet werden können. In § 20 Abs. 2 SGB II befinden sich umfassende Beschreibungen, welche Bedarfslagen zum notwendigen Lebensbedarf gehören (weitere unbestimmte Rechtsbegriffe) und daher durch öffentliche Leistungen zu decken sind. Aus § 20 Abs. 1 SGB II ergibt sich aber, dass dieser Bedarf abgesehen von wenigen Modifizierungen (vgl. § 21 ff SGB II) grundsätzlich durch die Erbringung fester Regelsätze als gedeckt gilt (Ergänzungsnormen). Hiernach erhält eine erwachsene Person mit eigenem Haushalt eine Regelleistung in Höhe von derzeit monatlich 345 €. Im selben Haushalt lebende Angehörige erhalten nach § 28 SGB II bis zur Vollendung des 14. Lebensjahres 60 % und danach 80 % dieses Regelsatzes. Durch § 22 SGB II wird diese Vorschrift allerdings dahinhegend ergänzt, dass Kosten für Unterkunft und Heizung „in Höhe der tatsächlichen Kosten zusätzlich übernommen werden, soweit diese angemessen sind". Außerdem kann nach § 21 ein Anspruch auf Mehrbedarf bestehen oder nach § 23 Abs. 1 ein „unabweisbarer Bedarf" vorübergehend durch rückzahlungspflichtige Darlehen gedeckt werden. Welche Anstrengungen zur Eingliederung in Arbeit zu unternehmen sind, ergibt sich nach § 15 SGB II aus einer individuellen Eingliederungsvereinbarung mit dem zuständigen Fallmanager.

Weitere Ergänzungsnormen regeln innerhalb des SGB II, welche „eigenen Mittel" vorrangig einzusetzen sind. So muss der Betroffene grundsätzlich eigenes Einkommen und Vermögen vorrangig zur Bedarfsdeckung einsetzen, aber § 11 f SGB II enthält zahlreiche Ausnahmen für bestimmte vermögenswerte Gegenstände und Anteile vom Erwerbseinkommen, welche anrechnungsfrei sind. Detaillierte Bestimmungen hierzu sind in entsprechenden Durchführungsverordnungen der Bundesregierung einheitlich geregelt (Ermächtigung durch § 13 SGB II). Schließlich enthält § 31 SGB II eine wichtige Gegennorm, wonach die Leistungen auch bei Vorliegen der genannten Voraussetzungen gekürzt werden oder vollständig wegfallen, wenn der Hilfebedürftige sich ohne wichtigen Grund nicht hinreichend um Eingliederung in Arbeit bemüht. Was von ihm insoweit erwartet werden kann, ergibt sich wiederum aus einer individuellen Eingliederungsvereinbarung mit dem zuständigen Fallmanager (vgl. § 15 SGB II). Auf diese Weise werden die unbestimmten Rechtsbegriffe des § 9 durch andere Rechtsnormen bzw. Verordnungen weitgehend allgemeinverbindlich (objektives Recht) bestimmt und sind einer Beurteilung durch den Normanwender entzogen.

Bei diesen Regelungen wird weitgehend vernachlässigt, dass aufgrund der jeweiligen Umstände erhebliche Unterschiede bestehen, was jemand subjektiv tatsächlich zur Deckung seines Grundbedarfs benötigt. Bezogen auf Asylbewerber wird im Asylbewerberleistungsgesetz davon ausgegangen, dass im Regelfall eine Deckung des Lebensbedarfs durch Sachleistungen bzw. Wertgutscheine ausreichend ist und in Ausnahmefällen, bei einer Unterbringung außerhalb einer Aufnahmeeinrichtung, ein Geldbetrag von max. 225 € monatlich zur Deckung des Lebensbedarfs ausreicht. Da zur Sicherung der Menschenwürde (Art. 1 GG) der individuelle Lebensbedarf in jedem Fall gesichert sein muss (Bedarfsdeckungsprinzip), sind diese starren Regelungen inhaltlich problematisch und deren Rechtmäßigkeit ist im Einzelnen selbst unter Fachleuten umstritten. Die genannten Normierungen eröffnen dennoch *keinen Beurteilungsspielraum* für den Rechtsanwender. Die gesetzlichen Vorschriften enthalten vielmehr Wertungen, die für die Verwaltung nicht zur Disposition stehen. Eine Änderung der Rechtslage kann hier nur durch die Politik oder eine gerichtliche Einschränkung der Rechtsnormen erfolgen, nicht aber durch eine eigenständige Interpretation des Gesetzestextes seitens des Rechtsanwenders.

Beurteilungsspielraum

Aufgrund der unabsehbaren Vielgestaltigkeit möglicher Einzelfälle und der sich ständig ändernden Lebenssituationen sind unbestimmte Rechtsbegriffe immer wieder auf neue Situationen zu beziehen, was frei von Wertungen oft gar nicht möglich ist. So gibt es z. B. unbegrenzt viele unterschiedliche Faktoren, die unter Berücksichtigung der individuellen Situation eine „Gefährdung des Kindeswohls" im Sinne des § 1666 BGB bedeuten können. Nicht immer sind solche Entscheidungen vollständig einer objektiven Überprüfung zugänglich. Die Rechtsanwendung ist vielmehr in vielen Fällen ein von Situationen und Personen abhängender, einmaliger Vorgang. Systematisch handelt es sich hierbei um Bereiche, in denen die *Sachverhaltsfeststellung* und die Zuordnung zu einem *Tatbestand* (*Subsumtion*) besonders eng miteinander verzahnt sind. Von der Rechtsprechung wird anerkannt, dass in einigen Normbereichen ein eigenständiger *Beurteilungsspielraum* besteht. Insoweit findet nur eine eingeschränkte gerichtliche Kontrolle statt. Insbesondere gilt dies, wenn die Anwendung unbestimmter Rechtsbegriffe eine Prognose oder die Einschätzung einer Gefahr erfordern („wenn zu erwarten ist", „voraussichtlich" „Gefährdung der Existenzgrundlagen"), ein Urteil in besonderem Maße von der fachlichen Eignung oder der persönlichen Erfahrung einer Person abhängen (z. B. Prüfungen, Beurteilung, ob eine Schrift jugendgefährdend ist) oder Situationen nicht rekonstruierbar sind. Aus guten Gründen wird gefordert, den Fachkräften der Sozialen Arbeit vermehrt Beurteilungsspielräume zuzuerkennen. Gerade in der Sozialen Arbeit zeigt sich, dass in vielen Fällen eine subjektiv geprägte Bewertung durch die Fachkraft unvermeidlich ist, ja die Basis für eine erfolgreiche Kooperation mit dem Klienten sein kann. Allerdings muss man auch sehen, dass damit die Möglichkeiten des Bürgers, eine umfassende Rechtskontrolle herbeizuführen, erheblich eingeschränkt werden.

Eine trennscharfe Unterscheidung zwischen unbestimmten Rechtsbegriffen mit und ohne Beurteilungsspielraum ist nicht möglich. Ebenso ist häufig umstritten, in welchem Umfang ein Beurteilungsspielraum besteht. Das Jugendamt hat z. B. nach sozialpädagogischen Kriterien festzustellen, welche Hilfe zur Erziehung (§ 27 ff SGB VIII) für ein bestimmtes Kind „notwendig und geeignet" ist. Unklar ist aber, ob bei Rechtsstreitigkeiten hierüber ein Gericht festzustellen hat, welche konkrete Maßnahme angezeigt ist. Zum Teil wird die Auffassung vertreten, dass das Gericht sich auf die reine *Rechtsfehlerkontrolle* zu beschränken hat. Das Gericht kann demnach – ähnlich wie bei Ermessensentscheidungen – die Entscheidung des Jugendamtes bei Rechtsfehlern lediglich aufheben und das Jugendamt verpflichten, unter Beachtung der Rechtsauffassung des Gerichts, eine neue Entscheidung herbeizuführen. Nach der anderen Ansicht hat das Gericht, wie auch sonst, wenn es um die Auslegung und Anwendung unbestimmter Rechtsbegriffe geht, seine eigene Einschätzung an die Stelle der Beurteilung des Jugendamts zu setzen.

Die Rechtsprechung ist in jüngerer Zeit auch in den Bereichen der Sozialen Arbeit zurückhaltend mit der Anerkennung solcher Beurteilungsspielräume. In der Praxis beziehen die Richter aber bei ihrer Entscheidungsfindung häufig die Sozialbehörden, gerade wenn es um sozialarbeiterische Beurteilungen geht, mit ein oder fordern sie zu weiterer, eigenständiger Aufklärungsarbeit auf, so dass die Verantwortlichkeiten des Gerichts und der Behörde ineinander greifen. Welche „Kontrolldichte" im Einzelnen durch die Gerichte herzustellen ist, bleibt allerdings weitgehend unklar und wird von den Gerichten uneinheitlich gehandhabt. In Problemfällen sollte man sich mit Hilfe eines Gesetzeskommentars soweit wie möglich kundig machen.

Ermessensspielraum

In zahlreichen Rechtsnormen wird die Verwaltung ermächtigt und zugleich verpflichtet, in *eigener Verantwortung* darüber zu entscheiden, ob bzw. in welcher Weise sie handelt. Man spricht hier von Ermessenseinräumung zugunsten einer bestimmten Behörde/Einrichtung oder Person.

Dies erkennt man an der Formulierung im Gesetz, dass eine Maßnahme getroffen werden „kann". Manchmal heißt es auch, dass eine Institution etwas tun „darf", zu einem bestimmten Verhalten „befugt" beziehungsweise „berechtigt" ist oder eine Entscheidung im „pflichtgemäßen Ermessen" erfolgt. Außerdem kann sich die Einräumung eines Ermessens auch aus der Aufzählung von unterschiedlichen Handlungsalternativen ergeben. Mit gewissen Einschränkungen weist auch das Wort „soll" auf einen verwaltungsinternen Ermessensspielraum hin (genauer unten Seite 94).

Anders als bei der Interpretation unbestimmter Rechtsbegriffe geht es hierbei nicht um die Zuordnung eines konkreten Lebenssachverhaltes unter eine Rechtsnorm (*Subsumtion*), sondern unter der Voraussetzung der Anwendbarkeit einer bestimmten Norm um einen Spielraum auf der *Rechtsfolgenseite*.

Auf diese Weise wird der Verwaltung die Möglichkeit zur eigenverantwortlichen Entscheidung über bestimmte Rechtsfolgen eingeräumt. Bei der Ausübung des Ermessens können konkrete Wünsche des Bürgers, aber auch die Interessen der Verwaltung den Ausschlag geben. Im Ergebnis kann so ein höheres Maß an Einzelfallgerechtigkeit und Effizienz erzielt werden, als dies bei generellen Regelungen im Gesetz ohne Ermessensspielraum möglich wäre. Im Wege *interner Verwaltungsvorschriften* wird gleichwohl häufig eine einheitliche Handhabung vorgegeben, was auch nach dem Prinzip der Gleichbehandlung häufig geboten ist. Dann liegt die Ausübung des Ermessens insgesamt nicht mehr bei dem mit einem konkreten Klienten befassten Mitarbeiter, sondern bei der jeweiligen Einrichtung.

Häufig wird davon gesprochen, dass die Gewährung einer Maßnahme im „freien Ermessen" stehe. Gemeint ist hiermit, dass bei einem bestimmten Sachverhalt nicht eine bestimmte, sondern mehrere unterschiedliche Handlungsweisen im Gesetz vorgesehen sind, zwischen denen die Verwaltung, oft der jeweilige Sachbearbeiter/Betreuer, zu wählen hat, ohne dass das Gesetz konkrete Alternativen vorgibt. Die Ermessensausübung im Zusammenhang öffentlicher Verwaltung ist allerdings auch in diesen Fällen aufgrund der Gesetzesbindung der Verwaltung (hierzu oben Seite 36 f) niemals „völlig frei", sondern sie ist immer an eine *pflichtgemäße* Ausübung bei jeder Ermessensausübung gebunden (vgl. § 39 SGB I). D. h., dass immer die gesetzlichen Zielbestimmungen der zu erfüllenden Aufgaben, Verfassungsgrundsätze (insbesondere Verhältnismäßigkeitsgrundsatz, Gleichbehandlungsgrundsatz, Neutralitätsgebot) und behördeninterne Richtlinien zu beachten sind. Außerdem kann sich eine Festlegung aus vorausgegangenem Handeln in vergleichbaren Fällen ergeben. Deshalb ist es missverständlich, überhaupt von „freier" Verwaltung zu sprechen.

Dies zeigt sich z. B. im Kinder- und Jugendhilferecht, wo es zahlreiche Ermessensspielräume gibt. Die pädagogischen Fachkräfte sind hier aber keinesfalls berechtigt, *beliebig* Maßnahmen zu gewähren oder abzulehnen. Auf der Grundlage ihrer fachlichen Kenntnisse und der individuellen Situationen der Betroffenen sind die Fachkräfte vielmehr verpflichtet, im Rahmen der Kinder- und Jugendhilfe jegliches Handeln an der Förderung der Kinder und Jugendlichen zu einer „eigenverantwortlichen und gemeinschaftsfähigen Persönlichkeit" auszurichten. In nachvollziehbarer Weise muss die Gewährung oder Versagung jeder Maßnahme vor allem auf diese grundlegende, aber auch auf andere verbindliche Ziel- und Rahmenbestimmungen bezogen sein.

Im Einzelnen wird unterschieden zwischen „Entschließungsermessen" und „Auswahlermessen". Wenn es der Behörde freigestellt ist, *ob* sie überhaupt tätig wird, spricht man von *Entschließungsermessen*. Wenn ihr die Entscheidung überlassen ist, *welche* von mehreren (nach dem Gesetz zulässigen) Maßnahmen ergriffen wird, liegt *Auswahlermessen* vor.

Der Ermessensspielraum der Verwaltung ist allerdings nicht in allen Fällen gleich groß. Es muss vielmehr bei jeder Regelung genau festgestellt werden, wieweit der Ermessensspielraum reicht und wo die Grenzen des Ermessens liegen. Handelt es sich um eine so genannte *„Kann-Vorschrift"*, ist die Verwaltung nicht von vornherein in eine bestimmte Richtung gebunden. Sie beurteilt eigenverantwortlich, ob eine Maßnahme angebracht ist. Wenn in der gesetzlichen Formulierung geregelt ist, dass eine bestimmte Maßnahme grundsätzlich unter bestimmten Voraussetzungen erfolgen *„soll"*, so ist die Verwaltung in ihrer Entscheidung weniger frei. Nur bei Vorliegen besonderer Umstände darf die Behörde von einer „Soll-Regelung" abweichen. Diese besonderen Umstände sind regelmäßig in der Begründung der Entscheidung dem Bürger mitzuteilen, wenn von der Soll-Regelung abgewichen wird. Die gleiche Bedeutung haben Formulierungen wie „in der Regel" und „ausnahmsweise". Kurz und treffend lässt sich formulieren, dass eine „Soll-Vorschrift" für die Verwaltung ein „Handeln-müssen" bedeutet, wenn nicht ganz besondere, konkrete Gründe dem entgegenstehen. Diese Gründe müssen in der Person des Klienten liegen. Überlastung und fehlende finanzielle Mittel rechtfertigen die Abweichung von einer Soll-Bestimmung nicht.

Nicht immer ist durch die Lektüre des Gesetzes klar erkennbar, ob und in welcher Weise die Ermessensausübung der Verwaltung gebunden ist. In diesen Fällen kann man sich anhand eines Kommentars oder eines Lehrbuchs informieren.

Der Ermessensspielraum der Verwaltung führt dazu, dass weder der Klient noch die Gerichte ihre eigene Bewertung an die Stelle der behördlichen Beurteilung setzen dürfen. Ermessensentscheidungen sind vielmehr grundsätzlich nur sehr bedingt überprüfbar. Der betroffene Bürger kann zwar auch gegen Maßnahmen, die auf Ermessensentscheidungen gründen – wie sonst auch – Widerspruch einlegen. Aber nur wenn ein „Ermessens*fehler*" festgestellt wird, kann ein entsprechender Verwaltungsakt durch das zuständige Gericht aufgehoben werden. Durch ein Gericht wird also nur überprüft, ob ein Fehlverhalten der Behörde vorliegt, sie also ihren Ermessensspielraum überschritten hat. Auch dann darf das Gericht das eigene Ermessen aber nicht an die Stelle des Ermessens der Verwaltung setzen, sondern die Behörde hat eine neue Ermessensentscheidung zu treffen, entsprechend den Vorgaben des Gerichts. Im Unterschied zur Anwendung unbestimmter Rechtsbegriffe (hierzu oben Seite 90 f) eröffnet der Ermessensspielraum somit der Verwaltung eigenständige Gestaltungsmöglichkeiten, die sowohl gegenüber dem Bürger/Betroffenen als auch gegenüber gerichtlicher Kontrolle abgesichert sind.

Anwendung von Gesetzen		
Regelung/Rechtsbegriff	**Beispiel**	**Bedeutung**
eindeutige Regelung	„Das Kindergeld beträgt für erste, zweite und dritte Kinder jeweils 154 Euro monatlich ..." (§ 5 Abs. 1 BKGG)	Tatbestand eindeutig, klare Handlungsanweisung
unbestimmter Rechtsbegriff ohne Beurteilungsspielraum	„Hilfebedürftig ist, wer seinen *Lebensunterhalt*... nicht ... *aus eigenen Kräften*... sichern kann" (§ 9 Abs. 1 S. 1 SGB II)	Auslegung nach Sinn und Zweck der Vorschrift, andere Rechtnormen und Rechtsprechung sind zu beachten. Volle gerichtliche Überprüfung
unbestimmter Rechtsbegriff mit Beurteilungsspielraum	„*Hält* das Jugendamt das Tätigwerden des Familiengerichts *für erforderlich*..." (§ 8a Abs.3 SGB VIII)	Wie oben ↑, jedoch eingeschränkte gerichtliche Kontrolle, da Entscheidung von nicht vollständig überprüfbaren Bewertungen abhängig ist
Ermessensspielraum	„Wohnungsbeschaffungskosten, Mietkautionen und Umzugskosten *können* bei vorheriger Zustimmung übernommen werden" (§ 29 Abs. 1 S. 5 SGB XII)	Eigene Abwägung und Entscheidung, pflichtgemäß entsprechend Sinn und Zweck der Norm, nur eingeschränkte gerichtliche Kontrolle

Wurde das der Verwaltung zustehende Ermessen fehlerhaft ausgeübt, so ist die entsprechende Maßnahme rechtswidrig, weil der Bürger ein Recht hat auf pflichtgemäße, fehlerfreie Betätigung des Ermessens. Dies ist bereits dann der Fall, wenn seitens der Behörde eine Entscheidung getroffen wurde, *ohne* eine Ermessensprüfung vorzunehmen bzw. der bestehende Spielraum nicht in vollem Umfang gesehen wurde, sondern fehlerhaft davon ausgegangen wurde, dass ein solcher Ermessensspielraum nicht besteht (*Ermessensunterschreitung, Ermessensnichtgebrauch*). Dasselbe gilt, wenn die Behörde ihren Ermessensspielraum überschreitet, also eine Maßnahme anordnet, die über den gesetzlich vorgegebenen Ermessensspielraum hinausgeht (*Ermessensüberschreitung*).

Von *Ermessensfehlgebrauch* spricht man, wenn die Behörde zwar eine Ermessensentscheidung trifft, die sich innerhalb des vorgegebenen Rahmens bewegt, diese aber nicht mit dem Zweck der gesetzlichen Ermächtigung zur Ermessensausübung in Einklang zu bringen ist, sondern unsachliche Motive Grundlage für die konkrete Entscheidung sind.

Darüber hinaus gelten auch für Ermessensentscheidungen die allgemeinen Grundsätze, das bedeutet, dass entsprechendes Verwaltungshandeln nicht gegen den *Gleichbehandlungsgrundsatz*, das *Verhältnismäßigkeitsprinzip* oder höherrangiges Recht verstoßen darf. Ebenso müssen auch bei der Ermessensausübung die persönlichen Verhältnisse des Berechtigten oder Verpflichteten, deren Wünsche oder Interessen in angemessener Weise berücksichtigt werden. Auch insoweit sind der Ermessensausübung allgemeine Grenzen gesetzt, die sich nicht unmittelbar aus der jeweiligen Vorschrift ergeben müssen.

In einer konkreten Situation kann aufgrund der speziellen Umstände der Spielraum der Behörde soweit geschrumpft sein, dass man von einer „*Ermessensschrumpfung auf Null*" spricht. In diesem Fall hat die Behörde zwar nach der

Rechtslage einen Ermessensspielraum, in Anbetracht der konkreten Verhältnisse hat sie aber gleichwohl keine Wahl, sondern muss eine bestimmte Entscheidung treffen.

Das Ergebnis der Rechtsanwendung ist allerdings häufig nicht nur von den gesetzlichen Vorgaben abhängig, sondern auch ganz wesentlich davon, durch *wen* Recht angewendet wird. Dies gilt zunächst hinsichtlich der Umsetzung von Ermessenspielräumen. Denn je nachdem, ob z. B. ein Sozialpädagoge oder ein Verwaltungsangestellter eine Situation beurteilt, können die entscheidungsrelevanten Kriterien ganz unterschiedliche Gewichtung erhalten. Aber auch bei der Auslegung unbestimmter Rechtsbegriffe (mit oder ohne Beurteilungsspielraum) kommt es häufig darauf an, wer das Recht anwendet. So ist z. B. nur eine Person mit entsprechender Ausbildung in der Lage zu beurteilen, ob z. B. eine Gefährdung des Kindeswohls vorliegt (§ 1666 BGB) oder welche Hilfe zur Erziehung in einer konkreten Situation notwendig und geeignet ist (§ 27 SGB VIII). Die Umsetzung des gesetzlichen Anspruchs kann daher überhaupt nur gewährleistet werden, wenn der jeweiligen Tätigkeit entsprechend qualifiziertes Personal eingesetzt wird. In vielen Bereichen Sozialer Arbeit dürfen deshalb bestimmte Positionen nur mit Fachkräften besetzt werden (vgl. § 72 SGB VIII, § 6 SGB XII). Man spricht insoweit von einem *Fachkräfteprivileg*. Im Einzelnen gibt es aber immer wieder Auseinandersetzungen darüber, welche Qualifikationen für bestimmten Aufgaben vorauszusetzen sind, in welcher Weise ein entsprechender Nachweis zu erbringen ist (z. B. Diplom/Bachelor) und in welchem Umfang weniger qualifizierte (i.d.R. preiswertere) Kräfte (auch Aushilfskräfte) beschäftiget werden dürfen. Ebenso kann es einrichtungsinterne Auseinandersetzungen darüber geben, welchen Personen Einzelentscheidungen übertragen werden bzw. welche Personen hieran zu beteiligen sind. Bei einer fallbezogenen Entscheidung kann eine Ermessensentscheidung jedenfalls nur unter sachlich begründeten Voraussetzungen fach- bzw. sachfremden Personen übertragen werden. Die Frage, welcher konkreten Person innerhalb einer Einrichtung Entscheidungsverantwortung und damit Rechtsanwendung zusteht, ist eine eigene, bedeutsame Rechtsfrage (vgl. in diesem Zusammenhang „Neue Steuerungsmodelle“ auch unten Seite 166 ff).

3. Der Verwaltungsakt

Es ist zu unterscheiden zwischen den gesetzlich umschriebenen *Pflichten* der Verwaltung, soziale Aufgaben zu erfüllen (hierzu unmittelbar vorher), und der Art und Weise, wie Verwaltung tatsächlich nach außen wirkt und in verbindlicher Weise Beziehungen zu den Klienten gestaltet. Die Gesetze bestimmen zwar die Rechte und Pflichten der Bürger, in aller Regel bedarf das aber der Umsetzung durch eine Behörde, damit die Gesetze konkrete Bedeutung erlangen. Im Folgenden geht es um die Möglichkeiten der öffentlichen Verwaltung, im Außenverhältnis Verbindlichkeiten zu erzeugen.

Verwaltungsakt und öffentlich-rechtlicher Vertrag

Während im Zivilrecht Rechtsverhältnisse zwischen Bürgern, Personengruppen oder Firmen aufgrund wechselseitiger Vereinbarungen entstehen und das Strafrecht von ausschließlich durch den Staat bestimmten Verbotsregelungen geprägt ist, kann die öffentliche Verwaltung Rechtsverhältnisse zum Bürger sowohl durch einseitiges Handeln gestalten als auch durch einvernehmliche Regelungen (Verträge) konsensuell Rechtsbeziehungen herstellen. Gesetze können zwar auch unmittelbar den Bürger berechtigen oder verpflichten. Im öffentlichen Recht ist es aber meist so, dass der Verwaltung die Anwendung der Gesetze obliegt. Erst durch Maßnahmen der Behörden entfaltet das Recht konkrete Wirkungen.

Historisch ist das Handeln der öffentlichen Verwaltung vor allem durch einseitige hoheitliche Maßnahmen (*Verwaltungsakte*) geprägt, während in letzter Zeit vertragliche Vereinbarungen zwischen Verwaltung und Bürger (*öffentlich-rechtliche Verträge*) an Bedeutung gewonnen haben (geregelt in §§ 54-61 SGB X). Daneben gibt es noch Verwaltungshandeln, welches nicht auf eine rechtsverbindliche Wirkung/Regelung nach außen gerichtet ist, z. B. die Beantwortung einfacher Anfragen oder Beratungstätigkeiten (*schlicht hoheitliches Handeln*).

Bei einem Bescheid der Arbeitsagentur über Auszahlung von Arbeitslosengeld II oder Sozialgeld handelt es sich z. B. um einen Verwaltungsakt. Hierdurch wird in verbindlicher Weise geregelt, welche Ansprüche dem Bürger für einen bestimmten Zeitraum zustehen. Auf dieser Grundlage kann der Empfänger mit den entsprechenden Leistungen rechnen und entsprechend planen. Ebenso wird über die für die gesetzliche Rentenversicherung und für die Grundsicherung bei Erwerbsminderung (§ 43 SGB VI und § 41 SGB XII) entscheidende Frage, ob eine Minderung der Erwerbsfähigkeit vorliegt, durch Verwaltungsakt entschieden.

Wenn durch das Diakonische Werk eine Einrichtung für behinderte Menschen unterhalten wird und die Betreuungsplätze und Leistungsangebote durch öffentliche Leistungen der Sozialämter und Pflegeversicherungen finanziert werden, sind die Grundlage hierfür hingegen nicht einseitige Verfügungen durch das Sozialamt/Pflegeversicherung, sondern Verträge mit dem Diakonischen Werk (ausführlicher hierzu unten Seite 145 ff). Das gleiche gilt für die Eingliederungsvereinbarung zwischen dem Fallmanager im Jobcenter der Arbeitsagentur und einem Arbeitssuchenden bezogen auf individuelle Leistungen zur Wiedereingliederung in Arbeit (§§ 15 f SGB II).

Auf beide Weisen (Verwaltungsakt und öffentlich-rechtlicher Vertrag) werden Angelegenheiten geregelt, die in den Aufgabenbereich öffentlicher Sozialverwaltung fallen. Die Behörde handelt also auch auf dem Gebiet des öffentlichen Rechts, wenn sie – wie im Privatrecht generell üblich – im Wege vertraglicher Vereinbarungen tätig wird. In beiden Fällen werden die Verhältnisse zum Bürger, wenn auch in unterschiedlicher Weise, verbindlich geregelt.

Der Verwaltungsakt ist nach wie vor die Form, in der *typischer Weise* Rechtsverhältnisse gegenüber dem Bürger geregelt werden. Andere Begriffe (Synonyme) hierfür sind Verfügung, Bescheid, Entscheidung, Bewilligung oder Regelung. Der Verwaltungsakt kann, wie im Beispiel, positive Wirkungen für den Bürger haben (*Leistungsbescheid* über Arbeitslosengeld II). Er kann aber auch teilweise oder ausschließlich negative Auswirkungen für den Klienten haben (*Ablehnungsbescheid*). In dieser Handlungsform kommt in besonderer Weise die Machtstellung der öffentlichen Verwaltung zum Ausdruck, weil es zur Wirksamkeit der Regelung einer Zustimmung des Betroffenen nicht bedarf *(hoheitliches Handeln)*. Von erheblicher Bedeutung ist daher, wer unter welchen Voraussetzungen befugt ist, in solcher Weise zu handeln.

Es gibt kritische Stimmen, die diese Handlungsform der Verwaltung für veraltet und ungeeignet für Soziale Arbeit halten. Diese Bedenken sind nachvollziehbar, da heute vor allem Sach- und Dienstleistungen immer weniger auf einen einseitigen hoheitlichen Akt der Sozialverwaltung zurückgehen, sondern zunehmend mit den Betroffenen individuell ausgehandelt werden. So gibt es eine breite Tendenz auf starre, allgemeingültige Vorgaben zu verzichten und die Behördenmitarbeiter gesetzlich zu ermächtigen, persönliche Leistungen den sich wandelnden Lebensverhältnissen individuell und flexibel anzupassen. Auf diese Weise wird der Bürger als Partner ernst genommen und kann die Inhalte der Leistungen aktiv mitgestalten (vgl. in diesem Zusammenhang auch unten Seite 166 ff). Dies ist letztlich in allen Sozialbereichen von Bedeutung, da es bei den entsprechenden Diensten und Einrichtungen wesentlich darum geht, eigene Kräfte des Betroffenen zu aktivieren und zu fördern. Der Erfolg einer Maßnahme hängt meist ganz entscheidend von der Qualität des partnerschaftlichen Zusammenwirkens zwischen Leistungserbringer und Leistungsempfänger ab. Ein solches Mitgestaltungsrecht des Bürgers entspricht grundsätzlich auch dem Staatsverständnis des Grundgesetzes (vgl. oben Seite 28 ff).

In der Kinder- und Jugendhilfe hat diese Vorgehensweise in Form so genannter Hilfepläne bei der Feststellung und Begleitung der Hilfen zur Erziehung bereits eine längere Tradition (vgl. § 36 SGB VIII). Der Hilfeplan ersetzt hier allerdings nicht einen Leistungsbescheid über eine Hilfe zur Erziehung, sondern ist zwingend Voraussetzung und Grundlage für eine Entscheidung des Jugendamtes, die letztlich durch Verwaltungsakt erfolgt (vgl. auch unten Seite 127 f). Seit der Einführung der Grundsicherung für Arbeitsuchende im Jahr 2005 (HARTZ IV Gesetze) findet dieses Instrument zunehmend auch bei der Förderung zur Eingliederung in Arbeit Anwendung (vgl. § 15 SGB II). Über Geldleistungen der Arbeitsagentur (Arbeitslosengeld II, Sozialgeld) wird nach wie vor durch Verwaltungsakt entschieden. Leistungen zur Eingliederung in Arbeit sind hingegen nach dem Gesetz individuell auszuhandeln, können von bestimmten Verhaltensweisen des Leistungsempfängers abhängig gemacht werden (Mitwirkungspflichten) und sind in einer schriftlichen Vereinbahrung für die Dauer von i.d.R. 6 Monaten verbindlich festzulegen *(Eingliederungsvereinbarung)*. Auf diese Weise sollen zwischen den Beteiligten mit Phantasie bedarfsorientierte und effektive Lösungen individuell entwickelt werden und der Hilfebedürftige durch den für ihn zuständigen Fallmanager persönliche Begleitung erfahren.

Diese Vorgehensweise kann aber auch zu entscheidenden Problemen führen. So setzt eine individuelle Vereinbarung voraus, dass der Leistungsberechtigte sich in persönlichen Belangen gegenüber der Verwaltung öffnet und in seine persönlichen Lebensverhältnisse und Lebenspläne Einblick gibt. Außerdem stellt sich die Frage, ob er in der Lage ist, seine Interessen angemessen zu vertreten. Vor allem aber ist zu beachten, dass diese Art der Kooperation im Regelfall Voraussetzung ist für konkrete Leistungen. Fehlende Bereitschaft, bei der Eingliederungsvereinbarung angemessen mitzuwirken, können nicht nur zu einem Abbruch der Eingliederungsmaßnahmen führen, sondern rechtfertigen auch die Kürzung bzw. Streichung von Unterhalt sichernden Geldleistungen (Arbeitslosengeld II, vgl. § 31 SGB II). (Vgl. ausführlich zu den Mitwirkungspflichten des Leistungsberechtigten unten Seite 177 ff). Vor allem bei Verhandlungen über existentiell notwendige Leistungen wie Arbeitslosengeld II besteht deshalb seitens des Hilfebedürftigen meist keine wirkliche Gestaltungsfreiheit, sondern das Verhältnis zur Verwaltung ist (nach wie vor) entscheidend von einer wesentlichen Abhängigkeit geprägt. Diese Abhängigkeit von der Verwaltung kann je nach Fähigkeit und Möglichkeiten des zuständigen Fallmanagers im Sinne einer sinnvollen Einflussnahme zu Gunsten des Betroffenen genutzt werden, aber auch zu unangemessenen Einzelfallregelungen führen. Unter rechtsstaatlichen Gesichtspunkten ist zu bedenken, dass bei den beschriebenen individuellen Gestaltungsspielräumen der Verwaltung der Gleichbehandlungsgrundsatz nur mit erheblichen Einschränkungen realisiert werden kann. Außerdem sind bei solchen kooperativen Entscheidungsprozessen die Möglichkeiten einer Rechtskontrolle erheblich eingeschränkt (vgl. hierzu unten Seite 182). Denn eine klare Unterscheidung zwischen Antrag des Hilfebedürftigen und Bewilligung durch die Behörde in aller Regel nicht mehr möglich.

Sowohl bei öffentlich-rechtlichen Verträgen als auch bei Verwaltungsakten ist stets zu prüfen, durch welche gesetzlichen Vorgaben die Gestaltungsspielräume der Behörde in den einzelnen Bereichen näher bestimmt sind. Insgesamt sind die Handlungsmöglichkeiten vielfältiger und damit uneinheitlicher geworden. Nach wie vor ist das Handeln durch Verwaltungsakte die typische Handlungsform der (Sozial-)Verwaltung. Bezogen hierauf ist die rechtmäßige Vorgehensweise der Verwaltung detailliert geregelt (ausführlich zum Sozialverwaltungsverfahren unten Seite 121 ff) und es gibt klar vorgegebene Möglichkeiten, das Verwaltungshandeln zu kontrollieren (insbesondere Widerspruch und Gerichtsverfahren, vgl. unten Seite 128 ff). Vor allem darf die Verwaltung nicht den Weg über Vereinbarungen wählen, um zum Schutz des Bürgers bestehende gesetzliche Pflichten zu umgehen. Ein öffentlich-rechtlicher Vertrag ist generell unzulässig bezogen auf Sozialleistungen, auf die ein klarer Rechtsanspruch (keine Ermessensleistung) besteht (§ 53 Abs. 2 SGB X). (Vgl. zur Problematik des öffentlich rechtlichen Vertrags auch Seite 145 ff.)

Definition Verwaltungsakt

Kennzeichen des Verwaltungsaktes ist, dass hierdurch *verbindliche Regelungen* mit für den Bürger begünstigender oder belastender Wirkung getroffen werden. Dadurch bleibt Verwaltungstätigkeit nicht unverbindlich, sondern es wird Klarheit und Eindeutigkeit hergestellt. Durch Mitteilung gegenüber dem Betroffenen wird der Verwaltungsakt wirksam und bleibt solange wirksam, bis er aufgehoben oder zurückgenommen wird (vgl. § 39 SGB X).

Es müssen allerdings bestimmte *formale Kriterien* erfüllt sein, damit diese Festlegung der Verwaltung nach außen und nach innen erkennbar ist. Die von Verwaltungsakten ausgehende Bindungswirkung (*Bestandskraft*) wird als ärgerlich und hinderlich erfahren (etwa weil auch von rechtswidrigen Verwaltungsakten eine Bindungswirkung ausgeht), aber auch als vorteilhaft, weil man sich darauf verlassen kann, dass eine in dieser Form getroffene und bekannt gegebene Regelung ohne gewichtige Gründe nicht wieder aufgehoben werden kann (*Vertrauensschutz*).

Gleichzeitig ist der Verwaltungsakt entscheidender Bezugspunkt für ein *Widerspruchsverfahren* bzw. eine *Anfechtungsklage*. Wenn er zumindest teilweise belastende Auswirkungen für den Bürger hat, kann dieser sich unter Bezugnahme auf den Verwaltungsakt hiergegen wehren. Völlig unverbindliche Äußerungen einer Behörde (z. B. Information, Beratung, Verhandlungen) und rein tatsächliche Verrichtungen (schlicht-hoheitliches Handeln oder Realakte genannt), können hingegen nicht Gegenstand eines gerichtlichen Verfahrens sein, weil es an einer für den Klienten belastenden Regelung fehlt.

Im *Hilfeplanverfahren* nach § 36 SGB VIII sind z. B. eine ganze Reihe von Bestimmungen zu beachten. Da es sich hierbei aber nicht um einen Verwaltungsakt handelt, sondern „lediglich" um die Beschreibung einer bestimmte Vorgehensweise bei der Erfüllung von Ansprüchen nach § 27 SGB VIII, können die Betroffenen nicht unmittelbar die ordnungsgemäße Durchführung des Hilfeplanverfahrens erzwingen. Hier muss vielmehr die Aufsichtsbehörde tätig werden (vgl. zum Thema auch unten Seite 156 f). Der betroffene Bürger kann mit förmlichen Rechtsbehelfen (hierzu unten „förmliche Rechtsbehelfe“ Seite 182 ff.) ggf. nur gegen den Bescheid (Verwaltungsakt), nicht gegen die Verfahrensweise vorgehen.

Zunächst wenden wir uns etwas ausführlicher den Merkmalen eines Verwaltungsaktes zu. Der Verwaltungsakt wird für alle Verwaltungsbereiche (also über den sozialen Bereich hinaus) inhaltlich gleich lautend in § 31 SGB X und § 35 Verwaltungsverfahrensgesetz beschrieben.

Definition Verwaltungsakt:

Verwaltungsakt ist jede Verfügung, Entscheidung oder andere hoheitliche Maßnahme, die eine Behörde zur Regelung eines Einzelfalles auf dem Gebiet des Öffentlichen Rechts trifft und die auf unmittelbare Rechtswirkung nach außen gerichtet ist.

Die einzelnen *Merkmale* bedürfen der Erläuterung:

Behörde

Behörde ist jede Stelle, die als Träger öffentlicher Verwaltung Aufgaben der *öffentlichen Verwaltung* wahrnimmt (vgl. § 1 Abs. SGB X). Hierzu zählen nur die rechtlich klar umschriebenen, selbständigen Organe öffentlicher Verwaltung. Einzelne Abteilungen, Referate oder Einrichtungen sind Teile einer Behörde. Diese Abgrenzung ist nicht immer leicht vorzunehmen, zumal einzelne Ämter oder Abteilungen einer Behörde zwar über eine *funktionelle*, nicht aber über eine *organisationsrechtliche* Eigenständigkeit verfügen. So sind z. B. Landratsamt, Bürgermeisteramt, Gesundheitsamt, Arbeitsagentur und Finanzamt eigenständige Behörden, während etwa das Sozialamt, Jugendamt und Bauamt Teile der Kommunalverwaltung (also der Städte, Gemeinden bzw. Landkreise) sind. Gleichwohl hat insbesondere das Jugendamt eine eigenständige Organisationsstruktur und ist teilweise eigenständiger Träger von Rechten und Pflichten. Gleich von welchem Mitarbeiter, welcher Abteilung oder welchem Amt einer Behörde Maßnahmen getroffen werden, sind sie rechtlich der jeweiligen Behörde als Rechtsträger zuzuordnen. Die Erscheinungsweise nach außen (Briefkopf) ist in der Praxis ein bedeutsames Indiz, um in Zweifelsfällen festzustellen, zu welcher Behörde die einen Verwaltungsakt erlassende Einrichtung gehört.

Aus dieser Definition ergibt sich, dass Sozialeinrichtungen der freien Träger keine Behörden sind, selbst wenn sie teilweise oder ausschließlich Leistungen erbringen, die von Behörden finanziert werden. Die freien Träger der Jugend- und Sozialhilfe können somit keine Verwaltungsakte erlassen. Vielfach sind aber Entscheidungen der Behörden *Voraussetzung* für ein Tätigwerden der nichtstaatlichen Einrichtungen (z. B. Zuwendungsbescheid, Leistungsvereinbarung mit einem öffentlichen Sozialleistungsträger). Teilweise, vor allem im stationären Bereich, übernehmen diese Träger auch Übermittlungsdienste zwischen Klient und Behörden (Entgegennahme von Anträgen und Weiterleitung von Bescheiden). Die Sozialversicherungsträger sind hingegen Behörden, da sie Teil der öffentlichen Verwaltung sind (vgl. hierzu unten Seite 110 f) und können somit Verwaltungsakte erlassen.

Maßnahmen auf dem Gebiet des öffentlichen Rechts (hoheitliche Maßnahmen)

Eine Regelung durch Verwaltungsakt kommt nur in Betracht zur Regelung von Maßnahmen auf dem Gebiet des *öffentlichen Rechts*. D. h., durch Verwaltungsakte dürfen nur Angelegenheiten geregelt werden, die typischer Weise zum hoheitlichen Handeln des Staates gehören (hierzu oben Seite 28 ff).

Unmittelbare Rechtswirkung

Merkmal des Verwaltungsaktes ist weiter, dass er rechtliche Wirkung entfaltet, also die Rechtsstellung des Bürgers hierdurch *unmittelbar geregelt* wird. Dies muss in dem Bescheid zum Ausdruck kommen. Beispiele hierfür sind die Aufnahme eines Kindes in einen städtischen Kindergarten, die Aufforderung zur Zahlung von Beiträgen für öffentliche Leistungen oder die Feststellung des Amtes für Ausbildungsförderung über die Höhe der staatlichen Ausbildungsförderung.

Hiervon zu unterscheiden ist Verwaltungshandeln, durch welches keine Regelung getroffen wird, sondern ein Verwaltungsakt lediglich vorbereitet werden soll oder ein bereits erlassener Verwaltungsakt erläutert wird. Auch interne Berichte oder Informationen über die vorläufige Rechtsauffassung einer Behörde sind Maßnahmen ohne unmittelbare Rechtswirkung.

Regelung eines Einzelfalles

Die Regelung eines Einzelfalles liegt vor, wenn die Maßnahme sich auf eine *konkrete Situation* bezieht. Hiervon zu unterscheiden sind Allgemeinverfügungen, Satzungen und Verordnungen, die sich an einen bestimmten oder bestimmbaren – jedenfalls größeren – Personenkreis richten. Solche Verfügungen können ähnlich bindende Wirkungen haben wie ein Verwaltungsakt (z. B. Nutzungsbestimmung für ein Gebäude, Nutzungsordnungen oder auch Lautsprecherhinweise durch die Polizei), sind aber keine Verwaltungsakte.

Rechtswirkung nach außen

Rechtswirkungen nach außen hat eine Verwaltungsmaßnahme, wenn der Adressat ein Bürger oder eine Behörde *außerhalb* des Hoheitsbereichs der erlassenen Behörde ist und die persönliche Rechtsstellung des Adressaten berührt ist. Behördeninterne Regelungen sind deshalb keine Verwaltungsakte; dies sind in der Regel an die Mitarbeiter gerichtete *Weisungen*.

Die Rechtswirkung wird durch die *Bekanntgabe* gegenüber dem Bürger erzeugt. Hierfür ist die den Verwaltungsakt erlassende Behörde verantwortlich (§ 37 SGB X). Das heißt, sie muss in Zweifelsfällen beweisen, dass sie dem Empfänger den Verwaltungsakt mitgeteilt hat. Bei schriftlichen Verwaltungsakten kommt es allerdings nicht auf die tatsächliche Kenntnisnahme an, sondern auf die *Zustellung* (Übergabe eines Schreibens an den Empfänger, Einwurf in den Briefkasten), so dass mit der Kenntnisnahme des Bürgers *zu rechnen* ist (dessen Herrschafts- und Verantwortungsbereich). Wenn der Empfänger seinen Briefkasten nicht leert, z. B. weil er sich im Urlaub befindet oder einen schriftlichen Verwaltungsakt ungelesen vernichtet, gilt dieser dennoch als bekannt gegeben. (Ausnahme: Wiedereinsetzung in den vorigen Stand, hierzu unten Seite 175 f.)

Bei einem zur Post aufgegebenen Schreiben wird grundsätzlich davon ausgegangen, dass es spätestens am dritten Tag nach Aufgabe bei der Post zugeht, es sei denn ein späterer Zugang wird im Einzelfall nachgewiesen (vgl. § 37 Abs. 2 SGB X). Um den Nachweis der Bekanntgabe erbringen zu können, erfolgt die Zustellung häufig mit Zustellungsurkunde, als eingeschriebener Brief oder mit Empfangsbekenntnis (vgl. im Einzelnen die Zustellungsgesetze der Länder). Eine Bekanntgabe von Verwaltungsakten wird nicht dadurch unmöglich (mit der Folge, dass der Verwaltungsakt nicht wirksam werden kann), dass der Aufenthaltsort des Empfängers unbekannt ist. Hier hilft als „letztes Mittel" die *öffentliche Bekanntgabe* weiter: kann eine Behörde trotz intensiver Bemühungen den Aufenthaltsort des Empfängers nicht ermitteln, kann sie durch öffentlichen Aushang den Empfänger zur Abholung des Schriftstücks auffordern. Nach Ablauf einer Frist von zwei Wochen nach der öffentlichen Bekanntmachung *gilt* – auch ohne Abholung – der Verwaltungsakt dann als bekannt gegeben (Einzelheiten: § 37 Abs. 3 u. 4 SGB X) (vgl. auch unten Seite 174 f).

Im Ergebnis sind ganz unterschiedliche Verhaltensweisen einer Behörde als Verwaltungsakt zu qualifizieren. Häufig wird er in der Fachsprache als „*Bescheid*" bezeichnet. Auch die Erteilung einer Auskunft über eine Adresse durch die Einwohnermeldebehörde ist entsprechend den oben geschilderten Kriterien ein Verwaltungsakt, ebenso wie das Abiturzeugnis oder die Zuweisung einer Hausnummer an den Hauseigentümer. Selbst der Knüppelschlag eines Polizisten gegenüber einem Demonstranten kann ein Verwaltungsakt sein, wenn hierdurch eine bestimmte Verhaltensweise „geregelt" wird.

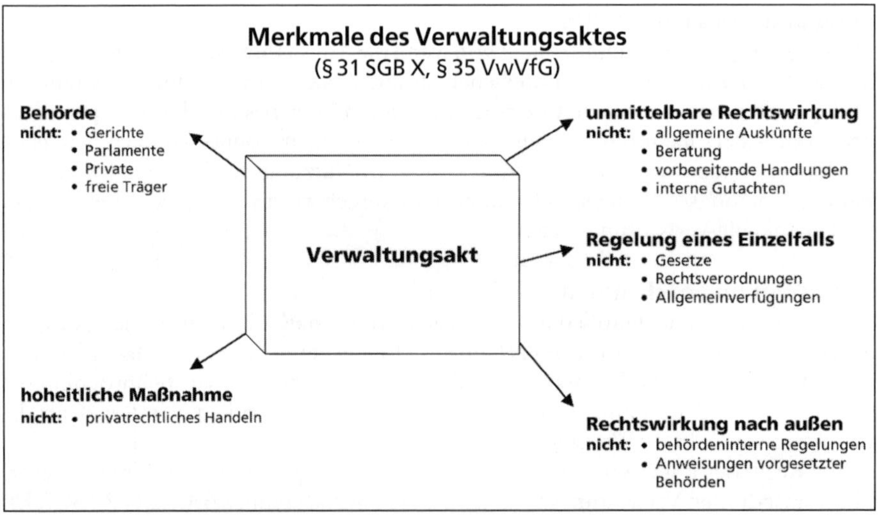

Nebenbestimmungen

Oft beinhalten Verwaltungsakte aber nicht ausschließlich klare und endgültige Bewilligungen oder Versagungen, sondern häufig sind sie verbunden mit ergänzenden Bestimmungen, die untrennbar mit dem Verwaltungsakt verbunden sind. Solche „*Nebenbestimmungen*" können sein:

- Befristung,
- Bedingung,
- Widerrufsvorbehalt,
- Auflage,
- Auflagenvorbehalt.

Diese Nebenbestimmungen haben zur Folge, dass eine bestimmte Regelung erst ab einem bestimmten Zeitpunkt oder bis zu einem bestimmten Zeitpunkt gilt (*Befristung*), seine Wirkung von einer durch den Bürger erst noch zu erfüllenden *Bedingung* abhängig gemacht wird, mit einer *Auflage* verbunden wurde oder aber die Behörde sich einen späteren Widerruf vorbehält (*Widerrufsvorbehalt*). Die Regelungswirkung wird hierdurch in bestimmter Weise eingeschränkt.

Inhalt und Form des Verwaltungsaktes

Zum Begriff des Verwaltungsaktes gehören weitere Anforderungen an den Inhalt und die Form, in der der Verwaltungsakt erlassen wird.

Die in einem Verwaltungsakt vorgenommene Regelung muss bestimmt, klar, verständlich, vollständig und widerspruchsfrei sein. Das heißt, dass die Regelung sich auf einen bestimmten Adressaten, einen bestimmten Sachverhalt und eine bestimmte Anordnung beziehen muss. Außerdem muss der Verwaltungsakt, wenn er schriftlich erlassen wurde, grundsätzlich begründet werden. Eine solche Begründung ist nur dann entbehrlich, wenn der Rechtsschutz des Bürgers diese ausnahmsweise nicht erfordert (§ 35 SGB X). Die Behörde kann die Begründung allerdings auch noch im Widerspruchs- bzw. Klageverfahren nachliefern und damit einen entsprechenden Verfahrensfehler im Nachhinein korrigieren (§ 41 Abs. 2 SGB X).

Ist ein Verwaltungsakt nicht hinreichend eindeutig, muss sein Inhalt durch *Auslegung* ermittelt werden, wozu auch die Begründung herangezogen werden kann. Dabei ist der Verwaltungsakt stets so auszulegen, wie er von einem verständigen Empfänger aufzufassen ist. Maßgebend ist also nicht, was die Behörde tatsächlich ausdrücken wollte. Sondern Unklarheiten gehen regelmäßig zu Lasten der Verwaltung. D. h., dass bei mehreren Auslegungsmöglichkeiten die für den Betroffenen am wenigsten belastende Regelung gilt. Ist eine Auslegung nicht möglich, so macht der Mangel der inhaltlichen Bestimmtheit den Verwaltungsakt nichtig. Es kommt auch in Betracht, dass der Verwaltungsakt teilweise nichtig ist. Dieser *Bestimmtheitsgrundsatz* dient dem Rechtsschutz des Bürgers und seinem Anspruch auf Rechtssicherheit.

Grundsätzlich gilt für Verwaltungsakte der Grundsatz der *Formfreiheit*. Dies bedeutet, dass Verwaltungsakte nicht in einer bestimmten Form erlassen werden müssen, sondern hierfür jede Form (schriftlich, mündlich oder durch eindeutiges Verhalten) in Betracht kommt. In der Regel werden aber Verwaltungsakte auch im Interesse der Behörde schriftlich gefasst. So werden Eindeutigkeit hergestellt und in Streitfällen schwierige Beweisfragen vermieden. Darüber hinaus hat der Bürger immer einen Anspruch auf schriftliche Bestätigung eines mündlich erlassenen Verwaltungsaktes.

In der Praxis ist zu beachten, dass häufig gerade an der mündlichen Form einer Äußerung (z. B. telefonisch) erkennbar wird, dass eine abschließende Regelung hierdurch nicht bezweckt ist, also eine verbindliche Regelung der Angelegenheit damit noch nicht erfolgen soll. Ggf. kann sich der Bürger aber auf eine mündliche, einen Sachverhalt abschließend regelnde Äußerung in gleicher Weise berufen wie auf eine schriftliche Fassung. Im Übrigen haben in der Verwaltung tätige Personen zahlreiche Regelungen zu beachten, durch die sie *intern* an bestimmte Äußerungsformen (häufig auch an die Verwendung von Formularen und Vordrucken) gebunden sind. Ein Verstoß gegen solche internen Anweisungen beeinflusst allerdings die Wirksamkeit der Verwaltungsakte nach außen nicht.

Schließlich muss ein schriftlicher Verwaltungsakt die erlassende Behörde erkennen lassen und es muss erkennbar sein, durch welche Person der Verwaltungsakt erlassen wurde (Unterschrift oder Namenswiedergabe). Lediglich bei Verwaltungsakten, die mit Hilfe automatischer Einrichtungen erlassen wurden, dürfen Namenswiedergabe und Unterschrift fehlen.

Wer behördenintern zum Erlass eines Verwaltungsaktes befugt ist, ist sehr unterschiedlich geregelt. Die internen Verwaltungsstrukturen, gerade im Bereich der Jugend- und Sozialhilfe sowie die Arbeitsagenturen, befinden sich insoweit in einem grundlegenden Wandlungsprozess. So gibt es zahlreiche Behörden, in denen der Sachbearbeiter, z. B. der im Außenbereich Tätige des Allgemeinen Sozialdienstes (ASD), hierzu befugt ist. In anderen Städten und Landkreisen liegt die Befugnis zum formellen Erlass eines Verwaltungsaktes allein beim Behördenleiter bzw. beim internen Verwaltungsdienst (vgl. in diesem Zusammenhang oben Seite 96 f und unten Seite 166 ff). Für die Bindungswirkung gegenüber dem Bürger kommt es auf die Einhaltung dieser internen Bestimmungen aber nicht an. Ohne Bedeutung für die Rechtswirkung eines Verwaltungsaktes ist deshalb, ob eine ihm zu Grunde liegende Dienstanweisung rechtmäßig ist und ob ein Mitarbeiter unter Missachtung einer Dienstanweisung einen Verwaltungsakt erlassen hat.

Rechtsbehelfsbelehrung

Schließlich ist für zahlreiche Verwaltungsakte vorgeschrieben, dass sie eine *Rechtsbehelfsbelehrung* enthalten müssen. D. h., dass der Betroffene in Verbindung mit dem Verwaltungsakt (i. d. R. am Ende des Schreibens) darüber belehrt werden muss, in welcher Weise er sich gegen die erlassene Regelung zur Wehr setzen kann. Für den Bereich des Sozialgesetzbuches ist in § 36 SGB X geregelt, dass jeder schriftlich erlassene Verwaltungsakt eine ebenfalls schriftliche Rechtsbehelfsbelehrung enthalten muss. Dadurch wird dem Bürger deutlich vor Augen geführt, dass er bezogen auf jeden Verwaltungsakt eine rechtliche Überprüfung veranlassen kann (*Rechtsstaatsprinzip*). Hierdurch wird die Macht der öffentlichen Verwaltung, einseitig auch gegen den Willen der Betroffenen Regelungen treffen zu können, relativiert und die Möglichkeit eines geordneten Kontrollverfahrens eröffnet.

Mit der Rechtsbehelfsbelehrung ist der Betroffene darüber zu informieren, innerhalb welcher Frist er bei welcher Behörde *Widerspruch* (teilweise findet man auch die Bezeichnung *Einspruch*) gegen den Verwaltungsakt einlegen kann (vgl. zum Widerspruchsverfahren auch unten Seite 182 ff).

Grundsätzlich ist er bei der Behörde, die den Verwaltungsakt erlassen hat, schriftlich innerhalb eines Monats nach Zustellung einzulegen (*Widerspruchsfrist*). Danach wird der Verwaltungsakt *rechtskräftig*. D. h., dass der Bürger danach hiergegen nicht mehr vorgehen kann. Lediglich für den Fall, dass der Betroffene die Frist unverschuldet versäumt hat (z. B. schwere Krankheit, längerer Auslandsaufenthalt), kommt eine *Wiedereinsetzung in den vorigen Stand* in Betracht, d. h. die Frist beginnt ausnahmsweise erst ab dem Zeitpunkt zu laufen, ab dem ihm die Kenntnisnahme zuzumuten ist (vgl. unten Seite 175 f).

Diese *Ausschlussfrist* dient der Rechtssicherheit und setzt einen mündigen und entsprechende Verfahren nicht scheuenden Bürger voraus. Nimmt der Betroffene seine Rechte nicht wahr – was häufig vorkommt –, bleibt es bei einer rechtswidrigen Regelung, oft zu Gunsten der Verwaltung. Es sei denn, die Verwaltung nimmt von sich aus den rechtswidrigen Verwaltungsakt zurück (hierzu unten Seite 106 f). Für den Betroffenen heißt das, dass er diese Fristen ernst nehmen muss (zur Berechnung der Frist vgl. unten Seite 174 f).

Für den Fall, dass eine Rechtsbehelfsbelehrung unvollständig ist oder gar nicht erfolgt ist, beträgt die Widerspruchsfrist ein Jahr ab Zustellung des Verwaltungsaktes. Dies führt zu einem eigenen Interesse der Behörde an einer ordnungsgemäßen Rechtsbehelfsbelehrung.

Fehlerhafte Verwaltungsakte

Von erheblicher Bedeutung ist die Frage, welche Folgen es hat, wenn ein Verwaltungsakt mit Rechtsfehlern behaftet ist, also mit dem konkreten Inhalt oder in der vorliegenden Form nicht hätte erlassen werden dürfen. Dabei geht es darum, wie vermieden wird, dass dem Betroffenen durch fehlerhaftes Verhalten der Behörde Unrecht geschieht. Diese Frage ist von erheblicher Bedeutung, weil Behörden mit dem Verwaltungsakt ein Instrument zur einseitigen unmittelbaren Regelung haben. Sofern Rechtsfehler nicht in einem gesonderten Verfahren festgestellt und korrigiert werden, kann die Behörde die getroffenen Regelungen mit den Mitteln staatlicher Macht, z. B. im Wege der Zwangsvollstreckung (vgl. § 66 SGB X), durchsetzen (unmittelbare Wirkung von Verwaltungsakten; zur Pfändungsfreigrenze vgl. unten Seite 192). Anders als im Privatrecht besteht grundsätzlich eine *Vermutung*, dass öffentliche Verwaltung sich an Recht und Gesetz hält – sofern nicht das Gegenteil erwiesen ist. Das heißt, dass auch rechtswidrige Verwaltungsakte – jedenfalls zunächst – grundsätzlich wirksam sind.

Zum einen hat der Bürger die Möglichkeit, mit Rechtsmitteln gegen den Verwaltungsakt vorzugehen, ihn im *Widerspruchsverfahren* und dann im *Klageverfahren* überprüfen zu lassen (vgl. hierzu unten Seite 182 ff, Seite 185 ff und oben Seite 30 f). Daneben stellt sich aber auch die Frage, was die *Behörde* tun muss bzw. tun darf, wenn sie selbst erkennt, dass sie einen Verwaltungsakt in rechtswidriger oder zweckwidriger Weise erlassen hat. In §§ 44 ff SGB X ist für den Bereich des Sozialrechts geregelt, was die *Behörde* tun muss, wenn ihr ein eigenes Fehlverhalten bekannt wird.

Zu unterscheiden ist zwischen *unbeachtlichen* Rechtsfehlern, *besonders schweren* Rechtsfehlern und sonstigen Rechtsfehlern. Lediglich wenn der Rechtsfehler besonders schwerwiegend und offenkundig ist, ist der Verwaltungsakt nichtig und entfaltet damit *keinerlei* Rechtswirkung (z. B. grober Verstoß gegen die Rechtsordnung, Aufforderung zu objektiv unmöglichem Verhalten oder wenn die erlassende Behörde nicht erkennbar ist, vgl. im Einzelnen § 40 SGB X). Unbeachtliche Fehler (z. B. einfache Schreibfehler) sind so minimal, dass hierdurch der Vertrauensschutz des Bürgers nicht erheblich beeinträchtigt wird. Solche Verwaltungsakte wirken so wie solche ohne Rechtsfehler. Unbeachtliche Fehler und solche Verwaltungsakte, die von vornherein nichtig sind, werden an dieser Stelle wegen ihrer geringen praktischen Relevanz nicht weiter behandelt.

Bei den anderen, typischer Weise vorkommenden Rechtsfehlern ist zu unterscheiden zwischen Verwaltungsakten, die den Adressaten belasten, und solchen, die ihn nicht belasten (begünstigen oder weder begünstigen noch belasten). Bei *rechtswidrigen belastenden Verwaltungsakten* hat der Bürger ein fraglos berechtigtes Interesse, dass die rechtswidrige Belastung aufgehoben wird. Bei einer Rücknahme *rechtswidriger begünstigender Verwaltungsakte* ist hingegen zu berücksichtigen, dass er möglicherweise auf diese (rechtswidrige) Regelung vertrauen durfte und eine

Beseitigung der rechtswidrigen Regelung damit schutzwürdige Interessen des Bürgers verletzten würde (z. B. wenn aufgrund der Zusage von Fördermaßnahmen Verbindlichkeiten eingegangen wurden). Für die Beseitigung rechtswidriger Verwaltungsakte gelten deshalb unterschiedliche Grundsätze, je nachdem, welche Auswirkungen sie für den Bürger haben.

Viele Verwaltungsakte sind sowohl belastender als auch begünstigender Natur (*Doppelwirkung*). Dies ist z. B. der Fall, wenn Leistungen teilweise gewährt werden (begünstigend) und teilweise der entsprechende Antrag abgelehnt wird (belastend). Die Regelungen des Verwaltungsaktes sind dann differenziert zu betrachten: soweit er begünstigende Wirkungen hat, gelten die Regelungen für einen begünstigenden Verwaltungsakt und im Übrigen die Regeln für einen belastenden. Grundsätzlich bestehen für die Behörde folgende Möglichkeiten und Pflichten, die Wirkungen eines bereits erlassenen Verwaltungsaktes wieder aufzuheben:

Rücknahme, Widerruf und Aufhebung eines Verwaltungsaktes

Immer wieder steht eine Behörde vor der Frage, wie sie mit der Rechtswidrigkeit ihres vorausgegangenen Handelns umgeht, wenn ihr dies durch formlosen Hinweis des Betroffenen oder einer fachkundigen Stelle, durch interne Überprüfung oder auf andere Weise bekannt wird. Nach dem *Untersuchungsgrundsatz* ist sie von Amts wegen verpflichtet, derartige Kritik aufzunehmen und, sofern entsprechende Anhaltspunkte gegeben sind, eine Überprüfung einzuleiten, damit eine dem Recht entsprechende Lage hergestellt werden kann.

Sofern die getroffene Regelung für den Bürger keine begünstigenden Wirkungen hat, er also entweder durch die getroffene Regelung belastet wird oder aber diese für ihn ohne Bedeutung ist (*nicht begünstigende Verwaltungsakte*), muss die erlassende Behörde den Verwaltungsakt unverzüglich zurücknehmen (§ 44 SGB X). Es gibt keinen Grund, den rechtmäßigen Zustand nicht wenigstens nachträglich herzustellen. Da in diesem Fall die Behörde von sich aus tätig wird, kommt es nicht darauf an, ob die Widerspruchsfrist verstrichen ist. (Diese Frist ist nur von Bedeutung, wenn der Betroffene sich durch Widerspruch wehren will). Das fehlerhafte Handeln der Behörde darf nicht zu Lasten des Betroffenen gehen. Zu Unrecht nicht erbrachte Sozialleistungen bzw. zu Unrecht erhobene Beiträge müssen zuzüglich Zinsen (§ 44 SGB I) rückwirkend erstattet bzw. geleistet werden. Die nachträgliche Erbringung von Sozialleistungen ist allerdings auf den Zeitraum von vier Jahren vor Rücknahme des rechtswidrigen Verwaltungsaktes beschränkt (§ 44 Abs. 4 SGB X). Bei der Sozialhilfe ist allerdings zu beachten, dass (anders als bei den Leistungen nach dem SGB II) grundsätzlich keine Leistungen für die Vergangenheit erbracht werden.

Rechtswidrige *begünstigende Verwaltungsakte* können hingegen nur zurückgenommen werden, soweit eine Abwägung zwischen den öffentlichen Interessen und denen des Betroffenen dies gerechtfertigt erscheinen lassen (§ 45 SGB X). Der *Vertrauensschutz* des Bürgers auf rechtmäßiges Verwaltungshandeln ist zu berücksichtigen (Einzelfallprüfung, Ermessensentscheidung). Die Rücknahme ist hier die Ausnahme. Grundsätzlich kommt dies überhaupt nur in Betracht, soweit der Verwaltungsakt für die Zukunft gilt und die Leistungen nicht bereits vollständig erbracht wurden (§ 45 Abs. 4). Nach dem Gesetzeswortlaut darf ein rechtswidriger Verwaltungsakt insbesondere dann nicht zurückgenommen werden, wenn der Bürger „erbrachte Leistungen verbraucht hat oder eine Vermögensdisposition getroffen hat, die er nicht mehr oder nur mit unzumutbaren Nachteilen rückgängig machen kann“ (§ 45 Abs. 2 S. 2). Etwas anders gilt nur, wenn der Betroffene durch unredliches Verhalten die fehlerhafte Verwaltungsentscheidung provoziert hatte oder zumindest wusste bzw. hätte wissen müssen, dass der Verwaltungsakt fehlerhaft ist (dann kein Vertrauensschutz) (§ 45 Abs. 2 S. 3 SGB X). Die Rücknahme eines rechtswidrigen begünstigenden Verwaltungsaktes mit Dauerwirkung ist generell auf einen zurückliegenden Zeitraum von maximal zwei Jahren ab Bekanntgabe beschränkt (vgl. § 45 Abs. 3 SGB X). Wurde ein Verwaltungsakt mit Wirkung für die Vergangenheit zurückgenommen, kann die Behörde im Wege eines Verwaltungsaktes einen Erstattungsanspruch geltend machen. Der Leistungsempfänger bzw. sein Rechtsnachfolger (z. B. Erbe) muss dann das Erhaltene (auch Sach- und Dienstleistungen) in Form von Geldleistungen zurückerstatten (vgl. § 50 SGB X).

Davon zu unterscheiden sind Fälle, in denen die Behörde zwar *rechtmäßig* gehandelt hat, aber gleichwohl im Nachhinein an die Stelle einer einmal getroffenen eine *andere* – ebenfalls rechtmäßige – Regelung setzen möchte (bei Verwaltungshandeln mit Ermessens- bzw. Beurteilungsspielräumen). Dann spricht man vom *Widerruf* eines Verwaltungsaktes (§ 46 f SGB X). Bei begünstigenden Verwaltungsakten kommt ein Widerruf dieses rechtmäßigen Verwaltungsaktes nur ganz ausnahmsweise und allenfalls mit Wirkung für die Zukunft in Betracht. Voraussetzung ist außerdem, dass die Möglichkeit des Widerrufs im Gesetz geregelt ist, dies im Verwaltungsakt ausdrücklich vorbehalten wurde oder der Betroffene mit dem Verwaltungsakt verbundene Auflagen nicht erfüllt hat. Hieran zeigt sich, dass die Bindungswirkung (*Bestandskraft*) des Verwaltungsaktes auch zu Lasten der Verwaltung wirkt, also Ermessensentscheidungen, wenn sie einmal getroffen wurden, auch für die Verwaltung grundsätzlich bindend sind. Unproblematisch ist lediglich ein Widerruf rechtmäßiger Verwaltungsakte *ohne* begünstigende Wirkung.

Schließlich kann es sein, dass sich nach Erlass eines Verwaltungsaktes mit Dauerwirkung entscheidungsrelevante tatsächliche oder rechtliche Verhältnisse ändern. In diesen Fällen hat die Behörde bei Erlass des Verwaltungsaktes rechtmäßig gehandelt, ist aber nach einer Änderung der Verhältnisse verpflichtet, den Verwaltungsakt für die Zukunft aufzuheben (§ 48 SGB X). Insoweit spricht man von der *Aufhebung* eines Verwaltungsaktes.

Nimmt die Behörde nicht von sich aus einen rechtswidrigen Verwaltungsakt zurück (dies ist abhängig von der Beurteilung durch die Behörde), kann die Rechtmäßigkeit des Verwaltungsaktes dadurch überprüft werden, dass der Betroffene Widerspruch einlegt und damit ein förmliches Widerspruchsverfahren eingeleitet wird (unten Seite 182 f). Führt dies nicht zum gewünschten Erfolg, kann er anschließend den Gerichtsweg beschreiten (hierzu unten Seite 185 ff). Für den Widerspruch müssen allerdings – anders als bei einer Rücknahme durch die erlassenden Behörde – die Voraussetzungen des Widerspruchsverfahrens, insbesondere die Widerspruchsfrist eingehalten werden (vgl. oben Seite 104 f).

4. Verwaltungsvorschriften

Von soeben beschriebenen Verwaltungsakten zu unterscheiden sind *Verwaltungsvorschriften*. Sie gehen vom Dienstvorgesetzten aus und richten sich an Mitarbeiter oder untergeordnete Behörden/Abteilungen. Hierzu gehören Erlasse (von Ministerien an nachgeordnete Dienststellen), Weisungen, Dienstanordnungen, Richtlinien und Verfügungen. Verwaltungsvorschriften gelten nur verwaltungs*intern*, haben also keine unmittelbare Außenwirkung, weshalb der Bürger vor ihnen – anders als bei Verwaltungsakten – nicht in besonderer Weise geschützt werden muss. Bei der Gestaltung von Verwaltungsvorschriften ist die Verwaltung wesentlich freier und die gerichtliche Kontrolle ist deutlich eingeschränkt (vgl. oben Seite 38 f). Aufgrund des im Jahr 2006 in Kraft getretenen *Informationsfreiheitsgesetzes* sind allerdings Bundesbehörden generell verpflichtet, interne Bearbeitungsrichtlinien zu veröffentlichen. Dies gilt z. B. für interne Dienstanweisungen der Bundesagentur für Arbeit bzgl. der Bewilligung von Leistungen nach dem SGB II.

Verwaltungsvorschriften haben große Bedeutung, weil hierdurch bestimmte Rechtsanwendungen für eine Behörde geregelt werden und damit eine einheitliche Auslegung unbestimmter Rechtsbegriffe und eine einheitliche Handhabung von Ermessensspielräumen vorgegeben werden.

In Einzelfällen ist durchaus fraglich, wieweit Richtlinien den Ermessensspielraum nachgeordneter Bediensteter einschränken dürfen, da in vielen Fällen der Sinn und Zweck des Gesetzes eine am Einzelfall orientierte, bürgernahe Anwendung erfordert. Gesetzwidrige Verwaltungsvorschriften können rechtswidriges Verhalten einer Behörde bewirken, weil diese Dienstanweisungen für den Mitarbeiter verbindlich sind. Er kann, wenn er die Rechtswidrigkeit erkennt und die Auseinandersetzung mit dem Vorgesetzten nicht scheut, versuchen auf dem Dienstweg hiergegen vorzugehen. An der Verbindlichkeit der dienstlichen Anweisung ändert dies freilich nichts (vgl. unten Seite 195 f). Führt die rechtswidrige Verwaltungsvorschrift zu einem rechtswidrigen Verwaltungshandeln gegenüber dem Bürger (also im Außenverhältnis), kann dieser sich im Widerspruchsverfahren und Klageverfahren zwar nicht unmittelbar gegen die Verwaltungsvorschrift wehren, wohl aber gegen den rechtswidrigen Verwaltungsakt, weil er hierdurch unmittelbar betroffen ist.

Literaturhinweise zur Vertiefung:

Bauer, Jost u. a.: Recht und Familie. Rechtliche Grundlagen der Sozialisation (2001), S. 56 ff.

Bull, Hans Peter u. a.: Allgemeines Verwaltungsrecht (2005), S. 159 ff.

Dörr, Gernot u. a.: Sozialverwaltungsrecht (2002).

Maas, Udo: Soziale Arbeit als Verwaltungshandeln (1996), S. 58 ff

Roscher, Falk, in: Bundessozialhilfegesetz. Lehr- und Praxiskommentar (LPK-SGB XII) (2005), zu § 6 SGB XII Rz. 1 ff.

Straub, Hartmut: Sozialverwaltungsverfahren (1991).

Wolff, Hans J. u. a.: Verwaltungsrecht, Band 1 (1999), S. 443 ff.

VI. System der Sozialen Sicherung in Deutschland

Zu Kapitel VI: Übungsfall 1 (Eine ganz normale Familie), Seite 219 ff.; Übungsfall 4 (Misshandelt), Seite 232 ff.

1. Überblick

Um das komplizierte System sozialer Sicherung in Deutschland zu verstehen, muss man sich vergegenwärtigen, dass sich der heutige Standard erst allmählich entwickelt hat. Insbesondere eine *umfassende* Verantwortlichkeit des Staates für die Belange der Menschen wurde erst im Laufe des vergangenen Jahrhunderts, insbesondere nach dem Zweiten Weltkrieg, selbstverständlich. Die heute noch wirksamen Strukturen sind aber älter und wurden immer weiter ausdifferenziert, ergänzt und auch korrigiert. Bis heute ist der Staat nicht für eine vollständige soziale Absicherung verantwortlich, wohl aber ist er *Garant* für das Funktionieren des vielfältig geknüpften, oft undurchschaubaren sozialen Netzes.

Insbesondere aus dem Sozialstaatsprinzip (hierzu oben Seite 43 f) und der staatlichen Verpflichtung, die Würde jedes Menschen zu schützen, ergibt sich die Pflicht des Staates, regelnd und leistend das System sozialer Sicherung aktiv zu gestalten. Das Niveau der allgemeinen sozialen Sicherung und die Frage, für welche Fälle im Einzelnen eine kollektive Absicherung notwendig ist, sind naturgemäß permanent Gegenstand kontroverser Diskussionen. In den letzten Jahren wird die Eigenverantwortung des Bürgers in Deutschland wieder deutlich stärker betont (Beispiel: Notwendigkeit privater Altersabsicherung, Zuzahlungen bei Leistungen der gesetzlichen Krankenversicherungen, Leistungskürzungen bei unzureichender Eigeninitiative zur Eingliederung in den Arbeitsmarkt). Politische Interessen, das Gesellschaftsverständnis und Wertvorstellungen spielen hier ebenso eine Rolle wie wirtschaftliche Zusammenhänge und eine Sensibilität für neue Notlagen. Auf diese Zusammenhänge kann im Folgenden nicht näher eingegangen werden. Die Darstellung beschränkt sich vielmehr auf die Vermittlung eines Grundverständnisses – der *wesentlichen Säulen* – sozialer Sicherung in Deutschland. Das Schaubild „Bausteine der sozialen Sicherung" auf der nächsten Seite gibt zunächst einmal einen Überblick über den Umfang und die Vielfalt öffentlicher Sozialleistungen in Deutschland.

2. Private Absicherung

Trotz der umfangreich vorhandenen, subjektiven Ansprüche auf konkrete und einklagbare Sozialleistungen geht unsere Rechtsordnung davon aus, dass jeder zunächst selbst für seine soziale Absicherung und in gewissem Maße auch für die seiner Angehörigen verantwortlich ist (zu den gesetzlich geregelten Unterhaltspflichten zwischen Partnern und Verwandten vgl. oben Seite 81 ff). Dies schließt mit ein, dass er das Niveau seiner sozialen Absicherung selbst entsprechend seiner eigenen Möglichkeiten und Vorstellungen gestalten kann. Dies kommt plastisch zum Ausdruck im *privaten Versicherungswesen* etwa zur Absicherung gegen Unwetterschäden, Haftpflichtfälle, Schäden an Gebäuden und Hausrat. Große Bedeutung haben aber auch die privaten Kranken- und Altersversicherungen. Teilweise handelt es sich hierbei um private Zusatzversicherungen, die Sicherheit über einen gesetzlich für alle verbindlich geregelten Umfang hinaus gewährleisten.

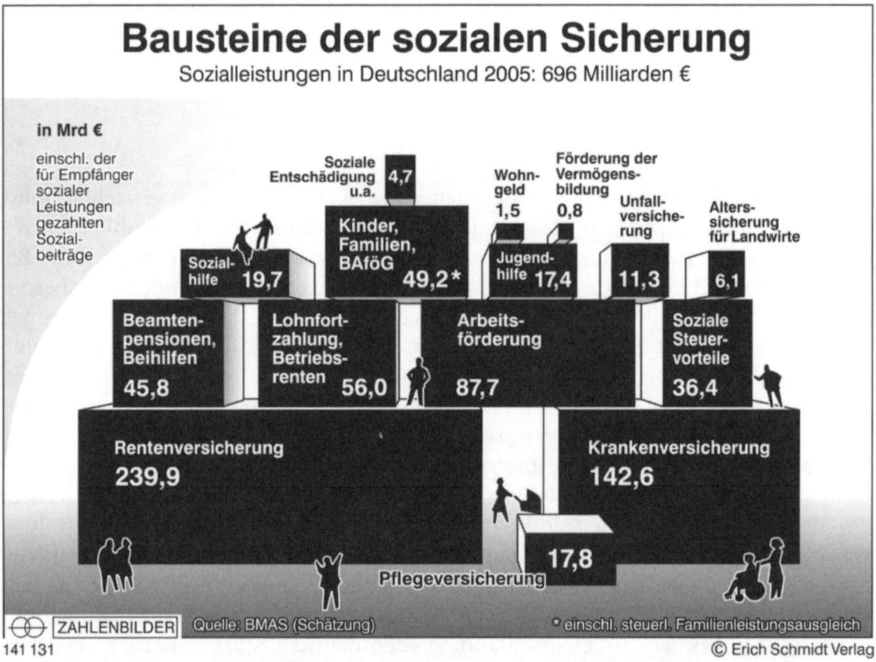

3. Pflichtversicherungen

Weite Teile des Versicherungswesens haben sich aus Notlagen heraus entwickelt, die typischer Weise für eine bestimmte Personengruppe eintreten können. Das Bedürfnis nach kollektiver Absicherung war dort besonders groß, wo diese Notlagen verhältnismäßig unerwartet „jeden" treffen konnten und andererseits die Konsequenzen von so erheblichem Umfang waren, dass der Einzelne nicht in der Lage war, diese Notlage zu bewältigen. Die Krankenversicherungen, Unfallversicherungen, Rentenversicherungen und Berufsversicherungen sind ursprünglich entstanden aus *privaten* Zusammenschlüssen der potentiell Betroffenen, ohne dass der Staat hieran beteiligt war. So gibt es auch heute noch berufsbezogene Krankenkassen. Ebenso sind die Unfallversicherungen unverändert berufsgenossenschaftlich organisiert, um berufstypischen Risiken in besonderer Weise Rechnung tragen zu können.

Um ein hohes Maß an Leistungsfähigkeit der Versicherung zu ermöglichen und andererseits die Solidarität unter den jeweiligen Personengruppen zu erhöhen, haben sich bald Strukturen der Pflichtversicherung herausgebildet. Zunächst waren allerdings auch diese *Versicherungspflichten* nicht staatlich geregelt. Die Mitgliedschaft in einer Versicherung wurde aber immer häufiger Voraussetzung für die Ausübung einer bestimmten Tätigkeit. Hierüber wachten die einzelnen Berufsstände. Dabei entwickelte auch jede Versicherung ihre eigenen Organisationsformen, die von der konkreten Versicherungsart, aber auch von lokalen Gegebenheiten geprägt waren. Gleichzeitig wurde die Berufsausübung zur Voraussetzung für eine qualifizierte soziale Absicherung.

Die gesetzliche Regelung von Versicherungspflichten (eingeführt von Bismarck im Jahr 1883) ändert an dieser Eigenständigkeit der Versicherungen grundsätzlich nichts. So handelt es sich bei den gesetzlichen Krankenkassen, Pflege-, Renten- und Unfallversicherungen (mit Einschränkungen bei der Arbeitslosenversicherung) um *Selbstverwaltungskörperschaften*, die durch Arbeitnehmer- und Arbeitgebervertreter verwaltet werden. Die Ausgaben müssen nach wie vor grundsätzlich durch Beiträge der Mitglieder und Arbeitgeber gedeckt werden (zur Beteiligung des Staates vgl. unten Seite 112). Wer von diesen Systemen erfasst wird, ergibt sich aus den gesetzlichen Regelungen. Ganz überwiegend sind dies nach wie vor abhängig Beschäftigte, während Selbstständige und Beschäftigte über einer bestimmten Einkommensgrenze (in der Krankenversicherung derzeit ab einem Einkommen von 3825 € monatlich) der Versicherungspflicht nicht unterliegen. Auch wenn der Kreis der Versicherungspflichtigen in der Vergangenheit vor allem aus sozialen Gründen ständig ausgeweitet wurde (nur 0,3 % der Bevölkerung sind nicht pflegeversichert), sind die Bestimmungen je nach Versicherungszweig sehr unterschiedlich und keineswegs jeder wird erfasst.

Säulen der sozialen Sicherung in Deutschland				
Eigenleistungen/ private Vorsorge	gesetzliche Sozialversicherungen	spezielle Leistungsgesetze	öffentliche Fürsorge	gesellschaftliche Initiativen
• des Bürgers • seiner Angehörigen • private Vorsorge	• Arbeitsförderung (SGB III) (Arbeitslosenversicherung) • Krankenversicherung (SGB V) • Pflegeversicherung (SGB XI) • Rentenversicherung (SGB VI) • Unfallversicherung (SGB VII)	• Ausbildungsförderung (BAföG) • Kindergeld • Wohngeld • Erziehungsgeld • Elterngeld • u. a.	• Grundsicherung für Arbeitssuchende (SGB II) • Grundsicherung im Alter u. bei Erwerbsminderung (Kap IV SGB XII) • sonstige Sozialhilfeleistungen (SGB XII)	• Selbsthilfegruppen • Nachbarschaftshilfe • Kirchliche Dienste • u.a.

4. Regelnde Funktion des Staates

Nur sehr zögerlich baute der Staat daneben ein Sicherungssystem für die Menschen auf, die gerade nicht in Zusammenhang mit einer beruflichen Tätigkeit oder aufgrund anderer eigener Initiative sozial abgesichert waren. Staatliche Sozialabsicherung, auf der Grundlage materieller Leistungen des Staates, erfolgte daher zunächst und in erster Linie bezogen auf die Ärmsten und Randgruppen in der Gesellschaft, bezogen auf die Sicherung einer minimalen Lebensgrundlage. Im Unterschied zu anderen Ländern (z. B. Dänemark, Niederlande, Großbritannien) erfolgt in Deutschland soziale Sicherung bis heute wesentlich durch eigenständig organisierte Sozialversicherungssysteme. Soziale Grundversorgung erfolgt nur in sehr geringem Umfang und in Ausnahmefällen unmittelbar durch den Staat bzw. die Kommunen. Nach einer Phase der zunehmenden Verantwortung der staatlichen Seite bis in die Mitte der 90er Jahre des vergangenen Jahrhunderts (z. B. Aufbau der Pflegeversicherung) wird derzeit wieder stärker die individuelle Verantwortlichkeit hervorgehoben. Beispiele hierfür sind der Aufbau lediglich steuerlich geförderter, aber privater und freiwilliger Alterssicherungssysteme neben der gesetzlichen Rentenversicherung, die permanente Diskussion über den Leistungsumfang der gesetzlichen Krankenversicherungen und die mit der Androhung von Leistungskürzungen verbundene Verschärfung der Zumutbarkeitskriterien für Arbeitsuchende.

5. Wohlfahrtsverbände

Außerdem ist zu berücksichtigen, dass in Deutschland seit dem 19. Jahrhundert private, vor allem kirchliche Wohlfahrtseinrichtungen eine starke Tradition haben. Frühzeitig machten sie die Sorge um arme und kranke Menschen zu ihren eigenen Anliegen. Gleichzeitig stärkte dies lange Zeit die Auffassung, dass der Staat weder allein noch vorrangig für die Beseitigung sozialer Missstände und ungesicherter Notlagen verantwortlich ist (*Subsidiaritätsprinzip*, hierzu oben Seite 44). Staatlicherseits wird bis heute der Einsatz organisierter und spontaner Wohlfahrtseinrichtungen respektiert und anerkannt. Daraus ergibt sich, dass insbesondere die karitativ-diakonischen Aktivitäten der Kirchen, als größte nichtstaatliche Leistungsträger, Bestandteil des Systems der sozialen Sicherung in Deutschland sind (vgl. unten Seite 136 ff.). In anderen europäischen Ländern ist dies freilich heute anders.

6. Staatliche Leistungen

Aus den staatlichen Maßnahmen der Gesundheitsvorsorge (insbesondere Seuchenbekämpfung), Almosen für besonders Arme entwickelte sich im vergangenen Jahrhundert langsam ein System „öffentlicher Fürsorge" bis hin zu einer Absicherung der zum Leben notwendigen materiellen Voraussetzungen – unabhängig von Verschulden der Armut und ohne Gegenleistungspflichten für den Empfänger. Der Rechtsanspruch auf bedarfsorientierte Leistungen, im Rahmen eines zuverlässigen Sicherungssystems für jeden Bedürftigen, dessen Existenz in anderer Weise nicht gesichert ist, ist wesentliches Qualitätsmerkmal des Sozialstaats. Rechtlich ergibt sich dies unter anderem aus der Pflicht des Staates, die Würde eines jeden Menschen zu achten und zu fördern (Art. 1 Grundgesetz, hierzu oben Seite 28 f, insbesondere Seite 32). Seit dem Jahr 1961 regelte in Deutschland vor allem das Bundessozialhilfegesetz (BSHG) die (gegenüber anderen Leistungen nachrangige) Lebensbedarfsdeckung aus öffentlichen Mitteln.

Im Januar 2005 wurden die steuerfinanzierten Fürsorgeleistungen durch die so genannten Hartz-IV Gesetze neu strukturiert. Die geltende Rechtslage ist folgende: Wenn der Lebensbedarf nicht auf andere Weise, insbesondere durch eigene Arbeit oder Leistungen von Angehörigen oder Sozialleistungsträgern gedeckt werden kann, besteht für denjenigen, der durchschnittlich mindestens drei Stunden am Tag erwerbstätig sein kann (Arbeitssuchender) ein Anspruch auf *Arbeitslosengeld II* und für dessen Angehörige (bei Bedarfsgemeinschaft) ein Anspruch auf *Sozialgeld* (§§ 19 ff, 28 SGB II). Diese Leistungen werden von der Bundesagentur für Arbeit aus Bundesmitteln erbracht (lediglich Kosten für Unterkunft und Heizung und besondere soziale Leistungen tragen die Kommunen). Die Arbeitsagentur prüft auch die Erwerbsfähigkeit und stellt fest, in welchem Umfang ggf. der Bedarf auf andere Weise gedeckt ist. Bei tatsächlicher Erwerbsfähigkeit unter drei Stunden im Wochendurchschnitt bzw. wenn Erwerbsfähigkeit auf Grund des Alters (unter 16. und über 65. Lebensjahr) nicht erwartet werden kann, besteht hingegen ein Anspruch auf *Sozialhilfe* (Hilfe zum Lebensunterhalt) nach dem SGB XII. Für diese Leistungen sind ausschließlich die Kommunen zuständig. Unterhaltsleistungen nach dem SGB II und dem SGB XII werden seit dem Jahr 2005 fast vollständig in Form pauschaler Geldleistungen, so genannte Regelsätze, erbracht. Die Sätze betragen seit 1.7.2008 351 € monatlich für Personen über 14 Jahre, sofern sie in einem eigenen Haushalt leben *(Eckregelsatz)*. Für Personen über 14 Jahre, die mit einer anderen Person gemeinsam einen Haushalt führen, beträgt der Regelsatz 281 € monatlich. Personen unter 14 Jahre erhalten 211 €. Hinzu kommen regelmäßig Leistungen für Unterkunft und Heizung. Sie werden nach den tatsächlichen Kosten oder durch Pauschalen entsprechend dem örtlichen Preisniveau erbracht. Je nach Lebenssituation besteht ein zusätzlicher Anspruch auf Mehrbedarfszuschläge oder vorübergehende Darlehen. Im Einzelnen bestehen jedoch deutliche Unterschiede zwischen Sozialhilfeleistungen und Arbeitslosengeld II bzw. Sozialgeld. Dies gilt z. B. für die Frage, ob Unterhaltsleistungen gegenüber Eltern und erwachsenen Kindern vorrangig geltend gemacht werden müssen (vgl. § 33 Abs. 2 SGB II; § 94 SGB XII). Bei den Leistungen für Arbeitsuchende nach dem SGB II hat die Arbeitsagentur einen wesentlich größeren Spielraum für Anreize und Sanktionen je nach Verhalten des Leistungsberechtigten (vgl. §§ 29 ff SGB II). Nach dem geltenden System kann ergänzend zu Leistungen nach dem SGB II keine Hilfe zum Lebensunterhalt (Kapitel III SGB XII) beansprucht werden (vgl. § 5 Abs. 2 S. 1 SGB II, § 21 S.1 SGB XII), wohl aber nach den anderen Kapiteln V bis IX des SGB XII. Asylbewerber haben Ansprüche nach einem anderen, speziellen Leistungsgesetz, dem Asylbewerberleistungsgesetz.

Es gibt weitere staatliche Leistungen, wie Kindergeld, unterschiedliche Steuerfreibeträge, Wohngeld, Erziehungsgeld, Elterngeld u. a., die an spezielle Voraussetzungen anknüpfen und teilweise einkommens- und vermögensunabhängig beansprucht werden können. Daneben gibt es zahlreiche Sozialleistungen, wie die Kinder- und Jugendhilfe (hierzu ausführlich unten Seite 144 ff.), die nicht auf die Deckung des materiellen Lebensbedarfs, sondern auf persönliche Hilfen (Dienstleistungen) ausgerichtet sind. Die Verantwortung des Staates, solche Sozialleistungen bereit zu stellen, ist weitgehend unbestritten und entspricht dem Sozialstaatsprinzip des Art. 20 Abs. 1 GG. Unklar ist aber, welche Leistungen in welchem Umfang und unter *welchen Voraussetzungen* durch öffentliche Mittel bereit zu stellen sind. Kontrovers diskutiert wird z. B. eine Verpflichtung zur Beschaffung von Wohnraum, die geringen Leistungen für Asylbewerber, die Erzwingung der Aufnahme von Arbeitsgelegenheiten durch Androhung von Leistungskürzungen, aber auch die Förderung von Halbtagsbeschäftigung, die Schaffung von Plätzen zur Kindertagesbetreuung, die Höhe des Kindergeldes, die Errichtung von Frauenhäusern und vieles mehr.

Unterhaltsichernde Sozialleistungen

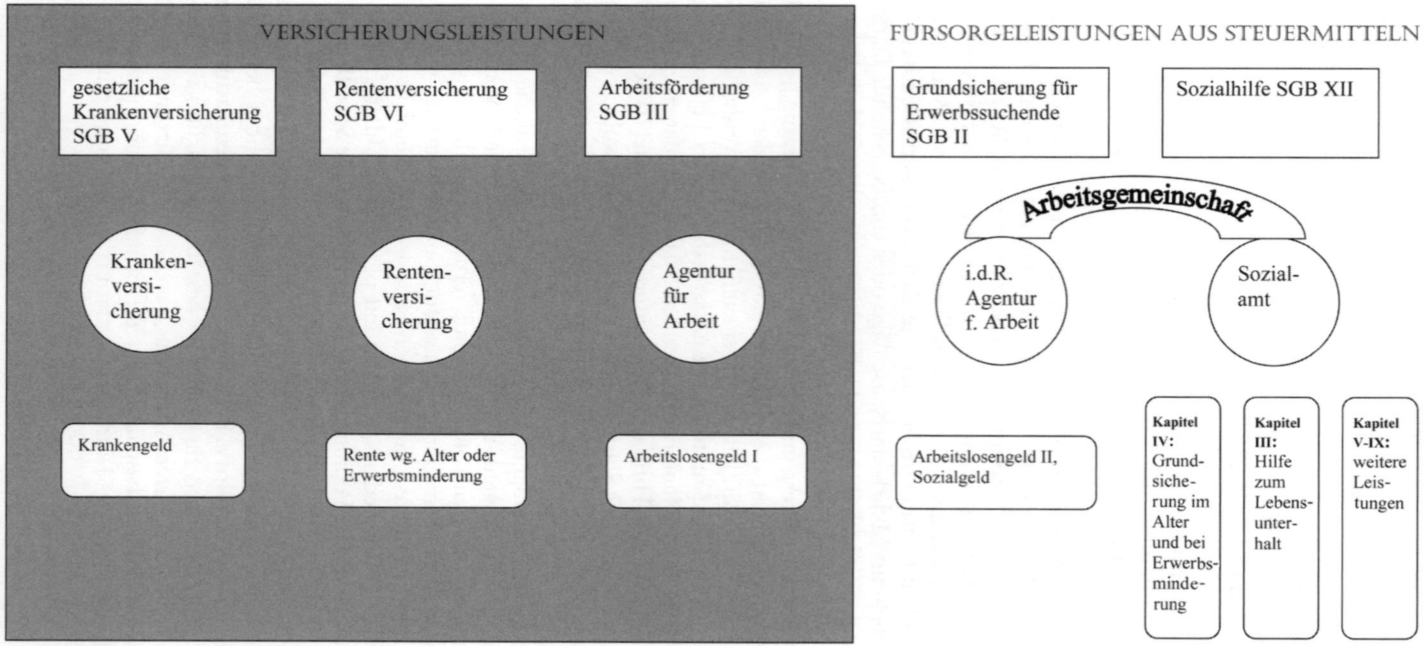

- Sämtliche Leistungsträger erbringen neben Leistungen zur Deckung des Lebensbedarfs weitere Leistungen. Z. B. Krankenkassen: Leistungen zur Heilbehandlung; Rentenversicherung: Rehabilitationsmaßnahmen zur Vermeidung von Erwerbsminderung; Agentur für Arbeit: Maßnahmen zur Eingliederung in Arbeit; Sozialamt: vielfältige Dienstleistungen.
- Nicht berücksichtigt sind in dem Schaubild: Leistungen nach der gesetzlichen Unfallversicherung (SGB VII), dem Bundesversorgungsgesetz (für Kriegsopfer), Opferentschädigungsgesetz (für Opfer von Gewalttaten) und dem Asylbewerberleistungsgesetz.

7. Notwendigkeit einheitlicher Strukturen

Im Laufe der Zeit entwickelte sich ein immer schwerer durchschaubares System sozialer Sicherung. Die Konsequenz war, dass relativ viele Einzelfälle davon nicht erfasst wurden und andererseits andere Personengruppen in den Genuss doppelter oder unverhältnismäßig hoher Absicherung kamen. Seit Mitte des 20. Jahrhunderts gibt es deshalb staatlicherseits intensive Bemühungen, die soziale Sicherung neu zu ordnen und die bestehenden Säulen stärker miteinander zu vernetzen. Erkennbar wird dies bereits rein äußerlich daran, dass – entgegen der Tradition des Sozialrechts – ein einheitliches *Sozialgesetzbuch* (SGB) geschaffen wurde, welches umfassend die sozialen Rechtsverhältnisse regeln soll.

Die Sozialversicherungen (hierzu bereits oben Seite 110 f) sind nach wie vor organisatorisch eigenständig (Körperschaften des öffentlichen Rechts) und darauf angelegt, die jeweiligen Leistungen durch Beiträge der Versicherten bzw. deren Arbeitgeber zu finanzieren. Entsprechend der umfassenden Regelungszuständigkeit des Staates sind sie aber heute zugleich Teil der öffentlichen Verwaltung. Es gilt somit das öffentliche Recht. Die in den letzten Jahren zunehmenden, auf gesamtgesellschaftlichen Ausgleich bedachten Eingriffe des Staates in das Versicherungssystem führen dazu, dass die Versicherungen teilweise auch *versicherungsfremde* Leistungen übernehmen (z. B. Altersversorgung für Menschen, die nie in eine Rentenversicherung eingezahlt haben, Berücksichtigung von Kindererziehungszeiten) und der Kreis der Pflichtversicherten aus sozialen Gründen ausgeweitet wurde (z. B. durch die Einbeziehung von Personen, die in Werkstätten für behinderte Menschen tätig sind oder in einer Einrichtung der Jugendhilfe für eine Erwerbstätigkeit befähigt werden). Der Staat nimmt heute entsprechend politischer Zielsetzungen über die Sozialversicherungen erheblichen Einfluss auf das Gesellschafts- und Wirtschaftsleben. Hierzu ist der Staat aufgrund seiner Gesetzgebungskompetenz befugt (zum Begriff vgl. unten Seite 152; vgl. auch Art. 74 GG). Ob und in welcher Weise der Staat künftig stärker in die Strukturen sozialer Sicherung eingreifen soll, ist politisch umstritten. Ein Grundproblem des geltenden Systems besteht darin, dass Personen, die nicht versicherungspflichtig sind (vor allem Selbstständige und besser Verdienende), sich durch private Versicherungen dem sozialen Ausgleich entziehen können. Hinzu kommt, dass die Leistungsfähigkeit der bestehenden Strukturen aufgrund der demografischen Entwicklung, den Entwicklungen auf dem Arbeitsmarkt und des mit höheren Kosten verbundenen medizinischen Fortschritts immer weniger sicher gestellt ist. Da die Absicherung im Alter durch die gesetzliche Rentenversicherung immer unzulänglicher wird, werden die Ausgaben hierfür bereits seit geraumer Zeit in erheblichem Umfang aus Steuermitteln finanziert (unter anderem durch die so genannte Ökosteuer). Aufgrund der gesamtgesellschaftlichen Bedeutung von Maßnahmen der Arbeitsförderung hat die Bundesregierung in der Verwaltung der Agentur für Arbeit neben den Arbeitnehmer- und Arbeitgebervertretern ein Mitspracherecht (Drittel-Parität).

An allen Ecken und Enden zeigt sich, dass Sozialversicherungen heute nicht mehr autonom funktionieren können, sondern zur Berücksichtigung gesamtgesellschaftlicher Interessen und zwecks Einbeziehung nicht hinreichend abgesicherter Personen eine enge Vernetzung der verschiedenen Versicherungen mit staatlichen Leistungen und Regulierungen notwendig ist. Dieser Prozess ist in vollem Gange und hat teilweise Unstimmigkeiten und Ungereimtheiten zur Folge, die im Einzelfall auch zu Rechtsunsicherheit führen können. Entscheidende Grundlage für das Funktionieren des Sozialleistungssystem in der Praxis ist das *Sozialgesetzbuch*.

8. Das Sozialgesetzbuch

Seit dem Jahr 1976 werden die verschiedenen bereits bestehenden Einzelbereiche des Sozialrechts aufeinander abgestimmt und im neu geschaffenen Sozialgesetzbuch zusammengeführt. Dieser Prozess ist noch nicht abgeschlossen. Das Sozialgesetzbuch (SGB) besteht aus einzelnen Teilen, die als einzelne „Bücher des Sozialgesetzbuches" mit römischen Ziffern durchnummeriert sind (SGB I, SGB II, SGB III ...).

An dieser Gliederung ist schon äußerlich erkennbar, dass damit die unterschiedlichen Sicherungssysteme als eigenständige Gebiete erhalten bleiben, auch wenn die wechselseitige Verzahnung zunimmt. Im SGB sind Versicherungsleistungen (SGB III, V, VI, XI), staatliche Leistungen (SGB II) und kommunale Leistungen (SGB VIII, XII) in Form von Geldleistungen und Dienstleistungen geregelt. Der gesamte Bereich des SGB gehört zum öffentlichen Recht.

Im SGB I sind *allgemeine Regelungen* enthalten, die für alle Bereiche des Sozialgesetzbuches (und außerdem für einige Gesetze, die nicht Teil des SGB sind) gelten. Nur wenn speziellere Regelungen in einem Teil des SGB enthalten sind, tritt die entsprechende Regelung des Allgemeinen Teils zurück (§ 37 SGB I). Für das gesamte Sozialrecht typische Bestimmungen, z. B. über die Systematik des Sozialrechts (§§ 1–10) und gemeinsame Vorschriften für alle Bereiche des Sozialrechts (§§ 30 ff), darunter Grundsätze des Leistungsrechts (§ 38 ff), Mitwirkungspflichten des Leistungsberechtigten (§§ 60 ff), befinden sich im SGB I.

Ebenso wie das SGB I ist das SGB X von genereller Bedeutung für den gesamten Bereich des Sozialrechts. Hier sind das *Verwaltungsverfahren* und Regelungen über den *Datenschutz* jeweils zusammenhängend geregelt (hierzu ausführlich unten Seite 198 ff, bzw. Seite 144 ff). In diesem Zusammenhang ist darauf hinzuweisen, dass die Bestimmungen des allgemeinen und besonderen Verwaltungsrechts (gültig für den gesamten Bereich staatlicher Verwaltung, also auch Polizei-, Ordnungs-, Finanz-, Gemeindeverwaltung u. a.) ebenfalls Anwendung finden – soweit die Regelungen im SGB lückenhaft sind.

Die Sozialversicherungen (*Arbeitslosenversicherung, Krankenversicherung, Rentenversicherung, Unfallversicherung, Pflegeversicherung*) wurden – unbeschadet ihrer organisatorischen Eigenständigkeit – als Buch III, V, VI, VII und XI in das SGB integriert.

Zu beachten ist, dass im SGB IV Regelungen zusammengefasst wurden, die für alle Sozialversicherungen von Bedeutung sind. Diese Vorschriften gelten also in gleicher Weise für die Krankenversicherung, Rentenversicherung, Pflegeversicherung, Unfallversicherung und mit Einschränkungen auch für die Arbeitsförderung.

Unter der Überschrift „*Arbeitsförderung*" findet man auch die Bestimmungen über die Arbeitslosenversicherung als SGB III. Das heutige Arbeitsförderungsrecht umfasst aber nicht nur reine beitragsfinanzierte Versicherungsleistungen für den Fall der Arbeitslosigkeit (*Arbeitslosengeld I*), sondern hier sind auch zahlreiche *Arbeitsförderungsmaßnahmen* (allgemeine Beratungs- und Vermittlungsdienste, Umschulungsmaßnahmen, Strukturförderung, Arbeitserlaubnisse für Ausländer u. a.) geregelt. Die zuletzt genannten Maßnahmen werden nicht durch Beiträge der Arbeitnehmer und Arbeitgeber finanziert, sondern aus Steuermitteln. Das SGB III ist deshalb mehr als reines Sozialversicherungsrecht. Die Versicherungsleistungen und staatlichen Leistungen wurden eng verzahnt. Die Arbeitsagenturen sind für beides verantwortlich.

Das Sozialgesetzbuch

– Aufbau –

SGB I	Allgemeiner Teil *(seit 1.1.1976)*
SGB II	Grundsicherung für Arbeitsuchende *(seit 1.1.2005)*
SGB III	Arbeitsförderung *(seit 1.1.1998)*
SGB IV	Gemeinsame Vorschriften für die Sozialversicherungen *(1.7.1977)*
SGB V	Gesetzliche Krankenversicherung *(seit 1.1.1989)*
SGB VI	Gesetzliche Rentenversicherung *(seit 1.1.1992)*
SGB VII	Gesetzliche Unfallversicherung *(seit 1.1.1997)*
SGB VIII	Kinder- und Jugendhilfegesetz *(seit 1.1.1991)*
SGB IX	Rehabilitation und Teilhabe behinderter Menschen *(seit 1.7.2001)*
SGB X	Verwaltungsverfahren, Schutz von Sozialdaten, Zusammenarbeit der Leistungsträger und ihre Beziehungen zu Dritten *(seit 1.1.1981)*
SGB XI	Pflegeversicherung *(seit 1.1.1995)*
SGB XII	Sozialhilfe *(seit 1.1.2005)*
SGB XIII	Wohngeld *(in der Vorplanung)*
SGB XIV	Kindergeld, Erziehungsgeld *(in der Vorplanung)*

Darüber hinaus gelten die in § 68 SGB I genannten Gesetze als besondere Teile des Sozialgesetzbuches

Wichtige Sozialleistungsgesetze außerhalb des SGB

- Bundeskindergeldgesetz, Bundes- und Landeserziehungsgeldgesetze, Wohngeldgesetz, Bundesausbildungsförderungsgesetz (bis zur Eingliederung in das SGB)
- Gesetz über die Alterssicherung der Landwirte / über die Krankenversicherung der Landwirte
- Soziales Entschädigungsrecht auf der Grundlage des Bundesversorgungsgesetzes (Kriegsopfer- und Hinterbliebenenversorgung, Soldatenversorgungsgesetz, Bundesgrenzschutzgesetz, Bundesseuchengesetz, Häftlingshilfegesetz, Opferentschädigungsgesetz, Strafrechtliches Rehabilitationsgesetz, Adoptionsvermittlungsgesetz
- Vorruhestandsgesetz
- Gesetz zur Hilfe bei Schwangerschaftsabbrüchen
- u. a.

Das *Kinder- und Jugendhilferecht* wurde als SGB VIII ebenfalls in das Sozialgesetzbuch integriert. Dieser Bereich unterscheidet sich erheblich vom Sozialversicherungsrecht. Dies ergibt sich schon daraus, dass hier nicht finanzielle Hilfen, sondern sozialpädagogisches Handeln, also persönliche Dienstleistungen im Mittelpunkt stehen. Häufiger als bei Geldleistungen muss hier bei den Klienten darum geworben werden, damit sie vorhandene Leistungsangebote annehmen. Eigene Gesetzmäßigkeiten ergeben sich auch aus einer besonders engen Verzahnung von sozialpädagogischer und rechtlicher Materie. Die Bezeichnung Kinder- und Jugendhilferecht (KJHG) wird mittlerweile meist durch die Angabe SGB VIII ersetzt. Diese für die Soziale Arbeit zentrale Materie bedarf einer eigenen zusammenhängenden Darstellung (vgl. hierzu unten Seite 144 ff).

Im Jahr 2001 wurde das *Behindertenrecht* als SGB IX in das Sozialgesetzbuch aufgenommen. Unter dem Titel „Teilhabe und Rehabilitation behinderter Menschen“ wurden hier Regelungen der Rehabilitation und Integration zusammengeführt und vereinheitlicht. Das bis dahin geltende Schwerbehindertengesetz ist hierin aufgegangen. Die Leistungen für behinderte Menschen werden aber nach wie vor von den Sozialversicherungen, Sozialämtern und Integrationsämtern (früher Fürsorgestellen) erbracht.

Seit dem Jahr 2005 sind die staatlichen/kommunalen Fürsorgeleistungen Grundsicherung für Arbeitsuchende und Sozialhilfe als Buch II und XII Teil des SGB (vgl. oben Seite 112).

Andere Bereiche sollen noch als weitere Bücher in das SGB integriert werden (z. B. Wohngeld, Ausbildungsförderung). Für diese Gesetze gelten bereits jetzt die allgemeinen Bestimmungen des SGB I und X (vgl. § 68 SGB I). Es gibt aber auch weitere Sozialleistungsgesetze, die nicht Bestandteil des SGB sind und auch nicht werden sollen. Für spezielle Arbeitsfelder der Sozialen Arbeit können aber auch diese erhebliche Bedeutung haben: z. B. Opferentschädigungsgesetz, Kriegsopfer- und Hinterbliebenenversorgung, Adoptionsvermittlungsgesetz, Schwangerschaftskonfliktgesetz u. a.

Das Sozialgesetzbuch hat sich ergeben aus den unterschiedlichen, historisch gewachsenen Leistungsbereichen und bedarf weiterer grundlegender Reformen. Die Reihenfolge der einzelnen Bücher ist systematisch nicht mehr zu erklären, sondern hat sich durch die unterschiedlichen Sozialrechtsreformen ergeben. So bildet das SGB I mit SGB X eine Einheit. Das SGB XI ist inhaltlich mit dem SGB V verwandt. Das SGB II gehört zum SGB XII und die Leistungen nach SGB III sind weitgehend den Leistungen nach SGB II vorgelagert. Die meisten Gesetzessammlungen folgen daher nicht der Gliederung des SGB, sondern inhaltlichen Gesichtspunkten.

Neben den einzelnen Leistungsbereichen kann es aber sinnvoll sein, danach zu unterscheiden, ob Leistungsansprüche entstehen aufgrund vorheriger Eigenleistung bzw. aufgrund vertraglicher Verpflichtungen oder aber unabhängig hiervon, allein aufgrund der persönlichen Bedürftigkeit. Während das Sozialversicherungsrecht wesentlich geprägt ist von Leistungspflichten aufgrund Mitgliedschaft und Beitragzahlungen der Versicherten und Arbeitgeber, sind Ansprüche auf Arbeitslosengeld II (bzw. Sozialgeld), Sozialhilfe (SGB XII), Kinder- und Jugendhilfe (SGB VIII) und Behindertenrecht ebenso wie der Anspruch auf Wohngeld und Erziehungsgeld abhängig von der individuellen Bedürftigkeit. Auf Leistungen aus diesen Bereichen besteht ein Anspruch unabhängig von „Vorleistungen“ des Leistungsempfängers.[9] Teilweise wird eine Kostenbeteiligung erwartet, wenn dies den Betroffenen finanziell zugemutet werden kann. Im Unterschied zu den gesetzlichen Krankenversicherungen wurde die Pflegeversicherung so konzipiert, das hierdurch immer nur ein Teil des notwendigen Pflegebedarfs gedeckt wird, also Eigenleistungen (auch bei hohem Pflegebedarf) notwenig bleiben. Das Kindergeld bzw. ein Kinderfreibetrag (Steuervergünstigung) steht einkommensunabhängig grundsätzlich jedem zu, der für den Unterhalt von Kindern sorgt. Leistungen nach dem Ausbildungsförderungsrecht (BAföG) sind abhängig von den Einkommensverhältnissen der unterhaltspflichtigen

[9] Im Behindertenrecht gilt dies, soweit Leistungen nach dem SGB XII erbracht werden. Weitergehende Sozialversicherungsleistungen sind abhängig vom Bestehen eines Versicherungsverhältnisses.

öffentlich-rechtliche Sozialleistungen		
Leistung	Gesetz	zuständige Stellen
Arbeitsförderung (Arbeitslosengeld I und andere Leistungen)	Sozialgesetzbuch III (SGB III)	Agentur für Arbeit, sonstige Dienststellen der Bundesagentur für Arbeit
Arbeitslosengeld II/Sozialgeld	SGB II	Agentur für Arbeit/z. T. Sozialämter, Kooperationsstellen
Ausbildungsförderung	Bundesausbildungsförderungsgesetz (BAFöG)	Ämter für Ausbildungsförderung, Stundentenwerke, Landesämter für Ausbildungsförderung
Behinderte Menschen, besondere Regelungen und Leistungen	Sozialgesetzbuch IX, III, V, VI, VII, VIII, XII	Örtliche Versorgungsämter, Integrationsämter, Sozialversicherungen, gemeinsame Servicestellen, Arbeits-, Sozial-, Jugendämter
Elterngeld	Bundeselterngeld- und Elternzeitgesetz (BEG)	nach Landesrecht unterschiedlich geregelt
Erziehungsgeld	Bundeserziehungsgeldgesetz (BErzGG), Erziehungsgeldgesetze der Länder	nach Landesrecht unterschiedlich geregelt
Gewalttaten, Entschädigung	Opferentschädigungsgesetz (OEG), BVG	Versorgungsämter
Grundsicherung im Alter und bei Erwerbsminderung	SGB XII Kapitel IV	Sozialämter, Rentenversicherungsträger
Kindergeld/Kinderfreibetrag	Bundeskindergeldgesetz (BKGG), Einkommenssteuergesetz (EStG)	Familienkasse der Arbeitsämter, Finanzämter
Kinder- und Jugendhilfe	Kinder- und Jugendhilfegesetz (SGB VIII)	örtliche Träger: Landkreise, kreisfreie Städte, überörtliche Träger nach Landesrecht
Krankenversicherung, gesetzliche	Sozialgesetzbuch V (SGB V)	AOK, Betriebskrankenkassen, Ersatzkassen u. a.
Kriegsopfer, Entschädigung	Bundesversorgungsgesetz (BVG)	Versorgungsämter, Landesversorgungsämter, Integrationsämter
Pflegeversicherung	Sozialgesetzbuch XI (SGB XI)	Pflegekassen (den gesetzlichen Krankenkassen angegliedert)
Rentenversicherung, gesetzliche	Sozialgesetzbuch VI (SGB VI)	Bundesversicherungsanstalt für Angestellte (BVA), Landesversicherungsanstalten u. a.
Sozialhilfe	SGB XII	Sozialämter, überörtliche Träger unterschiedlich nach Landesrecht
Unfallversicherung, gesetzliche	Sozialgesetzbuch VII (SGB VII)	Berufsgenossenschaften, Bund, Unfallkassen u. a.
Unterhaltsvorschuss	Unterhaltsvorschussgesetz (UVG)	Jugendämter
Wohngeld	Wohngeldgesetz (WGG)	Wohngeldstellen, unterschiedlich nach Landesrecht

Eltern und in der Regel nur bezogen auf einen ersten berufsqualifizierenden Abschluss.

In allen Bereichen des SGB gibt es Leistungen, auf die ein konkreter, von vorn herein feststehender Rechtsanspruch besteht (z. B. Leistungen auf Grundsicherung nach dem SGB II bzw. dem Vierten Kapitel des SGB XII, Hilfe zum Lebensunterhalt nach dem Dritten Kapitel des SGB XII, Kindergeld u. a.), aber auch Leistungen, die von einer Ermessensentscheidung der Leistungsbehörde abhängig sind. Teilweise stehen persönliche Hilfen (Kinder- und Jugendhilfe, Eingliederungsleistungen für Arbeitssuchende), teilweise Geldleistungen in Form von Beihilfen/Zuschüssen oder Darlehen (Kindergeld, BAföG, Wohngeld, Elterngeld) und teilweise Sachleistungen (u. a. für Asylbewerber, Obdachlose) im Mittelpunkt. In der Regel kommt Hilfe in unterschiedlichen Formen in Betracht (bezogen auf Leistungen für Arbeitssuchende vgl. § 4 SGB II, für die Sozialhilfe vgl. § 10 SGB XII).

9. Leistungsträger

Die unterschiedlichen Sozialleistungen werden von einer Vielzahl unterschiedlicher Einrichtungen erbracht. Die §§ 18–29 SGB I enthalten zwar einen Überblick über die staatlicherseits zu erbringenden Leistungen und die dies regelnden Gesetze, daraus ergibt sich aber nicht unmittelbar, welche Institution Ansprechpartner für den Hilfe begehrenden Bürger ist. Einen Überblick über die Leistungsträger und ihre Aufgaben gibt die Darstellung auf der vorigen Seite.

Literaturhinweise zur Vertiefung:

Bley, Helmar u. a.: Sozialrecht (2001).
Eichenhofer, Eberhard: Sozialrecht (2000).
Gitter, Wolfgang u. a.: Sozialrecht (2001).
Jäger, Horst/Braun, Hans: Sozialversicherungsrecht (2005).
Luthe, Ernst Wilhelm u. a.: Das neue Fürsorgerecht in der Praxis (2005).
Ost, Wolfgang u. a.: Grundzüge des Sozialrechts (1998).
Schulin, Bertram/Igl, Gerhard: Sozialrecht (2002).

VII. Kinder- und Jugendhilfe

Zu Kapitel VII: Übungsfall 1 (Eine ganz normale Familie), Seite 219 ff., Übungsfall 5 (Der freundliche Polizist), Seite 238 ff.

1. Allgemeine Grundsätze

Elterliche Sorge und öffentliche Jugendhilfe

Die Kinder- und Jugendhilfe ist eines der wichtigsten Tätigkeitsfelder für Sozialpädagogen/Sozialarbeiter. Grundsätzlich ist die Sorge für Minderjährige (Versorgung, Erziehung, Betreuung) Aufgabe der Eltern. Gleichzeitig ist es aber nach Art 6 GG auch Aufgabe des Staates, Kinder und Jugendliche sowie deren Familien zu fördern und sie vor Gefahren oder Vernachlässigung zu schützen (hierzu bereits oben Seite 70 f). Kinder- und Jugendhilfe ist deshalb ein Baustein im öffentlich-rechtlich geregelten System der sozialen Sicherung in Deutschland (Gesamtüberblick hierzu oben Seite 109 ff). Im Unterschied zu vielen anderen Leistungen (Kindergeld, Rente, Arbeitslosengeld, Sozialhilfe u.a.) geht es in der Kinder- und Jugendhilfe nur am Rande um finanzielle Zuwendungen an die betroffenen Personen. Im Mittelpunkt stehen vielmehr pädagogische Maßnahmen, die entsprechend dem individuellen Bedarf im Wesentlichen durch sozialpädagogische Fachkräfte erbracht werden. Zuständig für diese öffentliche Aufgabe der Jugendhilfe sind die Landkreise bzw. kreisfreien Städte, also die örtliche Ebene der öffentlichen Verwaltung (zum Aufbau des Staates vgl. unten Seite 152 ff). Die rechtlichen Grundlagen der Kinder- und Jugendhilfe sind jedoch für das gesamte Bundesgebiet einheitlich im Kinder- und Jugendhilfegesetz (SGB VIII) geregelt.

Nicht immer greifen diese Leistungen der Jugendhilfe und die Ausübung der elterlichen Sorge harmonisch ineinander. Es kann vielmehr auch erhebliche Auseinandersetzungen über die jeweiligen Befugnisse und deren Grenzen geben. Die Rechte und Pflichten der Eltern sind im Familienrecht (BGB, als Teil des Zivilrechts) näher geregelt (hierzu bereits oben Seite 76 ff), während es sich bei den Leistungen der Jugendhilfe um öffentliche Leistungen handelt, die im Sozialgesetzbuch (SGB VIII, als Teil des öffentlichen Rechts) beschrieben sind. (Zu den unterschiedlichen Grundsätzen des Zivilrechts und des öffentlichen Rechts oben Seite 44 ff). Gegenüber der elterlichen Verantwortung hat die Jugendhilfe lediglich einen ergänzenden *(nachrangigen)* Auftrag, „junge Menschen in ihrer individuellen und sozialen Entwicklung zu fördern und einen Beitrag zu leisten, Benachteiligungen zu vermeiden oder abzubauen“ (§ 1 Abs. 2 SGB VIII). Die Kinder- und Jugendhilfe ist somit grundsätzlich der Elternverantwortung zu- und nachgeordnet. Das heißt, öffentliche Jugendhilfe unterstützt die Erziehung der Eltern bzw. anderer Personensorgeberechtigter (zur aktuellen Entwicklung vgl. auch unten Seite 126).

Selbstverständnis der Kinder- und Jugendhilfe

In seinen Anfängen war die Kinder- und Jugendhilfe Teil des Polizei- und Ordnungsrecht. Im 19. Jahrhundert ging es vor allem darum, die Gesellschaft und insbesondere Heranwachsende vor negativen Einflüssen durch verwahrloste und kriminelle Jugendliche zu schützen. Kinder- und Jugendheime wurden unter anderem aus diesem Grund meist außerhalb von geschlossenen Ortschaften angesiedelt. Die Ausstattung dieser Einrichtungen war sehr unzulänglich, und diesen Minderjährigen wurde vor allem mit Strenge und Sanktionen begegnet. Für die Eltern ergaben sich daraus eine ablehnende Haltung gegenüber staatlichen Maßnahmen der Jugendfürsorge und erhebliche Ängste vor Eingriffen in ihre elterliche Verantwortung. Das Selbstverständnis der Jugendhilfe hat sich seither grundlegend gewandelt. Im Mittelpunkt steht heute die Förderung von Kindern und Jugendlichen und deren *Integration anstelle von Ausgrenzung*. Aus diesen Gründen ist die Kinder- und Jugendhilfe bemüht, in Kooperation mit den Eltern und Minderjährigen am jeweiligen Sozialraum orientierte Konzepte zu entwickeln und diese mit den Betroffenen umzusetzen (vgl. unten Seite 127 f). Stationäre Leistungen haben dabei gegenüber ambulanten Leistungen erheblich an Bedeutung verloren. Präventive Maßnahmen stehen heute in vielen Bereichen im Mittelpunkt. Die Jugendämter haben gelernt, dass sie hierzu nicht nur qualifizierte Angebote entwickeln, sondern auch für ihre Angebote werben müssen. Denn in einer freiheitlichen Gesellschaft hängt der Erfolg von Maßnahmen wesentlich von der Kooperationsbereitschaft der Klienten und einem intakten Vertrauensverhältnis zu den sozialpädagogischen Fachkräften ab. So ist das im Jahr 1990 in Kraft getretene Kinder- und Jugendhilfegesetz (KJHG, identisch mit der Bezeichnung SGB VIII) ganz wesentlich von Leistungsangeboten geprägt, die der Bürger *freiwillig* in Anspruch nehmen kann, während Kontrollen und zwangsweise Eingriffe in die elterliche Sorge eine relativ geringe Rolle spielen. Im Rahmen der öffentlichen Verwaltung hat das Jugendamt eine eigene, auf Akzeptanz und Mitgestaltung durch gesellschaftliche Gruppierungen ausgerichtete Struktur, die unter anderem in der Verantwortung für die Jugendhilfeplanung zum Ausdruck kommt.

Wächteramt/Schutzauftrag bei Kindeswohlgefährdung

Dies ändert jedoch nichts daran, dass es eine äußerst heikle Angelegenheit ist, das Verhältnis zwischen der umfassenden Verantwortung der Eltern und der öffentlichen Verantwortung angemessen auszutarieren. Einerseits hat die öffentliche Jugendhilfe die Autonomie der Familie zu respektieren, als Grundhaltung der öffentlichen Verwaltung gegenüber dem Bürger (vgl. oben Seite 30). Andererseits muss die staatliche Gemeinschaft darüber wachen, dass die Rechte und Interessen der Kinder nicht zu kurz kommen (vgl. oben Seite 70). Die Jugendhilfe ist wie kaum ein anderer Bereich der sozialen Arbeit in diesem Spannungsverhältnis zwischen Freiheitsrechten des Bürgers und staatlicher Verantwortung und Kontrolle angesiedelt. Dabei handelt es sich keineswegs um ein lediglich theoretisches Problem. Denn Untersuchungen belegen immer wieder, dass gerade Familien mit ernsten pädagogischen und sozialen Problemen auch heute den Weg zu Einrichtungen der Jugendhilfe oft nicht finden. Zu groß sind oft Angst und auch Scham, eigene Unzulänglichkeiten oder Versagen eingestehen zu müssen. Das beschriebene Spannungsverhältnis wird sich wohl nie ganz auflösen lassen. So gibt es immer wieder Fälle, in denen Kinder erhebliche Nachteile erleiden, weil die Jugendhilfe sich nicht rechtzeitig über die Eltern hinweg setzen konnte. Andererseits ist eine umfassende Kontrolle der Eltern mit deren Eigenverantwortung unvereinbar. Wohl aber steht hinter dem Kinder- und Jugendhilfegesetz (SGB VIII) eine klare Konzeption: Soweit wie möglich soll durch möglichst umfassende freiwillige Angebote, einschließlich Prävention, die Notwendigkeit von *staatlichem Zwang so gering wie möglich* gehalten werden. Das staatliche Wächteramt wird heute mehr durch gute Leistungsangebote als durch Kontrolle und Zwang ausgeübt. Dies ergibt sich aus dem Verhältnismäßigkeitsgrundsatz (vgl. oben Seite 42).

Die öffentliche Jugendhilfe als Anlaufstelle und Kompetenzzentrum für alle sozialpädagogischen Angelegenheiten hat deshalb *keine eigenen Zwangsbefugnisse* gegenüber ihren Klienten (abgesehen von Gefahr im Verzug, hierzu unten Seite 134). Vielmehr entscheidet eine andere Instanz, das Familiengericht, über Eingriffe in die elterliche Verantwortung (hierzu bereits oben Seite 79 f). Dadurch wird letztlich das auf vertrauensvolle Kooperationen ausgerichtete Profil der Jugendhilfe gefördert. Allerdings gehört es auch zu den Aufgaben der Jugendhilfe, Gefahrensituationen wahrzunehmen, falls nötig, dem Familiengericht hierüber umfassend zu berichten, die Arbeit des Familiengerichts mit Stellungnahmen zu unterstützen und nach einer familiengerichtlichen Entscheidung die angeordneten Maßnahmen mit den Betroffenen umzusetzen (vgl. auch unten Seite 134).

In Anbetracht konkreter Fälle von Vernachlässigung von Kindern und Untätigkeit von Jugendämtern wird in letzter Zeit wieder etwas stärker die Wächterfunktion der öffentlichen Jugendhilfe im Sinne einer aktiven und schützenden Funktion betont. Im Wege einer Gesetzesänderung im Jahre 2005 wurde in § 8a SGB VIII der „Schutzauftrag bei Kindeswohlgefährdung" präzisiert. Diese bedeutet allerdings keine wesentlichen inhaltlichen Änderungen zur früheren Rechtslage, wohl aber eine Änderung der Gesetzesstruktur. Das Jugendamt muss, wenn ihm „gewichtige Anhaltspunkte für die Gefährdung des Wohls eines Kindes oder Jugendlichen bekannt werden", durch „Zusammenwirken mehrerer Fachkräfte das Gefährdungsrisiko abschätzen". Entsprechend der individuellen Bedarfslage der Kinder und Jugendlichen sind notwendige und geeignete Hilfen anzubieten (§ 8a Abs. 1). Hält das Jugendamt das Tätigwerden des Familiengerichts für notwendig, muss dieses benachrichtigt werden (§ 8a Abs. 3). Gegebenfalls sind auch andere Stellen (z. B. Polizei, Gesundheitshilfe) einzuschalten (§ 8a Abs.4). Ausdrücklich wird jetzt im Gesetz klar gestellt, dass auch mangelnde Kooperationsbereitschaft gegenüber dem Jugendamt eine Einschaltung des Familiengerichts erforderlich machen kann. Neu ist, dass die Jugendämter auch durch Vereinbarungen mit den freien Trägern der Jugendhilfe sicherstellen müssen, dass diese in gleicher Weise den Schutzauftrag wahrnehmen (§ 8a Abs. 2). Erfüllt ein Mitarbeiter des Jugendamtes diese sich aus dem Schutzauftrag/Wächteramt ergebenden Pflichten nicht, kann dies nach § 13 StGB eine Straftat wegen Unterlassen bedeuten aufgrund der Garantenstellung des Mitarbeiters. Bei Mitarbeitern freier Träger kann sich eine solche Garantenstellung aus Verträgen ergeben.

Rechte der Kinder und Jugendlichen

In § 1 SGB VIII wird in klarer Weise beschrieben, dass „jeder junge Mensch ein Recht auf Förderung seiner Entwicklung und auf Erziehung zu einer eigenverantwortlichen und gemeinschaftsfähigen Persönlichkeit" hat (§ 1 Abs. 1 SGB VIII). Je jünger die Minderjährigen sind, um so weniger sind sie in der Lage, diese Rechte selbst einzufordern. Erfüllung dieser Ansprüche nach § 1 Abs. 1 SGB VIII obliegt deshalb zunächst den Eltern bzw. anderen Personensorgeberechtigten (hierzu oben Seite 76 f). Um Rechtsklarheit sicherzustellen, werden Minderjährige bis zur Volljährigkeit (Vollendung des 18. Lebensjahrs) abgesehen von wenigen Ausnahmen in allen Belangen von ihren Eltern vertreten (hierzu oben Seite 58 ff).

Soweit die elterliche Sorge der Ergänzung durch Leistungen der Kinder- und Jugendhilfe bedarf, stellt sich die Frage, ob Minderjährige ihre Ansprüche auf Förderung und Erziehung auch selbst gegenüber Einrichtungen der Jugendhilfe geltend machen können sollten. Diese Frage ist heftig umstritten und muss letztlich differenziert beantwortet werden. Es gibt immer wieder Fälle, in denen eine angemessene Förderung an der Trägheit oder dem Widerstand der Eltern scheitert und Minderjährige deshalb selbst Hilfe suchen. Aufgrund der umfassenden elterlichen Verantwortung werden Minderjährige aber auch gegenüber der Jugendhilfe von ihren Eltern vertreten. Das heißt, sie können alleine grundsätzlich keine Leistungen der Jugendhilfe beanspruchen. Von diesem Grundsatz gibt es aber bedeutsame *Ausnahmen*. So ist in § 8 Abs. 1 SGB VIII geregelt, dass Kinder und Jugendliche „entsprechend ihrem Entwicklungsstand an allen sie betreffenden Entscheidungen der öffentlichen Jugendhilfe zu beteiligen" und auf ihre Rechte (z. B. gegenüber dem Familiengericht) hinzuweisen sind. Darüber hinaus können sie sich in allen Angelegenheiten an das Jugendamt wenden. Eine Beratung ohne Kenntnis der Personensorgeberechtigten ist zulässig, sofern die Beratung „aufgrund einer Not- und Konfliktlage erforderlich ist und solange durch die Mitteilung an den Personensorgeberechtigten der Beratungszweck vereitelt würde" (Abs. 3 SGB VIII). Nach § 42 Abs. 1 S. 1 SGB VIII ist das Jugendamt berechtigt und verpflichtet, ein Kind oder einen Jugendlichen in Obhut zu nehmen, wenn es/er darum bittet (näher hierzu unten Seite 134 f). Außerdem hat der Minderjährige in vielen Fällen einen Anspruch darauf, dass ihn betreffende Informationen (Daten) nicht ohne sein Einverständnis weitergegeben werden (hierzu unten Seite 211 f). In anderen Sozialleistungsbereichen als der Kinder- und Jugendhilfe sind Jugendliche ab 15 Jahren befugt, unter bestimmten Voraussetzungen Sozialleistungen selbstständig geltend zu machen (hierzu oben Seite 55 f). Forderungen, die Stellung von Minderjährigen gegenüber dem Jugendamt weiter zu stärken, wurden bisher nicht realisiert. Mit Vollendung des 18. Lebensjahr nimmt der junge Volljährige seine Rechte auch gegenüber dem Jugendamt in vollem Umfang selbst wahr (zu den Leistungen an junge Volljährige vgl. § 41 SGB VIII).

Trägervielfalt

Da Erziehung in sehr unterschiedlicher Weise erfolgen kann, stellt sich die Frage, wie die moderne Jugendhilfe unterschiedlichen Lebenshaltungen, Wertvorstellungen und Erziehungsmethoden Rechnung tragen kann. In der freiheitlichen Gesellschaft ist es nicht Aufgabe der öffentlichen Verwaltung, einheitliche pädagogische Konzepte vorzugeben, sondern es geht vorrangig darum, die Vorstellungen der Eltern und gesellschaftlicher Gruppierungen zu unterstützen. Im SGB VIII wird deshalb davon ausgegangen, dass eine Vielfalt unterschiedlicher Träger notwendig ist. Aufgabe der öffentlichen Jugendhilfe ist es nicht etwa, diese Vielfalt selbst zu produzieren, sondern entsprechend dem Subsidiaritätsprinzip (hierzu oben Seite 44 f) sollen bestehende Einrichtungen in unterschiedlicher Trägerschaft gefördert und verschiedene Formen der Selbsthilfe gestärkt werden (§§ 3 f SGB VIII). Freien Trägern kommt damit in der Jugendhilfe besondere Bedeutung zu. Die Wertschätzung gegenüber nicht staatlich organisierten Einrichtungen der Jugendhilfe geht so weit, dass der öffentliche Träger von eigenen Maßnahmen absehen soll, „soweit geeignete Einrichtungen, Dienste und Veranstaltungen von anerkannten Trägern der freien Jugendhilfe betrieben werden oder geschaffen werden können" (§ 4 Abs. 2 SGB VIII).

Tatsächlich wird in Deutschland etwa die Hälfte aller Leistungen der Jugendhilfe von freien Trägern erbracht (ausführlich zu freien Trägern und deren Finanzierung unten Seite 136 ff). Dies entlastet den öffentlichen Träger der Jugendhilfe (Jugendamt) jedoch nicht von seiner *Gesamtverantwortung*, ein insgesamt bedarfdeckendes und qualifiziertes Angebot sicherzustellen (vgl. § 79 SGB VIII und unten Seite 137).

Wunsch- und Wahlrecht

Die Trägervielfalt (hierzu zuvor) ist entscheidende Grundlage dafür, dass die Leistungsberechtigten zwischen unterschiedlichen Angeboten auswählen können. In § 5 SGB VIII wird ein entsprechendes Wunsch- und Wahlrecht in sehr klarer Weise formuliert. Dies ergibt sich aus den Freiheitsrechten der Bürger, die bezogen auf die Erziehung von Kindern besondere Bedeutung haben. Die Eltern bzw. andere Personensorgeberechtigten haben nicht nur das Recht, zwischen verschiedenen Einrichtungen auszuwählen, sondern können auch „Wünsche hinsichtlich der Gestaltung der Hilfe“ äußern und sie müssen auf ihr Wahlrecht hingewiesen werden. Der Wahl und den Wünschen soll entsprochen werden, sofern dies nicht mit unverhältnismäßigen Mehrkosten verbunden ist (§ 5 Abs. 2 SGB VIII). Die Rechtsprechung hat hierzu entschieden, dass Mehrkosten in Höhe von 20 % über den durchschnittlichen Kosten in der Regel verhältnismäßig sind. Dies bedeutet, dass das Jugendamt den Wünschen der Betroffenen entgegenkommen muss, selbst wenn dies mit durchaus beachtlichen Mehrkosten verbunden ist.

In der Praxis lässt sich dieses Wunsch- und Wahlrecht allerdings nur mit erheblichen Einschränkungen umsetzen. Denn für den Laien ist es meist äußerst schwierig, sich einen Überblick über die unterschiedlichen Profile der Leistungsanbieter zu verschaffen und dies mit den eigenen Erziehungsvorstellungen und den Bedürfnissen des Kindes sinnvoll zu verbinden. Die Ausübung des Wunsch- und Wahlrechts bedeutet für den größten Teil der Klienten der Kinder- und Jugendhilfe eine erhebliche Überforderung. In den meisten Fällen sind die Betroffenen daher auf Empfehlungen des Jugendamtes angewiesen. Das Jugendamt ist nun wiederum häufig überfordert herauszufinden, welche Art der Leistungserbringung dem Einzelfall und dem mutmaßlichen Willen der Klienten am besten entspricht. Hinzu kommt, dass – bewusst oder unbewusst – bestimmte Einrichtungen bevorzugt werden können. So kann es mit der pädagogischen Konzeption, den Kosten oder auch persönlichen Gründen zusammenhängen, dass letztlich eine bestimmte Einrichtung mehr oder weniger häufig durch das Jugendamt „belegt“ wird. Außerdem wird das Wunsch- und Wahlrecht in der Jugendhilfe durch das Konzept der Sozialraumorientierung ernsthaft in Frage gestellt (hierzu unten Seite 137 f, 166 ff).

2. Leistungen der Kinder- und Jugendhilfe

Förderung der Erziehung in der Familie

Die Leistungen der Kinder- und Jugendhilfe werden im 2. Kapitel des SGB VIII (§§ 11–41 SGB VIII) beschrieben. Zunächst findet man hier Regelungen für unspezifische, offene Angebote wie Jugendarbeit, Jugendverbandsarbeit, Jugendsozialarbeit und allgemein präventive Maßnahmen des erzieherischen Kinder- und Jugendschutzes (§§ 11–15 SGB VIII). Unter der Überschrift „Förderung der Erziehung in der Familie“ werden Beratungs- und Unterstützungsleistungen benannt, die nicht beim individuellen sozialpädagogischen Bedarf des Kindes oder Jugendlichen an setzen (§§ 16–21 SGB VIII). So haben Mütter und Väter einen allgemeinen Anspruch auf Beratung in Erziehungsfragen, aber auch in Fragen der Partnerschaft, Trennung und Scheidung sowie bei der Ausübung der Personensorge. Hierzu gehört unter anderem, die Eltern im Fall der Trennung bei der Entwicklung eines einvernehmlichen Konzeptes für die Wahrnehmung der elterlichen Sorge zu unterstützen und, falls nötig, die Ausübung des Umgangsrechts zu begleiten (begleiteter/beschützter Umgang, vgl. auch § 1684 Abs. 4 BGB). Das Jugendamt ist verpflichtet, entsprechende Beratungs- und Betreuungsangebote unter Beteiligung entsprechender Fachkräfte (Ärzte, Psychologen, Juristen etc.) aufzubauen und zu unterhalten. Darüber hinaus hat das Jugendamt unter anderem in Notsituationen unterschiedlichster Art (z. B. schwere Erkrankung eines Elternteils) die Betreuung und Versorgung des Kindes zu unterstützen (§ 20 SGB VIII).

Tageseinrichtungen und Tagespflege

Die Betreuung und Förderung von Kindern in Tageseinrichtungen und Tagespflege (§§ 22–26 SGB VIII) haben in den letzten Jahren erheblich an Bedeutung gewonnen. Zu *Tageseinrichtungen* gehören Kindergärten (für Kinder ab 3 Jahre bis zum Schuleintritt), Kinderkrippen (Kinder von 0 bis 3 Jahren) und Kinderhorte (außerschulische Betreuung für Schulkinder). Diese Angebote greifen häufig ineinander, und die Öffnungszeiten wurden deutlich ausgeweitet. Während es sich hierbei um professionelle Einrichtungen handelt, wird *Tagespflege* von geeigneten Privatpersonen meist in Teilzeitbeschäftigung im eigenen Haushalt oder im Haushalt der Personensorgeberechtigten erbracht. Die Jugendhilfe hat nicht nur für Kinder ab 3 Jahren einen Kindergartenplatz bereitzuhalten, sondern aufgrund einer Gesetzesänderung im Jahr 2005 ist auch für Kinder unter 3 Jahren und für schulpflichtige Kinder ein bedarfsgerechtes Angebot an Tageseinrichtungen und Tagespflege zu schaffen und über die örtlichen Möglichkeiten und unterschiedlichen Konzepte zu beraten (vgl. § 24 SGB VIII). Unter anderem müssen nun auch in den Ferienzeiten Betreuungsmöglichkeiten sichergestellt werden (§ 24 Abs. 3 SGB VIII). Da die Kommunen in Deutschland derzeit nicht in der Lage sind, diese Verpflichtung zu erfüllen, wurden Übergangsregelungen getroffen (§ 24 a SGB VIII). Die Jugendämter sind hiernach verpflichtet, jährlich den aktuellen Bedarf an Plätzen in Tageseinrichtungen und Tagespflege zu ermitteln und dem entsprechend jährlich Ausbaustufen zu beschließen. Spätestens ab 1. Oktober 2010 muss das Angebot den Bedarf decken.

Aufgrund der ausgeprägten Elternverantwortung lag die *Verantwortung für Erziehung und Bildung* in Deutschland lange Zeit allein bei den Eltern und den Schulen. Andere öffentliche und private Einrichtungen wurden allenfalls mit der Betreuung von Kindern betraut. Erst in den letzten Jahren ist hier allmählich, letztlich aufgrund der abnehmenden Präsenz der Eltern, ein Bewusstseinswandel eingetreten, der in der aktuellen Gesetzesfassung zum Ausdruck kommt. Dort heißt es: „Der Förderauftrag (von Tageseinrichtungen) umfasst Erziehung, Bildung und Betreuung des Kindes und bezieht sich auf die soziale, emotionale, körperliche und geistige Entwicklung des Kindes. Er schließt die Vermittlung orientierender Werte und Regeln ein.“ (§ 22 Abs. 3 SGB VIII). Dies bedeutet eine Aufforderung an die unterschiedlichen öffentlichen und freien Träger von Tageseinrichtungen, zeitgemäße Konzepte der Bildung und Erziehung zu entwickeln. Das in Art. 6 GG zum Ausdruck kommende Schutzbedürfniss der Eltern vor staatlichen Eingriffen (vgl. oben Seite 69 f und Seite 121 f) ist in diesem Bereich einer partnerschaftlichen und ineinander greifenden Kooperation gewichen.

Hilfe zur Erziehung

Bei den Hilfen zur Erziehung (§§ 27–35 SGB VIII) handelt es sich um einen Kernbereich des Kinder- und Jugendhilferechts. Im Unterschied zu den zuvor dargestellten Maßnahmen der „Förderung der Erziehung in der Familie" und Betreuungsangeboten geht es hier um sozialpädagogische Hilfen, die an individuellen Defizitsituationen von Kindern und Jugendlichen ansetzen. In § 27 SGB VIII werden die Voraussetzungen beschrieben. Anspruchsberechtigt sind ausschließlich *Personensorgeberechtigte.* Sind für einen jungen Menschen mehrere Personen verantwortlich (i.d.R. beide Eltern), können sie dieses Recht nur gemeinsam ausüben (vgl. oben Seite). In keinem Fall kann der Minderjährige, für den die Leistungen bestimmt sind, selbst Leistungen beanspruchen (hiezu bereits oben Seite 76). Voraussetzung für Hilfe zur Erziehung ist, dass eine „dem Wohl des Kindes oder Jugendlichen entsprechende Erziehung nicht gewährleistet" ist. Die Ursachen dieses *Erziehungsdefizits* sind unerheblich. Von Bedeutung ist allerdings, dass durch eine Maßnahme der Jugendhilfe eine Besserung erzielt werden kann, also eine *geeignete* Maßnahme zur Verfügung steht. Darüber hinaus muss eine solche Maßnahme auch *notwendig* sein. Das heißt, dass sie unverzichtbar ist (keine einfachere und preiswertere Möglichkeit besteht), um eine Besserung zu erzielen.

§ 27 SGB VIII lautet:
(1) Ein Personensorgeberechtigter hat bei der Erziehung eines Kindes oder eines Jugendlichen Anspruch auf Hilfe (Hilfe zur Erziehung), wenn eine dem Wohl des Kindes oder des Jugendlichen entsprechende Erziehung nicht gewährleistet ist und die Hilfe für seine Entwicklung geeignet und notwendig ist.

⇒ Rechtsanspruch gegenüber Jugendamt
⇒ nur für Personensorgeberechtigte
⇒ bei Erziehungsdefiziten
⇒ wenn Hilfe geeignet und notwendig ist

Hilfeplanverfahren

In §§ 36 f SGB VIII ist eine Verfahrensweise geregelt, die bei der Gewährung einer Hilfe zur Erziehung stets zu beachten ist.

Die Prüfung, ob die Voraussetzungen für eine Hilfe zur Erziehung gegeben sind (Tatbestandsmerkmale des § 27 SGB VIII), obliegt dem Jugendamt, letztlich vor allem der fallverantwortlichen sozialpädagogischen Fachkraft. Das Wunsch- und Wahlrecht der Leistungsberechtigten (vgl. oben Seite 125) hat nur Bedeutung im Rahmen der Vorgaben, die sich aus dieser *objektiven Bedarfsprüfung* ergeben. Anders als in anderen Rechtsbereichen kann sich daraus aber keine klare Abgrenzung zwischen den Rechten der Leistungsberechtigten und den Aufgaben der Jugendhilfe ergeben. Denn welche Maßnahme im Einzelfall geeignet ist, ist oft auch entscheidend von den Einstellungen und Wünschen der Betroffenen abhängig. Die Eltern sollen einerseits aufgrund ihrer Sorgeverantwortung möglichst differenziert auf die Hilfegewährung Einfluss nehmen können. Andererseits sind die Personensorgeberechtigten bei Ihren Entscheidungen häufig auf eine detaillierte Beratung und auch Führung durch die Jugendhilfe angewiesen. Hinzu kommt, dass der Minderjährige, auch wenn er rechtlich von seinen Eltern vertreten wird, aus sozialpädagogischen Gründen entsprechend seinem Entwicklungsstand einbezogen werden soll. Deshalb spielt die Beratung und Beteiligung der Eltern und der Kinder und Jugendlichen bei der Entscheidung über Hilfen zur Erziehung eine entscheidende Rolle.

Nach § 36 ist bei der Vorgehensweise zwischen unterschiedlichen Hilfen zur Erziehung zu differenzieren. § 36 Abs. 2 SGB VIII enthält relativ klare Vorgaben, wenn Hilfe „voraussichtlich für längere Zeit" (i.d.R. mindestens sechs Monate) zu leisten ist. Dann soll die Entscheidung über die angezeigte Hilfeart „im Zusammenwirken mehrerer Fachkräfte" (Team-Entscheidung) getroffen und zusammen mit den Personensorgeberechtigten und dem Minderjährigen ein „Hilfeplan" aufgestellt werden, der „Festlegungen über den Bedarf, die zu gewährende Art der Hilfe sowie die notwendigen Leistungen" enthält. Regelmäßig (d.h. mindestens alle sechs Monate) ist zu überprüfen, „ob die gewählte Hilfeart weiterhin geeignet und notwendig ist". Für die Praxis der Jugendhilfe bedeutet dies, dass bei Maßnahmen von einer voraussichtlichen Dauer von mindestens sechs Monaten der Bedarf, die Ziele und die Hilfeart regelmäßig in einem dialektischen, kooperativen Prozess mit den Klienten festgestellt, dokumentiert und überprüft werden müssen. Die Beteiligung mehrerer Fachkräfte in diesem Hilfeplanverfahren stellt sicher, dass unterschiedliche Sichtweisen und Konzepte zum Tragen kommen. Dies ist auch deshalb von Bedeutung, weil sozialpädagogische Einschätzungen oft nicht vollständig von persönlichen Bewertungen getrennt werden können.

Im Einzelnen wird das Hilfeplanverfahren in den Jugendämtern unterschiedlich umgesetzt. Diese Methode ist auch über die „voraussichtlich längerfristigen Hilfen" (§ 36 Abs. 2 SGB VIII) hinaus für die Arbeitsweise der Jugendhilfe prägend geworden. Der individuelle Hilfeplan dient als zentrales Koordinierungsinstrument der Qualitätssicherung, Selbstkontrolle und Transparenz von Entscheidungsprozessen. Diese Form der Zusammenarbeit trägt erheblich dazu bei, dass die sozialpädagogischen Ziele als gemeinsame Aufgabe aller Beteiligten verstanden und Konflikte (manchmal in einem längeren Prozess) konstruktiv und einvernehmlich gelöst werden können. Ähnliche Strukturen für eine Kooperation zwischen Sozialverwaltung und Klient wurden mittlerweile auch in der Sozialhilfe (§§ 12, 58, 68 SGB XII) und bei der Eingliederung in Arbeit (§ 15 SGB II) eingeführt. Diese Aushandlungsprozesse sind letztlich Ausdruck der Rolle und des Selbstverständnisses des Staates (vgl. auch unten Seite 166 ff).

Einzelne Hilfen zur Erziehung

In §§ 28-35 SGB VIII werden die typischen Leistungen der Hilfe zur Erziehung genannt: Erziehungsberatung, Soziale Gruppenarbeit, Erziehungsbeistandschaft, Sozialpädagogische Familienhilfe, Erziehung in einer Tagesgruppe, Vollzeitpflege, Heimerziehung/sonstige betreute Wohnformen, und Intensive sozialpädagogische Einzelbetreuung. Dies ist jedoch keine abschließende Aufzählung möglicher Leistungen. Sondern in § 27 Abs. 2 SGB VIII wird erläutert, dass Hilfe zur Erziehung „insbesondere" nach Maßgabe dieser Vorschriften geleistet wird. Die Jugendämter sind somit frei, weitere Leistungen anzubieten oder bestimmte Leistungen in kreativer Weise miteinander zu vernetzen. Es darf somit keine starre „Versäulung" der Jugendhilfeleistungen geben. In besonderen Fällen kann die Jugendhilfe sogar verpflichtet sein (Rechtsanspruch der Personensorgeberechtigten!), einen eigenen Leistungstyp zu kreieren, wenn nur so der individuelle Bedarf sinnvoll gedeckt werden kann. Die §§ 28–35 geben aber einen guten Überblick über die Grundstruktur des typischen Leistungsspektrums der Kinder- und Jugendhilfe. In der Reihenfolge der Paragrafen werden die Maßnahmen zunehmend intensiver und weitergehend familienersetzend. Einziges Kriterium bei der Auswahl einer Maßnahme ist allerdings der individuell notwendige und geeignete Bedarf des Kindes oder Jugendlichen. Finanzielle Gesichtspunkte sind kein rechtlich relevantes Kriterium. Nähere Einzelheiten zu den einzelnen Leistungsarten sind ohne weiteres über zahlreich vorhandene Kommentare zum SGB VIII zugänglich.

Erziehungsberatung

Die Erziehungsberatung (§ 28 SGB VIII) ist häufig der Einstieg zu weiteren Leistungen der Hilfe zur Erziehung. Sie ist damit nicht nur eine Maßnahme der Prävention, sondern auch der Krisenintervention und Teil des Hilfeplanverfahrens. Während es im SGB VIII zahlreiche weitere Beratungsangebote gibt, die den Erziehungsberechtigten in allgemeinen Fragen oder Problemlagen zur Verfügung stehen (insbesondere §§ 16–18 SGB VII), ist die Beratung nach § 28 SGB VIII als Teil der Hilfen zur Erziehung auf die Verbesserung einer konkreten, unzulänglichen Erziehungssituation gerichtet. Die Einbeziehung des Kindes bzw. Jugendlichen ist hier somit im Unterschied zu anderen Beratungsangeboten unerlässlich.

Sozialpädagogische Gruppenarbeit

Sozialpädagogische Gruppenarbeit soll Kindern und Jugendlichen im Rahmen eines gruppenpädagogischen Konzepts bei der Überwindung von Entwicklungsstörungen und Verhaltensauffälligkeiten helfen. Dies kann ebenso in fortbestehenden wie in zeitlich begrenzten Gruppen geschehen. Im Mittelpunkt steht das soziale Lernen durch Austausch und Erfahrungen mit anderen Jugendlichen in vergleichbaren Problemlagen. Geeignet sind solche Maßnahmen in aller Regel für Personen ab 12 Jahre. Gerade zur Förderung der Eigenständigkeit und Reflexionsfähigkeit hat soziale Gruppenarbeit hohe sozialpädagogische Bedeutung. Diese Maßnahmen scheitern aber häufig am fehlenden Interesse der Betroffenen und sind bei komplexen und sehr individuellen Problemlagen meist ungeeignet oder nur als ergänzende Leistung sinnvoll.

Erziehungsbeistand, Betreuungshelfer

Erziehungsbeistandschaft (§ 30 SGB VIII) zielt auf die kontinuierliche Begleitung durch eine sozialpädagogische Fachkraft, während das Kind/der Jugendliche weiter in seinem gewohnten Umfeld lebt. Die Begleitung erfolgt durch regelmäßige Gespräche mit dem Minderjährigen und den Personensorgeberechtigten (Eltern). Diese Maßnahme ist meist auf ein bis drei Jahre Dauer angelegt und richtet sich an Kinder und Jugendliche im Alter von 9 bis 16 Jahren. Voraussetzung für diese Maßnahme ist neben der Kooperationsbereitschaft der Klienten und einem gewisses Einvernehmen mit dem Erziehungsbeistand, dass der Minderjährige in seiner Familie verbleiben kann.

Der ebenfalls in § 30 SGB VIII genannte *Betreuungshelfer* kann im Rahmen eines Jugendstrafverfahrens als richterlich veranlasste Auflage einem Jugendlichen zur Seite gestellt werden (vgl. § 10 Abs. 1 Nr. 5 Jugendgerichtsgesetz). Er erfüllt letztlich die gleiche Aufgabe wie ein Erziehungsbeistand. Damit hat der Gesetzgeber an dieser Stelle ausdrücklich eine Maßnahme des Jugendstrafrechts in das SGB VIII einbezogen. Zwischen Jugendstrafrecht und Kinder- und Jugendhilfe besteht aber eine viel weiter gehende enge Verzahnung. Da Strafen im eigentlichen Sinn des Wortes bei straffällig gewordenen Jugendlichen meist nicht zu einer Besserung führen, ist im Jugendgerichtsgesetz (JGG) vorgesehen, dass an Stelle von bzw. ergänzend zu Jugendstrafen und Zuchtmitteln Maßnahmen der Hilfe zur Erziehung treten können (§ 12 Jugendgerichtsgesetz, vgl. auch §§ 45 und 47 Jugendgerichtsgesetz). Dies ist schon deshalb sinnvoll, weil fast immer soziale Probleme die Ursache für strafbares Verhalten Jugendlicher sind. Diese Erwähnung des Betreuungshelfers in § 30 SGB VIII ist systematisch wenig sinnvoll, weil alle Leistungen der Hilfe zu Erziehung (§§ 28-35 SGB VIII) als Folge oder zur Vermeidung (Diversion) eines Strafverfahrens in Betracht kommen können.

Sozialpädagogische Familienhilfe

Bei der sozialpädagogischen Familienhilfe (§ 31 SGB VIII) kommt ein Familienhelfer in die Familie, um durch eine Verbindung von pädagogischen und alltagspraktischen Hilfen die Selbsthilfekompetenzen der gesamten Familie zu stärken. In der Regel werden solche Leistungen mit einem Aufwand von 4 bis 20 Stunden pro Woche über einen Zeitraum von 1 bis 2 Jahren erbracht. Je nach Hilfebedarf kommen hierfür neben Sozialarbeitern/Sozialpädagogen auch Erzieherinnen, Familienpflegerinnen, Kinderpflegerinnen, Hauswirtschafterinnen, Krankenschwestern und auch Hausfrauen (nebenberuflich) in Betracht. Diese Leistung ist sowohl bei den Betroffenen als auch bei Sozialpädagogen beliebt, weil im Unterschied zu anderen Leistungen die Probleme von Kindern und Jugendlichen nicht künstlich isoliert werden, sondern zusammen mit ihren Ursachen und den Wechselwirkungen mit Problemlagen der Eltern und Geschwister angegangen werden können. Häufig können über diesen *ganzheitlichen Hilfeansatz* langfristig die Bedingungen in der Familie verbessert werden und wesentlich teurere und belastendere Maßnahmen außerhalb der Familie (Heimunterbringung, Pflegefamilie) vermieden werden. Man muss aber auch sehen, dass die sozialpädagogische Familienhilfe erhebliche Anforderungen an die Fachkräfte stellt. Sie müssen auf unterschiedliche Probleme (Arbeitslosigkeit, Schulden, Beziehungsprobleme, Gewalt, Sucht, unzulängliche Haushaltsführung, Hausaufgabenbetreuung, Freizeitgestaltung u.a.) qualifiziert reagieren, persönliche Beziehungen zu den Familienmitgliedern aufbauen und doch die notwendige Distanz wahren können. Bei den Klienten setzt diese Leistung eine Offenheit auch bezogen auf den persönlichen Lebensbereich, Kooperationsbereitschaft und vor allem die realistische Perspektive einer Verbesserung voraus. Es besteht die Gefahr, dass die Fachkraft in die Familie eingebaut und damit unersetzlich wird oder Spannungen entstehen, die letztlich die Familie weiter schwächen. Sozialpädagogische Familienhilfe kommt heute vor allem zum Einsatz bei akuten Krisen wie bei Tod eines Elternteils, Trennung der Eltern oder akuten Erziehungsproblemen z. B. nach einem Umzug oder nach einem Heimaufenthalt des Kindes.

Erziehung in einer Tagesgruppe

Über die Erziehung in einer Tagesgruppe (§ 32 SGB VIII) werden die Eltern über Tag entlastet und gleichzeitig die Kinder und Jugendlichen durch therapeutische und pädagogische Leistungen gefördert. Die Erziehung in einer Tagesgruppe ist damit eine Leistung zwischen ambulanten und stationären Hilfen zur Erziehung. Die Maßnahme schließt häufig Lernen in der Gruppe, schulische Förderung und Eltern- und Familienarbeit mit ein. Hierdurch soll auch bei schwierigen Bedingungen ein Verbleiben in der Familie ermöglicht werden. Im Unterschied zu Kindertageseinrichtungen und Tagespflege nach § 22 ff SGB VIII (hierzu oben Seite 126) ist hier ein besonderer, über das allgemeine Maß hinausgehender pädagogischer Bedarf Leistungsvoraussetzung.

Unterbringung außerhalb der Familie

Eine Erziehung von Kindern und Jugendlichen außerhalb der eigenen Familie kommt nur in Betracht, wenn andere (bisher beschriebene) Maßnahmen nicht ausreichen. Dies ergibt sich bereits aus § 27 SGB VIII (Notwendigkeit der Leistung) und hat keineswegs nur finanzielle Gründe. Vielmehr ergibt sich aus der vorrangigen, natürlichen Verantwortung der Eltern (vgl. oben Seite 69 ff), dass eine Trennung von diesen nur zulässig sein kann, wenn dies zum Wohl des Kindes unabdingbar ist. Diese rechtliche Argumentation wird auch durch wissenschaftliche Untersuchungen einhellig gestützt, wonach eine längere Trennung von der Familie immer für die weitere Entwicklung des Kindes mit erheblichen Belastungen verbunden ist. Unter psychologischen Gesichtpunkten hat die Beziehung zu den Eltern, selbst wenn dies nur unter erheblich erschwerten Bedingungen möglich ist, grundlegende Bedeutung. Deshalb sind nicht nur die zuvor beschriebenen Leistungen immer auch unter dem Blickwinkel zu sehen, dass die Eltern-Kind-Beziehung möglichst wenig beeinträchtigt und nach Möglichkeit gefördert werden soll. Sondern es gibt neben einem prinzipiellen Vorrang für ambulante Leistungen eine Verpflichtung der Jugendhilfe, auch während der Erbringung stationärer Leistungen die Eltern zu fördern, damit das Kind bzw. der Jugendliche möglichst bald zu seinen Eltern zurück kann (vgl. § 37 SGB VIII). Außerdem ist während einer Trennung der Kontakt zu den Eltern nach Kräften zu unterstützen. Wenn eine Herausnahme aus der Familie unvermeidlich ist, spielt daher immer auch eine Rolle, wie die mit einer Trennung von den Eltern verbundenen negativen Begeleitwirkungen möglichst gering gehalten werden können. Als Maßnahmen der Unterbringung, Betreuung und Erziehung von Kinder und Jugendlichen außerhalb der Familie kommt Vollzeitpflege in einer Pflegefamilie, Heimerziehung oder eine sonstige betreute Wohnform in Betracht.

Vollzeitpflege

In § 33 SGB VIII ist die Vollzeitpflege (identische Begriffe hierfür sind Pflegefamilie, Familienpflegestelle, Pflegestelle) geregelt. Hierbei wird der Minderjährige bei anderen Personen als den Eltern untergebracht und dort umfassend versorgt. Bei den Pflegepersonen handelt es sich typischer Weise nicht um sozialpädagogische Fachkräfte, sondern um Privatpersonen, die häufig aus ideellen Gründen oder auch weil sie keine eigenen Kinder haben, ein Kind in ihrer Familie aufnehmen. Die Dauer des Pflegeverhältnisses ist sehr unterschiedlich. Das Spektrum reicht von einer kurzfristigen Unterbringung aufgrund einer akuten Notsituation bis hin zu einem Dauerpflegeverhältnis bis zur Volljährigkeit des Kindes. Im Unterschied zu einer Heimunterbringung erhält das Pflegekind mit dieser Maßnahme stabile Bezugspersonen in einem überschaubaren sozialen Umfeld. Bei den Pflegepersonen muss es sich nicht zwingend um ein Ehepaar oder eine Familie im klassischen Sinn handeln. Vielmehr können auch Einzelpersonen und Großeltern und auch Personen mit einer homosexuellen Beziehung als Pflegepersonen in Betracht kommen, wenn dies für den konkreten Einzelfall eine „geeignete Lebensform“ bedeutet. Die Jugendämter haben die Aufgabe, Pflegepersonen zu suchen, diese auf ihre Geeignetheit zu prüfen, auf ihre Aufgabe vorzubereiten und ein für diese Situation passendes Kind zu vermitteln (vgl.

auch § 44 SGB VIII). In den meisten Fällen werden jüngere Kinder in Pflegefamilien vermittelt, weil hier familienähnliche Verhältnisse am ehesten realisierbar sind. Eine erhebliche Herausforderung bedeutet für alle Beteiligten die Option einer Rückführung in die Herkunftsfamilie, die Kontaktpflege zu den Eltern während der Familienpflege und die rechtlichen Befugnisse der Eltern, die in der Regel Personensorgeberechtigte bleiben (vgl. hierzu § 1688 BGB). Die Pflegeperson erhält für den Unterhalt und die Erziehung des Kindes vom Jugendamt einen Betrag in Höhe von etwa 624–788 € monatlich (§ 39 SGB VIII). Zu Auseinandersetzungen führt immer wieder die Frage, ob Anspruch auf diese finanziellen Leistungen auch besteht, wenn die Eltern selbst für eine Fremdunterbringung sorgen. Nach § 27 Abs. 2 a SGB VIII kann auch bei Verwandtenpflege (z. B. durch Großeltern) ein Anspruch auf diese Geldleistung bestehen, wenn diese Personen pädagogisch geeignet sind. Da diese familienähnliche Hilfen gegenüber der Unterbringung in einem Heim erhebliche Vorteile bietet, sind die Jugendämter verpflichtet, auch für besonders entwicklungsbeeinträchtigte Kinder geeignete Formen der Familienpflege zu schaffen und auszubauen (so genannten Erziehungsstellen vgl. § 33 S. 2 SGB VIII).

Heimerziehung und sonstige betreute Wohnformen

Wenn Kinder und Jugendliche nicht mehr bei ihren Eltern leben können, kam lange Zeit als Alternative nur der Aufenthalt in einem Kinder- und Jugendheim in Betracht. Diese Einrichtungen führten weitgehend ein Eigenleben in Abgrenzung von der übrigen Zivilisation (vgl. oben Seite 121). Nicht nur die Vermittlung in Pflegefamilien stellt heute eine wichtige Alternative zu einem Heimaufenthalt dar, sondern auch die stationären Einrichtungen haben sich deutlich gewandelt. So haben sich zahlreiche Strukturen entwickelt, die auf eine Integration in das allgemeine gesellschaftliche Leben und den Aufbau kontinuierlicher Beziehungen abzielen. Dies geschieht unter anderem durch kleinere Einrichtungen in Städten, Kooperationen mit allgemeinbildenden Schulen und Einrichtungen der Tagesbetreuung. Häufig werden auch ganz normale Wohnungen angemietet, die von 4–7 Jugendlichen bewohnt und sozialpädagogisch betreut werden. Um wechselnden Bedarfssituationen gerecht werden zu können, sind viele Heime dazu übergegangen, neben Plätzen innerhalb des Heims (Innenwohngruppen) Plätze im betreuten Wohnen (Außenwohngruppen) und daneben ambulante Leistungen anzubieten. Heute besteht ein buntes Angebot unterschiedlicher stationärer Leistungen, welches einer einheitlichen Klassifizierung kaum noch zugänglich ist. Soweit diese stationären Leistungen professionell erbracht werden (im Unterschied zur Vollzeitpflege), fallen sie unter § 34 SGB VIII *(Heimerziehung, sonstige betreute Wohnform)*. Nicht nur wegen der enormen Kosten, sondern auch wegen der ungünstigen Rahmenbedingungen ist die Zahl der Heimunterbringungen deutlich zurückgegangen. Über ambulante Leistungen kann mit einem an der *Lebenswelt der jungen Menschen* orientierten Ansatz Ausgrenzung vermieden und die Verselbstständigung besser gefördert werden. Dennoch kann aber kein Zweifel bestehen, dass es gerade für ältere Jugendliche mit erheblichen Auffälligkeiten auch künftig einen Bedarf an stationären Einrichtungen geben wird.

Intensive Sozialpädagogische Einzelbetreuung

Die aufwendigste sozialpädagogische Leistung ist in § 35 SGB VIII beschrieben. Sie richtet sich an besonders gefährdete und teilweise erheblich geschädigte Jugendliche, die mit anderen Maßnahmen der Jugendhilfe kaum erreicht werden können. Mit einer besonders individuellen und intensiven Begleitung, die sich häufig über einen längeren Zeitraum erstreckt, soll eine ungünstige Prognose verhindert werden. Die Begleitung kann sich auf ganz unterschiedliche Problemlagen und Lebensbereiche beziehen. Zum Teil wird versucht, mit *erlebnispädagogischen Methoden* auf den Minderjährigen einzuwirken. Denn persönliche Erfahrungen in Extremsituationen können Ansatzpunkte sein für eine grundlegende Änderung der Lebenshaltung. Unter anderem kommen Vermittlung zu Einsätzen in Entwicklungsländern, Klettertouren, aber auch ständige Begleitung in schwierigen Alltagssituationen in Betracht. Weniger spektakuläre erlebnispädagogische Unternehmungen werden zunehmend auch als Teil anderer Hilfen zur Erziehung angeboten. Die intensive sozialpädagogische Einzelbetreuung erfordert in vielen Fällen eine Einzelbetreuung durch speziell ausgebildete Sozialpädagogen, teilweise rund um die Uhr. Für solche Einsätze gibt es ebenso viele positive Beispiele wie kritische Stimmen. Bevor man die relativ hohen Kosten für solche Leistungen kritisiert, muss man jedoch die negativen Konsequenzen (und Kosten) bedenken, die ohne eine solche intensive Maßnahme für lange Zeit meist unausweichlich sind. In § 27 Abs. 2 SGB VIII wurde geregelt, dass solche Maßnahmen nur im Ausland stattfinden dürfen, wenn dies „zur Erreichung des Hilfezieles im Einzelfall erforderlich ist".

3. „Andere Aufgaben" der Jugendhilfe

Im Dritten Kapitel des SGB VIII (§§ 42–60) sind die Aufgaben der Jugendhilfe beschrieben, die über freiwillige Leistungsangebote an Klienten hinausgehen. Dies sind vor allem *kontrollierende Maßnahmen* bezogen auf Einrichtungen der Kinder- und Jugendhilfe (Meldepflichten, Erlaubnis des Betriebs einer Jugendhilfeeinrichtung oder einer Pflegestelle), *Mitwirkung an gerichtlichen Verfahren* und vorläufige Maßnahmen bei *akuten Gefahren* für Minderjährige. Die Überschrift des Kapitels „Andere Aufgaben der Jugendhilfe" ergibt sich aus dem Selbstverständnis der Kinder- und Jugendhilfe, mit Hilfeangeboten und in Kooperation mit den betroffenen Familien zusammenzuarbeiten und Zwang und Ängste vor dem Jugendamt möglichst zu vermeiden (hierzu bereits oben Seite 121). Die hier beschriebenen Aufgaben sind aber gleichwohl wesentliche Aufgaben der Jugendhilfe, die im Interesse des Wohls von Kindern und Jugendlichen nicht gering geachtet werden dürfen. Die Bezeichnung „andere Aufgaben" ist daher zumindest missverständlich. Hierin kommt aber wohl auch eine etwas einseitige Profilbestimmung der Jugendhilfe zum Ausdruck. In Abweichung von der beschriebenen Struktur des Gesetzes ist der Schutzauftrag der Jugendhilfe, bei drohenden Gefahren das Familiengericht anzurufen, seit dem Jahr 2005 nicht mehr in § 50 SGB VIII, sondern nunmehr in § 8a SGB VIII geregelt (hierzu oben Seite 123). Die „anderen Aufgaben der Jugendhilfe" werden in der Regel unmittelbar durch das Jugendamt ausgeführt. Eine Übertragung dieser Aufgaben an freie Träger ist die Ausnahme (vgl. § 3 Abs. 3, § 76 SGB VIII).

Inobhutnahme

Grundsätzlich obliegt es dem Familiengericht, in die Verantwortung der Eltern (elterliche Sorge) einzugreifen, wenn dies zur Vermeidung von Gefahren für den Minderjährigen unverzichtbar ist (*Kindeswohlgefährdung*). Die Familiengerichte haben Bereitschaftsdienste eingerichtet, die auch an Wochenenden und Feiertagen erreichbar sind, um diese Aufgabe erfüllen zu können. In akuten Not- und Konfliktsituationen sowie nachts kann aber ein dringender Handlungsbedarf bestehen. Deshalb ist das Jugendamt im Rahmen der engen Vorgaben des § 42 SGB VIII befugt, Minderjährige vorübergehend auch ohne Entscheidung des Familiengerichts in Obhut zu nehmen.

Das Gesetz unterscheidet zwischen drei Varianten, bei denen das Jugendamt sowohl berechtigt als auch verpflichtet ist, Kinder und Jugendliche in Obhut zu nehmen. Dies ist der Fall, wenn ein Minderjähriger darum bittet (*Selbstmelder*), eine *dringende Gefahr für das Wohl* des Minderjährigen eine Inobhutnahme erforderlich macht oder ein *ausländischer Minderjähriger unbegleitet* nach Deutschland kommt. Die Inobhutnahme umfasst die Befugnis, den Minderjährigen ggf. von einer Person wegzunehmen und bei einer geeigneten Person oder Einrichtung unterzubringen. Das Jugendamt hat während der Inobhutnahme für das Wohl des Minderjährigen zu sorgen und ist befugt, alle erforderlichen Entscheidungen zu treffen. Dem Minderjährigen ist unverzüglich Gelegenheit zu geben, eine Person seines Vertrauens zu benachrichtigen, und das Jugendamt hat unverzüglich die Personensorgeberechtigten zu informieren und sie bei dem weiteren Vorgehen einzubeziehen.

Für den Fall, dass das Jugendamt entgegen dem Willen der Personensorgeberechtigten eine Inobhutnahme weiterhin für notwendig hält, muss hierüber unverzüglich eine Entscheidung des Familiengerichts herbeigeführt werden. *Freiheit entziehende Maßnahmen* (Ausübung von Zwang gegenüber dem Minderjährigen) sind nur zulässig, um „Gefahr für Leib oder Leben" des Minderjährigen oder eines Dritten abzuwenden, und müssen ohne richterliche Genehmigung immer spätestens am Tag nach der Inobhutnahme beendet werden. Die Regelungen in § 42 SGB VIII ändern damit nichts an der grundsätzlichen Zuständigkeit der Familiengerichte für Eingriffe in die Verantwortung der Personensorgeberechtigten. Die Vorschrift enthält eine Ausnahmeregelung für den kurzen Zeitraum, bis eine Entscheidung der Eltern oder des Gerichts herbeigeführt werden kann. Dies bedeutet lediglich eine Ermächtigung des Jugendamtes, in Notsituationen zunächst handeln zu dürfen und erst dann die erforderliche Legitimation beschaffen zu müssen.

Mitwirkung in gerichtlichen Verfahren

Es gibt zahlreiche unterschiedliche gerichtliche Verfahren, an denen Minderjährige beteiligt oder von deren Ergebnis sie unmittelbar betroffen sind. Vor den Familiengerichten sind dies Verfahren zur (Neu)*Regelung der elterlichen Sorge* im Zusammenhang mit Trennung und Scheidung (§ 1671 BGB) und zur Entscheidung über Eingriffe in die elterliche Sorgeverantwortung bei *Kindeswohlgefährdung* (§ 1666 BGB). Vor den Jugendgerichten sind dies Verfahren gegen *straffällig gewordene Jugendliche* (§ 33 ff Jugendgerichtsgesetz). Außerdem gibt es Verfahren vor den Vormundschaftsgerichten zur *Bestellung eines Vormunds* (§§ 1773 ff BGB) und bei einer *Annahme als Kind* (Adoption, §§ 1741 ff BGB).

Auch in diesen Gerichtsverfahren werden die Minderjährigen von den Personensorgeberechtigten, also in der Regel den Eltern, vertreten. Da aber gerade in Verfahren vor Familien- und Vormundschaftsgerichten die Personensorgeberechtigten typischerweise auch selbst mit eigenen Interessen in zentraler Weise betroffen sind und bei jugendlichen Straftätern soziale Probleme regelmäßig eine zentrale Rolle spielen, ist in all diesen Verfahren die Beteiligung des Jugendamtes zwingend vorgeschrieben (vgl. §§ 50-52 SGB VIII). Die Aufgaben der Jugendhilfe sind in den einzelnen Verfahren durchaus unterschiedlich. In allen Bereichen ist aber zu beachten, dass das Jugendamt in Gerichtsverfahren eine *eigenständige Aufgabe* zu erfüllen hat, die sich von der der Gerichte unterscheidet. Im Mittelpunkt stehen beratende Funktionen und gutachterliche Stellungnahmen. Hierbei ist die Kinder- und Jugendhilfe auf das Wohl und die Interessen des Minderjährigen verpflichtet (vgl. §§ 1 und 2 SGB VIII) und hat die sozialen und pädagogischen Aspekte zur Sprache zu bringen. Die Arbeit des Jugendamtes geht damit über die Tätigkeit des Gerichts hinaus und soll eine Verzahnung mit den übrigen Leistungen der Kinder- und Jugendhilfe ermöglichen. Dabei kann die Tätigkeit des Jugendamtes zu Konflikten mit den Eltern oder den Gerichten führen. Die Gerichte haben die Mitwirkung des Jugendamts ernst zu nehmen und seine Eigenständigkeit zu achten. Durch Stellungnahmen und Gutachten (nicht nur in Strafverfahren) kann das Jugendamt die Entscheidungen des jeweiligen Gerichts häufig maßgeblich beeinflussen und in vielen Fällen auch schon im Vorfeld des Gerichtsverfahrens zu sinnvollen Regelungen beitragen. Falls nötig, kann das Jugendamt zur Interessenvertretung des Minderjährigen auch die Bestellung eines *Verfahrenspflegers* anregen (§ 50 Gesetz über die freiwillige Gerichtsbarkeit).

Literaturhinweise zur Vertiefung:

Bauer, Jost u. a.: Recht und Familie (2001).
Fieseler, Gerhard u. a.: Recht der Familie und Jugendhilfe (2005).
Schleicher, Hans: Jugend- und Familienrecht (2003).
Münder, Johannes: Kinder- und Jugendhilferecht (2004).
Nikles, Bruno W. u. a.: Jugendschutzrecht (2005).
Oberloskamp, Helga u. a.: Jugendhilferechtliche Fälle (2006).
Kunkel, Peter-Christian: Grundlagen des Jugendhilferechts (2006).

VIII. Rechtsstellung und Bedeutung freier Träger

Zu Kapitel VIII: Fall 4 (Misshandelt), Seite 232 ff.

1. Rechtsstellung

Aus Art. 19 Abs. 3 GG ergibt sich, dass die Grundrechte „auch für inländische juristische Personen" gelten, „soweit sie ihrem Wesen nach auf diese anwendbar sind". Das heißt, dass Vereinigungen jedweder Art grundsätzlich Handlungsfreiheit gemäß Art. 2 Abs. 1 GG genießen und sich insbesondere auch unabhängig vom Staat selbst organisieren können. Vereinigungen verfolgen grundsätzlich selbstgesetzte Ziele und unterliegen nach unserer Rechtsordnung gerade *nicht* staatlicher Kontrolle. Der Zusammenschluss der Bürger in Vereinigungen aller Art und die Errichtung ganz unterschiedlicher, gesellschaftlich relevanter Einrichtungen ist Ausdruck der freien Entfaltung der Person gem. Art. 1 ff GG. Daraus ergibt sich für die freien Träger ein verfassungsrechtlich garantierter Anspruch, ihre Angelegenheiten – unabhängig von staatlicher Beeinflussung – selbst zu gestalten (vgl. zur Abwehrfunktion der Grundrechte oben Seite 30 f). Das heißt z. B., dass die staatliche und kommunale Verwaltung grundsätzlich keinen Einfluss auf die weltanschauliche, pädagogische Konzeption eines freien Trägers hat und auch eine Kontrolle oder Aufsicht über die Geschäftsführung unzulässig wäre. Dies gilt insbesondere auch dann, wenn soziale Einrichtungen Zuwendungen von staatlicher Seite erhalten. Denn der Staat ist nicht befugt, weltanschauliche Fragen zu beurteilen oder bestimmte Positionen zu bevorzugen (*Neutralitätspflicht des Staates*). Er muss vielmehr Rahmenbedingungen bereitstellen, die ein *plurales gesellschaftliches Leben* auch im sozialen Bereich ermöglichen (vgl. oben Seite 41 f). Dies ist ein wesentlicher Unterschied zu Einrichtungen der öffentlichen Hand, die in sehr ausdifferenzierter Weise der Aufsicht und Weisung vorgesetzter Behörden unterliegen (vgl. unten Seite 156 f). Wegen dieser prinzipiellen Unabhängigkeit von öffentlich-rechtlichen Vorgaben hat sich der Begriff „freie Träger" weitgehend durchgesetzt (ungeachtet von anderen z. B. finanziellen oder kirchlichen Abhängigkeiten). Man kann aber ebenso von *privaten Trägern* oder *sozialwirtschaftlichen Unternehmen* sprechen.

Vor diesem Hintergrund wird § 17 Abs. 3 Satz 2 SGB I verständlich, durch den für den gesamten sozialen Bereich ausdrücklich geregelt wird, dass die öffentlichen Träger die „Selbstständigkeit der freien Träger in Zielsetzung und Durchführung ihrer Aufgaben zu achten" haben. Diese „Achtung" der freien Träger geht aufgrund der dienenden Funktion des Staates und dem *Subsidiaritätsprinzip* soweit, dass der Staat und die Kommunen zur aktiven Förderung der freien Träger verpflichtet sind. Dies kommt für die Kinder- und Jugendhilfe in den §§ 3–5, 12, 74 SGB VIII, für die Grundsicherung für Arbeitssuchende in den § 17 Abs. 2, § 18 Abs. 1 SGB II, für die Sozialhilfe in den § 5, § 75 Abs. 2 SGB XII und für Leistungen der Pflegeversicherung in den § 2 Abs. 2 und 3, § 11 Abs. 2, § 72 Abs. 3 S. 2 SGB XI zum Ausdruck. Diese Förderung wird nicht nur durch finanzielle Zuwendungen an die freien Träger, sondern ebenso durch einen Anspruch auf Abschluss von Leistungsvereinbarungen (hierzu unten Seite 145 ff.) konkret. Tatsächlich werden im Bereich der Kinder- und Jugendhilfe zwei Drittel aller Einrichtungen von freien Trägern geführt. Ambulante

Pflegedienste befinden sich aufgrund der Bestimmungen des SGB XI ausschließlich in privater Trägerschaft. Für die öffentlichen Stellen (Jugendämter, Sozialämter, Sozialversicherungen ...) führt dies zu einer deutlichen Entlastung, was erhebliche Ausgleichszahlungen an die freien Träger rechtfertigt. Im Ergebnis werden auf diese Weise in großem Umfang öffentlich-rechtliche Sozialleistungspflichten von (nichtstaatlichen) freien Trägern erbracht, die sich in vielen Bereichen ganz überwiegend (oft zu über 80 Prozent) aus öffentlichen Mitteln finanzieren können.

Eine detaillierte Prüfung, in welcher Weise ein freier Träger seine Aufgaben erfüllt, ist auch bei dieser engen Kooperation aus den genannten Gründen nicht zulässig. So ist der öffentliche Leistungsträger nur befugt, Überprüfungen im Einverständnis mit dem freien Träger durchzuführen. Problematisch ist, dass teilweise durch die Rechnungshöfe bzw. Rechnungsprüfer Kontrolle stattfindet und deshalb der Schutz von Klienten- und Patientendaten nur teilweise gewährleistet ist. Eine enge verwaltungsmäßige Verzahnung mit staatlicher/kommunaler Verwaltung, wie sie gerade in kleineren Kommunen gelegentlich anzutreffen ist, ist unzulässig. Soweit in Einzelfällen bestimmte hoheitliche Aufgaben (z. B. bei der Jugendgerichtshilfe oder im Adoptionsverfahren) an freie Träger übertragen werden, sind diese speziellen Aufgaben genau zu benennen und dürfen im Übrigen die Eigenständigkeit des freien Trägers nicht beeinträchtigen.

Gleichwohl aber bleibt die staatliche Gewalt verpflichtet, dafür zu sorgen, dass die Menschen ihre Sozialleistungen im gesetzlich vorgeschriebenen Umfang erhalten. Durch die Zwischenschaltung eines freien Trägers dürfen die öffentlich-rechtlichen Leistungsansprüche und Rechte des Bürgers nicht beeinträchtigt werden (vgl. oben Seite 48 f und unten Seite 160). Diese Gefahr besteht aber z. B. bei einseitiger Profitorientierung des freien Trägers, bei Bevorzugung einer bestimmten Klientel (freie Träger sind an den Gleichbehandlungsgrundsatz nicht gebunden) oder wenn einzelne Klienten die intensive weltanschauliche Prägung einer Einrichtung als bedrängend bzw. diskriminierend empfinden. Soweit freie Träger öffentliche Mittel erhalten, werden deshalb an die Vergabe von staatlicher und kommunaler Seite zahlreiche Bedingungen und Auflagen geknüpft (vgl. § 97 Abs. 1 SGB X). Zum Schutz besonders wehrloser Bevölkerungsgruppen wurde für Altenheime und Einrichtungen der Kinder- und Jugendhilfe generell eine öffentliche Aufsicht eingeführt (vgl. zum Heimgesetz oben Seite 50 f und zur Betriebserlaubnis für Kinderheime § 45 SGB VIII). Trotz der hohen Bedeutung der freien Träger liegt die *Gesamtverantwortung* für die Erbringung öffentlich-rechtlich geregelter Sozialleistungen immer bei den öffentlichen Leistungsträgern (vgl. hierzu oben Seite 109). Hiernach sind diese verpflichtet, in allen sozialen Bereichen für unterschiedliche und insgesamt bedarfsdeckende Angebote zu sorgen und die ordnungsgemäße Erbringung der gesetzlich garantierten Leistungen zu gewährleisten. Ergänzend zu den Angeboten der freien Träger hat der öffentliche Träger unter anderem dafür zu sorgen, dass jedermann ein ihm entsprechendes Angebot in erreichbarer Nähe finden kann. Falls nötig muss der öffentliche Träger z. B. durch eigene Angebote sicherstellen, dass neben kirchlichen Krankenhäusern und Kindergärten auch weltanschaulich neutrale Einrichtungen in hinreichender Zahl zur Verfügung stehen. Bei der Verwendung öffentlicher Gelder durch freie Träger muss außerdem nicht nur im Interesse der Klienten, sondern auch im Interesse der Steuerzahler die sachgerechte und wirtschaftliche Verwendung der Mittel sichergestellt werden (vgl. hierzu unten S. 109 ff).

Da die freien Träger, mit Ausnahme der großen Kirchen (Kirchensteuer), nur über sehr geringe eigene finanzielle Mittel verfügen, sind sie existentiell auf die Unterstützung durch die öffentlichen Träger angewiesen. Nur so können sie langfristig eine bedeutsame Rolle im sozialen Bereich spielen. Insgesamt ist das Selbstverständnis der freien Träger deshalb von einem grundlegenden Spannungsverhältnis zwischen rechtlicher Eigenständigkeit und der Angewiesenheit auf eine gute Kooperation mit staatlichen und kommunalen Ämtern und Einrichtungen geprägt. Unter anderem aufgrund der finanziellen Abhängigkeit hat in der Vergangenheit in vielen Bereichen eine weitgehende Anpassung der Leistungsangebote an öffentliche Angebote stattgefunden. Deshalb wird über die Notwendigkeit dieser so ausgeprägt nur in Deutschland bestehenden „*dualen Struktur*" diskutiert. Es gibt aber auch heute nichtstaatliche Einrichtungen mit einem markanten eigenen Profil (Beispiele: Frauenhäuser, Waldkindergärten, Hospize). Die weitere Entwicklung ist offen.

Stets ist zu beachten, dass *allein* die öffentlichen Leistungsträger gegenüber dem Bürger zur Erbringung von Sozialleistungen verpflichtet sind. Die freien Träger sind hierzu zwar berechtigt, aber nicht verpflichtet! Erst durch eine vertragliche Vereinbarung mit dem öffentlichen Träger übernimmt der freie Träger die *jeweils vereinbarten* Pflichten. Daneben kann der freie Träger mit den Klienten privatrechtliche Verbindlichkeiten eingehen. Auf diesen Grundlagen ist in vielen Bereichen ein breit gefächertes Angebot entstanden, welches über die öffentlich-rechtlich garantierten Leistungen hinausgeht (z. B. Wohn- und Pflegeheime für ältere Menschen).

2. Unterschiedlichkeit der freien Träger – Rechtsformen

Freie Träger können in ganz unterschiedlicher Form organisiert sein. Zu unterscheiden ist insbesondere zwischen den Rechtsformen: BGB-Gesellschaft, eingetragener Verein, Stiftung, GmbH (hierzu auch bereits oben Seite 65 ff.). Weiter ist zu unterscheiden zwischen gemeinnützig und gewerblich tätigen Einrichtungen und den Wohlfahrtsverbänden mit unterschiedlichen inhaltlichen Zielsetzungen. Das jeweilige Selbstverständnis kann weitreichende Auswirkungen auch auf die Art der Leistungserbringung haben.

Insbesondere die großen Kirchen erfüllen aus ihrer Sicht nicht nur in der Seelsorge, sondern auch mit ihrem karitativ-diakonischen Handeln einen eigenen öffentlichen Auftrag. Dies hat dazu geführt, dass sie als Körperschaften des öffentlichen Rechts anerkannt sind (vgl. Art. 140 GG). Als solche haben sie eine beachtliche Eigenständigkeit und Unabhängigkeit. Unter anderem weicht in den christlichen Kirchen das Dienst- und Arbeitsrecht von den sonst üblichen Regelungen ab. Dieses Selbstverständnis ändert aber nichts an einer klaren Unterscheidung zwischen den öffentlich-rechtlichen Aufgaben staatlicher Organe und den Befugnissen der Kirchen. So sind diese zwar öffentlich-rechtliche Körperschaften, aber solche „kirchlichen Rechts" und erfüllen vollständig andere Aufgaben als öffentlich-rechtliche Körperschaften „staatlichen Rechts".

Unabhängig von der Rechtsform und dem Selbstverständnis des freien Trägers gestalten sich deren Beziehungen zu den öffentlichen Leistungsträgern im sozialen Bereich nach den gleichen Grundsätzen, die im Folgenden dargestellt werden.

3. Das sozialrechtliche Dreiecksverhältnis

Wer Sozialleistungen in Anspruch nehmen möchte, kann häufig zwischen unterschiedlichen Anbietern auswählen. Wählt der Leistungsberechtigte einen freien Träger, so ist Voraussetzung für die Leistung eine entsprechende privatrechtliche

Vereinbarung zwischen Leistungsberechtigtem und freiem Träger. Klient und freier Träger entscheiden als Rechtssubjekte des Privatrechts grundsätzlich frei darüber, ob sie miteinander ein Rechtsverhältnis eingehen. Der Bürger kann wählen, ob und ggf. von welchem freien Träger er Leistungen in Anspruch nehmen möchte Der freie Träger entscheidet seinerseits frei, welche Leistungen er überhaupt anbieten möchte und für welche Personen er dies tut. Er kann auch generell bis zur Grenze der Diskriminierung bestimmte Personengruppen (z. B. Personen, die nicht einer bestimmten Religion angehören oder aus einem entfernten Einzugsgebiet kommen) ausschließen oder in Anbetracht eines konkreten Antragstellers die Leistungserbringung verweigern (vgl. zur Drittwirkung oben Seite 32 f.). Daraus ergibt sich auch, dass die Beteiligten Art, Umfang und Preis der Leistungen grundsätzlich frei bestimmen können, soweit nicht ausnahmsweise gesetzliche Regelungen entgegen stehen (z. B. § 4 bis § 4d Heimgesetz).

Dies ist ein wesentlicher Unterschied zu öffentlich-rechtlichen Leistungsanbietern, die zum einen verpflichtet sind, die Versorgung der Bürger mit den gesetzlich vorgeschriebenen Sozialleistungen sicher zu stellen (*Gesetzesvorbehalt*) und zum anderen nach dem *Gleichbehandlungsgrundsatz* gegenüber jedermann in gleicher Weise diese Pflicht zu erfüllen haben.

Diese privatrechtliche Vertragsfreiheit wird allerdings modifiziert, wenn und soweit der freie Träger gegenüber öffentlichen Trägern (*freiwillig*) Verbindlichkeiten eingegangen ist. So kann er sich z. B. verpflichten, eine bestimmte Anzahl von Plätzen in seiner Einrichtung für die Öffentlichkeit bereit zu halten, bestimmte Qualitätsmerkmale zu erfüllen oder eine bestimmte Quote nicht konfessionell gebundener Personen aufzunehmen bzw. zu betreuen. Dies geschieht normalerweise in Form einer *Leistungsvereinbarung* mit einem öffentlichen Leistungsträger (hierzu unten Seite 145 ff.). Auf der Grundlage solcher Vereinbarungen erhalten die freien Träger in erheblichem Umfang öffentliche Mittel, die öffentlichen Träger sind von der Erbringung zahlreicher Sozialleistungen entlastet und für den Bürger ergeben sich in vielen Bereichen zahlreichen Wahlmöglichkeiten zwischen unterschiedlichen Anbietern.

In jedem Einzelfall ist aber genau zu untersuchen, was durch diesen öffentlich-rechtlichen Vertrag[10] zwischen dem freien Träger und dem öffentlichen Träger tatsächlich geregelt wurde. Häufig bezieht sich die Vereinbarung nur auf einen *Teil des Leistungsangebotes*, welches von dem freien Träger erbracht wird. Dann ist dieser auch nur insoweit gebunden. Er kann z. B. auf der Grundlage einer Vereinbarung mit den Pflegekassen Pflegeleistungen für bestimmte Personen gegenüber der Pflegeversicherung abrechnen, weitergehende Leistungen und solche Leistungen, die gegenüber Personen erbracht werden, die keinen Anspruch auf Pflege nach dem Pflegeversicherungsrecht (SGB XI) haben, erhält er von dort aber nicht erstattet. Insoweit kann und muss der freie Träger die Konditionen mit den Klienten weiterhin frei aushandeln. Es kann auch sein (vor allem in der Jugendhilfe), dass eine vertragliche Vereinbarung mit dem öffentlichen Leistungsträger nicht besteht, er aber gleichwohl für eine von ihm erbrachte, öffentlich-rechtlich garantierte Leistung Kostenerstattung (evtl. auf der Grundlage einer entsprechenden Abtretungserklärung des Leistungsempfängers) verlangen kann. Wie auch immer die Rechtsbezie-

[10] Einige Zeit war unklar, ob es sich hierbei um einen öffentlich-rechtlichen oder einen privatrechtlichen Vertrag handelt. Die Freiheit, einen Vertrag überhaupt zu schließen, und die Rechtsstellung des freien Trägers sprechen für eine privatrechtliche Qualität. Die Gerichte gehen aber wegen der Erfüllung öffentlicher Aufgaben und der Verpflichtung der öffentlichen Hand zu einer Kooperation mit freien Trägern von einem öffentlich-rechtlichen Vertrag aus. Letztlich handelt es sich hierbei um einen Vertragstyp eigener Art.

hung zwischen privatem und öffentlichem Träger geregelt ist, die Stellung des privaten Trägers als Rechtssubjekt des Privatrechts wird durch solche Vereinbarungen in keinem Fall angetastet. Er wird nicht zu einer Behörde und hat keine öffentlich-rechtlichen Rechte und Pflichten.

Das sozialrechtliche Dreiecksverhältnis

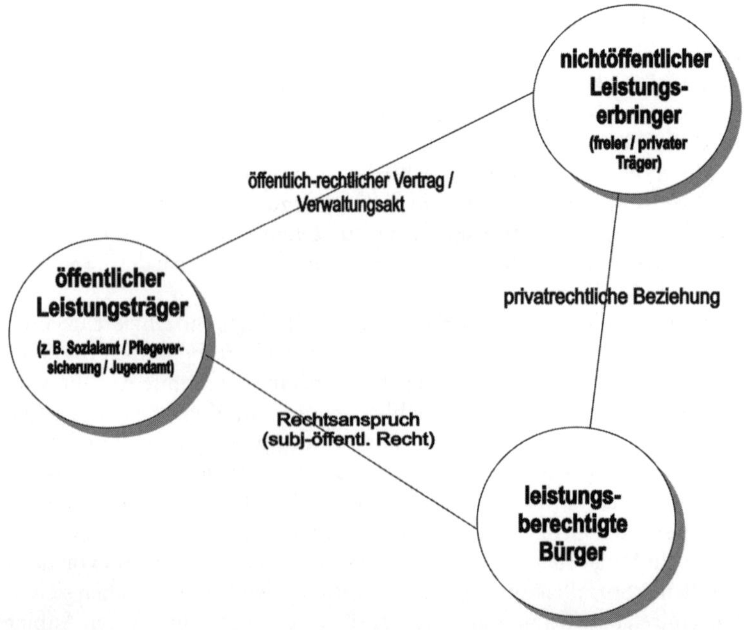

Die Rechtsbeziehungen zwischen den Beteiligten sind keineswegs immer gleich:

⇒ Leistungs-, Vergütungs- und Qualitätssicherungsvereinbarungen beruhen immer auf einem öffentlich-rechtlichen Vertrag zwischen privatem Leistungserbringer und öffentlichem Leistungsträger.

⇒ Zuwendungen seitens des öffentlichen Trägers beruhen i.d.R. auf einem Verwaltungsakt.

⇒ Bei der Kostenerstattung begründet erst die Erbringung der Leistung einen Anspruch des privaten Trägers auf Übernahme der Kosten.

⇒ Im Verhältnis Bürger und freiem Träger ist eine vertragliche Regelung entbehrlich, wenn durch den freien Träger ausschließlich öffentlich-rechtliche Leistungen erbracht werden.

Außerdem ist wichtig, dass der öffentliche Träger seiner Leistungspflichten nicht vollständig entledigt ist, soweit private Einrichtungen in Anspruch genommen werden. Die öffentlich-rechtlichen Pflichten gegenüber dem Bürger sind vielmehr so grundlegend, dass sie weiterhin bestehen bleiben. Der öffentliche Träger bleibt für eine ordnungsgemäße Erfüllung verantwortlich, auch wenn die Leistungen tatsächlich von einem nichtstaatlichen, freien Träger erbracht werden. Dies bedeutet, dass der öffentliche Träger dafür sorgen muss, dass die freien Träger die im Verhältnis

Bürger – öffentlicher Träger bestehenden Leistungen ordnungsgemäß erbringen. Sonst verletzt er seine *Pflichten gegenüber dem Bürger.* Dabei muss der öffentliche Träger allerdings darauf achten, dass er so wenig wie möglich in die Eigenständigkeit der freien Träger eingreift. Die Erfüllung öffentlicher Aufgaben durch freie Träger ist deshalb auch für den öffentlichen Leistungsträger keineswegs unproblematisch. Aus diesen unterschiedlichen Rechtsbeziehungen ergibt sich ein *„sozialrechtliches Dreiecksverhältnis"*. In allen Bereichen, in denen öffentliche Leistungen durch freie Träger erbracht werden, spielt dieses Dreiecksverhältnis eine Rolle. Dabei können die Rechtsbeziehungen zwischen den Beteiligten sehr unterschiedlich gestaltet sein. Es ist jeweils genau zu prüfen, wer welche Pflichten letztlich zu erfüllen hat.

Wenn ein freier Träger seine Pflichten gegenüber dem Bürger nicht vollständig erfüllt (z. B. unzureichende Pflegeleistung), stellt sich die Frage, wie der Bürger hiergegen vorgehen kann. Soweit der freie Träger öffentlich-rechtliche Leistungen erbringt, kann er den öffentlichen Träger in Anspruch nehmen, dafür zu sorgen, dass der private Träger den (im Verhältnis öffentlicher – freier Träger) übernommenen Pflichten nachkommt. Gegenüber dem privaten Träger kann außerdem bei schuldhaftem Verhalten des privaten Trägers ein Schadensersatzanspruch nach den allgemeinen Regeln des BGB bestehen. Besteht ein Vertragsverhältnis zwischen Bürger und privatem Träger, können daneben auch Ansprüche gegenüber dem privaten Träger auf Erbringung einer ordnungsgemäßen Leistung bestehen. Für Streitigkeiten sind freilich unterschiedliche Gerichte zuständig (vgl. unten Seite 182 ff. und oben Seite 47).

4. Finanzierung

Möglichkeiten

Viele private Initiativen im sozialen Bereich scheitern an hinreichenden Finanzierungsmöglichkeiten. Heute ist weitgehend nur noch Mischfinanzierung möglich, weshalb in vielen Bereichen *„Fundraising"* für die freien Träger einen wesentlichen Teil des Sozialmanagement ausmacht. Hier kommen zunächst Einnahmen aus Benefizveranstaltungen, wie Konzerte, Fußballspiele, Zirkusauftritte, Basare, oder öffentliche Spendenaufrufe für bestimmte Projekte in Betracht. Zu beachten ist, dass nur bei einer unmittelbar gemeinnützigen Verwendung die Einnahmen *steuerlich begünstigt* sind. Hinzu kommt die Möglichkeit, Beiträge von den Klienten für bestimmte (Zusatz-)Leistungen zu erheben. Schließlich kommen als Einnahmequelle Erträge aus eigenem Vermögen (Zinsen, Mieteinnahmen), Bußgelder (Strafverfahren werden häufig mit der Auflage verbunden, einen bestimmten Betrag an gemeinnützige Einrichtungen zu spenden), Erbschaften und Vermächtnisse, Sozialsponsoring durch Firmen und kirchliche Mittel (Kirchensteuer) in Betracht. Soweit die Finanzierung aus nicht öffentlichen Mitteln erfolgt, spricht man häufig von „eigenen Mitteln", selbst wenn es sich hierbei letztlich um Spenden, Kirchensteuermittel u. a. handelt.

Finanziell weniger aufwendige soziale Dienste, insbesondere in unterschiedlichen Bereichen der Nachbarschaftshilfe und des bürgerschaftlichen Engagements, können auf diese Weise auch langfristig unterhalten werden. Kostenintensivere Maßnahmen (Kinder- und Jugendhilfe, Pflegedienste, Altenheime) bedürfen hingegen praktisch immer einer zumindest überwiegenden Finanzierung durch die Sozialversicherungen oder staatliche bzw. kommunale Stellen. Dabei sind sehr häufig mehrere öffentliche Leistungsträger an der Finanzierung einer privaten Einrichtung beteiligt. Einer Kooperation mit den öffentlichen Trägern kommt daher für fast alle freien Träger entscheidende Bedeutung zu.

Finanzierungsmöglichkeiten freier Träger

Freier Träger
(z. B. Kinderheim, Jugendfreizeit, Spielmobil, Maßnahmen der Arbeitsförderung, Altenpflegeeinrichtung, Hospiz)

Beiträge des Leistungsempfängers (Höhe bestimmt (kalkuliert) i.d.R. der freie Träger selbst).	Eigene Mittel	Öffentliche Mittel
• Kindergartengebühr • Beitrag Heimkosten • Zusatzleistungen • u. a.	• Erträge aus Vermögen • Spenden • Erbschaften/Vermächtnisse • Sponsorengelder • Kirchensteuermittel • Bußgelder • Überschüsse der Lottogesellschaften • Aktion Mensch • Mitgliedsbeiträge • ehrenamtliche Dienste • u. a.	• Zuwendungen • Zuschlag nach Ausschreibung • Leistungs-, Entgelt-, Qualitätsicherungsvereinbarung • Kostenerstattung

Öffentliche Mittel

Das Verhältnis zwischen privaten Trägern und öffentlichen Sozialleistungsträgern (dies ist der Überbegriff für gesetzliche Krankenversicherung, Pflegeversicherung, Arbeitslosenversicherung, Unfallversicherung, Leistungen nach dem SGB II der Sozialhilfe, der Kinder- und Jugendhilfe und weiteren Leistungen des Bundes und der Länder) ist von einer grundsätzlichen Unabhängigkeit geprägt. Das heißt, dass die privaten Träger nicht verpflichtet sind, Sozialleistungen – gleich welcher Art – in eigener Verantwortung anzubieten und die öffentlichen Träger ihren Leistungspflichten auch durch eigene, öffentliche Einrichtungen erfüllen können (Ausnahme: Pflegeversicherung). Die öffentlichen Leistungsträger sind zwar durch die Grundrechte und nach dem Subsidiaritätsprinzip (hierzu oben Seite 44) generell zur Unterstützung der freien Träger und zur Kooperation mit ihnen nach objektivem Recht (vgl. oben Seite 136) verpflichtet. Daraus allein ergibt sich aber für eine Einrichtung *kein subjektiver Rechtsanspruch* auf konkrete Leistungen. Hinsichtlich der Rechte der freien Träger, den Voraussetzungen einer Kooperation und den sich daraus ergebenden Pflichten ist vielmehr wie folgt zu unterscheiden:

Zuwendungen

Bei *Zuwendungen* an freie Träger handelt es sich um die Übernahme eines Teils der Kosten für ein konkretes Projekt (z. B. Personalkosten für einen Sozialarbeiter zur Betreuung von Asylbewerbern, Anschaffung von Einrichtungsgegenständen für ein Jugendzentrum, Zuschüsse der Arbeitsagentur für Arbeitsbeschaffungsmaßnahmen, Baukostenzuschüsse u. a.). Solche Zuschüsse können auch einen bestimmten Prozentsatz der Gesamtkosten ausmachen (z. B. 25 % der angemessenen Personalkosten) oder abhängig von Nutzungszahlen erfolgen (z. B. Zuschuss von 25 € pro Tagungsteilnehmer). Solche Projektförderung setzt immer eine konkrete Bewilligung seitens des öffentlichen Trägers, einen *Zuwendungsbescheid*, voraus.

Außerdem ist für den Erhalt von Zuwendungen immer der Nachweis eines „angemessenen" Eigenbeitrags des freien Trägers erforderlich. Das heißt, es ist nicht nur der (evtl. gewinnorientierte) Einsatz eigenen Kapitals notwendig, sondern dessen Verwendung im Sinne eines *Verbrauchs* zu gemeinnützigen Zwecken. In der Regel ist von einem Eigenbeitrag von mindestens 20 Prozent auszugehen. Zwingend vorgeschriebene feste Quoten gibt es aber hierfür nicht. Eine kostendeckende Vollfinanzierung durch öffentliche Zuwendung ist jedenfalls nicht möglich. Bei Zuwendungen handelt es sich vielmehr um eine Förderung nichtstaatlicher Initiativen, ohne dass der öffentliche Träger für die Erbringung dieser Leistungen des privaten Trägers einsteht. Zuwendungen sind vor allem dort von erheblicher Bedeutung, wo die individuellen Rechtsbeziehungen zum Leistungsempfänger im Hintergrund stehen (offene Angebote, Beratungsleistungen). Also Bereiche, in denen private Träger Sozialleistungen erbringen, die über die Pflichtleistungen der staatlichen und kommunalen Träger hinausgehen.

Diese Art der Unterstützung bietet sich insbesondere an für *einmalige* Zuwendungen, die auf der Grundlage eines Ermessensspielraums gewährt werden oder für neuartige Pilotprojekte. Sie kann aber auch als wiederkehrende und laufende Zuwendungen erfolgen, als Alternative zu Entgeltzahlungen auf der Grundlage von Leistungsvereinbarungen (hierzu weiter unten).

Der öffentliche Träger ist nicht verpflichtet, Zuwendungen zu vergeben. Er ist auch nicht verpflichtet, die Vergabe der Mittel öffentlich auszuschreiben, um den geeignetsten Zuwendungsempfänger möglichst objektiv zu ermitteln. Lediglich dann, wenn vergleichbare nichtstaatliche Einrichtungen Zuwendungen nicht erhalten, aber ähnliche Maßnahmen durchführen wollen, kann ein subjektiv-rechtlicher Anspruch auf Gleichbehandlung bestehen (vgl. oben Seite 18). Dies setzt aber voraus, dass tatsächlich eine Vergleichbarkeit mit bereits geförderten Einrichtungen gegeben ist und keine übergeordneten Zweckmäßigkeitserwägungen (z. B. Zersplitterung ineffektiver Einrichtungsgrößen) einer Gleichbehandlung entgegenstehen. Solche Fragen sind oft schwierig zu klären. Ein Anspruch auf (längerfristige) über den erteilten Zuwendungsbescheid hinausgehende Zahlungen besteht nur, wenn und soweit dies von dem Leistungsträger verbindlich zugesichert wurde und dies auch nur dann, wenn keine wesentlichen Änderungen (z. B. erhebliche Änderung der finanziellen Situation) beim Zuwendungsgeber auftreten. Über verbindlich erfolgte Bewilligungen hinaus sind Erwartungen auf künftige Zuwendungen daher verhältnismäßig unsichere Finanzierungsgrundlagen. Im Zuständigkeitsbereich der Pflegeversicherung ist diese Form der Finanzierung nicht vorgesehen. In den Bereichen Kinder- und Jugendhilfe und der Sozialhilfe ist sie hingegen gesetzlich geregelt in § 5 Abs. 3 S. 2 SGB XII bzw. § 74 SGB VIII.

Bei einem *Zuwendungsbescheid* handelt es sich i. d. R. um einen Verwaltungsakt, der häufig mit Nebenbestimmungen versehen ist, um sicherzustellen, dass die Verwendung der Mittel im Interesse des öffentlichen Trägers erfolgt. Diese Auflagen werden – auch wenn Verhandlungen hierüber mit dem freien Träger weitgehend üblich sind – letztlich durch den öffentlichen Träger festgesetzt. (So muss z. B. nach den nordrhein-westfälischen „Richtlinien für die Gewährung von Personalkostenzuschüssen für Frauenhäuser" nicht nur die Verwendung der Mittel nachgewiesen werden, sondern Voraussetzung für eine öffentliche Förderung ist unter anderem: eine geordnete Organisationsform des Trägers, zumindest als eingetragener Verein, die Anerkennung des Trägers als gemeinnützig durch das Finanzamt, eine angemessene Größe für 8–20 Frauen auch mit Kindern, die Vorlage von Personalbögen der einzustellenden Personen, die Bereitschaft, mit den zuständigen kommunalen Ämtern, der Ärzteschaft, den Krankenhäusern, den Sozialleistungsträgern sowie den Verbänden der freien Wohlfahrtspflege zusammenzuarbeiten, Ansprechbarkeit rund um die Uhr und die Integration umfassender Beratungsleistungen).

Teilweise werden öffentliche Zuwendungen statt in der Form eines Verwaltungsaktes auch im Wege einer *Zuwendungsvereinbarung* (öffentlich-rechtlicher Vertrag) gewährt. Dies ändert allerdings nichts daran, dass es sich auch hierbei um eine einseitige Förderung handelt, für die die genannten Grundsätze gelten. Die Zuwendungsvereinbarung ist deshalb nicht zu verwechseln mit der weiter unten dargestellten *Leistungs- und Entgeltvereinbarung*.

Zuwendungen sind teilweise umstritten, weil dies eine Bevorzugung bestimmter Einrichtungen bedeuten kann. Vor allem nach dem europäischen Wettbewerbsrecht ist auch für die Vergabe öffentlicher Mittel in Form von Sozialleistungen eine öffentliche Ausschreibung erforderlich, damit ein Wettbewerb unterschiedlicher Anbieter stattfindet kann (vgl. unten Seite 154 f und im Folgenden). Wieweit hiervon im öffentlichen Interesse Ausnahmen gemacht werden können oder ob Zuwendungen deshalb in Zukunft in vielen Fällen zu unterbleiben haben, ist derzeit nicht ganz geklärt.

Öffentliche Ausschreibung

Zuwendungsverfahren sind hinsichtlich der Gleichbehandlungspflicht gegenüber nichtstattlichen Leistungserbringern und des Transparenzgebots für Verwaltungshandeln häufig nicht zufrieden stellend. Vor allem aufgrund des *europäischen Wettbewerbsrechts* hat der Druck gerade auch auf öffentliche Sozialleistungsträger zugenommen, Aufträge in einem geordneten Verfahren zu vergeben, um Bevorzugungen und Benachteiligungen (z. B. regionaler Anbieter gegenüber ausländischen) durch öffentliche Subventionen zu verhindern. Nach geltendem Europarecht sind öffentliche Träger deshalb ab einem bestimmten Auftragsvolumen grundsätzlich verpflichtet, im Wege einer *öffentlichen Ausschreibung* (i.d.R. in Tageszeitungen oder amtlichen Veröffentlichungsblättern) jedem interessierten Unternehmen europaweit die Möglichkeit zu geben, ein Angebot zu unterbreiten. Dabei ist zu unterschieden zwischen den Verdingungsordnungen für Bauleistungen (VOB), für Lieferungen und Leistungen (VOL), für freiberufliche Leistungen (VOF) und der Vergabeordnung. In diesem vor allem auf Wirtschaftunternehmen ausgerichteten Verfahren erhält letztlich der Anbieter mit dem günstigsten Angebot den Zuschlag, während alle anderen Bewerber keine Leistungen erbringen können. Im sozialen Bereich ist dieses Verfahren bezogen auf Personal-Service-Agenturen und Eingliederungsmaßnahmen im Bereich der Arbeitsförderung bzw. der Grundsicherung für

Arbeitsuchende gesetzlich vorgesehen (vgl. §§ 37 c und 421 i SGB III und § 17 Abs. 2 SGB II). In Baden-Württemberg wurde z. B. auf diesem Wege die gesamte Bewährungs- und Gerichtshilfe des Landes für zehn Jahre an den österreichischen Träger „Neustart“ vergeben.

Dieses recht aufwendige Verfahren ist allerdings nicht auf eine kontinuierliche Zusammenarbeit, sondern auf einzelne, abgrenzbare Aufträge (Lose) ausgerichtet. Außerdem hat es den Nachteil, dass in der Regel der Preis zum allein entscheidenden Kriterium wird (vor allem, wenn Qualität schwer messbar ist), die Vielfalt unterschiedlicher Leistungsanbieter verloren geht und letztlich eine Monopolbildung gefördert wird. Sehr bedenklich ist auch, dass bei dieser Vorgehensweise die Leistungserbringer durch den öffentlichen Träger bestimmt werden und dem leistungsberechtigten Bürger eine Wahlmöglichkeit zwischen unterschiedlichen Anbietern genommen wird. Aus diesen Gründen hat dieses Verfahren im sozialen Bereich bisher lediglich eingeschränkte Bedeutung erlangt. Hinsichtlich der Krankenversicherung, Pflegeversicherung, Sozialhilfe, der Grundsicherung für Arbeitsuchende und der Kinder- und Jugendhilfe ist die Vergabe öffentlicher Mittel vielmehr weitgehend im Wege von Leistungs-, Entgelt- und Qualitätsicherungsvereinbarungen (hierzu im Folgenden) gesetzlich vorgeschrieben. Im Anwendungsbereich dieser speziellen Bestimmungen ist es nach herrschender Meinung sogar unzulässig (Gesetzesvorbehalt), Aufträge im Wege der Ausschreibung allein an einen Anbieter zu vergeben. Gleichwohl wird in der Jugendhilfe teilweise die Auffassung vertreten, dass zur Umsetzung der Sozialraumorientierung die umfassende Verantwortung eines Trägers für ein Wohngebiet erforderlich sei und Ausschreibungen rechtfertige (zur rechtlichen Beurteilung vgl. § 3–5, § 78a ff SGB VIII). Die Bedeutung von Ausschreibungen im sozialen Bereich wird unter sozialpolitischen und juristischen Aspekten sehr kontrovers diskutiert.

Leistungs-, Entgelt- und Qualitätssicherungsvereinbarungen

Um Planungssicherheit zu ermöglichen, die Eigenverantwortung und Vielfalt der freien Träger zu stärken und gleichzeitig den Wettbewerb zwischen unterschiedlichen Anbietern im sozialen Bereich zu fördern, hat ein strukturiertes *System vertraglicher Regelungen* zwischen den staatlichen Leistungsträgern und den freien Leistungserbringern erhebliche Bedeutung erlangt. Hierdurch werden gleichzeitig Zuwendungen (hierzu oben) und vor allem Kostenerstattung (hierzu unten) als Formen öffentlicher Förderung und Kooperation mit freien Trägern weitgehend verdrängt. Gegenüber öffentlichen Ausschreibungen hat diese Vorgehensweise den Vorteil, dass in einem Leistungsbereich gleichzeitig mehrere konkurrierende Träger Leistungen anbieten können.

Dieses Instrument vertraglicher Vereinbarungen wurde als erstes für den Bereich der Pflegeversicherung (§§ 71 ff SGB XI) eingeführt, um für beide Seiten, die Pflegekassen wie die Pflegedienste, verbindliche Regelungen über die Höhe von Pflegesätzen zu erreichen. Ähnliche Strukturen gab es bereits vorher in der Kooperation der gesetzlichen Krankenkassen mit Anbietern medizinischer Leistungen (Ärzte, Apotheken etc.). In dieser auf Konsens beruhenden Vertragsstruktur soll der freie Träger als gleichwertiger Verhandlungspartner erscheinen, statt von einseitigen Entscheidungen der öffentlichen Hand über Zuwendungen oder Zuschläge abhängig zu sein. Im Unterschied zu Zuwendungen ist hierbei ein Eigenanteil des freien Trägers *nicht* Voraussetzung für den Erhalt öffentlicher Mittel. Gewinnorientiert und gemeinnützig arbeitende Träger sind vielmehr bei dieser Form der Kooperation mit öffentlichen Trägern gleichgestellt. Im Jahr 1999 wurden mit dem Pflegeversicherungsrecht vergleichbare Regelungen im Bereich der Jugendhilfe (§§ 77–78g SGB VIII) und der Sozialhilfe (§§ 75–81 SGB XII) eingeführt. Hinsichtlich der Eingliederungs- und Grundsicherungsleistungen für Arbeitssuchende (SGB II) und Leistungen für Arbeitslose (SGB III) ist diese Art der Kooperation mit freien Trägern hingegen bisher deutlich weniger ausgeprägt. Im Folgenden werden die Grundprinzipien dieser Kooperationsform vorgestellt und in den einzelnen Bereichen bestehende Unterschiede weitgehend vernachlässigt.

Im Mittelpunkt dieser Vereinbarungen steht die Beschreibung konkreter Leistungen, die der freie Träger bereit ist zu erbringen. Diese *Leistungsvereinbarungen* (auch Versorgungsverträge genannt) sind nicht an den Organisationsstrukturen (z. B. Stellenplanung) der Leistungsträger, sondern an den *öffentlich-rechtlichen Sozialleistungsansprüchen der Leistungsempfänger* (Bürger) orientiert (z. B. welche therapeutischen Maßnahmen im Bereich der Behindertenhilfen oder welche Leistungen nach dem SGB VIII angeboten werden). Hierzu gehören auch verbindliche Vereinbarungen über seitens des freien Trägers bereitzuhaltende Plätze. Der freie Träger verpflichtet sich, diese Plätze zur Verfügung zu stellen. Eine Pflicht, diese nach den Kriterien der Gleichbehandlung zu vergeben, besteht für den freien Träger allerdings nicht, da Art. 3 GG die freien Träger nicht unmittelbar bindet (abweichende Vereinbarungen sind allerdings zulässig). Außerdem wird für jede Leistung festgesetzt, welche Beträge der freie Träger für die Leistungserbringung einschließlich Investitions- und Einrichtungskosten erhält. Hierbei wird zwischen Grund- und Maßnahmepauschalen unterschieden. Diese *Entgeltvereinbarungen* werden auch Pflegesatzvereinbarungen bzw. Vergütungsvereinbarung genannt. Schließlich wird verbindlich festgeschrieben, in welcher Weise eine Qualitätskontrolle bzw. Qualitätsentwicklung erfolgt (hierzu kann auch eine Prüfung der Leistungsfähigkeit und Wirtschaftlichkeit gehören, vgl. z. B. § 79 ff SGB XI). Um eine Kontrolle des öffentlichen Trägers zu vermeiden, hat sich weitgehend eine Evaluierung (Begutachtung) durch unabhängige Zertifizierungsstellen (unter Einführung von DIN und ISO Normen u. a.) durchgesetzt (vgl. hierzu auch unten Seite 166 ff). Diese drei Vereinbarungen (bezüglich Leistung, Entgelt und Qualität) sind aufeinander bezogen, bedingen einander und bilden trotz der formalen Trennung letztlich eine Einheit.

Ein Abschluss dieser Vereinbarungen bedeutet aber für den freien Träger keineswegs zwangsläufig eine entsprechende Belegung und Finanzierung. Vielmehr bestimmt der Klient (Bürger) durch sein freies Wahlrecht, welchen (der möglicherweise zahlreichen) Anbieter er in Anspruch nimmt. Durch die Vereinbarungen wird somit lediglich verbindlich *vor* einer Belegung geregelt, unter welchen Bedingungen diese für den Fall einer Inanspruchnahme erfolgt. Erst wenn und soweit tatsächlich die zuvor vertraglich umschriebenen Leistungen auch erbracht werden, entsteht der leistungsbezogene Entgeltanspruch. Es ist daher zu unterscheiden zwischen dem Abschluss der Vereinbarungen und einem Anspruch auf Zahlung des Entgelts (*Kostenübernahmeerklärung*). Der Abschluss der Vereinbarung ist im Ergebnis vergleichbar mit einer Zulassung des freien Trägers *(Konzession)*, die vereinbarten Entgelte bei vertragsgemäßer Leistungserbringung zu erhalten. Bei fehlender Auslastung hat somit der freie Träger ein virulentes Interesse daran, durch Werbung für seine Angebote weitere Klienten zu gewinnen.

Bei diesen Vereinbarungen handelt es sich um öffentlich-rechtliche Verträge zwischen dem feien Träger und dem Leistungsträger. Wenn die jeweilige Einrichtung die Gewähr dafür bietet, dass die notwendigen Qualitätsstandards eingehalten sind, ist der öffentliche Träger zum Abschluss einer solchen Leistungsvereinbarung verpflichtet. Er darf sich nicht aus beliebigen Gründen der Kooperation mit einem privaten Anbieter verweigern. Jeder private Träger hat vielmehr einen *Anspruch auf Abschluss* solcher Vereinbarungen, wenn er für die Erbringung der Leistungen „geeignet“ ist. Bei der Frage der Geeignetheit können ganz unterschiedliche Kriterien („Leistungsfähigkeit“, „Vielfalt des Angebots“, „Wirtschaftlichkeit“ u. a.) eine Rolle spielen. Insbesondere innovative und differenzierte Angebote können leistungsgerecht (im eigentlichen Sinn des Wortes) und individuell vereinbart werden. Selbstverständlich sind aber auch die Kosten der unterschiedlichen Anbieter zu berücksichtigen. Die Anwendung des Gleichbehandlungsgrundsatzes wird durch differenzierte und individuelle Leistungsbeschreibungen zwar teilweise erschwert, ist aber stets zu beachten. Ein Anspruch auf Abschluss einer Vereinbarung besteht im Ergebnis somit nur, wenn und soweit vergleichbare Leistungen mit andern Anbietern bereits vereinbart wurden.

Soweit Leistungs- und Entgeltvereinbarungen abgeschlossen werden, ist es, im Unterschied zur früher verbreiteten Praxis der Kostenerstattung (vgl. unten), nicht mehr möglich, im Nachhinein die tatsächlich entstandenen Kosten gegenüber dem Leistungsträger abzurechnen. Die Vereinbarungen sind vielmehr verbindlicher Natur und beziehen sich auf einen zukünftigen *(prospektiven)* Zeitraum (in der Regel ein bis zwei Jahre). Da die Vereinbarungen sich auf die zu erbringenden *Leistungen* („Output“) und deren Kontrolle beziehen, ist für den öffentlichen Leistungsträger eine Einsichtnahme in die interne Organisation und Buchführung der freien Träger unzulässig geworden (zur Problematik vgl. oben Seite 136 ff). Aufgrund der Ergebnisorientierung der Vereinbarungen ist es außerdem zulässig, dass der freie Träger Gewinn erwirtschaftet, so wie er auch für Verluste und Fehlkalkulationen alleine einzustehen hat. Es handelt sich somit auch nach marktwirtschaftlichen Gesichtspunkten um Wettbewerb fördernde Strukturen.

Diese Trias von Leistungs-, Entgelt- und Qualitätsicherungsvereinbarungen ist in vielen Bereichen Sozialer Arbeit zur entscheidenden Grundlage einer Kooperation zwischen freien Trägern und öffentlichen Leistungsträgern geworden. Hinsichtlich Leistungen der Pflegeversicherung (§ 72 SGB XI), stationären bzw. teilstationären Leistungen der Kinder- und Jugendhilfe (§ 78a f SGB VIII) und stationären u. a. Leistungen der Sozialhilfe (§ 75 Abs. 1 u. 3 SGB XII) hat der Gesetzgeber andere Finanzierungsformen grundsätzlich ausgeschlossen. Vor allem in der Praxis der Kinder- und Jugendhilfe konnte sich diese Kooperationsstruktur (im Unterschied zu Pflegeleistungen) bisher dennoch nur eingeschränkt durchsetzen (vgl. oben Seite 144 und unten Seite 166 ff). Erhebliche Schwierigkeiten bereitet auch die vollständige Berücksichtigung von Investitionskosten in Entgeltvereinbarungen, da dies z. B. bei der Errichtung von Gebäuden und Therapieplätzen meist erhebliches Eigenkapital des freien Trägers voraussetzt. Erbringt ein freier Träger, z. B. eine Einrichtung der Altenpflege, Leistungen aus mehreren Bereichen, so bedarf es entsprechender Vereinbarungen mit mehreren Leistungsträgern, z. B. nach SGB XI und SGB XII. In der Altenpflege gilt die Besonderheit, dass die ausgehandelten Pflegesätze auch gegenüber dem Heimbewohner und dem Sozialhilfeträger gelten, soweit diese Pflegeleistungen zu bezahlen haben (vgl. § 84 Abs. 1 SGB XI).

Der öffentliche Träger hat durch Abschluss entsprechender Verträge meist mit zahlreichen privaten Anbietern oder aber auch durch die Errichtung eigener Einrichtungen sicherzustellen, dass durch alle Anbieter gemeinsam mindestens der voraussichtliche Bedarf gedeckt ist. Ist eine Bedarfsdeckung sichergestellt, muss er aber gleichwohl, soweit Interesse besteht, mit weiteren geeigneten Anbietern Leistungsvereinbarungen abschließen, da durch die Akzeptanz am Markt (Wahlrecht des Bürgers) entschieden werden soll, welche Anbieter sich letztlich durchsetzen. Auf diese Weise kann der Leistungsempfänger zwar in gewisser Weise das Leistungsangebot beeinflussen. Nach wie vor ist es aber so, dass er auf die vorhandenen Angebote unmittelbar keinen Einfluss nehmen kann. Denn die Ausgestaltung der Angebote wird im Verhältnis zwischen privatem und öffentlichem Träger geregelt.

Diese Vereinbarungen werden regelmäßig zwischen jedem einzelnen freien Träger und den jeweiligen öffentlichen Leistungsträgern abgeschlossen. Gerade auf kommunaler Ebene soll hierdurch regionalen Bedürfnissen und Angeboten flexibel Rechnung getragen werden. Da aber gleichzeitig ein Bedürfnis besteht, überregionale Richtlinien und Maßnahmepauschalen für unterschiedliche Gruppen von Hilfeempfänger zu entwickeln, haben sich die örtlichen freien Träger und öffentlichen Leistungsträger an bestehende *Rahmenvereinbarungen* zu halten. Diese Rahmenvereinbarungen werden zwischen den überörtlichen Leistungsträgern und den Vereinigungen der Leistungserbringer ausgehandelt. Für die Bereiche Pflege, Sozialhilfe sowie Kinder- und Jugendhilfe gibt es hierfür unterschiedliche Gremien in jedem Bundesland mit Zuständigkeiten für den jeweiligen Bereich. Im Bereich der Pflege werden auch die einzelnen Leistungen in den Rahmenvereinbarungen verbindlich festgelegt. Auf der Ebene der Bundesländer bestehen außerdem *Schiedsstellen,* die Schlichtungs- und Entscheidungsbefugnisse haben, wenn ein Leistungsträger und ein Leistungserbringer sich über einzelne Punkte einer Vereinbarung oder deren Auslegung nicht einigen können.

Stets ist zu beachten, dass die Leistungs-, Entgelt und Qualitätssicherungsvereinbarungen nur von Bedeutung sind, soweit es um die Finanzierung von Leistungen freier Träger *aus öffentlichen Mitteln* geht. Wenn ein freier Träger weitergehende Leistungen erbringen will (z. B. sozialpädagogische Leistungen, Freizeitangebote), muss er hierfür andere Finanzierungsmöglichkeiten erschließen (Eigenleistungen der Klienten, Eigenmittel). Insoweit sind dann – vor allem im Pflegebereich – insbesondere privatrechtliche Verträge mit dem Leistungsempfänger von erheblicher Bedeutung, die frei über alle möglichen *Zusatzleistungen* vereinbart werden können (hierzu bereits oben Seite 141 f). Die Aufgabe des freien Trägers besteht darin, diese auf unterschiedlichen Rechtsbeziehungen beruhenden Finanzquellen zu einem einheitlichen, sinnvollen Leistungsangebot zusammenzuführen.

Probleme bestehen auch bei dieser Art einer Kooperation, weil die starke finanzielle Abhängigkeit der freien Träger von staatlichen Leistungsträgern in der Praxis nicht dadurch aufgehoben wird, dass der öffentliche Träger gegenüber dem Bürger verpflichtet ist, die Erbringung der Leistungen sicherzustellen. Der freie Wettbewerb birgt vielmehr die ständige Gefahr einer Reduzierung der Pflege- und Betreuungssätze auf Kosten der Qualität. Dies vor allem deshalb, weil in vielen Bereichen der Sozialen Arbeit Qualität nur sehr bedingt objektiv messbar und vergleichbar ist. Dies gilt umso mehr, wenn die Hilfe über medizinische und technische Leistungen hinaus geht (vgl. in diesem Zusammenhang auch die Diskussion um neue Steuerungsmodelle, unten Seite 166 f). Aus diesen Gründen und wegen der Kompliziertheit des Verfahrens werden an Stelle individueller, regionaler Regelungen häufig Verhandlungsergebnisse größerer Verbände und Zusammenschlüsse übernommen.

Die Unterscheidung zwischen Entgeltsvereinbarungen und Vereinbarungen über Zuwendungen (hierzu oben Seite 143 ff) kann im Einzelfall schwierig sein, da Mischformen zulässig sind und teilweise beide Finanzierungsformen nebeneinander zur Anwendung kommen. Die öffentliche Pflicht zur Förderung und Kooperation mit den freien Trägern kann, soweit spezielle Regelungen nicht entgegenstehen, in der einen oder anderen Weise erfüllt werden.

Vereinbarungen zwischen öffentlichem Leistungsträger und privatem Leistungserbringer

(§§ 75 ff. SGB XII; §§ 78a ff. SGB VIII; §§ 71 ff. SGB XI, § 17 Abs. 2 SGB II)

⇒ Leistungsvereinbarungen,
⇒ Entgeltvereinbarungen
⇒ Qualitätsicherungsvereinbarungen

- Soweit die öffentlichen Träger Leistungen nicht selbst erbringen, sind Vereinbarungen mit privaten Leistungserbringern (freier Träger) *Grundlage einer Finanzierung* aus öffentlichen Mitteln.
- Der öffentliche Leistungsträger muss mit *jedem* Interessenten Vereinbarungen abschließen, wenn der freie/private Träger *geeignet* ist (pflichtgemäßes Ermessen). Die Entscheidung ist gerichtlich voll nachprüfbar.
- Verbindlich geregelt werden die Bedingungen *für den Fall* einer Inanspruchnahme des freien Trägers. Dies bedeutet keine Garantie für eine künftige Belegung (Wahlrecht des Bürgers). Der voraussichtliche Bedarf ist kein Vertragskriterium, sondern Risiko des Leistungserbringers.
- Leistungsinhalt, Leistungsumfang und Leistungsqualität sind entscheidend; *nicht allein die Kosten* (wohl aber Preis-Leistungs-Verhältnis).
- Struktur-, Prozess- und Ergebnis*qualität* (auch Wohlbefinden des Anspruchsberechtigten) sind wesentliche Kriterien, die in geordneten Verfahren der Kontrolle unterliegen.
- Ausdifferenzierung des Hilfeangebots nach *Bedarfsgruppen* und *Leistungstypen* ist notwendig. Die *Qualität* unterliegt der *Kontrolle* in einem geordneten Verfahren.
- Innerbetriebliche *Organisation* und *finanzielle Kalkulation* liegen allein in der nicht kontrollierten Verantwortung des Leistungserbringers (freien Trägers). Eine gewinnorientierte Kalkulation ist grundsätzlich zulässig.
- Grundlage der *individuellen* Leistungs*vereinbarungen* sind *Rahmenvereinbarungen* zwischen den Verbänden der freien Träger auf Landesebene und den überörtlichen Leistungsträgern.
- Bei der Finanzierung eines Pflegeplatzes durch mehrerer Sozialleistungsträger (z. B. Behindertenheim/Altenheim) sind entsprechende Vereinbarungen z. B. mit Sozialamt, Pflegeversicherung, Jugendamt nebeneinander nötig.

⇒ *Verhandlungen* führen zu einem öffentlich-rechtlichen Vertrag für einen zukünftigen Zeitraum: *prospektive* Leistungs-, Entgelt- und Qualitätsicherungsvereinbarung.

Aufwendungsersatz/Kostenerstattung

Gegenüber Ausschreibungsverfahren und Leistungs-, Entgelt-, und Qualitätssicherungsvereinbarungen sind Ansprüche auf Kostenerstattung weitgehend in den Hintergrund getreten. *Aufwendungsersatz/Kostenerstattung* kann erfolgen, soweit freie Träger anstelle eines hierzu verpflichteten öffentlich-rechtlichen Trägers tätig werden und die Finanzierung diese Tätigkeit vor der Leistungserbringung nicht (abschließend) geregelt wurde. Der freie Träger macht in diesen Fällen im *Nachhinein* Ersatz für von ihm erbrachte Leistungen nach dem so genannten *Kostendeckungsprinzip* geltend.

Probleme können sich daraus ergeben, dass im Einzelfall nicht immer klar ist, in welchem Umfang eine Leistungspflicht des öffentlichen Trägers (z. B. Versicherung, Kommune, Land) zum Zeitpunkt der Leistungserbringung bestanden hat und welche Aufwendungen/Kosten hierfür im Nachhinein als angemessen anzuerkennen sind.

Von Bedeutung ist diese Art der Finanzierung dort, wo freie Träger ausnahmsweise hoheitliche Aufgaben übernehmen, ohne dass von vornherein der Umfang der erforderlichen Tätigkeiten fest steht. Dies erfordert jedoch eine ausdrückliche Beauftragung durch die zuständige Behörde (Jugendamt, Sozialamt). Bei der Übernahme solcher Aufgaben (z. B. Jugendgerichtshilfe, Betreuung von Suchtkranken) besteht eine besondere Bindung gegenüber dem öffentlichen Träger. Auch hierdurch darf dessen Selbstständigkeit in Zielsetzung, Durchführung und Organisation seiner Arbeit nicht eingeschränkt werden. Umfang und Art der Tätigkeit ergibt sich aus den übernommenen hoheitlichen Pflichten. Für die Ausführung solcher übertragener Aufgaben – die immer nur mit Einverständnis des freien Trägers möglich ist – haben diese einen Anspruch auf *Aufwendungsersatz* gegenüber dem öffentlichen Träger entsprechend den tatsächlichen Aufwendungen (Rechtsgrundlage § 76 SGB VIII, § 5 Abs. 5 SGB XII).

Ein Anspruch auf *Kostenerstattung* besteht, wenn der öffentliche Träger z. B. aufgrund einer nicht zutreffenden Rechtsauffassung oder in einer Notsituation seinen Pflichten nicht nachkommt (nachkommen kann) und der freie Träger vorübergehend in eigener Verantwortung (ohne Beauftragung) an dessen Stelle Leistungen erbringt. Entscheidende Nachteile dieser Vorgehensweise sind, dass für beide Seiten vor der Leistungserbringung nicht geklärt ist, in welchem Umfang Kosten geltend gemacht werden können und der freie Träger nur sehr eingeschränkt wirtschaftliche Verantwortung trägt.

Wahlrecht des Bürgers bei Sozialleistungen

- ⇒ Der Bürger kann wählen, von welchem Anbieter er öffentlich-rechtlich garantierte Sozialleistungen in Anspruch nimmt.
- ⇒ Gemeinnützige und gewerbliche Anbieter erhalten öffentliche Mittel, soweit sie auf der Grundlage der beschriebenen Kooperationsstrukturen öffentlich-rechtlich garantierte Leistungen erbringen.
- ⇒ Die nichtstaatlichen Leistungserbringer vereinbaren mit den öffentlichen Trägern ihr Leistungsangebot, die Höhe der Entgelte und Maßnahmen der Qualitätssicherung.
- ⇒ Freie Träger arbeiten hinsichtlich Organisation und Gestaltung der Leistung eigenverantwortlich.
- ⇒ Die Leistungserbringer können durch entsprechendes Management (Fundraising, Eigenmittel, Kostenbeteiligung der Bürger) Angebote erstellen, die über die staatlich garantierten Leistungen hinausgehen.
- ⇒ Bürgerinitiativen, Selbsthilfegruppen, organisierte Nachbarschaftshilfe u. ä. erfüllen in aller Regel keine öffentlichen Aufgaben und erhalten auch keine entsprechenden Mittel.

Literaturhinweise zur Vertiefung:

Boessenecker, Karl-Heinz: Spitzenverbände der Freien Wohlfahrtspflege (2005).
Deutscher Verein für öffentliche und private Fürsorge: Wettbewerb im sozialen Leistungsgeschehen (2005).
Falterbaum, Johannes: Caritas und Diakonie (2000), S. 93–110.
Fundraising-Akademie (Hrsg.): Fundraising-Handbuch für Grundlagen, Strategien und Instrumente (2001).
Griep, Heinrich u. a.: Pflegesozialrecht, Bd. 2, 3. Auflage, 2002, S. 104 ff und S. 131 ff.
Kunkel, Peter-Christian: Rechtsfragen der Finanzierung freier Träger, in: Zentralblatt für Jugendrecht, 78. Jg., 2000, S. 413–419.
Lütgen, Ulf: Organisation und Finanzierung von Trägern der freien Jugendhilfe (1997).
Meinhold, Marianne: Qualitätssicherung und Qualitätsmanagement in der Sozialen Arbeit (1996).
Münder, Johannes, in: Sozialgesetzbuch XII – Sozialhilfe. Lehr- und Praxiskommentar (LPK-SGB XII) (2005), zu § 5 und zu § 75 ff SGB XII.
Wabnitz, Reinhard J.: Recht der Finanzierung der Jugendarbeit und Jugendsozialarbeit (2003).

IX. Aufbau und Funktionsweise des Staates

Zu Kapitel IX: Übungsfall 4 (Misshandelt), Seite 232 ff. und Übungsfall 2 („Auffällig"), Seite 225 ff.

Wer in der Sozialen Arbeit beruflich tätig ist, ist regelmäßig eingebunden in einen größeren Zusammenhang, abhängig von Rechtsvorschriften, einrichtungsinternen Regelungen und fast immer auch von öffentlichen Mitteln. Um an der richtigen Stelle Einfluss nehmen und Verantwortung rechtmäßig und wirkungsvoll ausüben zu können, muss man den Aufbau und die Funktionsweise der öffentlichen Verwaltung in ihren grundlegenden Zusammenhängen kennen. In besonderem Maße gilt dies, wenn man aktiv und innovativ seine Arbeit gestalten will.

Gegebenenfalls kann Missständen durch Petitionen, Resolutionen, Demonstrationen, Information der Presse, Mitwirkung in Fach- und Berufsverbänden, in Gewerkschaften, in politischen Parteien, aber auch durch Rechtsmittel wie Widerspruch und Klage abgeholfen werden.

Die folgende Darstellung setzt ein Grundverständnis der Gewaltenteilung im demokratischen Rechtsstaat, also der grundlegenden Unterscheidung zwischen Gesetzgebung (Legislative), Verwaltung (Exekutive) und Rechtsprechung (Judikative) voraus (hierzu bereits oben Seite 15 f.).

1. Zuständigkeit für Gesetzgebung

In der Bundesrepublik ist zu unterscheiden zwischen unterschiedlichen „*Gesetzgebungskompetenzen*" (so der Fachbegriff für die Zuständigkeit, legal und verbindlich Gesetze erlassen zu dürfen). Ein Teil der Gesetze wird vom *Bundestag* (teilweise unter Mitwirkung des Bundesrates) verantwortet. Ein anderer Teil der geltenden Gesetze wird von den *Landtagen* der einzelnen Bundesländer erlassen. Darüber hinaus haben die Kommunen (das sind die Städte, Gemeinden und deren Zusammenschlüsse) *Selbstverwaltungsbefugnisse*, die mit Gesetzgebungskompetenz vergleichbar sind, auch wenn dies nicht so bezeichnet wird. Man spricht bei den Kommunen statt dessen von *Satzungshoheit*, bezogen auf die Erfüllung von Aufgaben in ihrem Wirkungskreis. Darüber hinaus gibt es zunehmend Vorschriften der europäischen Union, die unmittelbar Bestandteil des deutschen Rechts werden oder (häufiger) durch entsprechende Gesetzgebung des Bundes bzw. der Länder nationale Rechtskraft erhalten. Diese Gesetzgebungszuständigkeiten sind durch das Grundgesetz klar vorgegeben (Art. 28, Art. 71 ff GG) und haben als Ordnungsprinzipen erhebliche Bedeutung (vgl. oben Seite 16).

Je nach dem, welche Instanz für die Gestaltung der gesetzlichen Vorschriften verantwortlich ist, können recht unterschiedliche politische, wirtschaftliche und pädagogische Ziele zum Tragen kommen. Deutlich wird dies z. B. auf kommunaler Ebene daran, dass die kommunalen Jugendämter in ganz unterschiedlicher Weise von Ermessensspielräumen Gebrauch machen und die internen Verwaltungsstrukturen unterschiedliche Entscheidungskompetenzen für Sozialpädagogen und Sozialarbeiter vorsehen (vgl. hierzu unten Seite 161 ff, 166 ff). Ebenso ist in den Sozialämtern die Quote der beschäftigten sozialpädagogischen Fachkräfte regional sehr unterschiedlich. Im Zuständigkeitsbereich der Arbeitsagenturen werden bisher generell relativ wenige Sozialarbeiter/Sozialpädagogen beschäftigt, obwohl bei der Eingliederung in Arbeit in erheblichem Umfang soziale Maßnahmen und eine entsprechende Begleitung der Hilfesuchenden notwendig und auch im Gesetz vorgesehen ist (vgl. §§ 15f SGB II). Trotz der Zuständigkeit des Bundes für die Arbeitsagenturen haben die Kommunen aufgrund ihrer Einflussmöglichkeiten (vgl. § 44b SGB II) insoweit aber bereits erhebliche regionale Unterschiede bewirkt.

Gerade im sozialen Bereich sind die Zuständigkeiten aber häufig nicht so klar getrennt, dass die Europäische Union, der Bund, die Länder bzw. die Kommunen alleine bestimmte Angelegenheiten völlig frei gestalten können, sondern die Rechtswirklichkeit besteht aus einem ineinander greifenden Geflecht von Vorschriften und Zuständigkeiten aller vier Ebenen. Für die Sozialhilfe und Kinder- und Jugendhilfe sind z. B. ebenso Bundesgesetze (Sozialhilfe – SGB XII, Kinder- und Jugendhilfegesetz) wie Ausführungsgesetze der Länder und Regelungen der Kommunen maßgeblich. Die Leistungen der Agentur für Arbeit (Arbeitslosengeld I und Arbeitslosengeld II) werden zwar grundsätzlich auf Bundesebene geregelt, aber auch hier gibt es gesetzlich geregelte Mitsprachemöglichkeiten der Kommunen (vgl. §§ 6, 6a–c, 22 Abs. 2–5, 44a, b SGB II).

Zuständigkeit des Bundes

Hinsichtlich der Gesetzgebungskompetenz des Bundes ist zu unterscheiden zwischen Bereichen, für die er ausschließlich zuständig ist (*ausschließliche Gesetzgebungskompetenz*). Dies gilt z. B. für das Staatsangehörigkeitsrecht und für die Regeln des Zivilrechts (BGB). Insoweit kann die Zuständigkeit des Bundes nicht ersetzt werden. Es gibt aber auch Bereiche, die von den Bundesländern eigenverantwortlich gestaltet werden, „solange und soweit" der Bund von seinem Gesetzgebungsrecht keinen Gebrauch macht (Art. 72 und 74 GG) (*konkurrierende Gesetzgebungskompetenz*). Schließlich gibt es Bereiche, für deren Regelung grundsätzlich die Länder zuständig sind, der Bund aber befugt ist, durch gesetzliche Vorgaben den Gestaltungsrahmen zu bestimmen (*Rahmengesetzgebung*). Dies gilt z. B. für das Beamtenrecht, das Meldewesen, Hochschulwesen. Dadurch wird einerseits eine gewisse Einheitlichkeit innerhalb des gesamten Bundesgebietes gewährleistet, andererseits aber auch Spielraum belassen für regional unterschiedliche Gestaltung. Keinesfalls ist es einfach so, dass der Bund jeden beliebigen Regelungsgegenstand an sich ziehen dürfte. Die Zuständigkeiten der Länder und Kommunen sind vielmehr als *föderatives Prinzip* im Grundgesetz verankert.

Zuständigkeit der Länder

Der Schwerpunkt der Gesetzgebungszuständigkeiten der Länder liegt im Schul-, Hochschul-, Bildungs- und Weiterbildungsrecht, im Polizei- und Ordnungsrecht, im Recht der Unterbringung psychisch Kranker und im Recht der Organisation der Landesverwaltung einschließlich der Ausgestaltung des Kommunalrechts. In diesen Angelegenheiten ist der Bund unzuständig. Dies schließt aber nicht aus, dass die Länder freiwillig einer Abstimmung in diesen Bereichen über gemeinsame Konferenzen suchen (z. B. Kultusministerkonferenz).

Der Sozialleistungsbereich fällt grundsätzlich in die Zuständigkeit der Länder. Der Bund hat aber umfangreich von der Möglichkeit Gebrauch gemacht, einheitliche Regelungen auf dem Gebiet der „öffentlichen Fürsorge" zu schaffen (SGB II, SGB XII, SGB VIII). Die Länder und Kommunen müssen diese Bundesgesetze vorrangig beachten (vgl. Art. 74 Abs. 1 Nr. 7 GG), ohne dass sie hierdurch ihre (auch finanzielle) Verantwortung verlieren würden.

Zuständigkeit der Städte und Gemeinden

Die Städte, Gemeinden und Gemeindeverbände haben das Recht, „alle Angelegenheiten der *örtlichen Gemeinschaft* im Rahmen der Gesetze in eigener Verantwortung zu regeln" (Art. 28, Abs. 2 GG). Diese Selbstverantwortung der Städte und Gemeinden hat gute demokratische Tradition und entspricht dem Subsidiaritätsprinzip (zum Begriff vgl. oben Seite 44). Diese *Selbstverwaltungskompetenz der Kommunen* umfasst nicht nur das Recht einer eigenverantwortlichen Verwaltungsorganisation, sondern auch das Recht und die Pflicht, mittels eigener Rechtsnormen *(Satzungen)* entsprechend den vorhandenen finanziellen Mitteln das örtliche Gemeinwesen selbständig und aktiv zu gestalten. Der Begriff der Selbst*verwaltung* ist missverständlich und wird den Gestaltungsmöglichkeiten der kommunalen Bürgervertretungen nicht ganz gerecht.

Europäisches Recht

Zunehmend ist auch zu beachten, dass durch die Europäischen Union Recht geschaffen wird mit unmittelbarer Wirkung für die Bundesrepublik Deutschland. Man unterscheidet zwischen den Rechten der EU-Bürger auf Sozialleistungen aufgrund von Vereinbarungen unter den Mitgliedsstaaten (*Freizügigkeitssozialrecht*) und dem Europäischen Wirtschaftsrecht, durch welches vor allem der freie Wettbewerb unterschiedlicher Anbieter – auch im Bereich der Sozialleistungen – europaweit geschützt wird (*Wettbewerbssozialrecht*, hierzu oben Seite 144). Daneben gibt es zunehmend europäische Regeln zum Verbraucherschutz und die europäische Menschenrechtscharta. Häufig hat das europäische Recht vorrangige Bedeutung vor anderen Rechtsnormen. Bei Unklarheiten über die Bedeutung des europäischen Rechts sind die deutschen Gerichte berechtigt und verpflichtet, den europäischen Gerichtshof in Luxemburg (EuGH) anzurufen, um verbindlich klären zu lassen, in welcher Weise europäisches Recht zur Anwendung kommen muss.

2. Zuständigkeit für die Ausführung der Gesetze

Gemeinsame Verwaltungsbehörden

Getrennt von der Gesetzgebung/Rechtsetzung durch die Organe des Bundes, der Länder und Kommunen ist zu beachten, welche Behörden für die Ausführung dieser Gesetze verantwortlich sind. Denn die *Ausführung* der Gesetze erfolgt längst nicht immer unmittelbar durch die Ebene, die für diesen Bereich verantwortlich ist. Sie erfolgt weitgehend durch *einheitliche Fachbehörden* oder aber durch *kommunale* Einrichtungen mit umfassenden Zuständigkeiten. Mit dieser Zusammenführung bei der Verwaltungsausübung werden im Interesse des Staates und der Bürger doppelte oder dreifache Verwaltungsstrukturen vermieden und statt dessen einheitliche, lebens- und sachbezogene Anlaufstellen geschaffen (Grundlage: Art. 83 ff GG).

Hinsichtlich der Ausführung von Gesetzen besteht insgesamt eine deutliche Verlagerung „von oben nach unten". Das heißt, dass Städte und Landkreise, aber auch die Länder wesentlich stärker mit Verwaltungsaufgaben befasst sind, als dies die

Zuständigkeiten für die Gesetzgebung auf kommunaler und Landesebene vermuten lassen. Verwaltungsbehörden des Bundes gibt es nur ganz wenige. Dessen Angelegenheiten (z. B. Ausbildungsförderung nach dem BAföG, Wohngeld nach dem Bundeswohngeldgesetz) sind weitgehend den Ländern zur Ausführung übertragen. Nach dem jeweiligen Landesrecht ist geregelt, welche Behörde in dem Bundesland die Aufgabe letztlich erledigt. Angelegenheiten des Bundes können ebenso wie Angelegenheiten der Länder (Aufgaben der Sicherheit und Ordnung, Unterbringung von Asylbewerbern, Straßenverkehr, Bauaufsicht) letztlich den Kommunen zur Ausführung übertragen werden. Die Folge ist, dass Bundes- und Landesangelegenheiten in den einzelnen Bundesländern teilweise von unterschiedlichen Behörden ausgeführt werden.

Die *Verantwortung* für eine ordnungsgemäße Ausführung der Gesetze bleibt aber weitgehend auf der Ebene, die für die Gesetzgebung zuständig ist – auch wenn die Ausführung durch eine andere Behörde erfolgt. Der Bund wacht deshalb z. B. darüber, wie das Bundesausbildungsförderungsgesetz (BAföG) angewandt wird.

Häufig ist es schwierig zu durchschauen, wo die Verwaltungsaufsicht angesiedelt ist. Vor allem wenn, wie häufig im sozialen Bereich, mehrere Ebenen ineinander greifend gesetzgeberisch tätig sind (vgl. oben), muss zunächst einmal Klarheit geschaffen werden, wie weit es sich um „Angelegenheiten des Bundes, der Länder und der Kommunen" handelt. Bund und Länder erlassen aber auch in Angelegenheiten der Kommunen Gesetze (Sozialhilfe, SGB VIII), haben aber hinsichtlich der Ausführung der Gesetzte kaum Kontroll- und Lenkungsbefugnisse, weil es sich hierbei dennoch um Angelegenheiten der Kommunen handelt (vgl. oben Seite 153 und unten Seite 161 ff).

Für die Praxis der Sozialen Arbeit sind diese Zuständigkeitsfragen von entscheidender Bedeutung. Hieraus ergibt sich nicht nur, welche Behörde für die Durchführung bestimmter Maßnahmen verantwortlich ist, sondern auch welche Behörde für die Beseitigung von Missständen verantwortlich ist, wo Streitfälle geklärt und Ermessensspielräume gestaltet werden.

Dienst-, Fach- und Rechtsaufsicht

Wegen dieser Übernahme fremder (übertragener) Aufgaben hat sich für Behörden ein System differenzierter Aufsichtsführung und Zuständigkeit entwickelt. Im Einzelnen wird unterschieden zwischen *Dienstaufsicht, Fachaufsicht und Rechtsaufsicht.*

Dienstaufsicht

Die Dienstaufsicht erstreckt sich auf den Aufbau, die interne Ordnung, tatsächliche Geschäftsführung und die Personalangelegenheiten einer Behörde. Sie wird auch als *allgemeine Behördenaufsicht* bezeichnet. Sie gewährleistet die ordnungsgemäße Ausstattung der nachgeordneten Stellen mit Personal und Sachmitteln und umfasst die Entscheidungsbefugnis über dienstrechtliche Angelegenheiten der dort beschäftigten Mitarbeiter (z. B. Einstellung und Disziplinarangelegenheiten). Im Rahmen dieses Zuständigkeitsbereichs hat die Dienstaufsichtsbehörde ein *unbeschränktes Aufsichts- und Weisungsrecht* gegenüber den nachgeordneten Stellen.

Fachaufsicht

Die Fachaufsicht erstreckt sich hingegen auf die rechtmäßige und zweckmäßige *Erfüllung der Aufgaben* und beinhaltet hierauf bezogen ebenfalls ein uneingeschränktes Aufsichtsrecht und die Befugnis, selbst mit detaillierten Einzelanweisungen auf die Aufgabenerfüllung untergeordneter Behörden Einfluss zu nehmen. Da die Kontrolle sich nicht nur auf die Rechtmäßigkeit, sondern auch auf die Zweckmäßigkeit von Entscheidungen der untergeordneten Behörden bezieht, hat die Fachaufsichtsbehörde *Leitungsfunktionen in fachlicher Hinsicht.* Sie kann unter anderem bestimmen, in welcher Weise die untergeordnete Behörde Ermessenspielräume auszuüben hat. Die Fachaufsicht kann aber auch eingeschränkt sein bzw. durch mehrere Behörden einvernehmlich ausgeübt werden. Dienst- und Fachaufsicht können auseinander fallen. Die Fachaufsichtsbehörde stellt z. B. fest, ob ein bestimmtes Verhalten (z. B. Erlass eines Verwaltungsaktes) rechtmäßig war, sie kann aber nicht selbst Maßnahmen gegen einen Mitarbeiter (z. B. Versetzung) herbeiführen. Die Fachaufsichtsbehörde ist in aller Regel *Widerspruchsbehörde* in Widerspruchsverfahren (hierzu unten Seite 182 ff).

Wird ein Gesetz im Auftrag des Bundes ausgeführt und handelt es sich hierbei um eine Angelegenheit des Bundes (z. B. Ausbildungsförderung nach dem BAföG), kann die Bundesregierung nach den Grundsätzen der Fachaufsicht allgemeine und auch detaillierte Einzelanweisungen hinsichtlich der Ausübung erteilen, die über die Formulierung der gesetzlichen Vorgaben hinaus gehen. Für die Dienstaufsicht ist der Bund allerdings nicht zuständig, soweit die Verwaltungsbehörden Einrichtungen der Länder oder Kommunen sind. Da die dienstlichen und fachlichen Belange eng miteinander verknüpft sind, kann es Auseinandersetzungen darüber geben, wer zu entscheiden hat, welche Qualifikationen das zuständige Personal haben muss oder wer für die Mitarbeiter verbindliche Fortbildungsveranstaltungen durchführen kann.

Rechtsaufsicht

Schließlich kann eine Aufsichtsbehörde auch lediglich befugt sein, bezogen auf eine andere Behörde die Rechtsaufsicht auszuüben. Die Rechtsaufsichtsbehörde ist weder befugt, die Organisation einer Behörde noch die Zweckmäßigkeit ihres Handelns zu beurteilen. Politische oder in anderer Weise wertende Einflussnahme ist daher über die Rechtsaufsicht nicht möglich. Ihr obliegt ausschließlich die Kontrolle, dass nicht gegen geltende Rechtsvorschriften verstoßen wird. Diese Rechtmäßigkeitskontrolle bezieht sich ausschließlich auf Sach- nicht aber Personalangelegenheiten. Deshalb besteht kein wirkliches Über-Unterordnungsverhältnis zwischen den Behörden.

Es gibt zahlreiche Bereiche (z. B. Kinder- und Jugendhilfe, Sozialhilfe), die maßgeblich durch Regelungen des Bundes oder der Länder bestimmt werden. Diese Bereiche bleiben aber gleichwohl Angelegenheiten der Kommunen (Selbstverwaltungsangelegenheiten). Deshalb hat das Land insoweit lediglich die *Rechtsaufsicht.* Das heißt, die Landesverwaltung wacht darüber, dass die Kommunen ihre *Selbstverwaltungsangelegenheiten* rechtmäßig durchführen. Nur wenn die Kommunen bestimmte *staatliche* Aufgaben wahrnehmen (z. B. Ausländerrecht, Ausbildungsförderung, Versicherungsämter), handeln sie *insoweit* als Organ der Landesverwaltung und unterliegen hinsichtlich dieser Aufgaben auch der Fachaufsicht durch die Landesbehörden.

Staatsverwaltung

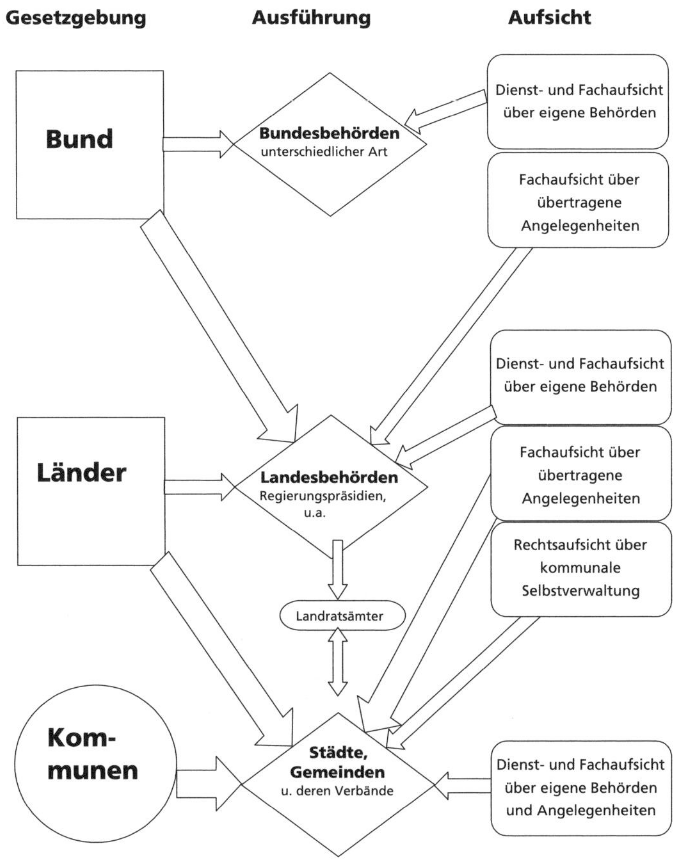

- Die unterschiedlichen Zuständigkeiten für Fachaufsicht, Dienstaufsicht und Rechtsaufsicht ergeben sich aus den in der Verfassung geregelten Zuständigkeiten des Bundes, der Länder und der Kommunen.
- Die Ausführung der Bestimmungen erfolgt aus Gründen der Effizienz nur teilweise durch eigene Bundes- und Landesbehörden und zu einem großen Teil durch die Kommunen (Städte, Gemeinden, Landkreise).
- Landes- bzw. Bundesbehörden behalten die Fachaufsicht über übertragene Angelegenheiten. In eigenen Angelegenheiten unterliegen die Kommunen nur der allgemeinen Rechtsaufsicht des Landes.
- Achtung: Bund und Länder sind befugt, Gesetze auch bezogen auf eigene Angelegenheiten der Kommunen zu erlassen (z. B. SGB VIII, Sozialhilfe). Die Dienst- und Fachaufsicht bleibt aber bei den Kommunen!
- Die Darstellung ist vereinfacht: in Einzelbereichen wird die Fachaufsicht mit delegiert und bei bestimmten Pflichtaufgaben der Kommune liegt die Fachaufsicht beim Land. Die vielfältigen Formen mittelbarer Staatsverwaltung erfordern weitere Differenzierungen der Behördenaufsicht.

Arten der Behördenaufsicht

Dienstaufsicht	Fachaufsicht	Rechtsaufsicht
• Organisation/Geschäftsführung • Personalangelegenheiten	• Recht- und Zweckmäßigkeit von Sachentscheidungen	• Verhinderung rechtswidriger Entscheidungen

- Die Dienst- und Fachaufsicht kann bei unterschiedlichen Behörden liegen.
- Für verschiedene Tätigkeitsbereiche einer Behörde können unterschiedliche Fachaufsichtsbehörden zuständig sein.
- Die reine Rechtsaufsicht ist am wenigsten weitgehend. Sie bezieht sich nur auf Sachentscheidungen. In der Dienst- und Fachaufsicht ist die spezifische Rechtmäßigkeitskontrolle enthalten.

Die jeweilige Aufsichtbehörde nimmt ihre Aufsicht in eigener Verantwortung – im pflichtgemäßen Ermessen – wahr. Jedermann kann sich zwar formlos an eine Aufsichtbehörde wenden und Missstände melden, deren Tätigwerden kann man aber als Außenstehender nicht erzwingen (ausführlicher hierzu unten Seite 180 f). Im Unterschied hierzu führen die förmlichen Rechtsmittel (Widerspruch und Klage, hierzu unten Seite 182 ff) zu einer zuverlässigen und unabhängigen Kontrolle des Verwaltungshandelns.

Aus den jeweiligen Zuständigkeiten der Verwaltung (vgl. unten Seite 159 ff.) ergeben sich ganz unterschiedliche Aufsichtsverhältnisse für die verschiedenen sozialen Einrichtungen und Dienste.

3. Mittelbare und unmittelbare Staatsverwaltung

Unmittelbare Staatsverwaltung

Soweit staatliche Aufgaben durch *staatliche Behörden* (gleich ob auf Bundes- oder Landesebene) wahrgenommen werden, handelt es sich um *unmittelbare Staatsverwaltung*. Auf Bundesebene geschieht dies durch die Bundesregierung und unterschiedliche Bundesbehörden (Auswärtiger Dienst, Bundeswehr, Bundesfinanzen u. ä.), die Aufgaben für das ganze Bundesgebiet wahrnehmen. Staatsverwaltung erfolgt aber im Wesentlichen durch die Länder.

Die Verwaltung auf Landesebene gliedert sich in drei Ebenen. Die *obersten Landesbehörden* sind die Landesregierungen. Darunter gibt es als Mittelinstanz die *Regierungspräsidien* (in Bayern Bezirksregierungen). Sie nehmen eine Mittelstellung zwischen der Landesregierung und den unteren Behörden ein. Sie haben im Wesentlichen koordinierende Funktionen für den Bereich der *Regierungsbezirke*. Nur in sehr geringem Umfang hat die Landesverwaltung eigene *untere Fachbehörden* (z. B. Schulämter und Finanzämter). Die unterste Ebene der Landesverwaltung wird vielmehr weitgehend von der allgemeinen Verwaltung der Städte und *Landkreise* (in Nordrhein-Westfalen und Schleswig-Holstein heißt es „Kreis") als *übertragene Angelegenheit* wahrgenommen. Da die Kommunen gleichzeitig ihre eigenen Angelegenheiten zu erfüllen haben, besteht die Gefahr, dass sich die Zuständigkeiten der Landesverwaltung und Kommunalverwaltung, ungeachtet der rechtlichen Unterscheidung, oft – manchmal bis zur Unkenntlichkeit – vermischen (näheres unten Seite 161 f).

Daneben gibt es noch „Landesoberbehörden", die den obersten Landesbehörden unmittelbar unterstellt sind und für das Gebiet eines ganzen Bundeslandes Verwaltungsaufgaben wahrnehmen (z. B. Landesämter für Verfassungsschutz, Landeskriminalämter, statistische Landesämter).

Mittelbare Staatsverwaltung

Von *mittelbarer Staatsverwaltung* spricht man, wenn staatliche Aufgaben von *„juristischen Personen des öffentlichen Rechts"* in der Rechtsform von Körperschaften, Anstalten oder Stiftungen des öffentlichen Rechts oder aber von juristischen Personen des Privatrechts erfüllt werden. Auf diesem Wege wird staatliche Verwaltung aus der allgemeinen Staatsverwaltung und deren Hierarchie ausgeklammert. Die staatlichen Aufgaben müssen diesen Rechtsträgern zur Erfüllung ausdrücklich übertragen werden. In der Regel geschieht dies, um eine größere Bürgernähe, fachliche Spezialisierung, staatliche Unabhängigkeit oder wirtschaftliche Effizienz zu erreichen.

Anders als bei Behörden der unmittelbaren Staatsverwaltung, die einer umfassenden Aufsicht übergeordneter staatlicher Behörden unterliegen, gestaltet sich die Kontrolle der Träger mittelbarer Staatsverwaltung wesentlich komplizierter, da deren Eigenständigkeit und Unabhängigkeit zu wahren ist. Folgende Formen mittelbarer Staatsverwaltung sind zu unterscheiden (vgl. hierzu auch das Schaubild oben Seite 66).

Körperschaften des öffentlichen Rechts

Körperschaften sind *mitgliedschaftlich* organisierte Verwaltungseinheiten, denen nach Maßgabe der einschlägigen Gesetze ein mehr oder weniger weitgehendes Selbstverwaltungsrecht zusteht. Die Mitglieder können die Ziele und Aufgaben der Körperschaften wesentlich mitbestimmen.

Man unterscheidet zwischen *Gebietskörperschaften* und *Personalkörperschaften.* Zu den erstgenannten gehören neben dem Staat selbst (Bund und Länder) die Gemeinden und Gemeindeverbände sowie die gesetzlichen Sozialversicherungen. Sie sind für die Angelegenheiten der örtlichen Gemeinschaft zuständig. Die Personalkörperschaften haben einen sachlich beschränkten Aufgabenbereich, der sich aus der personalen Mitgliedschaft ergibt. Hierzu gehören z. B. die Sozialversicherungen, staatliche Hochschulen, berufsständige Vereinigungen wie Rechtsanwalts-, Ärzte-, Industrie- und Handelskammer.

Die großen christlichen Kirchen mit ihren Pfarreien und Kirchengemeinden sind zwar auch Körperschaften öffentlichen Rechts, erfüllen aber keine staatlichen Aufgaben und unterliegen ausschließlich *kirchlichem Recht* (vgl. oben Seite 22, Seite 138).

Anstalten des öffentlichen Rechts

Anstalten sind Verwaltungseinheiten mit einem eigenen Bestand an *sachlichen Mitteln und Dienstkräften.* Sie haben nicht Mitglieder – das unterscheidet sie von den

Körperschaften –, sondern Benutzer. Diese Benutzer haben keine Möglichkeit, auf die Organisation der Anstalt Einfluss zu nehmen. Diese wird vielmehr neben den gesetzlichen Vorgaben durch Beiräte bzw. Kuratorien bestehend aus Vertretern der Verwaltung, Politik oder Öffentlichkeit bestimmt.

Man unterscheidet zwischen rechtlich *selbständigen* Anstalten des öffentlichen Rechts und *unselbständigen*. Die rechtlich unselbständigen Anstalten sind selbständigen Verwaltungsträgern, wie z. B. den Kommunen, zugeordnet, verfügen aber über eine weitgehend eigenständige Verwaltung und entsprechende eigene Mittel. Sie zeichnen sich dadurch aus, dass sie *besondere fachliche Aufgaben* für die staatliche oder kommunale Verwaltung übernehmen. In solcher Weise sind besonders häufig soziale und kulturelle Einrichtungen organisiert: z. B. Städtische Kindertagesstätten, Kinderheime, Jugendzentren, Bürgerhäuser, Altenheime, Krankenanstalten, Bibliotheken, Theater, Sportstätten usw. Diese unselbständigen Anstalten sind allerdings in einem hohen Maße von der staatlichen Verwaltung abhängig. Das heißt, dass – im Unterschied zu selbständigen Anstalten – in der Regel der Verwaltungsleiter von der Kommune eingestellt wird und dieser in vollem Umfang weisungsgebunden ist (Dienst- und Fachaufsicht).

Stiftungen des öffentlichen Rechts

Darüber hinaus gibt es Stiftungen des öffentlichen Rechts, die entsprechend dem *Willen eines Stifters* (Stiftungszweck) eine konkrete Aufgabe erfüllen. Hier beschränkt sich die Aufgabe der staatlichen Verwaltung ausschließlich auf die Kontrolle darüber, dass der Stiftungszweck beachtet wird und die Verwaltung ordnungsgemäß funktioniert. Z. B. gewährt die Bundesstiftung „Mutter und Kind" Schwangeren ergänzende Hilfen.

Erfüllung staatlicher Aufgaben durch juristische Personen des Privatrechts

Die öffentliche Verwaltung kann staatliche Aufgaben nicht nur durch öffentlich-rechtliches Verwaltungshandeln, sondern auch durch natürliche oder juristische Personen des *Privatrechts*, die sie selbst errichtet bzw. beherrscht, erfüllen lassen. So können Aktiengesellschaften oder Gesellschaften mit beschränkter Haftung in der Weise errichtet werden, dass die staatlichen Verwaltungsträger alleinige Gesellschafter des Trägers sind. Teilweise kann auch die Gründung eines Vereins in Betracht kommen.

Diese Konstruktionen sind einerseits rechtsstaatlich teilweise bedenklich, weil hierdurch eine Ausgliederung öffentlicher Angelegenheiten aus dem Geltungsbereich des öffentlichen Rechts möglich wird („Flucht ins Privatrecht" z. B. aus finanziellen Gründen). Andererseits wird dies z. B. im Bereich Strom-, Gas-, Wasser- und Elektrizitätsversorgung, aber auch im Bereich des öffentlichen Personennahverkehrs immer wieder angewandt, um eigenständiges, wirtschaftliches Handeln in diesen Einrichtungen zu fördern, Haftungsbegrenzungen für den kommunalen Träger sicherzustellen und um eine rechtlich und wirtschaftlich eigenständige Kooperation mehrerer öffentlich-rechtlicher Träger für einen bestimmten Sachbereich zu ermöglichen. (Zu den rechtlichen Konsequenzen vgl. oben Seite 48 ff).

4. Kommunale Selbstverwaltung

Zu einem großen Teil sind die Gemeinden, Städte und Landkreise (in Nordrhein-Westfalen und Schleswig-Holstein „Kreise“ genannt) die Rechtsträger sozialer Dienste. Sehr häufig sind sie Anstellungsträger für Sozialarbeiter und Sozialpädagogen. Mit den zahlreichen kommunalen Einrichtungen der Jugendhilfe, der Sozialhilfe, Kindergärten, Werkstätten für Behinderte bis zu Krankenhäusern, Altenheimen, Spielplätzen und Sportstätten kommt der Bürger häufiger und unmittelbarer in Berührung als mit staatlichen Behörden des Bundes oder der Länder. Die Kommunen gestalten mit ihrer Leistungs- und Ordnungsverwaltung ganz überwiegend die Dinge des täglichen Lebens. Soweit sie die kommunalen sozialen Aufgaben nicht in eigener Verantwortung wahrnehmen, gibt es auch hier unterschiedliche Organisations- und Strukturformen (vgl. oben Seite 141 ff und 158 ff). So kann man in neuerer Zeit auch eine „Jugendhilfe GmbH“ oder ein „Bürgerzentrum e. V.“ u. ä. finden, die kommunale Aufgaben wahrnehmen. Die Unübersichtlichkeit der Strukturen hat deutlich zugenommen.

Verfassungsrechtliche Eigenständigkeit der Städte und Gemeinden

Die Landkreise, Städte, Gemeinden und Gemeindeverbände sind nicht Teil des Staates, sondern Formen der verfassungsrechtlich garantierten *kommunalen Selbstverwaltung* (Kommunen). Das Grundgesetz (Art. 28 GG) sieht vor, dass es überall in Deutschland örtliche Selbstverwaltung geben muss, die grundsätzlich für alle Belange des örtlichen Gemeinwesens zuständig ist (*universelle Zuständigkeit*). Die *eigenen Angelegenheiten* der Kommunen sind nicht staatlich abgeleitet. Die kommunalen Selbstverwaltungskörperschaften unterliegen damit bei der Ausübung ihrer Satzungshoheit (vgl. oben Seite 152 und unten Seite 156 f) nicht dem Gesetzesvorbehalt (hierzu ausführlich oben Seite 36 ff) und nur sehr eingeschränkt staatlicher Kontrolle (*Rechtsaufsicht*). Für die Kommunalverwaltung gilt in kommunalen Angelegenheiten der *Satzungsvorbehalt* (Analogie zum Gesetzesvorbehalt). Bei der Erfüllung ihrer Aufgaben haben die Gemeinden allerdings Anspruch auf Unterstützung durch die staatlichen Behörden. Da aber gleichwohl Landes- und Bundesgesetze die Kommunen binden (*Vorrang des Gesetzes*) sowie aufgrund der seit langem anhaltenden Zentralisierungstendenzen, wird diese grundlegende Bedeutung der Selbstverwaltung der Gemeinden in vielen Bereichen kaum noch deutlich (vgl. oben Seite 152 f).

Eigener und übertragener Wirkungskreis

Neben diesen *eigenen Selbstverwaltungsangelegenheiten* (eigener Wirkungskreis) erfüllen die Kommunen von *Bund und Land übertragene Aufgaben* (übertragener Wirkungskreis). Bei dem *übertragenen Wirkungskreis* handelt es sich um *mittelbare Staatsverwaltung*. Die Unterscheidung zwischen dem „*eigenen Wirkungskreis*“ und dem „*übertragenen Wirkungskreis*“ hat nicht nur Auswirkungen auf die Kontroll- und Weisungsbefugnisse staatlicher Behörden (hierzu oben Seite 155 f). Soweit die Städte und Gemeinden im übertragenen Wirkungskreis Aufgaben für den Bund oder das Land übernehmen, müssen hierfür staatlicherseits auch die entsprechenden finanziellen Mittel zur Aufgabenerfüllung zur Verfügung gestellt werden. Nur soweit die Gemeinden im eigenen Wirkungskreis tätig sind (Kinder- und Jugendhilfe, Sozialhilfe, örtlicher Straßenbau, Schulbau, Feuerwehr, Energie-, Wasser-, Abwasserversorgung, Abfallbeseitigung u. a.), müssen sie dieses Handeln selbst finanzieren.

Aber auch der eigene Wirkungskreis der Kommunen ist nicht völlig staatlicher Kontrolle entzogen. So liegt auch hier die *allgemeine Rechtsaufsicht* beim Land. Es wacht darüber, dass die Kommunen ihren Aufgaben nachkommen und hierbei nicht gegen geltendes Recht verstoßen. Die Gestaltungsfreiheiten der Kommunen sind dabei zu respektieren. Je nach Aufgabe sind diese Freiheiten aber unterschiedlich weit gehend. So wird unterschieden zwischen *„pflichtiger Selbstverwaltung“* und *„freiwilliger Selbstverwaltung“*. Für Verwirrung sorgt, dass es in Einzelfällen Pflichtaufgaben gibt, die nach staatlicher Weisung zu erfüllen sind, und solche, die teilweise zum eigenen Wirkungskreis und teilweise zum übertragenen Wirkungskreis gehören. Meist ist gesetzlich aber nur geregelt, *dass* die Kommunen bestimmte Aufgaben zu erfüllen haben. So müssen die Kommunen den örtlichen Verkehr regeln, für Feuersicherheit sorgen, Sozialhilfe gewähren und Jugendämter errichten. Es bleibt ihnen aber weitgehend überlassen, in welcher Weise diese Ämter organisiert, welche Personen beschäftigt und in welchem Umfang Leistungen erbracht werden (*Organisationshoheit*).

Bei der Kinder- und Jugendhilfe und Sozialhilfe handelt es sich um *Pflichtaufgaben*, die die Gemeinden als *eigene* (nicht als übertragene Aufgaben des Staates) *weisungsfrei* wahrnehmen. Die Kommunen haben dabei umfangreiche Bestimmungen des Bundes und Landes zu beachten (SGB XII, SGB VIII, Ausführungsgesetze der Länder). Hierdurch wird ein flächendeckender Mindeststandard gewährleistet – unabhängig von eigenen Vorstellungen der Kommunen. Kritisch wird immer wieder hervorgehoben, dass insbesondere der Bund im Gesetzeswege die Kommunen zu umfangreichen Leistungen verpflichtet, ohne dass diese sich dagegen wehren könnten. Dies führt zu zunehmenden Belastungen der kommunalen Haushalte. In diesen Bereichen bestehen aber auch erhebliche Ermessensspielräume („Kann-Vorschriften“), die den Gemeinden einen erheblichen Gestaltungsspielraum „nach oben“ (über Mindeststandards hinaus) belassen und die Gemeinden zu unterschiedlicher Gestaltung herausfordern. Teilweise werden durch Landes- oder Bundeszuschüsse Anreize für die Bereitstellung bestimmter Kann-Leistungen geschaffen. Nur bei eindeutigem Verstoß gegen bindende Rechtsvorschriften kommt ein Eingriff in die Selbstverwaltung durch die staatliche Rechtsaufsichtsbehörde in Betracht. Diese müssten eingreifen, wenn das Jugendamt z. B. das Hilfeplanverfahren gem. § 36 SGB VIII nicht ordnungsgemäß durchführt. Die Rechtsaufsichtsbehörden (Regierungspräsidium bzw. Landratsamt) halten sich aber in der Praxis weitgehend zurück, schon weil sie aufgrund der Eigenständigkeit der Kommunen keinen hinreichenden Einblick haben.

Aus den unterschiedlichen Aufgabenkreisen ergibt sich für die Mitarbeiter kommunaler Einrichtungen, dass sie je nachdem, welche Aufgaben wahrgenommen werden, unterschiedliche Zuständigkeiten für die Fachaufsicht zu beachten haben. Auch innerhalb eines Tätigkeitsbereiches kann nach unterschiedlichen Zuständigkeiten zu unterscheiden sein und auch Streit zwischen den Behörden hierüber ist keineswegs selten. Eindeutig ist aber geregelt, dass die *Dienstaufsicht* und die *Organisationshoheit* bei allen Angelegenheiten, die die Kommunen ausführen (gleich ob im eigenen oder übertragenen Wirkungskreis), bei den Kommunen liegen.

Bei der Überprüfung des Verwaltungshandelns von kommunalen Behörden im Widerspruchsverfahren (hierzu oben Seite 99 und unten Seite 182 ff) ist zu beachten, dass die Selbstverwaltungskörperschaften (Städte, Gemeinden, Sozialversicherungen) in *eigenen Angelegenheiten* über Widersprüche selbst entscheiden (vgl. §§ 6a–9

AGVwGO). Bei Leistungen nach dem SGB II ist ebenfalls die Behörde, die den Verwaltungsakt erlassen hat, selbst Widerspruchsbehörde (§ 44b Abs. 3 S. 3 SGB II). Lediglich soweit auf die Kommunen übertragene staatliche Angelegenheiten wahrgenommen werden, entscheidet die nächst höhere staatliche (Fach)Behörde. Dies liegt daran, dass es für Selbstverwaltungsangelegenheiten keine übergeordnete Behörde geben kann. Bei den Sozialämtern, bei den Sozialversicherungsträgern und teilweise auch den Jugendämtern werden zu diesem Zweck *Widerspruchsstellen* gebildet, die mit (halbwegs) unabhängigen Experten besetzt sind (für die Sozialhilfe vgl. § 116 Abs. 2 SGB XII).[11] Daraus ergibt sich die Frage, ob in diesen kommunalen Angelegenheiten hinreichende Kontrolle und ausreichender Rechtsschutz für den Bürger gegeben sind.[12] Eine staatliche Kontrolle würde allerdings unvermeidlich zu Lasten der kommunalen Eigenständigkeit gehen. Außerdem ist zu beachten, dass der Bürger die Möglichkeit hat, den Gerichtsweg zu beschreiten und über die allgemeine Rechtsaufsicht eine gewisse Kontrolle stattfinden kann.

<table>
<tr><th colspan="5">Wirkungskreis der Städte und Gemeinden</th></tr>
<tr><td colspan="3">eigener Wirkungskreis</td><td colspan="2">übertragener Wirkungskreis</td></tr>
<tr><td colspan="2">pflichtige Selbstverwaltung</td><td>freiwillige Selbstverwaltung</td><td rowspan="2">Auftragsangelegenheiten des Bundes</td><td rowspan="2">Auftragsangelegenheiten des Landes</td></tr>
<tr><td>nach Weisung</td><td>weisungsfrei</td><td>immer weisungsfrei</td></tr>
<tr><td colspan="3">Rechtsaufsicht beim Landratsamt bzw. Regierungspräsidium, keine Fachaufsicht</td><td colspan="2">Fachaufsicht durch unterschiedliche Bundes- und Landesbehörden</td></tr>
</table>

Organe der kommunalen Selbstverwaltung

Auch wenn die Gestaltung des Kommunalrechts im Einzelnen als Ausdruck der Verwirklichung von Demokratie auf Ortsebene und der Dezentralisierung von öffentlicher Verwaltung den Gemeinden obliegt, bedarf es Strukturen, die einen Rahmen vorgeben, in dem die Selbstverwaltung erfolgt. Gleichzeitig wird hierdurch garantiert, dass die Kommunen ihre durch die Verfassung vorgegebenen Aufgaben auch tatsächlich erfüllen. Die Regelung der kommunalen Strukturen obliegt den Bundesländern. Diese *Gemeindeordnungen der Länder* weisen deutliche Unterschiede auf, die hier nicht im Einzelnen dargelegt werden können. Darüber hinaus ist die Terminologie in den Bundesländern unterschiedlich. Folgende Merkmale sind von grundlegender und allgemeingültiger Bedeutung:

---

[11] Bzgl. der Sozialhilfe ist zu beachten, dass nach § 97 SGB XII bzw. landesrechtlichen Regelungen für bestimmte Aufgaben der überörtliche Träger zuständig ist. Dieser ist insoweit auch Widerspruchstelle, auch dann, wenn er Aufgabenbereiche zur Erfüllung an den örtlichen Träger übertragen hat.

[12] In Bayern nimmt aus diesem Grund in der Jugend- und Sozialhilfe der überörtliche Träger die Aufgaben einer Widerspruchsbehörde war. Dies ist rechtlich bedenklich und wird soweit ersichtlich in anderen Bundesländern nicht praktiziert.

Zunächst ist zu unterscheiden zwischen *kreisfreien* und *kreisangehörigen* Städten und Gemeinden. Alle kreisangehörigen wie auch die kreisfreien Gemeinden (bei über 10 000 Einwohnern i. d. R. Bezeichnung Stadt) nehmen ihre Selbstverwaltungsaufgaben in eigener Verantwortung grundsätzlich selbst wahr. Die kreisangehörigen Gemeinden bilden aber zusammen mit den kreisangehörenden Städten (soweit vorhanden) einen *Landkreis* (gleichbedeutend mit: Kreis), mit dem *Landratsamt* als zentraler Behörde. Das Landratsamt nimmt die Aufgaben für die einzelnen Gemeinden wahr, soweit diese von den Gemeinden dorthin (nach oben) übertragen wurden. Im Übrigen erfüllt das Landratsamt aber auch staatliche Aufgaben des Landes bzw. des Bundes (wie oben dargestellt). In dieser Funktion sind die Landratsämter Teil der *staatlichen Verwaltung*. Die Landratsämter haben somit eine vermittelnde Funktion, indem sie sowohl Teil der Kommunalverwaltung als auch der Teil der Staatsverwaltung sind (dies bringt zwar die gesamte, gewachsene Struktur wieder durcheinander, hat aber pragmatische Vorteile). Als Staatsverwaltung üben sie über die bei den kreisangehörigen Gemeinden liegenden Selbstverwaltungsangelegenheiten die *Rechtsaufsicht* und hinsichtlich der übertragenen staatlichen Angelegenheiten die Fachaufsicht aus. Soweit staatliche Auftragsangelegenheiten oder kommunale Selbstverwaltungsangelegenheiten durch den Landkreis (Landratsamt) wahrgenommen werden, liegt die Rechts- bzw. Fachaufsicht beim *Regierungspräsidium*.

Struktur eines Bundeslandes

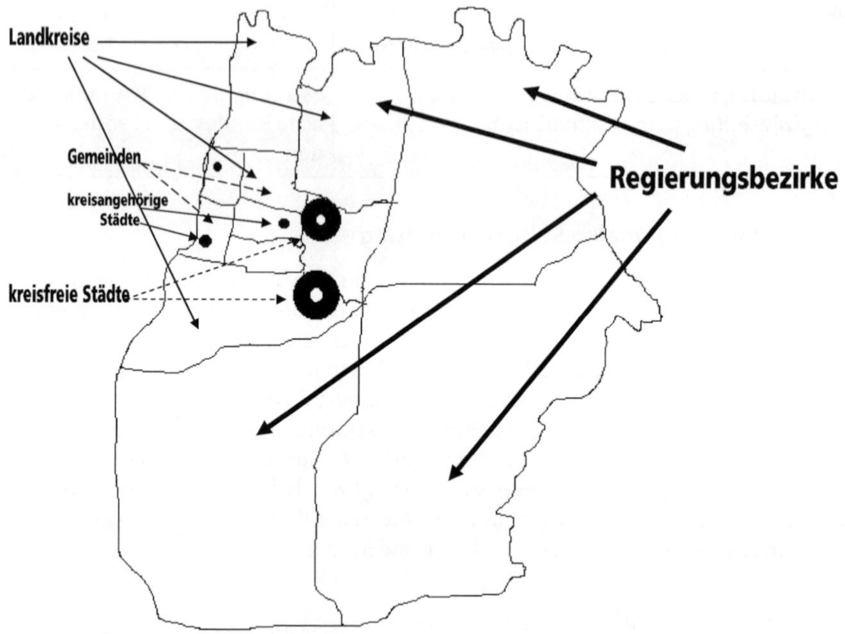

Die *kreisfreien Städte* (in Baden-Württemberg gibt es aufgrund einer speziellen Regelung ähnlich weitgehende Befugnisse für Kreisstädte) nehmen hingegen als Selbstverwaltungskörperschaften diese unterschiedlichen Aufgaben der Landratsämter wahr, ohne (auch nur teilweise) Teil der staatlichen Verwaltung zu sein. Die kreisfreien Städte sind damit in der Ausübung dieser übertragenen Aufgaben freier als die kreisangehörigen Gemeinden. Die Rechts- und (bei übertragenen Angelegenheiten) Fachaufsicht über die kreisfreien Städte liegt beim Regierungspräsidium als mittlere Staatsbehörde.

Die Gemeinde- und Stadträte werden überall von der Bevölkerung gewählt. Auf der Ebene der Landkreise ist der Kreistag die gewählte Vertretung der Bevölkerung. Der (Ober-)Bürgermeister und auch der Landrat werden von der Bevölkerung unmittelbar oder mittelbar (durch den Gemeinde-/Stadtrat bzw. Kreistag) gewählt. Nur in Rheinland-Pfalz ist der Landrat ein von der Landesregierung bestellter Staatsbeamter.

Kommunalverbände

Eine Sonderstellung nehmen die sog. „höheren Kommunalverbände" (*Gemeindeverbände*) ein. Hierbei handelt es sich um Zusammenschlüsse der Kommunen zur gemeinsamen Wahrnehmung kommunaler Selbstverwaltungsangelegenheiten auf überregionaler Ebene. Diese Verbände entstanden, weil bestimmte Aufgaben (z. B. Kinder- und Jugendhilfe) kommunal verantwortet werden, gleichzeitig aber ein Bedarf an überkommunaler Kooperation und Kontrolle besteht. Diese „höheren Kommunalverbände" sind *gebietsbezogen* und *mitgliedschaftlich* organisiert (Gebietskörperschaften, Körperschaften des öffentlichen Rechts). In Baden-Württemberg heißen sie Kommunalverband Jugend und Soziales, in Hessen *Landeswohlfahrtsverband*, in Bayern *Bezirke*, in Nordrhein-Westfalen *Landschaftsverbände*, in Rheinland-Pfalz *Bezirksverband* und in Niedersachsen *Landschaft*. Sie nehmen vor allem Aufgaben wahr in den Bereichen Sozialhilfe, Jugendhilfe und Gesundheitswesen, aber auch Sonderschulwesen, Kriegsopferfürsorge und Kultur. Sie sind Träger von Spezialkrankenhäusern, sind für die Genehmigung bestimmter Einrichtungen der Jugendhilfe und für die Vergabe zahlreicher Leistungen nach dem SGB II (insbesondere der Behindertenhilfe) zuständig. In Baden-Württemberg sind sie die *überörtlichen Träger der Sozialhilfe, Jugendhilfe* und *Kriegsopferfürsorge*. Nur in Bayern sind die höheren Kommunalverbände Teil der unmittelbaren Staatsverwaltung, im Übrigen werden sie – in unterschiedlicher Weise – von den Kommunen selbst verwaltet.

Über die genannten Strukturen hinaus gibt es freiwillige Zusammenschlüsse von Gemeinden zur Bewältigung einer bestimmten Aufgabe (z. B. Abwasserbeseitigung, Müllentsorgung), kommunale Verwaltungsgemeinschaften und Regionalverbände u. ä., die darauf abzielen, gemeinsame Interessen von mehreren Gemeinden zu vertreten, die Verwaltungsorganisation zu vereinfachen und als Zweckverbünde wirkungsvoller arbeiten zu können. Außerdem gibt es regionale Aufteilungen innerhalb der Kommune in Stadtteile, Ortschaften bzw. Ortsteile. Diese weiteren Untergliederungen und Zusammenschlüsse ändern aber an den dargelegten rechtlichen Grundstrukturen nichts.

Interne Organisationsstrukturen

Die in den Kommunen erlassenen Rechtsvorschriften heißen „*Satzung*". So gibt es Satzungen für die Benutzung kommunaler Kindertagesstätten, Obdachlosenunterkünfte, kultureller Einrichtungen, für das Jugendamt, für den Haushalt, Bebauungspläne u. a. Diese Satzungen haben in gleicher Weise bindende Wirkungen wie staatliche Gesetze.

Die interne Organisation der Gemeindeverwaltung ist in der Bundesrepublik – je nach Bundesland – unterschiedlich geregelt. Hinsichtlich der fachlichen Gliederung der Verwaltung hat sich ein „*Verwaltungsgliederungsplan*“ weitgehend durchgesetzt. Demnach ist die Vielzahl der Aufgaben der Kommune nach bestimmten Aufgabengruppen gegliedert (z. B. Jugend, Soziales, Gesundheit, Sport u. a.). Diesen Untergliederungen entspricht die Aufteilung der kommunalen Verwaltung in *Dezernate, Ämter oder Abteilungen.* Außerdem können die Kommunen freiwillig bestimmte Aufgaben auf die Ebene des Landkreises übertragen. Sie können aber auch typische Aufgaben des Landkreises übernehmen bzw. Übertragungen an Gemeindeverbände vornehmen. Dies ist Ausdruck ihrer Souveränität in Selbstverwaltungsangelegenheiten.

Die Landkreise und kreisfreien Städte sind als örtliche *Träger der Sozialhilfe und Jugendhilfe* rechtlich für die ordnungsgemäße Erfüllung dieser Aufgaben verantwortlich. Im Rahmen landesrechtlicher Vorschriften können Gemeinden diese Aufgaben auch selbst erbringen (vgl. § 99 SGB XII). Außerdem unterhalten auch kleinere Gemeinden häufig in eigener Verantwortung Alten- und Kinderheime, Krankenhäuser und Tageseinrichtungen unterschiedlichster Art. Es sind wechselnde Trends von großen qualifizierten Einrichtungen (überregional) zu bürgernaher Hilfe (regional) und umgekehrt zu beobachten. Für die Jugendhilfe besteht aber eine gesetzliche Verpflichtung, dahingehend, dass *ein Jugendamt* in jeder kreisfreien Stadt und jedem Landkreis zu errichten ist. Die Spielräume einer Verwaltungsaufteilung sind hier wesentlich geringer als hinsichtlich der Sozialhilfe. Auch die Aufgaben des Gesundheitsamtes und der Ausländerbehörde werden zwingend durch die kreisfreien Städte bzw. Landkreise wahrgenommen, allerdings als Pflichtaufgabe zur Erfüllung nach Weisung bzw. als übertragene staatliche Aufgabe, so dass die Art und Weise der Aufgabenerfüllung hier – im Unterscheid zur Sozial- und Jugendhilfe – ohne Mitsprache der Gemeinden ausschließlich durch die Landesverwaltung festgelegt wird.

5. Neue Steuerungsmodelle

Seit langem wird an der öffentlichen Verwaltung kritisiert, sie sei zu streng hierarchisch organisiert, Eigenverantwortung der Mitarbeiter würde nicht gefördert und im Ergebnis würden häufig wirtschaftlich unvernünftige und nicht hinreichend an den Interessen der Betroffenen orientierte Entscheidungen getroffen. Eine hieran anknüpfende Reformdiskussion führt vor allem auf Grund finanzieller Schwierigkeiten der öffentlichen Haushalte seit über zehn Jahren zu strukturellen Änderungen. Unter dem Thema „*Neue Steuerungsmodelle*“, „*Neue Steuerung*“, „*Verwaltungsreform*“, „*Neue öffentliche Verwaltung*“ und ähnlichen Begriffen wurden im Einzelnen recht unterschiedliche Konzepte umgesetzt, die unverändert intensiv und kontrovers diskutiert werden. Hiervon sind alle Bereiche öffentlicher Verwaltung betroffen, keineswegs nur die Bereiche öffentlicher Sozialverwaltung. Aber diese eben auch. Sowohl auf Bundes-, Landes- als auch kommunaler Ebene gibt es mutige Versuche.

Ansatzpunkt dieser Bemühungen ist am Ergebnis orientiertes Handeln. Hierzu werden zunächst Leitbilder und daran anknüpfend Zielvorstellungen für den jeweiligen Verwaltungsbereich beschrieben. Diese sind Maßstab für alle Einzelentscheidungen (*Outputorientierung*). Hierzu ist in allen Handlungsfeldern der konkrete

Erfolg durch interne *Controllings* ständig zu messen. Darauf bezogen wird überprüft, welche Kosten unabdingbar notwendig sind (*dezentrale Ressourcenverwaltung*). Die Verantwortlichkeit des Bearbeiters soll durch eine *Zusammenlegung von Budget- und Fachverantwortung* gesteigert werden. Häufig erhält er für unterschiedliche Aufgaben ein Gesamtbudget, welches ihm Spielräume für zweckorientierte Entscheidungen ermöglicht (*Verantwortungsbereiche*). Diese dezentrale Ressourcenverwaltung ermöglicht ein kostenbewusstes und gleichzeitig effizientes Verwaltungshandeln. Welche Leistung dem Bürger gewährt wird, ist nicht mehr starr vorgegeben *(Deregulierung)*, sondern einer individuellen Prüfung zugänglich und kann in vielen Bereichen mit diesem ausgehandelt werden. Wettbewerb um die Kunden und Vergleiche zwischen Verwaltungsbehörden (z. B. *interkommunaler Leistungsvergleich*) führen zu ständiger Anpassung an sich ändernde Bedingungen und Verbesserungen (*Benchmarking*). Durch leistungs- und damit erfolgsorientierte Bezahlung und entsprechendes Personalmanagement werden die Mitarbeiter der Verwaltung zu entsprechendem Verhalten motiviert. Ausgefeilte, auf die speziellen Bedürfnisse zugeschnittene Computerprogramme ermöglichen eine umfassende Erhebung der notwendigen Daten und eine outputorientierte Vergleichbarkeit.

Einzelne Jugendämter haben dieses Konzept durch eine radikale *Sozialraumorientierung* ergänzt. Nach diesen Modellen ist ein Team sozialpädagogischer Fachkräfte für einen Stadtteil bzw. einen Ort umfassend zuständig. Es besteht dort dezentrale Verantwortlichkeit für ein Gesamtbudget und Entscheidungsverantwortung bezüglich Hilfen zur Erziehung (vgl. oben 127 f). Bei den Leistungen für Arbeitsuchende und in der Sozialhilfe ist die Erarbeitung von individuellen *Eingliederungsvereinbarungen* und *Hilfeplänen* und der Ausbau anderer personenbezogenen Dienstleistungen, die die Eigenkräfte des Leistungsempfängers individuell fördern, in diesem Zusammenhang zu sehen. In den Arbeitsagenturen wurden starre Vorgaben für die Vergabe von Förderleistungen durch Leistungen ersetzt, die auf der Grundlage einer Einschätzung der Erfolgsaussichten im Ermessen des Sachbearbeiters vergeben werden.

Diese Ansätze scheinen viel versprechend. Insgesamt bewirken sie eine *Wettbewerbsorientierung* und eine Übernahme von Maßstäben, die sich in der Privatwirtschaft herausgebildet haben. Eine stärkere Gewichtung des Kostenfaktors und der Effektivität sind unverkennbar. Es bestehen aber auch grundlegende Einwände gegen diese Modelle, die bisher nicht ausgeräumt werden konnten. Gerade in der Sozialen Arbeit besteht das Problem, dass viele Qualitätsmerkmale (persönliche Zuwendung, Intensität von Gesprächen, aber auch der Erfolg einer Maßnahme) nicht ohne weiteres objektiv messbar sind. Daraus ergibt sich die Gefahr, dass diese wesentlichen Aspekte unbeachtet bleiben oder mit unzulänglichen Methoden ein scheinbarer Vergleich vorgenommen wird. Bei einer (falsch verstandenen) Orientierung an der Effizienz kann der Wert personaler Arbeit auf der Strecke bleiben.

Dieses Grundproblem konnte auch durch die Einführung unterschiedlicher, speziell auf die Bedürfnisse Sozialer Arbeit zugeschnittener Verfahren zur *Qualitätsmessung* bisher nicht wirklich gelöst werden. Diesen Versuchen einer Qualitätsmessung und Bewertung kommt aber gleichwohl mittlerweile rechtliche Bedeutung zu. So wurden nicht nur z. T. international anerkannte Standards (*Kennzahlen*) und Verfahren einer Qualitätsmessung eingeführt (DIN- und ISO-Normen), sondern eine auf diesen Grundlagen durchgeführte *Zertifizierung* (Anerkennung) durch unabhängige Kontrollstellen hat zunehmende Bedeutung erhalten. Private Leistungserbringer können z. B. nach geltendem Recht nur dann öffentliche Sozialleistungen erbringen, wenn zuvor eine unabhängige Qualitätskontrolle und Qualitätsentwicklung mit dem öffentlichen Leistungsträger vertraglich geregelt wurde (zu den Leistungs-, Entgelt- und Qualitätssicherungsvereinbarungen ausführlich oben Seite 145 ff). Hierbei ist als Trend festzustellen, dass in weiten Bereichen der *Ergebnisqualität* (Messung der Wirkung) zunehmend größere Bedeutung beigemessen wird als der *Prozessqualität* (Art der Leistungserbringung) und der *Strukturqualität* (Räumlichkeiten, Ausbildung des Personals usw.). Derzeit gibt es eine große Anzahl unterschiedlicher Methoden, die z. T. nebeneinander zur Anwendung kommen, aber die Grundfragen nach der Messbarkeit und Vergleichbarkeit sozialer Leistungen keineswegs vollständig und befriedigend beantworten.

Zu wenig beachtet wird auch, dass die öffentliche Verwaltung letztlich nicht von den Konsumenten der einzelnen Leistungen existenziell abhängig, sondern die Finanzierung und Bestimmung der öffentlichen Aufgaben gerade nicht von den Klienten bestimmt werden. Dies ist ein unüberwindbarer Unterschied zur Privatwirtschaft. Daraus ergeben sich Grenzen für eine Wettbewerbsorientierung wie sie die Neuen Steuerungsmodelle vorsehen.

Unter rechtlichen Gesichtspunkten ist zu bedenken, dass durch *Deregulierung* und Entscheidungsspielräume einzelner Mitarbeiter zwangsläufig der Anspruch auf Gleichbehandlung (Art. 3 GG) in Frage gestellt wird. Außerdem müssen in der Demokratie die Maßstäbe öffentlich-rechtlichen Handelns durch den Gesetzgeber (als Volksvertretung) bestimmt werden und weder durch einzelne Fachkräfte noch allein durch die Wünsche der Leistungsempfänger. Die Gesetzesbindung (vgl. oben Seite 36 ff) führt zwar auch immer wieder zu unvernünftigen Ergebnissen, sie wird aber wesentliche Bedeutung behalten müssen. Außerdem beruht das öffentliche Recht weitgehend auf subjektiven Rechtsansprüchen des Bürgers (vgl. oben Seite 18 f), die gerade unabhängig von finanziellen Engpässen und der Ausschöpfung von Budgets durch die Verwaltung erbracht werden müssen. All dies sind Errungenschaften des Rechtsstaats. Die Folgen einer im Zuge von Flexibilisierung und Marktorientierung zwangsläufig eintretenden Rechtsunsicherheit müssen mitbedacht werden. Schließlich ist es bisher nicht gelungen, durch entsprechende Qualifizierung und Leistungsanreize zu gewährleisten, dass dezentral tatsächlich die besseren Entscheidungen getroffen werden. Dies wäre nur mit einer grundlegenden Reform des öffentlichen Dienst- und Arbeitsrechts (Abschaffung starrer Gehaltsstufen) möglich, was bisher nicht durchgeführt wurde. Die damit einhergehende zunehmende Konkurrenz zwischen den Mitarbeitern hätte jedenfalls auch negative Auswirkungen.

Da es eine reine Marktabhängigkeit in der öffentlichen Verwaltung im Unterschied zur Privatwirtschaft nicht gibt und auf eine Außenkontrolle nicht ganz verzichtet werden kann, sind die Reformansätze zu relativieren. Entscheidende Unterschiede zwischen öffentlicher Verwaltung und Privatwirtschaft bleiben bestehen. Es geht wohl um eine Modifizierung der öffentlichen Verwaltung, die auch ohne grundlegenden Paradigmenwechsel in vielen Bereichen längst umgesetzt wurde: Hierarchieebenen können vielfach reduziert werden und die Eigenverantwortung der Mitarbeiter wird zunehmend als ein wichtiges Gut für eine erfolgreiche Arbeit erkannt. Die Verpflichtung zu einer bürgernahen und an den individuellen Bedürfnissen orientierten Verwaltung ergibt sich bereits aus den Grundrechten. Auch weiterhin wird die grundlegende Steuerung öffentlicher Verwaltung zentral, durch die Parlamente, erfolgen. Für die Umsetzung bedarf es neben den Gesetzen entsprechender Kontroll- und Aufsichtsstrukturen, die mehr sind als Selbstregulierung und nicht auf einer Ebene mit dem Mitarbeiter stehen können.

Literaturhinweise zur Vertiefung:

Braczyk, Hans-Joachim u. a.: Neue Organisationsformen in Dienstleistung und Verwaltung (1996).
Bieker, Rudolf: Kommunale Sozialverwaltung (2006).
Brülle, Heiner u. a.: Neue Steuerung in der Sozialhilfe (2002).
Damkowski, Wulf u. a.: Moderne Verwaltung in Deutschland (1998).
Damkowski, Wulf u. a.: Auf dem Weg zum Aktivierenden Staat (2003).
Deckert, Klaus u. a.: Das Neue Steuerungsmodell (1996).
Dols, Heinz u. a.: Kommunalrecht (2005).
Gern, Alfons: Deutsches Kommunalrecht (2003).
Gern, Alfons: Kommunalrecht Baden-Württemberg (2005).
Gernert, Wolfgang: Kommunale Sozialverwaltung und Sozialpolitik (1998).
Jordan, Erwin u. a.: Qualitätssicherung und Verwaltungsmodernisierung in der Jugendhilfe (1998).
Kreft, Dieter: Die sozialpädagogische Fachbehörde Jugendamt in der Sozialverwaltung, in: Arbeitsgemeinschaft für Jugendhilfe (Hrsg.), Das Jugendamt als Dienstleistungsunternehmen (1995), S. 40–57.
Krummacher, Michael u. a.: Soziale Stadt – Sozialraumentwicklung – Quartiersmanagement (2003).
Kulbach, Roderich u. a.: Öffentliche Verwaltung und Soziale Arbeit (1994).
Luthe, Ernst-Wilhelm: Wettbewerb, Vergabe und Rechtsanspruch im „Sozialraum" der Jugendhilfe, in: Nachrichtendienst des deutschen Vereins (NDV) (2001), S. 247-257.
Müller, C. Wolfgang: Jugendamt. Geschichte und Aufgabe einer reformpädagogischen Einrichtung (1994).
Papenheim, Heinz-Gert: Verwaltungsrecht für die soziale Praxis (2005), S. 25 ff.
Rolfes, Stephan u. a.: Aufgaben und Organisation der öffentlichen Verwaltung (1992).
Scholler, Heinrich: Grundzüge des Kommunalrechts der Bundesrepublik Deutschland (1990).
Schöneich, Michael (Hrsg.): Reformen im Rathaus (1996).
Trube, Achim von: Organisation der örtlichen Sozialverwaltung und Neue Steuerung (2001).
Vogelgesang, Klaus u. a.: Kommunale Selbstverwaltung (2005).

Weitere umfangreiche Literatur gibt es unter Berücksichtigung des unterschiedlichen Kommunalrechts in den einzelnen Bundesländern

X. Rechtsverwirklichung

Bisher ging es um die Frage, welche Rechtsstellung, Leistungsansprüche, Zuständigkeiten und Gestaltungsmöglichkeiten durch die Rechtsordnung vorgegeben sind. Hieraus ergeben sich Orientierung und Perspektiven für Soziale Arbeit (vgl. oben Seite 12 ff.). Im Folgenden geht es nun darum, wie sichergestellt werden kann, dass bestehende Rechte *(Rechtsansprüche)* auch tatsächlich realisiert werden. Hierbei kommt es entscheidend auf die Vorgehensweise von Verwaltungseinrichtungen, Möglichkeiten des Rechtsschutzes, einschließlich einer Kontrolle durch die Gerichte und die Verfahrenskosten, aber auch Perspektiven für freiwilliges Engagement an. Auch auf Unzulänglichkeiten der Rechtsdurchsetzung und die Bedeutung der Sozial- und Rechtsberatung ist einzugehen.

An dieser Stelle wird ausschließlich auf die Verwirklichung *öffentlich-rechtlicher Rechtsansprüche* näher eingegangen, also bezogen auf den Umgang mit Behörden. Für zivilrechtliche Auseinandersetzungen gelten diese Grundsätze nicht. Die zivilrechtliche Rechtsdurchsetzung ist letztlich nur über eine Klage beim zuständigen Zivilgericht möglich, meist verbunden mit einem erheblichen Kostenrisiko (vgl. unten Seite 188 f.). In einem solchen zivilrechtlichen Verfahren muss derjenige, der sich auf einen Anspruch beruft, die entsprechenden Voraussetzungen vollständig darlegen und beweisen können.

1. Das sozialrechtliche Verwaltungsverfahren

Hinsichtlich öffentlicher Sozialleistungen ist von entscheidender Bedeutung, was die öffentliche Verwaltung *von sich aus* zu unternehmen hat, damit der Leistungsberechtigte seine Leistungen auch erhält. Angefangen von Wartezeiten, Informationsmaterial, persönlicher Beratung bis hin zu Bereitstellung fremdsprachiger Antragsformulare, aktiver Werbung für öffentliche Leistungen und aufsuchenden Außendiensten sind diese Verhaltensweisen häufig entscheidend dafür, ob und welche Sozialleistungen jemand erhält.

Nach den Grundsätzen des öffentlichen Rechts (vgl. oben Seite 36 ff und Seite 88 ff) muss es detaillierte Vorschriften geben, wie mit den Bürgern umzugehen ist. Die Bestimmungen befinden sich SGB X (§§ 8–66) und teilweise im SGB I (§§ 16, 17, 36, 60–67). Ergänzend können auch die Bestimmungen des Verwaltungsverfahrensgesetzes und der Verwaltungsgerichtsordnung von Bedeutung sein (vgl. § 62 SBG X). Für die einzelnen Bereiche Sozialer Arbeit (Arbeitsförderung, Sozialhilfe, Sozialversicherung, Kinder- und Jugendhilfe, Strafvollzug) sind zusätzlich Spezialbestimmungen zu beachten (vgl. § 37 SGB I).

Diese Verfahrensfragen haben nichts zu tun mit *gerichtlichen Verfahren* (hierzu unten Seite 185 ff). Im (Sozial)Verwaltungsverfahren geht es vielmehr darum, was die Behörde im alltäglichen Umgang mit ihren Klienten zu beachten hat. Außergerichtliche Beschwerde- bzw. Widerspruchsverfahren sind ein spezieller, kleiner Teil des Verwaltungsverfahrensrechts.

Die Grundsätze des Verwaltungsverfahrens haben Bedeutung für öffentlich-rechtliches Handeln im Verhältnis zum Bürger. Soweit das Zivilrecht gilt, also freie Träger tätig werden, es um rein behördeninterne Maßnahmen oder schlicht hoheitliches Handeln (hierzu oben Seite 97) geht, gelten diese Regelungen nicht. Ebenso gelten sie nicht, wenn die Behörde ausnahmsweise privatrechtlich tätig wird (oben Seite 48 f).

Allgemeine Grundsätze

Beginn des Verfahrens

Von entscheidender Bedeutung ist bereits, wann eine Sozialbehörde überhaupt in irgendeiner Weise tätig zu werden hat. Das SGB spricht insoweit vom „Beginn des Verfahrens" (§ 18 SGB X). In den meisten Bereichen *darf* der Leistungsträger überhaupt nur tätig werden, wenn der eine Leistung Begehrende einen entsprechenden Antrag gestellt hat. Dies gilt für alle Sozialversicherungsleistungen (außer der gesetzlichen Unfallversicherung, vgl. § 19 SGB IV) und auch für die meisten anderen Sozialleistungen, einschließlich der Leistungen der Grundsicherung für Arbeitssuchende nach dem SGB II (vgl. § 37 SGB II). Daneben gibt es Bereiche, in denen die Leistungsbehörden nicht nur auf Antrag, sondern bereits auf der Grundlage pflichtgemäßen Ermessens von sich aus tätig werden.

So muss der Sozialhilfeträger „bei Bekanntwerden" einer Notlage handeln, gleich durch wen oder in welcher Weise er hiervon erfährt (vgl. § 18 SGB XII). Damit wird sichergestellt, dass diese letzte Möglichkeit der Existenzsicherung nicht an fehlender Fähigkeit, mit Behörden umzugehen, scheitert. Ebenso ist das Jugendamt verpflichtet, in Angelegenheiten der Kinder- und Jugendhilfe von sich aus ermittelnd und Hilfe anbietend tätig zu werden, wenn ihm, auf welchem Wege auch immer (z. B. durch Nachbarn, Lehrer, Ärzte), erhebliche Beeinträchtigungen des Kindeswohls bekannt werden (vgl. § 8a SGB VIII). Wann ein Verwaltungsverfahren aufzunehmen ist, ergibt sich aus den Bestimmungen des jeweiligen Leistungsgesetzes.

Nichtförmlichkeit des Verfahrens

Das Verwaltungsverfahren muss grundsätzlich nicht in einer bestimmten Form durchgeführt werden, außer in speziellen Normen ist etwas anderes bestimmt (§ 9 S. 1 SGB X). Damit hat die Behörde einen Gestaltungsspielraum, wie sie das Verfahren möglichst einfach, zweckmäßig und zügig durchführt. Dies kann zu der Verwendung einheitlicher Formulare führen. Auch die Form einer Antragstellung ist im SGB nicht einheitlich geregelt. Im Bundesausbildungsförderungsgesetz (BAföG) gilt z. B., dass ein Anspruch auf Ausbildungsförderung erst dann geprüft wird, wenn der Auszubildende einen entsprechenden Antrag *schriftlich* gestellt hat. In vielen Bereichen ist die Verwendung spezieller Vordrucke vorgeschrieben. Bei einem Antrag auf Arbeitslosengeld I ist das *persönliche Erscheinen* des Antragstellers bei der zuständigen Arbeitsagentur Voraussetzung für ein Tätigwerden der Behörde (vgl. § 122 SGB III), während für Arbeitslosengeld II/Sozialgeld eine (wie auch immer geartete) Antragstellung ausreichend ist (vgl. § 37 SGB II). In der Jugendhilfe begnügt man sich häufig mit einem mündlichen Einverständnis der Personensorgeberechtigten. Sind bestimmte Förmlichkeiten gesetzlich nicht vorgeschrieben, kann die Beachtung (z. B. Ausfüllen mehrseitiger Antragsformulare) nur im Rahmen der *Mitwirkungspflicht* des Klienten (hierzu unten Seite 177 ff) verlangt werden. D. h. soweit dies im Einzelfall nicht zumutbar oder nicht zweckmäßig ist, ist eine andere Vorgehensweise geboten (vgl. § 65 SGB X).

Zuständige Behörde/Weiterleitung

In jedem Fall kommt es darauf an, dass die sachlich und örtlich *zuständige Behörde* mit der Angelegenheit befasst wird. Denn nur sie darf die Angelegenheit prüfen und entscheiden.

Der Betroffene hat deshalb grundsätzlich Anträge auf Sozialleistungen beim *zuständigen* Leistungsträger zu stellen (§ 16 Abs. 1 Satz 1 SGB I). Eine wichtige Ergänzung enthält aber Satz 2. Hiernach sind auch *nicht zuständige* Sozialleistungsträger und alle *Gemeindeverwaltungen* verpflichtet, Anträge auf öffentliche Sozialleistungen entgegenzunehmen. Die annehmende Stelle muss den Antrag dann unverzüglich an den zuständigen Träger weiterleiten. Der Antrag gilt dann als zu dem Zeitpunkt gestellt, zu dem er bei der unzuständigen Stelle einging (§ 16 Abs. 2 SGB I) (Ausnahme: Meldung als arbeitslos, siehe oben). Angehörige eines Mitgliedstaates der Europäischen Union können darüber hinaus Anträge, Erklärungen und Rechtsbehelfe bei der entsprechenden Behörde eines anderen Mitgliedstaates fristwahrend einreichen.

Streiten mehrere Leistungsträger (z. B. nach der Weiterleitung eines Antrags) darüber, wer zuständig ist, kann (bei Antrag des Betroffenen: muss) der zuerst angegangene Träger vorläufig die Leistung in angemessenem Umfang erbringen, bis die Zuständigkeit geklärt ist (§ 43 SGB I). Dadurch soll verhindert werden, dass sich die unterschiedlichen und oft unklar geregelten Zuständigkeiten unseres vielgliedrigen Sozialsystems zu Lasten des Betroffenen auswirken. Auch mit dieser Regelung wird aber nur sehr bedingt eine zügige Leistungserbringung erreicht, da es zu Leistungen nach § 43 SGB I nur kommen kann, wenn feststeht, dass überhaupt ein Anspruch besteht und der zuerst angegangene Träger seine Zuständigkeit nicht vollständig ausschließt. Außerdem wird § 43 SGB I durch eine Reihe von Spezialregelungen verdrängt (z. B. § 23 SGB III, §§ 14, 102 Abs. 6 SGB IX, § 86 d SGB VIII, § 44a SGB II, § 98 Abs. 2 S.3 SGB XII).

Beginn der Leistung

Vor allem bei Leistungen, die laufend gezahlt werden (Hilfe zum Lebensunterhalt, Rente, Lohnersatzleistungen usw.), ist von erheblicher Bedeutung, *ab wann* die Leistung gewährt wird. Hierbei kommt es meist auf den *Zeitpunkt der Antragstellung* an. Leistungen der Rentenversicherung werden jedoch rückwirkend geleistet, wenn der Anspruch bis zu drei Kalendermonate nach Erreichen der Altersgrenze geltend gemacht wird. Eine spätere Antragstellung führt lediglich zu Leistungen ab Beginn des Monats der Antragstellung (vgl. § 99 SGB VI). Leistungen wie Arbeitslosengeld I oder II und Hilfe zum Lebensunterhalt nach dem SGB XII können überhaupt nicht rückwirkend gewährt werden (taggenaue Bewilligung). Wichtig ist deshalb, dass die Mitarbeiter ihren Pflichten nach § 16 Abs. 3 SGB I nachkommen und „darauf hinwirken, dass unverzüglich klare und sachdienliche Anträge gestellt" werden.

Antragsberechtigung

Antragsberechtigt ist grundsätzlich ausschließlich der von einer möglichen Leistung Begünstigte, also der Inhaber des *subjektiven Rechts* auf die Leistung (zum Begriff oben Seite 19 ff). Die Bevollmächtigung einer anderen Person ist möglich (§ 13 SGB X). Minderjährige werden grundsätzlich durch die Personensorgeberechtigten (in der Regel die Eltern) vertreten. Zu beachten ist weiter, dass gemäß § 36 SGB I – im Unterschied zum allgemeinen Geschäftsverkehr – Minderjährige nach Vollendung des 15. Lebensjahres wirksam Anträge auf Sozialleistungen (außer Leistungen nach dem SGB VIII) stellen und die entsprechenden Verfahren betreiben können (hierzu bereits ausführlicher oben Seite 52 ff).

Dauer des Verfahrens

Nach § 17 Abs. 1 Nr. 1 SGB I müssen Sozialleistungsträger in jeder Phase des Verfahrens darauf hinwirken, dass der Berechtigte die ihm zustehenden Sozialleistungen „umfassend und zügig", d. h. ohne jede vermeidbare Verzögerung, erhält. Dies gilt besonders, wenn der Betroffene von bestimmten Leistungen existenziell abhängig ist. Da es sich hierbei um *unbestimmte Rechtsbegriffe* handelt, ist es aber äußerst schwierig, die für den Einzelfall angemessene Verfahrensdauer zu bestimmen und deren Beachtung durchzusetzen. Der Betroffene kann sich ggf. zwar beschweren und möglicherweise einen Vorschuss beantragen. Welche Bearbeitungsdauer er hinzunehmen hat, ist aber nicht allgemein geregelt. Insbesondere sind bei unerwartet hohem Arbeitsanfall längere Wartzeiten hinzunehmen als sonst üblich. Lediglich bei existenzsichernden Leistungen oder ständigen Verzögerungen wird es in Betracht kommen, vor Gericht eine einstweilige Anordnung zu erzwingen (unten Seite 186 f) oder Schadenersatzansprüche gegenüber der Behörde geltend zu machen.

Ähnlich unklar sind die weiteren Bestimmungen des § 17 SGB I, wonach die „erforderlichen Dienste und Einrichtungen rechtzeitig und ausreichend zur Verfügung stehen" müssen, der Zugang zu Sozialleistungen „möglichst einfach" zu gestalten ist und sich die Tätigkeiten mit den Angeboten der freien Träger „zum Wohl der Leistungsempfänger wirksam (zu) ergänzen" haben.

Nichtöffentlichkeit

Grundsätzlich ist das Verwaltungsverfahren nicht öffentlich. Personen, die nicht unmittelbar an dem Verfahren beteiligt sind, haben deshalb kein Recht auf Anwesenheit bei den Besprechungen mit dem Klienten. Wenn allerdings durch eine *Begleitung* das Verfahren nicht gestört wird, wird die Behörde in der Regel einem entsprechenden Wunsch des Antragstellers auf Begleitung nachkommen müssen.

Im Unterschied hierzu haben *Bevollmächtigte* und *Beistände* ein Recht auf Anwesenheit bei Verhandlungen. Bevollmächtigte sind Personen, die den Betroffenen in vollem Umfang vertreten (§ 13 SGB X). Auf Verlangen haben Bevollmächtigte ihre Vollmacht schriftlich nachzuweisen. Bei Ehegatten und Verwandten in gerader Linie wird die Vollmacht regelmäßig vermutet.

Ein Beistand ist eine Person, die einen Verfahrensbeteiligten unterstützt, ohne dass sie zu einer Vertretung ermächtig wurde. Dies kann ein Bekannter, ein Freund oder ein Mitarbeiter einer sozialen Einrichtung sein. Das vom Beistand Vorgetragene gilt als vom Betroffenen vorgebracht, soweit dieser nicht unverzüglich widerspricht. Besondere Regeln gelten, wenn diese Unterstützung gewerbsmäßig ausgeübt wird (hierzu unten Seite 192 f).

Besorgnis der Befangenheit

Der Bürger hat ein Anrecht darauf, dass der Vertreter der Behörde ihm unbefangen gegenüber tritt. Ist das Gebot der Objektivität und Neutralität durch den jeweiligen Sachbearbeiter nicht herstellbar, so hat der Betroffene einen Anspruch darauf, dass die Angelegenheit von jemand anderem bearbeitet wird, z. B. wenn persönliche, freundschaftliche oder feindliche Beziehungen zum Bedürftigen bestehen oder wenn eigene Interessen des Bearbeiters berührt sind. Bereits bei einer *Besorgnis der Befangenheit* hat der Mitarbeiter die Pflicht, hiervon den Behördenleiter zu unterrichten. Ebenso kommt in Betracht, dass der Klient sich an den Behördenleiter wendet (§ 17 SGB X).

Amtssprache

Die Amtssprache im Sozialverwaltungsverfahren ist deutsch (vgl. § 19 SGB X). Dies bedeutet, dass bei amtlichen Mitteilungen und Entscheidungen die deutsche Sprache maßgeblich ist und die Sozialbehörde grundsätzlich die Vorlage einer Übersetzung verlangen kann, wenn Anträge oder Schriftstücke in einer anderen Sprache vorgelegt werden. Ein Antrag gilt auch erst ab dem Zeitpunkt gestellt, zu dem die Übersetzung vorliegt. Die Bestimmung der deutschen Sprache zur Amtssprache schließt allerdings die Verwendung einer anderen Sprache im Umgang mit Ausländern und in Merkblättern und Informationsschriften nicht aus (z. B. wenn ein Mitarbeiter über entsprechende Kenntnisse verfügt).

Eine wichtige Ausnahme von diesem Grundsatz besteht für Bürger aus Ländern der Europäischen Union und solchen Ländern, mit denen entsprechende zwischenstaatliche Abkommen bestehen (z. B. Türkei, Israel, Marokko, Schweiz, USA, Kanada, Rumänien). Bürger dieser Staaten können sich in ihrer Heimatsprache an deutsche Behörden und Gerichte wenden. Die Last der Übersetzung liegt insoweit bei der jeweiligen Behörde. Dies ergibt sich aus § 30 Abs. 2 SGB I i. V. m. den jeweiligen internationalen Verträgen. Die eigenen Schreiben darf die Behörde allerdings auch bei diesen Personen in deutscher Sprache verfassen. Hörbehinderte Menschen haben nach § 19 Abs. 1 SGB X das Recht sich in Gebärdensprache zu verständigen. Die Kosten für eine Übersetzung hat auch hier die Behörde zu tragen.

Anhörungspflicht

Grundsätzlich hat der an einem Verwaltungsverfahren beteiligte Bürger das Recht, sich zu den für die Entscheidung erheblichen Tatsachen zu äußern. Bevor in die Rechte des Bürger eingegriffen wird (*belastende Verwaltungsakte*), ist ihm Gelegenheit zur Stellungnahme zu geben (§ 24 SGB X). Damit wird der Betroffene vor Überraschungsentscheidungen geschützt und gleichzeitig sichergestellt, dass die Auffassung des Bürgers zumindest gehört wird. Für die Stellungnahme ist ihm eine angemessene Frist einzuräumen. Die Anhörung kann auch schriftlich oder telefonisch erfolgen. Von einer Anhörung kann nur dann abgesehen werden, wenn dies nach den Umständen des Einzelfalles geboten ist (§ 24 Abs. 2 SGB X).

Recht auf Akteneinsicht

Grundsätzlich hat jeder am Sozialverfahren Beteiligte nach § 25 SGB X einen Anspruch auf Einsicht in die Akten, *soweit dies zur Geltendmachung oder Wahrung seiner rechtlichen Interessen erforderlich ist.* Selbstverständlich können auch Bevollmächtigte anstelle des Verfahrensbeteiligten in die Unterlagen Einsicht nehmen. Statt bzw. neben der Akteneinsicht können die Beteiligten auch selbst Abschriften fertigen oder auf ihre Kosten Fotokopien anfertigen lassen.

Der Umfang des Rechts auf Akteneinsicht ist schwierig zu bestimmen. So kann die Behörde die Akteneinsicht verwehren, wenn dadurch Vorgänge bekannt würden, die zum Schutz berechtigter Interessen anderer Personen geheim gehalten werden müssen (vgl. unten Seite 198 ff). Besondere Probleme ergeben sich, wenn Eltern in die Akte von Kindern im Jugendalter Einblick nehmen wollen (vgl. unten Seite 213 f). Die Akteneinsicht kann aber auch wegen Fehlens eines „rechtlichen Interesses" abgelehnt werden. Gegebenenfalls ist zu prüfen, ob die Akteneinsicht auszugsweise zu gewähren ist.

Eine ordentliche Aktenführung ist auch wichtig, um die Angelegenheit jederzeit einem anderen Mitarbeiter übergeben zu können (z. B. Nachfolger) und im Hinblick auf die Beiziehung von Akten in gerichtlichen Verfahren. Nicht zuletzt ist eine geordnete Aktenführung hilfreich, um eine qualifizierte Soziale Arbeit leisten zu können (z. B. Fortschreibung von Hilfeplänen).

Fristen, Termine

Im sozialrechtlichen Verwaltungsverfahren spielen Fristen, wie in allen rechtlichen – insbesondere gerichtlichen – Verfahren, eine entscheidende Rolle (vgl. § 26 SGB X).

Nach Ablauf gesetzlich geregelter *Ausschlussfristen* können bestimmte Rechte nicht mehr geltend gemacht werden. Hierzu gehören vor allem Fristen für die Einlegung eines Rechtsmittels (Widerspruch, Klage, Verjährung). (Ausnahme: bei schuldlosem Versäumen evtl. Wiedereinsetzung in den vorigen Stand, hierzu unten Seite 175 f.).

Daneben gibt es Fristen, deren Dauer, Beginn und Ende die Behörde festsetzt (z. B. bezogen auf die Mitwirkung des Betroffenen bei der Aufklärung eines Sachverhalts). Auch solche Fristen haben manchmal den Charakter von Ausschlussfristen, können aber von der Behörde verlängert werden.

Hinsichtlich der Berechnung von Fristen und Terminen wird in § 26 SGB X Bezug genommen auf §§ 187–193 BGB. Damit gelten im öffentlichen Recht und im Zivilrecht die gleichen Grundsätze. Ohne diese Vorgaben würde es immer wieder zu Unklarheiten bei der Berechnung von Fristen kommen. Zunächst ist zu klären, ab wann eine Frist zu laufen beginnt. Ist der Fristbeginn von einem *Ereignis* (z. B. Geburt, Eheschließung) oder einen konkreten *Tageszeitpunkt* (Notartermin, Abgabe einer Erklärung) abhängig, so zählt dieser Tag bei der Fristberechnung nicht mit (§ 187 Abs. 1 BGB). Die Bekanntgabe (z. B. Zustellung durch die Post) ist ebenfalls ein Ereignis im Sinne des § 187 Abs. 1 BGB. Lediglich bei Fristen, für die der *Beginn eines Tages* oder der *Tag der Geburt* maßgeblich ist, wird dieser Tag mit gerechnet (vgl. § 187 Abs. 2 BGB). Für den Fristbe*ginn* ist es ohne Bedeutung, ob er auf einen Samstag oder Sonntag fällt.

Bei der Feststellung des Endes einer Frist ist ebenfalls genau hinzuschauen: Handelt es sich um eine Frist, die durch ein Ereignis oder einen Tageszeitpunkt in Gang gesetzt wurde (§ 187 Abs. 1 BGB), so endet die Frist mit Ablauf des letzten Tages der Frist. War der Fristbeginn von einem bestimmten Tag oder dem Geburtstag abhängig (§ 187 Abs. 2 BGB), so endet die Frist mit Ablauf des Tages, der dem Fristende vorausgeht. Zur Fristwahrung müssen Erklärungen innerhalb der Frist den Empfänger *erreicht haben* (im Briefkasten der zuständigen oder einer anderen deutschen Behörde, vgl. § 16 SGB X, § 84 Abs. 2 SGG). Die rechtzeitige Absendung reicht nur ausnahmsweise aus, wenn dies ausdrücklich so geregelt ist. Fällt ein Fristende (oder auch ein Termin) zur Abgabe einer Willenserklärung auf einen Samstag, Sonntag oder staatlich anerkannten Feiertag, so endet die Frist erst mit Ablauf des darauf folgenden Werktags.

Beispiele: Ein Anspruch auf Rente kann bei der gesetzlichen Rentenversicherung bis zu drei Monate nach Entstehung des Anspruchs geltend gemacht werden (§ 99 SGB VI). Da der Rentenanspruch ab Beginn des Monats entsteht, der dem 65. Geburtstag folgt, kann ein Versicherter, der am 20. März eines Jahres 65 Jahre alt wird, den Anspruch bis zum 30. Juni diesen Jahres (mit Rückwirkung) geltend machen. Ist der 30. Juni ein Samstag, reicht es, wenn die Erklärung bis zum 2. Juli (Montag, spätestens 23.59 Uhr) bei der Behörde eingeht.

Wird ein Verwaltungsakt mit der Belehrung, dass Widerspruch innerhalb eines Monats zulässig ist, am 3. November zugestellt, beginnt die Widerspruchsfrist am 4. November und endet am 4. Dezember um 24. 00 Uhr (Nachtbriefkasten!). Wochenende und Feiertage wirken ggf. fristverlängernd.

Wiedereinsetzung in den vorigen Stand

Das Verstreichen einer Ausschlussfrist führt im Interesse der *Rechtssicherheit* zum Rechtsverlust beim Betroffenen. Der Betroffene muss selbst dafür sorgen, dass keine Fristen verstreichen. Diese Sorgfaltspflichten haben aber ihre Grenzen. Wenn die Fristversäumnis völlig unverschuldet erfolgt, wäre ein durch Fristablauf bedingter Rechtsverlust *unverhältnismäßig*. Wer *ohne sein Verschulden* verhindert war, eine gesetzte Frist einzuhalten, kann deshalb die *„Wiedereinsetzung in den vorigen Stand“* verlangen (§ 27 SGB X).

Voraussetzung hierfür ist, dass der Betroffene bis zu deren Ablauf an der Wahrung der Frist gehindert war (Krankheit, Urlaub, Unkenntnis der Frist). Ein Verschulden seines Vertreters muss der Betroffene sich grundsätzlich zurechnen lassen. In vielen Fällen ist unklar, welche Vorkehrungen man treffen muss, um Fristen einzuhalten zu können. Die Rechtsprechung hat z. B. entschieden, dass es bei mittelschweren Erkältungskrankheiten grundsätzlich zumutbar ist, jemanden mit der Überbringung einer Erklärung zu beauftragen und bei einer Abwesenheit von mehr als sechs Wochen einen Nachsendeantrag bei der Post zu stellen (dies gilt nicht nur, wenn man ein wichtiges Schreiben erwartet). Andererseits hat man nicht zu verantworten, wenn aufgrund eines Verschuldens der Post ein Schreiben nicht oder nicht rechtzeitig bei der Behörde eingeht. Die Maßstäbe für das fehlende Verschulden ergeben sich immer aus den *Umständen des Einzelfalls.*

Die Wiedereinsetzung in den vorigen Stand kann nur erfolgen, wenn der Betroffene unverzüglich, spätestens zwei Wochen nach Wegfall des Hinderungsgrundes einen *Antrag* auf Wiedereinsetzung stellt und die Gründe für die unverschuldete Verhinderung glaubhaft macht (§ 27 Abs. 2 SGB X). Durch die Wiedereinsetzung wird der Betroffene so gestellt, als hätte er die verspätete Handlung rechtzeitig vorgenommen.

Untersuchungsgrundsatz

Die bisher genannten Grundsätze des Verwaltungsverfahrens reichen nicht aus, um eine sinnvolle Bearbeitung durch die Behörde sicherzustellen. Die im SGB aufgezählten formalen Bestimmungen geben lediglich einen Rahmen vor. Im Übrigen ist das Verwaltungsverfahren an bestimmte Formen nicht gebunden, sondern es ist *einfach, zweckmäßig* und *zügig* durchzuführen (§ 9 SGBX). Die Verantwortung hierfür liegt bei der zuständigen Behörde. Zur Aufklärung eines Sachverhalts muss sie *von sich aus* ermitteln. Diese Untersuchungstätigkeit ist eine *Amtspflicht* der Behörde. Der Umfang der notwendigen Ermittlungen ergibt sich aus den Umständen des Einzelfalls. Der Bürger ist also keineswegs immer „selbst Schuld“, wenn er vergisst, einen bestimmten Bedarf geltend zu machen. Dies ergibt sich aus dem *Untersuchungsgrundsatz* (auch *Amtsermittlungsgrundsatz* genannt), geregelt in § 20 SGB X.

Wenn hinreichende Gründe vorliegen, ist die Behörde berechtigt und verpflichtet, neben den vom Antragsteller beigebrachten Unterlagen weitere Informationen selbst zu beschaffen – sei es zugunsten des potentiellen Leistungsempfängers, sei es zu dessen Nachteil. Welche Maßnahmen zu ergreifen sind liegt im pflichtgemäßen Ermessen der Behörde. Dienlich können sein die *Vernehmung von Zeugen* (Aussagepflicht nur ausnahmsweise, siehe unten), *Sachverständigengutachten* (z. B. über den Grad der Erwerbsminderung), die Beiziehung von *Urkunden oder Akten* (unter Beachtung des Datenschutzes) oder der persönliche *Augenschein* von Räumlichkeiten (Eignung einer Wohnung für eine behinderte Person). Die Kosten hierfür trägt die Behörde, es sein denn, der Betroffene hat die Maßnahmen verschuldet. Sozialleistungsbehörden haben damit eine wesentlich weitergehende Untersuchungsfrist als Unternehmen der freien Wirtschaft und Privatpersonen.

Im Rahmen der Ermittlungen können auch *Auskünfte* bei anderen Personen oder Behörden eingeholt werden. Hierbei sind allerdings Datenschutzbestimmungen streng zu beachten (vgl. § 37 S. 3 SGB I, ausführlich hierzu unten Seite 201 f, Seite 203 ff). Vorrangig müssen Informationen immer beim Betroffenen selbst eingeholt werden. Die Finanzbehörden sind nach § 21, Abs. 4, SGB X gegenüber den Sozialbehörden zur Auskunft verpflichtet. Nach § 315, Abs. 2 SGB III sind die Eltern eines Arbeitslosen verpflichtet, der Arbeitsagentur Auskunft über ihre Einkommensverhältnisse zu geben, wenn das Kind Arbeitslosenhilfe bezieht. Nach § 117, SGB XII sind Unterhaltspflichtige und Arbeitgeber verpflichtet, dem Sozialamt Auskünfte über Einkommens- und Vermögensverhältnisse zu geben. Bezogen auf Leistungen für Arbeitssuchende bestehen solche Verpflichtungen nach § 57 ff SGB XII. Ähnliches gilt bei Leistungen der Kinder- und Jugendhilfe (§ 97a SGB VIII). Das Amt für Ausbildungsförderung hat nach § 47 BAföG ebenfalls bestimmte Auskunftsrechte.

Die Ermittlungen haben allerdings auch Grenzen. So hat die Behörde grundsätzlich Angaben des Betroffenen Glauben zu schenken. Nur bei begründetem Zweifel darf die zuständige Behörde weitere Ermittlungen einleiten. So ist es nach der herrschenden Meinung unzulässig, wenn das Sozialamt oder die Arbeitsagentur bei Anträgen auf Hilfe zum Lebensunterhalt generell von den Antragstellern eine Ermächtigung verlangt, um deren Angaben über Vermögensverhältnisse bei der Bank des Betroffenen zu überprüfen (etwas anderes gilt bei begründeten Zweifeln im Einzelfall).

Mitwirkungspflichten des Sozialleistungsberechtigten

Die notwendigen Untersuchungen, um festzustellen, ob eine bestimmte Maßnahme zu ergreifen ist (z. B. Leistungsbewilligung), werden von der zuständigen Behörde in eigener Verantwortung durchgeführt (hierzu zuvor). Dies ist Aufgabe der staatlichen Leistungsträger und nicht Pflicht der Bürger (§ 20 SGB X). Allerdings kann in vielen Fällen eine Aufklärung des Sachverhalts nur erfolgen, wenn der eine Leistung Begehrende Angaben zu seiner Person und seinen persönlichen Verhältnissen macht und entsprechende Unterlagen vorlegt. Eigene Ermittlungen der Behörde wären häufig mit erheblichem Aufwand verbunden, während der Betroffene mit wesentlich geringerem Aufwand für Klarheit sorgen kann. Aus diesem Grund ist der Leistungsberechtigte zur *Mitwirkung* bei der Feststellung von Leistungsansprüchen verpflichtet. Er muss ggf. Angaben machen, Unterlagen beschaffen und bereit sein, sich ärztlich untersuchen zu lassen. Diese Mitwirkungspflichten des Sozialleistungsberechtigten, die in allen Bereichen des Sozialleistungsbereichen von Bedeutung sind, ergeben sich aus §§ 60 bis 65 SGB I. Neben den Auskunftspflichten gehört zu den Mitwirkungspflichten auch die Verpflichtung, Nachteile für den Leistungsträger zu vermeiden (Schadensminderungspflicht).

Darüber hinaus gibt es weitere spezielle Verpflichtungen in den einzelnen Sozialleistungsbereichen, aber auch Nebenpflichten und Selbsthilfeobliegenheiten, die sich aus dem Zusammenhang der jeweiligen Leistung ergeben.

Orientierung am Einzelfall

Der Umfang der Mitwirkungspflicht ergibt sich immer aus den Umständen des Einzelfalls. Sie muss in einem angemessenen Verhältnis zur beanspruchten Sozialleistung stehen (§ 65 SGB I) und entbindet die Leistungsbehörde nicht von ihrer eigenständigen Untersuchungspflicht. Außerdem muss die Mitwirkung dem Betroffenen *zumutbar* sein (§ 65 SGBI). Wer von einer Behörde zur Mitwirkung aufgefor-

Mitwirkungspflichten des Sozialleistungsberechtigten (§§ 60–65 SGB I)

Der Leistungsberechtigte ist verpflichtet:
1. alle für die Leistungen erheblichen Tatsachen anzugeben,
2. einer Auskunftserteilung durch Dritte (z. B. Arbeitgeber, Ärzte, Krankenhäuser, Sozialarbeiter) zuzustimmen,
3. Änderungen in den Verhältnissen, die für die Leistungen erheblich sind, unaufgefordert mitzuteilen (z. B. Einkommensänderungen),
4. vorhandene Beweismittel zu benennen,
5. ärztliche und psychologische Untersuchungen zu dulden, soweit sie verhältnismäßig und zumutbar sind,
6. Heilbehandlungen einschließlich Operationen in einem bestimmten Umfang zu dulden,
7. sich an berufsfördernden Maßnahmen zu beteiligen,
8. vor der Leistungsbehörde persönlich zu erscheinen, wenn Aufklärung in anderer Weise nicht möglich ist.

dert wird, hat Anspruch auf Erstattung der notwendigen Auslagen (§ 65a SGB I). Ausgenommen hiervon sind (bis auf besondere Härtefälle) Kosten, die durch ein persönliches Erscheinen bei der Behörde entstehen.

Untersuchungspflichten der Leistungsbehörde und Mitwirkungspflichten des Leistungsberechtigten ergänzen sich gegenseitig. Im Einzelfall kann es schwierig sein, die Grenzen der Mitwirkungspflichten und den Umfang der Amtsermittlung zu bestimmen. Bei Einzelfragen ist als Leitgedanke heranzuziehen, dass das Verhältnis zwischen Leistungsträger und Leistungsberechtigtem von einem *Vertrauensverhältnis* geprägt sein soll, in dem beide Seiten das ihnen Zumutbare tun müssen, um einander vor vermeidbarem Schaden zu bewahren.

Beispiele: Grundsätzlich ist der Bedürftige verpflichtet, z. B. bei der Arbeitsagentur, dem Sozialamt oder dem Jugendamt persönlich vorzusprechen (§ 61 SGB I). Aber nicht nur gesundheitliche, sondern auch andere Gründe, wie die ständige Betreuung eines Angehörigen, können dagegen sprechen (§ 65 Abs. 1 Nr. 2 SGB I). Zu den Mitwirkungspflichten gehört auch, Angaben zu machen oder Maßnahmen zu dulden, die letztlich zu einer Verweigerung der Leistung führen. So wird von einer erwerbsgeminderten Person erwartet, dass sie an einer Rehabilitationsmaßnahme teilnimmt, damit die Erwerbsfähigkeit wieder hergestellt werden kann und der Rentenversicherung Rentenzahlungen wegen Erwerbsminderung erspart bleiben. Ist allerdings eine Operation notwendig, die mit erheblichen Risiken für den Betroffenen verbunden ist, erhebliche Schmerzen erwarten lässt oder deren Erfolgsaussichten ungewiss sind, so kann dies bedeuten, dass eine entsprechende Maßnahme dem Betroffenen nicht zuzumuten ist. Bei der Abwägung der Verhältnismäßigkeit ist immer auch die subjektive Einstellung des Betroffenen zu berücksichtigen (z. B. der Weltanschauung oder Lebensführung). Ebenso spielt eine Rolle, in welchem Umfang unzureichende Mitwirkung öffentliche Kassen belastet. So spielt bei Maßnahmen zur Vermeidung von Berufsunfähigkeit stets eine Rolle, wann der Berufsunfähige ohnehin wegen Erreichen der Altersgrenze aus dem Berufsleben ausscheiden würde.

Abgesehen von extremen Ausnahmefällen ist es für die Mutter eines nichtehelichen Kindes zumutbar, einem Leistungsträger den Namen des Vaters zu nennen, damit gegen ihn Unterhaltsansprüche für das Kind durchgesetzt werden können. Problematisch ist aber die Frage, ob eine Verweigerung entsprechender Mitwirkung es rechtfertigt, dem Kind Sozialgeld nach § 20 SGB II bzw. Leistungen der Sozialhilfe zu verweigern, da hierdurch die Lebensbedingungen eines Menschen gefährdet würden, der diese Situation nicht zu verantworten hat. In einem Asyl- bzw. Einbürgerungsverfahren kann die Vorlage oder Beschaffung von Abstammungsunterlagen nur erwartet werden, soweit dies mit verhältnismäßigem Aufwand möglich ist.

Folgen fehlender Mitwirkung

Der Leistungsberechtigte kann zwar nicht zur Mitwirkung gezwungen werden. In § 65 SGB I ist aber ausdrücklich vorgesehen, dass eine schuldhafte Verweigerung der Mitwirkung eine *Leistungskürzung* zur Folge haben kann. Voraussetzung für eine vollständige oder teilweise Versagung bzw. Entziehung von Leistungen ist immer, dass der Betroffene auf diese Folge der Verweigerung seiner Mitwirkung schriftlich hingewiesen worden ist und ihm eine angemessene Frist für die Erfüllung seiner Pflichten gesetzt wurde (§ 66 Abs. 3 SGB I). Außerdem muss die Erfüllung dieser Pflicht für die Klärung des Sachverhalts unverzichtbar sein. Die Versagung der Leistung ist eine Ermessensentscheidung („kann ... versagen"), die in Streitfällen ggf. gerichtlich überprüft wird. Bei Nachholung der Mitwirkung ist grundsätzlich eine Nachgewährung möglich.

Zur Vermeidung von *Sozialleistungsmissbrauch*, zur Feststellung des tatsächlichen Bedarfs, zur Beratung des Hilfsbedürftigen oder auch um mehrere Familienmitglieder gleichzeitig zu erreichen, werden häufig *Hausbesuche* praktiziert. Selbstverständlich kann dies sinnvoll sein, um neben der Aufklärung des Sachverhalts ein persönliches Verhältnis zwischen Sozialarbeiter und Klienten aufzubauen. Rechtlich unbedenklich ist dies jedoch nur, wenn der Betroffene damit *einverstanden* ist (Art. 13 GG). Häufig erklären sich Betroffene auch nur deshalb damit einverstanden, weil sie anderenfalls Leistungskürzungen befürchten. Wegen des besonderen Abhängigkeitsverhältnisses sind diese Maßnahmen brisant. Nach der herrschenden Meinung darf ein solcher Besuch nicht routinemäßig zur Voraussetzung für die Gewährung von Sozialleistungen gemacht werden. Denn für die Prüfung eines Leistungsanspruchs ist ein solcher Besuch nur notwendig, wenn *besondere Umstände* dies rechtfertigen. Ansonsten darf die Weigerung, den Mitarbeiter des Sozialleistungsträgers in die Wohnung zu lassen, keine Einschränkungen der Leistungen zur Folge haben, da eine Mitwirkungspflicht nicht besteht.

Pflichten nicht unmittelbar beteiligter Personen

Die Mitwirkungspflichten richten sich grundsätzlich an den Leistungsberechtigten. Zur Feststellung, ob ein Anspruch auf Sozialleistungen besteht, kommt es häufig aber auch auf Informationen an, die nur andere Personen (Dritte) beschaffen können. Ein Anspruch auf Arbeitslosengeld II/Sozialgeld bzw. Hilfe zum Lebensunterhalt besteht z. B. nur, wenn Ehepartner und – mit Einschränkungen – in gerader Line Verwandte des Bedürftigen für dessen Lebensunterhalt nicht aufkommen können (§ 9 SGB II, § 19 SGB XII). Der Leistungsträger ist deshalb darauf angewiesen, von diesen Personen entsprechende Auskünfte zu erhalten. Immer wieder wird auch versucht, durch die Befragung von Nachbarn zu ermitteln, ob Bedürftige in einer eheähnlichen Lebensgemeinschaft leben, weil dies nach § 7 Abs. 3 Nr. 3 b bzw. § 20

SGB XII Unterhaltspflichten des Partners begründet (vgl. hierzu oben Seite 73 f.). Arbeitsagenturen sind daran interessiert, von Geschäftspartnern eines Arbeitslosen zu erfahren, ob und wann sie ihm Aufträge erteilt haben. § 21 Abs. 3 SGB X regelt, dass nicht unmittelbar Beteiligte ausnahmsweise verpflichtet sind, Auskünfte zu erteilen, soweit dies gesetzliche Regelungen vorschreiben oder eine Aufklärung in anderer Weise nicht möglich ist. In §§ 98 ff SGB X wurden unter anderem spezielle Auskunftspflichten für Arbeitgeber, Unterhaltspflichtige und Ärzte des Leistungsberechtigten begründet.

Fehlende Kooperationsbereitschaft dieser Personen kann in keinem Fall zu einer Kürzung oder Verweigerung der Sozialleistung führen, da dieses Verhalten dem Leistungsberechtigten nicht zuzurechnen ist. In extremen Fällen können Zeugenaussagen aber durch die Gerichte mit Zwangsgeld oder Beugehaft erzwungen werden (§ 22 SGB X). Stets ist allerdings der Grundsatz der Verhältnismäßigkeit zu beachten. Dabei spielen neben dem Umfang der begehrten Sozialleistungen auch die sozialen Beziehungen der Betroffenen zu Freunden, Nachbarn usw. eine Rolle und sind grundsätzlich schutzwürdig. Nahe Verwandte haben (soweit die genannten, gesetzlichen Auskunftspflichten nicht greifen) ein Zeugnisverweigerungsrecht. Mitarbeiter sozialer Dienste unterliegen bezogen auf ihre Klienten der Schweigepflicht und dürfen deshalb abgesehen von klar geregelten Ausnahmen anderen Behörden gegenüber keine Angaben machen (vgl. hierzu ausführlich unten Seite 209 ff, 209 f, 210 f).

2. Rechtsschutzmöglichkeiten

Rechtsschutz im juristischen Sinne bedeutet, dass durch *spezielle Verfahren* die Realisierung von Rechtspositionen sichergestellt wird. Bereits oben wurde auf die Verpflichtung der öffentlichen Verwaltung eingegangen, von sich aus dem Bürger zu seinen Rechten zu verhelfen (oben Seite 88 ff, 96 f und Seite 176 f), und auf die Bedeutung behördeninterner Kontrolle einschließlich der Aufsicht übergeordneter Behörden hingewiesen (vgl. oben Seite 155 f). Im Folgenden geht es darum, was der betroffene *Bürger tun kann*, wenn sich eine Behörde oder eine Rechtsperson des Zivilrechts ihm gegenüber *rechtswidrig* verhält.

Die Rechtsordnung setzt in aller Regel voraus, dass der Betroffene aktiv wird, um einen rechtswidrigen Zustand zu beseitigen. Die stillschweigende Hinnahme rechtswidrigen Verhaltens verhindert in der Regel eine Beseitigung des einmal eingetretenen Unrechts (hierzu bereits oben Seite 18 f und unten Seite 190 ff). Zu unterscheiden ist zwischen *formlosen* Rechtsbehelfen und *förmlichen* Rechtsbehelfen.

Formlose Rechtsbehelfe

Jedermann und jede Organisation hat die Möglichkeit, auf bestehendes Unrecht hinzuweisen. Hierbei ist man jedoch auf Einsicht des Ansprechpartners angewiesen und vertraut darauf, dass das Gegenüber letztlich in eigener Verantwortung Abhilfe schafft. Dieser Weg kann Erfolg versprechend sein und ist häufig als erster Schritt ratsam. Durch solche *Aufforderungen, Beschwerden* und *Erinnerungen* wird aber kein förmliches Verfahren in Gang gesetzt, welches den Weg zu einer unabhängigen

Kontrolle durch die Gerichte eröffnen würde. Im öffentlichen Recht wird unterschieden zwischen *Gegenvorstellung, Fachaufsichtsbeschwerde* und *Dienstaufsichtsbeschwerde.*

Mit einer „Gegenvorstellung" wendet sich der Bürger unmittelbar an die handelnde Behörde mit der Aufforderung, eine beanstandete Maßnahme zu überprüfen und ggf. zu ändern oder aufzuheben. Eine „Fachaufsichtsbeschwerde" richtet sich mit dem gleichen Ziel an die nächst höhere Fachbehörde. Eine „Dienstaufsichtsbeschwerde" richtet sich hingegen nicht in erster Linie gegen eine Sachentscheidung, sondern gegen einen Verwaltungsmitarbeiter persönlich. Sie hat zum Ziel, dass der Bedienstete angewiesen wird, sich ordnungsgemäß zu verhalten und möglicherweise dienstrechtliche Sanktionen verhängt werden.

Kennzeichen dieser *„formlosen Rechtsbehelfe"* ist, dass sie ohne Beachtung bestimmter Formalien und ohne Bindung an bestimmte Fristen *jederzeit* und von *jedermann* geltend gemacht werden können. Die zuständige Behörde hat über die Eingabe nach pflichtgemäßem Ermessen zu entscheiden. Auch sie ist also weitgehend frei, wie sie mit der Beschwerde umgeht. Nach der Rechtsprechung des Bundesverfassungsgerichts hat die Behörde allerdings über die Art der Erledigung den Bürger innerhalb einer angemessenen Frist schriftlich zu bescheiden. Die Nachteile des formlosen Rechtsbehelfs bestehen darin, dass die jeweilige Behörde oft wenig geneigt ist, das eigene Verhalten oder das eines Mitarbeiters nach außen offenkundig in Misskredit zu bringen. Unter Insidern ist daher die Redewendung formlose Rechtsbehelfe seien „formlos, fristlos, fruchtlos" ein geflügeltes Wort. In Einzelfällen, etwa wenn das Verhalten eines bestimmten Bediensteten immer wieder zu Beanstandungen führt, oder im Hinblick auf eine langfristige Änderung des Verwaltungshandelns kann es aber durchaus sinnvoll sein, diese Rechtsbehelfe zu nutzen.

Petitionen, Bürgerbegehren, Volksentscheid

Darüber hinaus kann der Bürger sich auch in jeder beliebiger Angelegenheit und in jeder Form an die Volksvertretung, also die *politischen Gremien*, wenden. Hierfür gibt es auf allen Ebenen Bundestag, Landtag, Kreistag, Gemeinderat spezielle Obmänner bzw. Ausschüsse. Der Bürger muss nicht geltend machen können, in seinen subjektiven Rechten (hierzu oben Seite 18 f.) verletzt zu sein. Bei *Petitionen* an die Volksvertretung kann davon ausgegangen werden, dass eine unabhängige und sachliche Prüfung der Angelegenheit erfolgt. Außerdem wird der Bürger häufig durch Rat, Auskunft oder Zusendung von Informationsmaterial unterstützt. Auch Petitionen sind aber keine Rechtsmittel im eigentlichen Sinn. Denn im Unterschied zu den Gerichten fehlt es bei der Volksvertretung an der Befugnis, rechtsverbindliche Regelungen aufzuheben oder zu korrigieren (*Gewaltenteilung*). Sie kann an den jeweiligen Entscheidungsträger Appelle und Anregungen richten oder aber für *zukünftige* Fälle auf eine Gesetzesänderung – entsprechende Parlamentsmehrheiten vorausgesetzt – hinwirken.

In den Landesverfassungen der Bundesländer findet man Regelungen über *Bürgerbegehren, Bürgerentscheid* und *Bürgerantrag*. Hierbei handelt es sich um Bestimmungen, die es der Bevölkerung unter genau geregelten Voraussetzungen ermöglichen, einzelne Sachfragen an Stelle des Parlaments zu entscheiden bzw. gegenüber dem Parlament zur Sprache zu bringen. Dies ist in der *repräsentativen Demokratie* die Ausnahme, da sich die Mitsprachemöglichkeiten des Bürgers grundsätzlich auf die Wahl der Volksvertreter beschränken. Von diesen Möglichkeiten wird in Deutschland wenig Gebrauch gemacht, soweit die politischen Parteien eine Mittlerfunktion zwischen Volkswillen und Gesetzgebung übernehmen.

Die Möglichkeiten dieser Bürgerbeteiligung an der Gesetzgebung sind in den Bundesländern unterschiedlich geregelt. Teilweise besteht die Möglichkeit auch auf kommunaler Ebene. Hierbei geht es aber immer um die Schaffung allgemeiner Regelungen für die Zukunft, nicht aber um die Korrektur von bereits getroffenen Einzelentscheidungen.

Förmliche Rechtsbehelfe

In einem förmlichen Verfahren müssen bestimmte Formvorschriften, insbesondere Fristen, beachtet werden. Häufig sind mit diesen Verfahren für den Fall des Unterliegens auch Kosten verbunden. Im Unterschied zu den nicht förmlichen Rechtsbehelfen ist eine unabhängige Überprüfung konkreter Angelegenheiten durch formale Vorgaben sichergestellt. Im öffentlichen Recht spielt als Vorstufe zum *gerichtlichen Verfahren* das *Widerspruchsverfahren* eine große Rolle. Die Förmlichkeit kommt bereits darin zum Ausdruck, dass es nicht im Belieben des Betroffenen steht, welchen Weg er zur Rechtskontrolle beschreitet, sondern regelmäßig gibt es nur *genau einen* zulässigen Rechtsweg.

3. Widerspruch

Fühlt man sich durch eine Handlungsweise der öffentlichen Verwaltung in unrechtmäßiger Weise betroffen, kann man hiergegen *Widerspruch* einlegen. Voraussetzung ist, dass man geltend machen kann, in seinen persönlichen Rechten verletzt zu sein (keine Popularklage, vgl. oben Seite 19) und die Behörde in der Form eines Verwaltungsaktes (hierzu oben Seite 99 ff) gehandelt hat. Der „Widerspruch" ist dann das einzig zulässige Rechtsmittel (neben den nicht förmlichen Rechtsbehelfen). Der Zugang zu den Gerichten ist erst eröffnet, *nachdem* das Widerspruchsverfahren erfolglos durchgeführt wurde. Hat die Behörde nicht durch Verwaltungsakt gehandelt, sondern über öffentlich-rechtliche Verträge Regelungen getroffen, sind die Rechtschutzmöglichkeiten *(Rechtsweg)* deutlich weniger klar geregelt. Bei Vereinbarungen zwischen öffentlichen und freien Trägern ist in vielen Fällen ein Verfahren vor gemeinsamen Schiedsstellen vorgesehen (vgl. oben Seite 148 ff). Bzgl. Eingliederungsvereinbarungen nach § 15 SGB II und Hilfeplanverfahren nach § 36 SGB VIII gibt es hingegen in der Regel keinen selbstständigen Rechtsschutz, da die Behörde in diesen Fällen der Form nach nicht hoheitlich, sondern im Einvernehmen mit dem Bürger handelt. Widerspruch kann daher erst eingelegt werden, wenn die Behörde anknüpfend an die Vereinbarung bestimmte Maßnahmen durch Verwaltungsakt (z. B. Sanktionen nach § 31 SGB II) regelt. Dies ist in vielen Fällen nicht befriedigend. Nur in Ausnahmefällen, z. B. wenn die Behörde zum Nachteil des Bürgers untätig blieb, kann ohne Widerspruchsverfahren Klage vor dem zuständigen Gericht erhoben werden (so genannte *Untätigkeitsklage,* § 42 Abs. 1 VwGO, § 46 FGO).[13]

[13] Es gibt weitere Ausnahmen hinsichtlich der Zulässigkeit einer Klage auch ohne vorausgehendes Widerspruchsverfahren, die aber für die Soziale Arbeit ohne größere Bedeutung sind (vgl. § 68 Verwaltungsgerichtsordnung und § 78 Sozialgerichtsgesetz).

Rechtsbehelfsbelehrung

Bereits in dem regelnden Bescheid der Behörde (*Verwaltungsakt*) hat diese, wenn er schriftlich erfolgte, auf die Möglichkeit des Widerspruchs hinzuweisen und anzugeben, wo und innerhalb welcher Frist Widerspruch gegen den Verwaltungsakt eingelegt werden kann (*Rechtsbehelfsbelehrung*, hierzu bereits oben Seite 104 f). Der Widerspruch ist grundsätzlich innerhalb eines Monats nach Zustellung des Bescheids zulässig (*Ausschlussfrist* gem. § 70 VwGO, § 84 Abs. 1 SGG, vgl. oben Seite 99 f). Für den Fall, dass der Empfänger nicht auf die Möglichkeit des Widerspruchs hingewiesen wurde, z. B. bei einer mündlichen Reglung, oder falls die Belehrung vergessen wurde, verlängert sich die Frist auf ein Jahr (vgl. § 58 VwGO, § 66 Abs. 1 SGG). Einzulegen ist der Widerspruch (abgesehen von Ausnahmen) bei der Behörde, die den Verwaltungsakt erlassen hat. Mit der Einlegung des Widerspruchs wird ein eigenes *Verwaltungsverfahren* eröffnet (vgl. oben Seite 170 ff). Neben den Vorschriften des SGB X befinden sich spezielle Regelungen über das *Widerspruchsverfahren* in den §§ 68 ff Verwaltungsgerichtsordnung (VwGO) und §§ 68 ff Sozialgerichtsgesetz (SGG).

Bedeutung des Widerspruchsverfahrens

Geht ein Widerspruch ein, muss die Behörde, die die Maßnahme getroffen hat, die Angelegenheit unverzüglich erneut prüfen. Sie kann dem Widerspruch abhelfen, indem sie den angefochtenen Verwaltungsakt zurücknimmt und ggf. einen neuen erlässt. Für den Fall, dass sie auch nach der internen Überprüfung die getroffene Maßnahme für recht- und zweckmäßig hält, muss sie den Widerspruch an die *Widerspruchsbehörde* weiterleiten. Dies ist in aller Regel die nächst höhere Behörde (meist die *Fachaufsichtsbehörde*). Diese übergeordnete Verwaltungsbehörde überprüft nun das Verhalten der unteren Verwaltungsbehörde. Sie muss je nach dem Ergebnis ihrer Prüfung dem Widerspruch *abhelfen* (die umstrittene Regelung aufheben) oder aber einen *ablehnenden Widerspruchsbescheid* erlassen. Eine Ablehnung ist stets schriftlich zu begründen. Der Betroffene hat Anspruch auf Erlass eines Widerspruchsbescheids. Kommt die Behörde ohne ausreichenden Grund dieser Verpflichtung nicht nach, kann der Widersprechende nach Ablauf von drei Monaten Untätigkeitsklage erheben (§ 75 VwGO, § 88 SGG).

Für den Fall, dass der Widerspruch sich gegen die Regelung einer obersten Bundes-, Landes- oder Kommunalbehörde richtet, entscheidet diese Behörde über den Widerspruch abschließend selbst, weil es dann im behördenrechtlichen Sinn keine übergeordnete Behörde gibt (vgl. oben Seite 162 f).

Liegt ein ablehnender Widerspruchsbescheid vor, kann der Betroffene hiergegen im Klagewege vorgehen. Zuständig sind die Verwaltungs- oder Sozialgerichte (hierzu unten Seite 185). Über die Möglichkeit einer Klage, die Frist (in der Regel ein Monat nach Zugang des Widerspruchbescheids) und das zuständige Gericht hat die den Widerspruchsbescheid erlassende Behörde den Betroffenen zu belehren. Es gelten ganz ähnliche Grundsätze der Rechtsbehelfsbelehrung wie beim Erlass von Verwaltungsakten.

Das Widerspruchsverfahren hat eine ganz eigene Struktur: Es führt zu einer außergerichtlichen Selbstkontrolle der Verwaltung. Es hat eine die Gerichte entlastende, streitschlichtende Funktion und ist als *Vorverfahren* Voraussetzung für ein gerichtliches Verfahren. Außerdem bewirkt es nach Verstreichen der kurzen Widerspruchsfrist eine verbindliche Rechtslage für alle Beteiligten. Ein vergleichbares Instrument gibt es im Zivilrecht nicht.

Aufschiebende Wirkung

Solange das Widerspruchsverfahren bzw. das anschließende Klageverfahren läuft, wird der von der Behörde erlassene Verwaltungsakt *nicht rechtskräftig*. Außerdem hat der Widerspruch *aufschiebende Wirkung*, wenn hierdurch in die Rechtsposition eines Bürgers eingegriffen wird (belastende Verwaltungsakte). Das heißt, solange geprüft wird, ob das Rechtsmittel Erfolg hat, entfaltet der Verwaltungsakt, gegen den sich der Bürger wehrt, keine Wirkung (*Suspensiveffekt*, vgl. § 80 Abs. 1 VwGO, § 86a SGG). Das bedeutet z. B., dass Rückerstattungsforderungen und der Entzug einer Pflegeerlaubnis bis zur Entscheidung über einen Widerspruch nicht durchgesetzt werden. Dadurch soll verhindert werden, dass die Behörde ihrer Machtstellung, auch ohne Einverständnis des Betroffenen sofort wirksame Regelungen durch Verwaltungsakt treffen zu können, zu Lasten des Bürgers ausnutzt (zur unmittelbaren Wirkung eines Verwaltungsaktes vgl. oben Seite 101).

Hiervon gibt es aber bedeutsame *Ausnahmen*. So hat der Widerspruch gegen Beitragsforderungen der Sozialversicherungen nach § 86a Abs. 2 Nr. 1 SGG keine aufschiebende Wirkung. Dasselbe gilt für die Herabsetzung oder den Entzug von Leistungen der Sozialversicherungen. Auch Widersprüche gegen öffentliche Abgaben (z. B. Steuern) und Kosten haben ebenso keine aufschiebende Wirkung wie Maßnahmen des Polizeivollzugsdienstes (vgl. § 80 VwGO). Außerdem gibt es weitere Ausnahmen in speziellen Gesetzen. So hat der Widerspruch eines Ausländers gegen die Ablehnung seines Antrags auf Aufenthaltserlaubnis keine aufschiebende Wirkung (§ 72 Ausländergesetz). Im Übrigen, insbesondere bezogen auf Angelegenheiten der Sozial- und Jugendhilfe, hat der Widerspruch grundsätzlich aufschiebende Wirkung, was durch die besondere Bedeutung der Existenzsicherung gerechtfertigt ist.

Die Widerspruchsbehörde bzw. das Gericht können in Einzelfällen auch darüber hinaus die aufschiebende Wirkung aufheben *(Anordnung des sofortigen Vollzugs)*, wenn dies im öffentlichen Interesse geboten ist. Andererseits können sie aber auch über die gesetzlichen Regelungen hinaus den Vollzug aufschieben, wenn nur dadurch eine unbillige Härte vermieden werden kann (vgl. § 80 Abs. 4–7 VwGO, § 86a Abs. 3 SGG).

In der Praxis der Kinder- und Jugendhilfe, vor allem aber der Sozialhilfe, gibt es immer wieder Auseinandersetzungen darüber, wann ein Bescheid in eine *bestehende* Rechtsposition eingreift. Nach einer Entscheidung des Bundesverwaltungsgerichts ist die Versagung einer Weitergewährung von Jugendhilfeleistungen lediglich eine Nichtbewilligung für die Zukunft. Der Widerspruch hiergegen führt nach dieser Auffassung somit nicht zu einer vorläufigen Weitergewährung der Leistung. Ebenso herrscht Streit darüber, wann ein negativer Sozialhilfebescheid lediglich die Versagung einer Neugewährung ist und wann hierdurch eine frühere Zusage aufgehoben wird. Nach der überwiegend vertretenen Auffassung muss Hilfe zum Lebensunterhalt ständig den sich wandelnden Verhältnissen angepasst werden, weshalb von einer Bewilligung keine Dauerwirkung ausgeht. Jedenfalls bei Abkürzung eines Bewilligungszeitraums (insbesondere bei Hilfe in besonderen Lebenslagen) durch Verwaltungsakt führt aber der Widerspruch zu einem Anspruch auf vorläufige Weitergewährung der Leistung.

In all den Fällen, in denen der Widerspruch nicht bewirkt, dass für die Dauer des Verfahrens die Interessen des Betroffenen hinreichend gewahrt sind, kann ein Antrag auf einstweiligen Rechtsschutz weiterhelfen (hierzu unten Seite 186 ff). Zu den Kosten des Widerspruchsverfahren vgl. unten Seite 188 ff.

4. Gerichtsverfahren

Zuständigkeiten

Grundsätzlich hat *jeder* Zugang zu den Gerichten, um ihn betreffende streitige Rechtsfragen klären und seine rechtmäßigen Interessen durchsetzen zu können (zur Klagebefugnis vgl. oben Seite 18 f). Im Rechtsstaat darf es keinen rechtlich relevanten Sachverhalt geben, für den nicht im Streitfall ein Gericht zuständig wäre. Eine wichtige Funktion der Rechtsprechung durch die Gerichte liegt auch darin, dass hierdurch Streitigkeiten *endgültig* entschieden werden. Denn nach der Beendigung eines gerichtlichen Verfahrens (und sei es nach mehreren Instanzen) kann in der gleichen Angelegenheit nicht erneut der Gerichtsweg beschritten werden. Die Wiederaufnahme eines abgeschlossenen Gerichtsverfahrens kommt in sehr engen Grenzen nur im Strafrecht in Betracht.

Es gibt eine ganze Reihe recht unterschiedlicher *Gerichtszweige* (vgl. Art. 95 GG). Man unterscheidet zwischen dem *Bundesverfassungsgericht*, den *Zivilgerichten*, den *Strafgerichten*, den *Arbeitsgerichten*, den *Verwaltungsgerichten*, den *Sozialgerichten* und den *Finanzgerichten*. Die Zivil- und Strafgerichte werden auch (etwas missverständlich) als *„ordentliche Gerichtsbarkeit“* bezeichnet. Die Zivilgerichte haben als weitgehend selbständige Abteilungen *Familiengerichte* und *Vormundschaftsgerichte*. Die Sozialgerichte sind in der Sache besondere (eigenständig organisierte) Verwaltungsgerichte. Für jeden dieser Gerichtszweige (außer dem Bundesverfassungsgericht) gibt es mehrere (meist drei) Instanzen. Bei den Zivilgerichten sind dies z. B. Amtsgericht, Landgericht, Oberlandesgericht und Bundesgerichtshof. Der Gerichtsaufbau in den einzelnen Gerichtszweigen ist weder einheitlich noch ist das System insgesamt ohne weiteres überschaubar.

Die *sachliche Zuständigkeit* eines der Gerichte ergibt sich aus dem Gegenstand des Rechtsstreits. Es steht also nicht etwa im Belieben des Klägers oder der streitenden Parteien, an welches Gericht sie sich wenden, sondern die Zuständigkeit wird durch das angerufene Gericht festgestellt und die Klage bei Unzuständigkeit als unzulässig abgewiesen oder – meist verbunden mit erheblicher Zeitverzögerung – an das zuständige Gericht weitergeleitet. Streitigkeiten über das Kindergeld kommen z. B. grundsätzlich (soweit es nach dem Einkommenssteuergesetz gewährt wird) vor die Finanzgerichte und nur ausnahmsweise (Leistungen nach dem Bundeskindergeldgesetz) vor die Sozialgerichte. Innerhalb der Gerichte gibt es Geschäftsverteilungspläne, die regeln, welcher/welche Richter sich mit einer Angelegenheit zu befassen haben.

Neben dieser sachlichen Zuständigkeit muss auch die *örtliche Zuständigkeit* gegeben sein. Das heißt der Rechtsstreit muss in die geografische Zuständigkeit des Gerichts fallen. Dies kann bereits zu Schwierigkeiten führen, wenn Kläger und Beklagter an unterschiedlichen Orten wohnen. In Verwaltungsverfahren ist das Gericht zuständig, in dessen Bezirk die Behörde ihren Sitz hat, gegen die sich das Verfahren richtet; während es im Sozialgerichtsverfahren auf den Wohnsitz des Bürgers ankommt. In Zivil- und Strafsachen ist grundsätzlich das Gericht am Wohnsitz des Beklagten zuständig. Von diesen Zuständigkeiten gibt es aber wichtige Ausnahmen: etwa bei Straßenverkehrsunfällen kommt es auf den Unfallort an, bei Arbeitsrechtsstreitigkeiten auf den Sitz des Unternehmens. Da diese Zuständigkeitsfragen schwierig zu durchschauen, gleichzeitig aber von erheblicher Bedeutung sind, ist ein Vorteil, dass in öffentlich-rechtlichen Angelegenheiten die Behörden bei schriftlichen Verwaltungsakten stets angeben müssen, welcher Rechtsweg zulässig ist und im Übrigen auf Anfrage hierüber auskunftspflichtig sind. In allen übrigen Angelegenheiten muss man sich bezogen auf den Einzelfall hierüber bei Experten kundig machen.

Gerichtsorganisation in Deutschland

	Ordentliche Gerichtsbarkeit jeweils getrennte Abteilungen: Straf-gerichte	Zivil-gerichte	Arbeits-gerichte	Verwal-tungs-gerichte	Sozial-gerichte	Finanz-gerichte
1. Instanz	Amtsgericht		Arbeits-gericht	Verwal-tungs-gericht	Sozial-gericht	Finanz-gericht
2. Instanz	Landgericht		Landesar-beitsge-richt	Oberver-waltungs-gericht/ Verwal-tungsge-richtshof	Landes-sozial-gericht	Bundes-finanzhof
3. Instanz	Oberlandesgericht		Bundes-arbeits-gericht	Bundesver-waltungs-gericht	Bundes-sozial-gericht	
	Bundesgerichtshof					

- Die Verfassungsgerichtsbarkeit wurde in der Darstellung nicht berücksichtigt.
- In Zivil- und Strafsachen ist in bestimmten Angelegenheiten das Landgericht die 1. Instanz.
- Die Gerichte sind unterschiedlich mit 1 bis 5 Richtern besetzt. Mit Ausnahme der Zivilgerichte sind in allen anderen Gerichtszweigen auch ehrenamtliche Laienrichter (Schöffen) beteiligt.

Für die Soziale Arbeit können Entscheidungen der Zivilgerichte (z. B. Unterhaltspflichten, elterliche Sorge, Schadenersatz) ebenso von Belang sein wie Entscheidungen der Verwaltungs- (z. B. Jugendhilfe) und Sozialgerichte (z. B. Sozialversicherungen, Sozialhilfe, Grundsicherung für Arbeitsuchende). Aber auch die Strafgerichte spielen eine Rolle (z. B. Jugendgerichtshilfe, Verfahren gegen Mitarbeiter) und in Ausnahmefällen sind auch Entscheidungen des Bundesverfassungsgerichts (vor allem bei Grundrechtsverletzungen) von Bedeutung. Zunehmende Bedeutung hat auch die Rechtsprechung des Europäischen Gerichtshofs (Sitz in Luxemburg) erhalten (hierzu oben Seite 154). Die gerichtlichen Verfahren weisen erhebliche Unterschiede auf, weil unterschiedliche Prozessordnungen und Kostenregelungen gelten.

Einstweiliger Rechtsschutz (Eilverfahren)

Verfahren vor den Gerichten dauern meist mehrere Jahre. Häufig sind die Betroffenen aber auf eine schnelle Entscheidung angewiesen (z. B. Maßnahmen der Jugend-

Zuständigkeit der Gerichte				
Art des Gerichts	Sozialgerichte	Verwaltungsgerichte	Zivilgerichte	Bundesverfassungsgericht
zuständig für Streitigkeiten bzgl.	Sozialversicherungen (SGB III, V, VI, VII, XI), Grundsicherung für Arbeitsuchende (SGB II), Sozialhilfe (SGB XII), Lohnfortzahlung bei Krankheit, Kindergeldrecht (als Steuervergünstigung nach EStG: Finanzgerichte), Kriegsopferversorgung,	Kinder- und Jugendhilfe, Wohngeld, Heimgesetz, Ausbildungsförderung, Asylverfahren, öffentlich-rechtliche Verträge, Polizeirecht generell, öffentl.-rechtl. Streitigkeiten, sofern keine spezielle Regelung (Sozialhilfe bis 31.12.04)	Streitigkeiten aller Art zwischen Bürgern; spezielle Abteilungen für Handel-, Arbeits-, Familien-, Vormundschafts-, Nachlass-, Insolvenz- und Vollstreckungsangelegenheiten	Grundrechtsverletzungen, Verfassungsmäßigkeit einzelner Gesetze, Streit zwischen Verfassungsorganen bzw. zwischen Bund und Ländern
Klagearten	Anfechtungsklage, Leistungsklage, Verpflichtungsklage, Feststellungsklage, einstweiliger Rechtsschutz	Anfechtungsklage, Leistungsklage, Verpflichtungsklage, Feststellungsklage, einstweiliger Rechtsschutz	Leistungsklage, Feststellungsklage, einstweiliger Rechtsschutz	Verfassungsbeschwerde, Normenkontrollverfahren, Verfassungsstreit
Klagevoraussetzung	Widerspruchsverfahren (form- und fristgemäß)	Widerspruchsverfahren (form- und fristgemäß)		kein anderer Rechtsschutz möglich
Prozessvertretung	Kein Anwaltszwang (außer vor dem Bundessozialgericht)	Anwaltszwang erst vor dem Oberverwaltungsgericht und Bundesverwaltungsgericht	Anwaltszwang vor den Landgerichten, Oberlandesgerichten, Bundesgerichtshof	kein Anwaltszwang
Kosten	Keine Kosten für Widerspruchs- und Gerichtsverfahren in sozialrechtlichen Angelegenheiten, außer für Körperschaften und Anstalten des öffentlichen Rechts (Pauschalgebühr). Außergerichtliche Kosten (z. B. für Anwalt) können anfallen, sofern nicht Prozesskostenhilfe beantragt und gewährt wurde.		Gerichtskosten und sonstige Verfahrenskosten (Anwalt, Gutachten ...); Prozesskostenhilfe möglich	Kostenfrei, aber „Missbrauchsgebühr" zulässig

- Die Zuständigkeiten der Strafgerichte und der Finanzgerichte wurden hier nicht berücksichtigt.
- Neben der sachlichen Zuständigkeit ist stets die örtliche Zuständigkeit eines Gerichts zu prüfen.

hilfe, Anspruch auf Rente, Leistungen auf Arbeitslosengeld oder Sozialhilfe). Manchmal verliert das Begehren durch Zeitablauf seine Bedeutung vollständig. Viele Menschen schrecken wegen der langen Verfahrensdauer davor zurück, ihre Rechte gerichtlich durchzusetzen. Deshalb ist es wichtig, über die Möglichkeiten einer Beschleunigung Bescheid zu wissen.

Der Bürger hat nicht nur einen Anspruch auf unabhängige Klärung durch ein Gericht, sondern auch auf einen *effektiven Rechtsschutz*. Zu diesem Zweck kann er (ggf. auch eine Behörde, z. B. das Jugendamt) eine *vorläufige* gerichtliche Entscheidung in einem Eilverfahren erwirken. Voraussetzung ist, dass längeres Warten auf eine Entscheidung im Interesse des Betroffenen nicht zuzumuten ist. Bei allen Gerichten gibt es für diese Aufgaben Bereitschaftsdienste – auch an Wochenenden und Feiertagen –, so dass Entscheidungen in wenigen Tagen oder auch wenigen Stunden möglich sind. Für die Jugendhilfe ist ausdrücklich geregelt, dass freiheitsentziehende Maßnahmen zum Schutz eines Kindes unverzüglich, spätestens innerhalb von 48 Stunden, gerichtlich überprüft werden müssen (§ 42 Abs. 3 SGB VIII).

Der Betroffene muss bei dem für den jeweiligen Rechtsstreit auch sonst zuständigen Gericht einen entsprechenden Antrag stellen (vgl. z. B. § 123 VwGO, § 86b Abs. 2 SGG). Aufgrund der Eilbedürftigkeit gelten in diesem Verfahren wesentlich vereinfachte Regeln. So muss der Antragsteller die Dringlichkeit einer einstweiligen Regelung (*Anordnungsanspruch*) nicht beweisen, sondern es reicht eine *Glaubhaftmachung* (eidesstattliche Versicherung, Indizien, Vorlage von Urkunden). Ebenso prüft das Gericht nur in vereinfachter Weise, ob der Anspruch begründet ist (*Anordnungsgrund*). So können Fristen zu Stellungnahmen verkürzt und von der Überprüfung von Beweismitteln und einer mündlichen Anhörung der streitenden Parteien abgesehen werden.

Diese einstweilige Regelung gilt dann bis zu einer endgültigen Entscheidung im normalen Klageverfahren (Hauptsachenverfahren). Dort kann die Eilentscheidung ggf. auch nachträglich korrigiert werden, so dass möglicherweise Rückzahlungen fällig werden.

Kosten

Allgemeine Grundsätze

Ein Gerichtsverfahren ist grundsätzlich mit einem Kostenrisiko verbunden. Dies kann vor allem für Personen, die nur über eingeschränkte finanzielle Mittel verfügen, dazu führen, dass sie „freiwillig“ auf eine Rechtsdurchsetzung verzichten. In jedem Fall ist es sinnvoll, bevor man ein Rechtsmittel einlegt zu prüfen, welche Kosten damit verbunden sein können.

Generell wird unterschieden zwischen *eigenen Aufwendungen* (Kopierkosten, Anwaltskosten, Verdienstausfall, Fahrtkosten), *Gerichtskosten* und *Aufwendungen*, die bei *der Gegenseite* entstehen.

In Verfahren vor den Zivilgerichten gilt der Grundsatz, dass derjenige in vollem Umfang für die Kosten des Verfahrens aufzukommen hat, der in dem Rechtsstreit unterliegt. Bei einem teilweisen Unterliegen werden die Kosten entsprechend aufgeteilt (Quotenregelung, z. B. der Kläger trägt 2/3, der Beklagte 1/3 der Kosten des Verfahrens). Erstattungsfähig sind immer nur die *notwendigen* Kosten und Auslagen. Das heißt, wer mit unverhältnismäßig hohem Aufwand ein Verfahren betreibt, trägt auch dann einen Teil der Kosten, wenn er in dem Rechtsstreit obsiegt. Erstattungsfähig sind immer die Gerichtskosten, in der Regel auch Anwaltskosten und unter Umständen weitere Kosten und Auslagen, z. B. für Sachverständigengutachten. Die Höhe der Gerichts- und erstattungsfähigen Anwaltskosten ist in den meisten Fällen abhängig von dem Wert, um den gestritten wird (*Streitwert*), und ergibt sich aus den gesetzlichen Regelungen (*Gebührentabellen*). Die Verfahrenskosten sind im Zivilprozess relativ hoch und können bei einem Streit über mehrere Instanzen oder mit aufwendigen Gutachten ohne weiteres höher werden als der eigentliche Streitwert. Lediglich in Verfahren nach dem Gesetz über die Freiwillige Gerichtsbarkeit (familien-, kindschafts- und betreuungsrechtliche Angelegenheiten) gelten günstigere Regelungen.

Die Kosten in öffentlich-rechtlichen Streitigkeiten sind generell deutlich niedriger. Das fängt damit an, dass die Gerichte wesentlich niedrigere Gebühren erheben. Anders als im Zivilprozess geht es nicht darum, dass die streitenden Parteien möglichst umfassend für die Verfahrenskosten selbst aufkommen sollen. Es gehört zu den Aufgaben des Rechtsstaats, gerichtliche Kontrolle von Verwaltungsmaßnahmen auch in finanzieller Hinsicht jedermann zu ermöglichen.

In öffentlich-rechtlichen Widerspruchsverfahren und Verfahren vor den Verwaltungsgerichten fallen grundsätzlich Gebühren und Kosten an. Sie werden im Widerspruchsbescheid bzw. im Gerichtsurteil festgesetzt und sind vom Betroffenen zu erstatten, soweit er im Rechtsstreit unterliegt. Für den gesamten Geltungsbereich des SGB X ist allerdings sowohl das Widerspruchsverfahren als auch das Klageverfahren generell *kostenfrei* (vgl. § 64 SGB X, § 188 VwGO). In Verfahren vor den Sozialgerichten wird lediglich von den Sozialversicherungen eine pauschale Gebühr (derzeit 150 €) erhoben (vgl. §§ 183 ff SGG). Zu klären ist allein, wer in welchem Umfang für die beim Bürger und der beklagten Behörde entstandenen Aufwendungen aufzukommen hat. Die dort entstehenden Kosten sind meist relativ gering, weil ein *Anwaltszwang* im verwaltungsgerichtlichen Verfahren nicht besteht. Die Behörden lassen sich meist von ihren Mitarbeitern vertreten. Aber auch die betroffenen Bürger verfolgen ihre Angelegenheiten oft selbst. Verliert der Bürger den Rechtsstreit, hat er somit lediglich bei Verfahren vor den Verwaltungsgerichten die bei der Gegenseite entstandenen Aufwendungen zu tragen. Gewinnt er das Verfahren, kann er die Erstattung seiner notwendigen Aufwendungen verlangen (§ 154 VwGO).

Bei einem Obsiegen werden alle für eine zweckentsprechende Rechtsverfolgung erforderlichen Kosten erstattet. Gebühren und Auslagen für einen Rechtsanwalt oder einen sonstigen Bevollmächtigten werden nur dann erstattet, wenn dessen Zuziehung notwendig war. Wann dies der Fall ist, ist nicht immer einfach zu beurteilen. Hierbei kommt es auf die Umstände des Einzelfalles an. Bei einer rechtsunkundigen Partei wird daher in aller Regel die Zuziehung eines Beistands angemessen sein (außer bei offensichtlichem Missbrauch).

Beratungs- und Prozesskostenhilfe

Mit Beratungs- und Prozesskostenhilfe (früher *Armenrecht*) soll sichergestellt werden, dass eine Durchsetzung berechtigter Interessen nicht am Kostenrisiko scheitert. Diese Unterstützung wird sowohl zur Durchsetzung eigener Interessen als auch zur Abwehr ungerechtfertigter Forderungen gewährt. Prozess- und Beratungshilfe ist ausgeschlossen, wenn jemand in anderer Weise eine kostenlose Beratungsmöglichkeit hat (z. B. Rechtsschutzversicherung). Die anfallenden Kosten werden von der Staatskasse übernommen.

Prozesskostenhilfe wird in allen gerichtlichen Verfahren (Zivil-, Verwaltungs-, Sozial- und Arbeitsgerichtsverfahren) gewährt. *Prozesskostenhilfe* kann – bei Vorliegen der entsprechenden Voraussetzungen – auch juristischen Personen (Verein, Stiftung usw.) gewährt werden. Ausländer und Deutsche haben insoweit gleiche Rechte. Voraussetzung ist stets, dass der Betroffene einen (formlosen) Antrag bei dem für den zu führenden Rechtsstreit zuständigen Gericht stellt. Das Gericht prüft daraufhin, ob für das Begehren des Antragstellers eine hinreichende Aussicht auf Erfolg besteht. Damit soll vermieden werden, dass völlig unsinnige und aussichtslose Verfahren finanziert werden. Eine „hinreichende Aussicht auf Erfolg" führt zu einem *Anspruch* auf Prozesskostenhilfe (§§ 114, 119 ZPO).

Mit der *Beratungshilfe* wird ermöglicht, sich durch einen Rechtsanwalt *beraten* zu lassen. Dadurch kann der Bedürftige feststellen, ob seine Rechte überhaupt verletzt sind. Sie ist der Prozesskostenhilfe in der Regel vorgelagert. Gerade bezogen auf soziale Leistungen hat die Beratung entscheidende Bedeutung, weil die Klientel besonders häufig über ihre Rechte nicht hinreichend informiert ist. Neben den Verpflichtungen der Leistungsträger zu umfassender Beratung (hierzu unten Seite 192 ff.) wird durch die Beratungshilfe ein Anspruch auf *behördenunabhängige* Rechtsberatung realisiert. Die Beratung erfolgt bis auf eine *einmalige Gebühr* von 10 € kostenfrei. Der rechtliche Beratung Suchende kann entweder einen Berechtigungsschein für Beratungshilfe bei dem Amtsgericht an seinem Wohnort beantragen und damit einen Rechtsanwalt seiner Wahl aufsuchen oder aber zuerst anwaltlichen Rat suchen und durch den Anwalt nachträglich einen entsprechenden Antrag stellen lassen. (Zur Rechtsberatung durch Sozialeinrichtungen vgl. unten Seite 192 ff).

Die Art und der Umfang der Beratungs- und Prozesskostenhilfe sind abhängig von der Höhe des Einkommens und Vermögens (§§ 115 ZPO). Personen, die über ein geringeres Netto-Einkommen (ohne Mietkosten und Heizung) als 442 € monatlich verfügen (Stand 2006), werden vollkommen von den Kosten befreit. Für Verheiratete erhöht sich der Betrag um das Doppelte, für jede weitere Person, für die Unterhalt gezahlt wird, um 331 €. Vermögen ist nach den Grundsätzen der Sozialhilfe einzusetzen (vgl. § 90 SGB XII). Personen mit höherem Einkommen können anteilig oder vollständig zu den Kosten herangezogen werden. Die Leistung kann auch als Darlehen gewährt werden.

5. Unzulänglichkeiten bei der Rechtsverwirklichung

Bekanntlich ist „Recht haben" nicht unbedingt mit „Recht bekommen" verbunden. Rechtsanspruch und Rechtswirklichkeit können vielmehr weit auseinander klaffen. Im Folgenden werden typische Probleme der Rechtsdurchsetzung aufgezeigt. Dabei geht es nicht um die Änderung sozialer Leistungsangebote – dies ist ein Thema der Politik –, sondern um die Unzulänglichkeit der Rechtsstrukturen, *bestehende Rechtsansprüche* zu verwirklichen. Wenn man diese Unzulänglichkeiten kennt, können sie durch entsprechende Beratung bzw. Begleitung zumindest teilweise überwunden werden.

Kostenrisiko

Ein Haupthindernis bei der Durchsetzung von berechtigten Leistungsansprüchen besteht nach wie vor in dem *Aufwand*, insbesondere den Kosten, der zur Rechtsdurchsetzung notwendig ist. Da der Ausgang eines Rechtsstreits meist nicht vollständig absehbar ist, verhindert dieses *Kostenrisiko* häufig, dass der Betroffene seinen Rechtsansprüchen nachgeht (vgl. oben Seite 188 f). Von diesem Grundsatz gibt es zwar gewisse Abweichungen, etwa wenn es um Ansprüche nach dem SGB geht, durch die Prozesskostenhilfe und die Möglichkeiten kostenloser Rechtsberatung. Die subjektiven Unsicherheiten hierüber und der unvermeidbare persönliche Aufwand führen aber dennoch dazu, dass auf die Durchsetzung von berechtigten Ansprüchen häufig verzichtet wird.

Fehlende Eigeninitiative

Ein noch größeres Problem besteht gerade im sozialen Bereich darin, dass der Betroffene seine Rechte kennen und bereit und fähig sein muss, diese durchzusetzen. Viele Menschen, insbesondere in konkreten Not- bzw. Krisensituation, sind aber bereits körperlich oder geistig *nicht in der Lage*, selbst initiativ zu werden. Hinzu kommt, dass viele Rechtsverletzungen keineswegs offenkundig sind, sondern es eines außenstehenden Experten bedarf, um die Unzulänglichkeiten zu entdecken. Da aber, abgesehen von wenigen Ausnahmen, allein der in seinen Rechten Betroffene gegen solche Missstände vorgehen kann (klagebefugt ist der in seinen subjektiven Rechten Betroffene), bleibt Unrecht häufig unerkannt oder es wird nichts dagegen unternommen (vgl. oben Seite 18, Seite 50 f und Seite 190 ff).

Vertrauen in die Verwaltung

Auch heute noch ist ein Vertrauen in die Rechtmäßigkeit staatlichen Handelns weit verbreitet. Dies führt dazu, dass Verwaltungshandeln – möglicherweise verbunden mit heftigem Protest unter Freunden – als unabänderlich hingenommen wird. In den allermeisten Fällen sind zwar Maßnahmen der öffentlichen Verwaltung und sozialer Einrichtungen auch berechtigt, aber eben nicht in allen.

Durch entsprechende Beratung allein (hierzu unten) lassen sich diese Defizite nicht vollständig lösen. Denn auch bei entsprechender Rechtskenntnis wird wohl kaum ein erwerbsunfähiger Obdachloser gegen das Sozialamt vorgehen, um eine wöchentliche Vorauszahlung der Hilfe zum Lebensunterhalt zu erhalten, oder eine allein erziehende Mutter die Stadt verklagen, damit sie endlich eine qualifizierte Beratung in Erziehungsfragen erhält. In vielen Bereichen wird deshalb darüber diskutiert, wie gerade im sozialen Bereich kontrollierende Strukturen geschaffen oder verbessert werden können.

Beispiel Verfahrenspflegschaft

Kinder werden bis zu ihrer Volljährigkeit in der Regel in vollem Umfang von den personensorgeberechtigten Eltern vertreten (vgl. oben Seite 52 ff). Längst nicht immer geschieht dies so, wie es den Interessen der Minderjährigen tatsächlich entspricht. Missstände bestehen insbesondere bei einem Konflikt zwischen den Interessen der Eltern und denen ihrer Kinder. Geht es zum Beispiel um die Neuregelung der elterlichen Sorge in Folge einer Ehescheidung, sind auch wohlmeinende Eltern kaum in der Lage, die Interessen des Kindes von den eigenen und den Emotionen gegenüber dem früheren Ehepartner zu trennen. Im Zuge der Neuregelungen des Kindschaftsrechts im Jahr 1998 wurde dieses Problem etwas entschärft. In Gerichtsverfahren, in denen Interessen von Kindern berührt sind (Familiengericht, Vormundschaftsgericht), kann das Gericht eine unabhängige Person bestellen, mit dem Auftrag, die Interessen des Kindes festzustellen und vor Gericht zur Sprache zu bringen (§ 50 FGG). Die Funktion eines Verfahrenspflegers als „*Anwalt des Kindes*“

(§ 50 FGG) können Sozialpädagogen, Juristen, Ärzte, Psychologen oder Angehörige des Kindes übernehmen.

Dieses Instrument hat sich bereits bewährt, auch wenn es noch Unklarheiten gibt, wann und in welcher Weise der Verfahrenspfleger zum Einsatz kommt. Bisher gibt es diese Form eines amtlich bestellten Beistands nur in *gerichtlichen* Verfahren, in denen *Minderjährige* betroffen sind, oder in selteneren Fällen auch wenn ein rechtlicher Betreuer bestellt werden soll (vgl. § 67 FGG). In anderen Verfahren (z. B. vor den Zivilgerichten) gibt es diese Möglichkeit nicht. Auch in allen übrigen (außergerichtlichen) Situationen, in denen Interessen von Kindern berührt sind, bleiben sie – jedenfalls soweit das Jugendamt hierüber nicht informiert ist – ihren Eltern ausgeliefert. Vergleichbare Problemlagen bestehen, wenn Erwachsene aufgrund von Alter oder Krankheit ihre Angelegenheiten selbst nicht mehr verantwortlich gestalten können und ein Betreuer nicht bestellt wurde (vgl. oben Seite 59 f).

Pfändungsschutz

Wurde in einem Gerichts- oder Verwaltungsverfahren ein Anspruch rechtskräftig festgestellt, kann dieser im Wege einer *Zwangsvollstreckung* gegenüber dem Schuldner durchgesetzt werden. In Zivilrechtsangelegenheiten kann der Inhaber des Anspruchs hierzu die Vollstreckung beim zuständigen Amtsgericht beantragen. Im (Sozial-)Verwaltungsverfahren ist hierfür grundsätzlich die jeweilige Verwaltungsbehörde zuständig. Die rechtmäßige Forderung kann aber nur durchgesetzt werden, soweit der Verpflichtete leistungsfähig ist. Sein notwendiger Lebensbedarf und der seiner Angehörigen, soweit er für diese unterhaltspflichtig ist, darf hierdurch nicht gefährdet werden. Dies ergibt sich aus Art. 1 f GG (vgl. oben Seite 112 ff). Eine Rechtsdurchsetzung muss daher regelmäßig scheitern, wenn der Verpflichtete nicht leistungsfähig ist. Dieser Pfändungsschutz/Vollstreckungsschutz (man spricht auch von *Pfändungsfreigrenze*) ist in der ZPO verbindlich geregelt. Nach § 803 Zivilprozessordnung (ZPO) sind regelmäßig notwendiger Hausrat, Haushaltsvorräte für vier Wochen, Arbeitsgeräte, Prothesen, Haustiere und auch ein Farbfernsehgerät unpfändbar. Bzgl. Arbeitseinkommen und anderer Einnahmen (z. B. Renten-, Unterhalts-, Versorgungsleistungen) ist eine Pfändung des Girokontos nur zulässig, soweit bestimmte Einkommensgrenzen überschritten werden. Nach der aktuellen Lohnpfändungstabelle (Stand 1.7.2005) ist Einkommen bis zu einem Betrag 989,99 € monatlich unpfändbar. Bei einer Unterhaltspflicht für eine weitere Person erhöht sich der Freibetrag auf 1359,99 €, bei Unterhaltspflichten für zwei Personen auf 1569,99 € monatlich. Je nach Art des Einkommens und der individuellen Umstände sind Abweichungen zulässig (vgl. § 850 f ZPO). Dieser Pfändungsschutz gilt nur für Menschen (natürliche Personen). Behörden und juristische Personen können sich hierauf nicht berufen. Bei juristischen Personen des Zivilrechts kann jedoch eine *Insolvenz* (frühere Bezeichnung: Konkurs) gegeben sein, was ebenso zu Zahlungsunfähigkeit führt. Lediglich gegenüber Trägern des öffentlichen Rechts kann der Gläubiger sicher sein, dass die Verpflichtungen unabhängig von den finanziellen Verhältnissen des öffentlichen Trägers stets erfüllt werden müssen.

6. Sozial- und Rechtsberatung

Die Information über bestehende Rechte hat zentrale Bedeutung für das Funktionieren des sozialen Leistungssystems. Ohne diese Informationen ist Rechtsdurchsetzung von vornherein ausgeschlossen und entsprechende Vorschriften gelten nur in der Theorie, nicht aber in der sozialen Praxis. Angemessene Beratung erfordert allerdings erheblichen Aufwand und Kosten.

Reine Rechtsberatung, wie sie typischer Weise durch Rechtsanwälte erfolgt, führt dazu, dass der vielfältige Problemkomplex einer Lebenssituation auf das „rechtlich Erhebliche" reduziert wird und sich viele Menschen durch diese Art der „selektiven Wahrnehmung" nicht ernst genommen fühlen (vgl. oben Seite 25 ff). Häufig ist für den Einzelnen auch nicht erkennbar, dass konkrete Lebenssituationen in einer Beziehung gesehen werden können zu rechtlichen Lösungsmöglichkeiten. Innerhalb der Sozialen Arbeit sollte Sozialberatung und Rechtsberatung integrativ ineinander greifen. Deshalb ist es unverzichtbar, dass der Sozialarbeiter/Sozialpädagoge über fundierte Rechtskenntnisse verfügt. Schon weil das Grundgesetz von der Eigenverantwortlichkeit jedes erwachsenen Menschen ausgeht, haben die individuellen Lebensvorstellungen des Ratsuchenden im Mittelpunkt zu stehen und ist bei der Beratung dessen Eigenverantwortlichkeit zu respektieren und zu fördern.

Pflichten öffentlicher Stellen

Sämtliche öffentlichen Sozialleistungsträger sind zu umfassender Information über ihre Leistungsangebote verpflichtet. Neben speziellen Regelungen in den einzelnen Leistungsbereichen (z. B. § 4 Abs. 1 Nr. 1 SGB II, § 10 Abs. 3 SGB XII, §§ 8, 17, 18, 28 SGB VIII) ergibt sich dies für alle Bereiche des Sozialrechts aus den §§ 13 ff SGB I. Unterschieden wird zwischen *allgemeinen Aufklärungspflichten* (§ 13 SGB I), *Pflichten zur Auskunft* (§ 15 SGB I) und *individueller Beratung* (§ 14 SGB I). Die allgemeinen Informationspflichten zielen auf eine Information der Bevölkerung über öffentliche Sozialleistungen (z. B. Plakate, Merkblätter, Informationsveranstaltungen). Eine Auskunft ist gerichtet auf eine sachliche Information über eine Leistung oder Handlungsweise der Verwaltung. Der Anspruch hierauf wird ausgelöst durch eine Anfrage des Bürgers. Die Behörde muss diese beantworten unabhängig davon, ob der Betroffene berechtigt ist, eine Leistung zu erhalten oder hierfür in Betracht kommt. Am weitesten gehend ist die Beratung. Dies bedeutet eine inhaltliche Erläuterung möglicher Sozialleistungen bezogen auf die individuelle Situation des Ratsuchenden. Beratung und Auskunft greifen ineinander. Auf beides besteht ein *subjektiver Rechtsanspruch*.

Durch welche Stellen Informationen, Auskünfte und Beratungen erteilt werden, haben die Leistungsträger in eigener Verantwortung zu organisieren. § 15 SGB I sieht eine umfassende Auskunftspflicht der Krankenkassen vor. Es gibt aber auch Anlaufstellen in den Gemeindeverwaltungen. Häufig kommt dem Allgemeinen Sozialdienst (ASD) hierbei eine wichtige Funktion zu.

Der Sozialleistungsberechtigte hat selbstverständlich nicht nur Anspruch auf irgendeine Beratung. Sie muss vielmehr sachkundig, umfassend, zutreffend und unmissverständlich formuliert sein. Auch bei der Erlangung gesetzlicher Rechte ist ihm beizustehen. Allerdings bezieht der Anspruch auf Beratung sich stets nur auf die Leistungen, die von der Behörde gegenüber dem Ratsuchenden erbracht werden können. Ein Anspruch auf Beratung über angrenzende Rechtsfragen (z. B. steuerliche Auswirkungen, arbeitsrechtliche Konsequenzen) besteht nicht. Sofern aber aufgrund einer fehlerhaften Beratung ein Schaden entsteht, kann dies zu einem Anspruch auf Schadenersatz führen (z. B. § 321 Nr. 2 SGB III, § 47a BAföG, aber auch nach den allgemeinen Regeln der Amtshaftung, § 839 BGB i. V. m. Art. 34 GG).

Problematisch ist immer wieder die Frage, inwieweit Minderjährige einen eigenen Anspruch auf Beratung haben. Dies insbesondere dann, wenn die Personensorgeberechtigten mit einer Beratung nicht einverstanden sind. Wer einen Anspruch auf Beratung hat, ist aus dem jeweiligen Gesetzeszusammenhang zu erschließen. Nach § 36 SGB I in Verbindung mit § 11 SGB I hat jedenfalls ein Minderjähriger nach Vollendung des 15. Lebensjahrs Anspruch auf Beratung, wenn er Sozialleistungen beantragen will. Im Bereich der Kinder- und Jugendhilfe haben Kinder und Jugendliche – ohne Festlegung einer Altersgrenze – das Recht, sich in Fragen der Erziehung und Entwicklung an das Jugendamt zu wenden und sich ggf. auch ohne Kenntnis der Eltern beraten zu lassen, wenn dies wegen einer Not- und Konfliktlage erforderlich ist (vgl. § 8 Abs. 2, 3 SGB VIII). Liegt eine solche Konfliktlage nicht vor, bedarf die Beratung im Bereich des SGB VIII grundsätzlich einer Zustimmung der Eltern, weil allein dort die Verantwortung für die Erziehung liegt (vgl. oben Seite 76 ff.).

Beratung durch freie Träger

Bei den geschilderten Beratungs- und Informationspflichten handelt es sich um öffentlich-rechtliche Pflichten. Freie Träger sind hiervon nicht betroffen. Sie können grundsätzlich selbst frei bestimmen, in welchem Umfang und welchen Bereichen sie Beratungen durchführen. Häufig übernehmen sie aber solche Aufgaben auf der Grundlage von Verträgen mit öffentlich-rechtlichen Leistungsträgern (vgl. oben Seite 145 ff). Vielfach werden Beratungsaufgaben auch entsprechend dem Selbstverständnis des freien Trägers in größerem Umfang wahrgenommen. Stets ist allerdings zu prüfen, ob es sich hierbei um eine *unzulässige* Rechtsberatung handelt.

Unerlaubte Rechtsberatung

Sozialbehörden und hierzu beauftragte Stellen sind zu einer umfassende Beratung verpflichtet. Anderen Stellen und Personen ist dies weitgehend untersagt, soweit es sich um *Rechtsberatung* handelt.

Rechtsberatung darf nach dem Rechtsberatungsgesetz grundsätzlich nur durch hierfür ausgebildete Berufsgruppen, insbesondere Rechtsanwälte, erfolgen (vgl. Art. 1 § 3 Rechtsberatungsgesetz). Sozialpädagogen/Sozialarbeiter oder anderen Personen ist dies weder geschäftsmäßig (gegen Entgelt) noch unentgeltlich gestattet. Mit dieser starren Regelung soll eine Rechtsberatung durch qualifizierte Juristen sichergestellt, aber auch unkontrollierbarer Wettbewerb zu Lasten der hiervon lebenden Rechtsanwälte vermieden werden.

Damit ist es auch in der Sozialen Arbeit Tätigen und entsprechenden Einrichtungen (z. B. den Wohlfahrtsverbänden) verwehrt, Rechtsberatung und eine rechtliche Vertretung ihrer Klienten durchzuführen. Aufgrund ihrer Nähe zu den betroffenen Personen, aber auch aufgrund ihrer Kenntnis der tatsächlichen und rechtlichen Praxis könnten sie häufig sehr effektive Rechtsberatung leisten. Vor allem aber führt dies zu einer Trennung zwischen Rechts- und Sozialberatung, die, wie oben dargelegt, weder sinnvoll noch in der Praxis durchführbar ist. Die geltende Regelung ist auch deshalb unbefriedigend, weil sich gerade in sozialrechtlichen Fällen häufig kein Rechtsanwalt finden lässt, der bereit ist, die meist wenig lukrativen sozialrechtlichen Mandate zu übernehmen. Hinzu kommt, dass viele Personen wegen Krankheit, hohem Alter, psychischer Krisensituation oder Unerfahrenheit den Weg zu Rechtsanwälten nicht finden. Besonders ärgerlich ist diese Regelung, wenn die zuständigen Behörden ihre Aufgabe nur unzulänglich wahrnehmen (etwa um Ausgaben für die Beratung und sich anknüpfende Leistungen zu sparen).

Zulässig ist es hingegen, für jedermann *allgemeine Informationen* über den Inhalt von Rechts- und Verwaltungsvorschriften, die Voraussetzungen von Sozialleistungen und Fristen zu geben. Zulässig sind auch Hilfestellungen nicht rechtlicher Art, zur Überwindung von Sprach-, Verständnis- und Formulierungsschwierigkeiten. Außerdem bleibt Sozialpädagogen/Sozialarbeitern die durchaus bedeutsame Möglichkeit, auf die bestehenden Möglichkeiten einer rechtlichen Beratung, Rechtsmittel und deren Finanzierung über Beratungs- und Prozesskostenhilfe hinzuweisen oder den Kontakt zu einem Rechtsanwalt herzustellen.

Im Ergebnis wird durch diese Regelungen zahlreichen sozial benachteiligten Personen wirksamer Rechtsschutz vorenthalten. Es bestehen auch verfassungsrechtliche Bedenken (vgl. Art. 19 Abs. 4 GG). Eine Änderung des Rechtsberatungsgesetzes wird deshalb immer wieder gefordert, und damit ist wohl auch in nächster Zeit zu rechnen. Gelegentlich lassen vor allem die Sozialgerichte Sozialpädagogen/Sozialarbeiter als Prozessvertreter zu. Sofern eine unerlaubte Rechtsberatung bekannt wird, muss jedoch damit gerechnet werden, dass sich insbesondere die Rechtsanwaltskammern gegen diese Form des „unlauteren Wettbewerbs" wehren.

Immer wieder wird aus den genannten Gründen gefordert, spezielle *Sozialanwälte* einzuführen. Dies könnte ein eigenes Berufsfeld werden (z. B. als „Anwalt des Kindes"), in dem sozialpädagogische und sozialrechtliche Kompetenzen eng verbunden sind und das in sozialen Angelegenheiten jedermann kostenfrei zur Verfügung steht. Mit der Einführung des Verfahrenspflegers wurde bereits ein Schritt in diese Richtung gegangen (vgl. oben Seite 191 f). Auf absehbare Zeit ist mit einer Etablierung des Sozialanwalts mit notwendigen umfassenden Zuständigkeiten jedoch nicht zu rechnen.

7. Das „doppelte Mandat" des Sozialpädagogen/ Sozialarbeiters

Soziale Arbeit – insbesondere ehrenamtliche – ist eng verknüpft mit der Wahrnehmung von Interessen der Benachteiligten und Schwachen in der Gesellschaft. Auch die Wohlfahrtsverbände verstehen sich in vielen Fragen als „Anwalt der Armen". Moderne Sozialarbeit sucht in sozialen Notlagen zunächst das Gespräch mit den Klienten und ist von einem verstehenden Sicheinlassen auf die konkrete Person geprägt. Sinnvolle Maßnahmen können häufig nur individuell im dialogischen Prozess mit den Betroffenen entwickelt werden. Subjektive Wahrnehmungen und Wertvorstellungen der jeweiligen Fachkraft und des Klienten prägen insbesondere persönliche Hilfen. Viele Bürger erleben gesetzliche Regelungen und Verwaltungsstrukturen hingegen als wenig vertrauenswürdig, unzulänglich und aufgrund ihrer tatsächlichen Macht oft auch als bedrohend.

Das Rechts- und Sozialsystem ist geprägt von den jeweils herrschenden gesellschaftlichen Bedingungen. Vor allem wenn das Sozialsystem als lückenhaft empfunden wird oder mit Eingriffen in die Lebenswelt des Bürgers verbunden ist, können Interessenkonflikte entstehen. Für die in der Sozialen Arbeit beschäftigten Personen kann dies zu Zielkonflikten führen. Jeder Sozialarbeiter/Sozialpädagoge kennt Situationen, in denen er meint, Leistungen erbringen oder Maßnahmen verhindern zu sollen, wie es in der geltenden Ordnung nicht vorgesehen ist. Es entsteht ein Konflikt zwischen dem sozialpädagogisch Notwendigen und dem rechtlich Möglichen. Dieses Spannungsverhältnis kann bisweilen an der Sinnhaftigkeit des eigenen beruflichen Handelns zweifeln lassen. Man fühlt sich zwischen zwei Auftraggebern (Dienststelle und Klient) hin und her gerissen, und es wird schwierig, diesem „doppelten Mandat" gerecht zu werden. Dies kann z. B. der Fall sein, wenn eine Stadtverwaltung Nichtsesshafte aus der Innenstadt vertreiben möchte und sich hierbei der Hilfe des städtischen Sozialamtes bedient. Im Strafvollzug kann es sein, dass der Sozialdienst angewiesen wird, Aufgaben der Kontrolle über Strafgefangene zu übernehmen oder ihm anvertraute Informationen weiterzuleiten.

In den 70-er Jahren des vergangenen Jahrhunderts war die Sensibilität für diese Interessenkollisionen sehr groß. Sozialarbeiter sahen sich in der Rolle, dem „herrschenden System" dienen zu müssen und auf es angewiesen zu sein, obwohl sie die Veränderung der sozialen und gesellschaftlichen Verhältnisse für notwendig hielten. Es wurde als Verrat empfunden, einerseits zu den Klienten ein persönliches Vertrauensverhältnis aufzubauen und dessen Persönlichkeitsentfaltung fördern zu wollen, gleichzeitig aber kontrollierende oder repressive Aufgaben erfüllen zu müssen. So wurde z. B. befürchtet, dass „Allianzen von Jugendamt, Polizei und psychiatrischen Kliniken zu einer klienten- und bevölkerungsfeindlichen Bedrohung werden".

Heute wird dies weniger krass empfunden und die politischen Auseinandersetzungen wurden (von beiden Seiten) überwunden. Aber nach wie vor gibt es Situationen, in denen engagierte Fachkräfte die Gefahr sehen, dass das eigene Hilfehandeln sich in sein Gegenteil verkehrt und das Durchhalten der persönlichen Überzeugungen zum Problem wird. Z. B. wenn es um die Inobhutnahme von Kindern geht, kann es sein, dass die Einschätzung der sozialpädagogischen Fachkraft von der des Familiengerichts abweicht. Dies kann in Anbetracht der unterschiedlichen Einzelfälle ebenso der Fall sein, wenn das Gericht eine Inobhutnahme angeordnet wie wenn es sie nicht angeordnet hat. Immer häufiger ergeben sich auch schwierige Situationen aus zahlreichen Sorgfalts- und Aufsichtspflichten, die haftungs- und disziplinarrechtliche Konsequenzen haben können (*Garantenstellung*). Diese Pflichten können in Konkurrenz stehen zu einem partnerschaftlichen Leistungsangebot (Spannungsfeld: *Hilfe und Kontrolle*). Dieses „Doppelmandat" kann auch empfunden werden, wenn sinnvolle Lösungen im Einzelfall nicht möglich sind aufgrund von Unzulänglichkeiten des Systems, wegen nicht hinreichend qualifizierten Vorgesetzten, auf Grund von persönlichen Interessen der Mitarbeiter oder aus anderen Gründen. Wer bei einem freien Träger beschäftigt ist, hat neben den öffentlich-rechtlichen Vorgaben auch noch andere (z. B. kirchliche) Bestimmungen zu beachten. Insoweit kann man von einem „dreifachen Mandat" sprechen. Die sich aus solchen Konflikten ergebenden Beeinträchtigungen effektiver Sozialarbeit machen besonders betroffen, weil es häufig um Schicksale von Menschen geht.

Rechtlich gesehen stellt sich diese Problematik wie folgt dar: Im Arbeitsrecht obliegt dem Arbeitgeber bezogen auf die Erfüllung dienstlicher Angelegenheiten ein umfassendes Organisations- und Weisungsrecht. Er kann im Rahmen der rechtlichen Vorgaben Verantwortung delegieren, aber auch an sich ziehen. Daraus ergibt sich für den Arbeitnehmer eine *Gehorsamspflicht*, die im öffentlichen Recht wie im Privatrecht eingefordert wird. Für Beamte gilt dies in besonderer Weise, bis in den privaten Bereich hinein. Auf die persönliche Einschätzung des Mitarbeiters kommt es nur insoweit an, wie dies aufgrund von Gesetzen oder interner Regelungen vorgesehen ist (häufig bei Ermessensentscheidungen). Soweit persönliche Interessen des Mitarbeiters betroffen sind, bestehen Mitsprachemöglichkeiten über die Mitarbeitervertretungen.

Lediglich bei rechtswidrigem Verhalten stellt sich die Frage, in welcher Weise ein Mitarbeiter hiergegen vorgehen kann. Auch in solchen Fällen hat er sich (außer bei Gefahr im Verzug) zunächst an seinen Vorgesetzten zu wenden. Soweit gegen das Handeln oder Unterlassen eines anderen Rechtsträgers vorgegangen werden soll (*Außenverhältnis*), werden die Möglichkeiten durch das Rechtsystem abschließend vorgegeben. Das heißt neben formlosen Rechtsbehelfen (vgl. oben Seite 180 ff.) hat nur der subjektiv Betroffene die Möglichkeit, sich gegen rechtswidrige Maßnahmen zu wehren. Die in der Sozialverwaltung beschäftigten Personen haben kein rechtliches Mandat für ihre Klienten, sondern handeln ausschließlich im Auftrag der öffentlichen Verwaltung. Es gehört nun einmal zum Wesen des Rechts, dass es allgemeine Gültigkeit beansprucht. Veränderungen sind über die demokratisch gewählten Institutionen möglich, stehen aber nicht zur Disposition des Einzelnen (vgl. oben Seite 12 ff). Daraus ergibt sich ein permanenter Prozess, durch den die oben geschilderten Widersprüche über die vorgegebenen Strukturen geprüft und nach und nach beseitigt werden können. Zu beachten ist dabei, dass im deutschen Recht die Grundrechte besondere Bedeutung haben (vgl. Seite 28 ff). Gegen eine wie auch immer geartete Verletzung dieser persönlichen Rechte durch Verwaltungsvorschriften und Behörden kann deshalb – mit den Mitteln des Rechts (notfalls Klage vor dem Bundesverfassungsgericht) – vorgegangen werden. Fraglos bestehende Unzulänglichkeiten der Rechtsdurchsetzung werden hierdurch allerdings nicht vollständig beseitigt (vgl. oben Seite 190 ff).

Es führt kein Weg daran vorbei, zur Kenntnis zu nehmen, dass das sozialpädagogisch Notwendige sich mit dem tatsächlich und rechtlich Möglichen häufig nicht deckt. Die sozial-pädagogische und die rechtliche Beurteilung sind nicht als sich deckende Größen, sondern sind als zwei sich überschneidende Kreise zu verstehen. Realistisch kann dieser Konflikt aber weder dadurch aufgelöst werden, dass der Gesetzgeber in vollständiger und abschließender Weise individuelle Situationsbeurteilungen vornimmt, noch in der Weise, dass auf allgemeingültige rechtliche Vorgaben verzichtet wird. Der Sozialarbeiter/Sozialpädagoge hat vielmehr diesen Konflikt wahrzunehmen, auszuhalten und dieses Spannungsfeld durch sein persönliches Handeln möglichst positiv zu gestalten. Da nicht nur für den Mitarbeiter, sondern auch für den Klienten eine unauflösbare Abhängigkeit von der öffentlichen Verwaltung besteht, ist eine Durchdringung oder zumindest ergebnisorientierte Vernetzung zwischen praktischer Sozialarbeit und Sozialadministration wünschenswert. Da Verwaltung immer auch Gestaltung heißt, besteht auch auf diesem Wege eine Möglichkeit, auf das soziale Wirken in der Gesellschaft aktiv Einfluss zu nehmen.

Literaturhinweise zur Vertiefung:

Barabas, Friedrich K.: Beratungsrecht (2003).
Buchholz, Manfryd u. a.: Sozialrechtliches Verwaltungsverfahren (2006).
Dörr, Gernot u. a.: Sozialverwaltungsrecht (2002), S. 265 ff., S. 281 ff. u. S. 325 ff.
Krasney, Otto Ernst u. a.: Handbuch des sozialgerichtlichen Verfahrens (2005).
Oberloskamp, Helga: Die Idee des Sozialanwalts, in: Lehmann (Hrsg.): Recht sozial, S. 275–284.
Papenheim, Heinz-Gerd u. a.: Verwaltungsrecht für die soziale Praxis (2005), S. 240 ff. u. S. 167 ff.
Roscher, Falk: Außergerichtliche und gerichtliche Rechtsverwirklichung, in: Kreft, Dieter u. a.: Soziale Arbeit und Recht (1994), S. 126 ff.
Schulin, Bertram u. a.: Sozialrecht (2002), S. 484 ff.
Straub, Hartmut: Sozialverwaltungsverfahren (1991).
Wenner, Ulrich u. a.: Grundzüge der Sozialgerichtsbarkeit (1999).
Winkler, Jürgen: Sozialverwaltungsverfahren und Sozialdatenschutz (SGB X) (2004).

Vgl. auch die Literaturhinweise oben zu Kapitel IV.

XI. Datenschutz in der Sozialen Arbeit

Zu Kapitel XI: Übungsfall 5 (Der freundliche Polizist), Seite 238 ff.

1. Überblick

Eigener Rechtsbereich

Sozialdatenschutz ist ein eigener Rechtsbereich, der erst in den letzten Jahren erheblich an Bedeutung gewonnen hat. Da durch ihn nicht unmittelbar Inhalte Sozialer Arbeit beschrieben werden und er aus sehr detaillierten Regelungen besteht, ist dieser Rechtsbereich nicht leicht zu beachten. In der praktischen Arbeit kommt dem Schutz sozialer Daten aber erhebliche Bedeutung zu. Sowohl für den Bürger ist dieses Thema von erheblichem Interesse als auch für den Sozialpädagogen/Sozialarbeiter, dem hierdurch besondere Pflichten auferlegt werden, für den sich hieraus aber auch – oft unterschätzte – Handlungsmöglichkeiten ergeben.

In allen Bereichen der Sozialen Arbeit spielt der Datenschutz eine Rolle und hat oft vielfältige einschneidende Auswirkungen. Die Systematik des Datenschutzes ist geprägt von einem Wechselspiel zwischen *Vertrauensschutzbestimmungen* und *Informationspflichten/-rechten*. Das sich daraus ergebende Hin und Her von Ausnahme und Regel ist nicht einfach zu durchschauen und wird durch häufige Gesetzesänderungen und zum Teil auch widersprüchliche Einzelregelungen nicht gerade erleichtert. Eine Annäherung an das Thema wird außerdem dadurch erschwert, dass die entsprechenden Regelungen in unterschiedlichen Gesetzen (bis hin zum Recht der Europäischen Union) festgeschrieben sind und in den einzelnen Arbeitsfeldern Sozialer Arbeit inhaltlich unterschiedliche Maßstäbe zu beachten sind. Die nicht ganz einfache Handhabung der Materie ist auch ein Grund dafür, dass dem Datenschutz in allen Bereichen des öffentlichen Lebens bisher keine hinreichende Beachtung geschenkt wird.

Informationelle Selbstbestimmung als Grundrecht

Es ist ganz selbstverständlich, dass Personen, die soziale Leistungen in Anspruch nehmen, nicht möchten, dass ihre familiären Probleme oder auch die Tatsache, dass sie Leistungen von der Arbeitsagentur oder dem Sozialamt beziehen, in ihrer Nachbarschaft bekannt werden. Andererseits haben öffentliche Behörden, etwa Finanzbehörden, Gesundheitsbehörden, Polizei- und Ausländerbehörden, ein erhebliches Interesse daran, Informationen auch von sozialen Einrichtungen zu erhalten, um ihre Aufgaben erfolgreich durchführen zu können. (Der Untersuchungsgrundsatz gilt im gesamten öffentlichen Recht, vgl. oben Seite 176 f). Ebenso sind viele Fälle von Sozialleistungsmissbrauch nur aufklärbar in Kooperation mit den an der Basis arbeitenden Sozialpädagogen/Sozialarbeitern. Eine entscheidende Frage ist, in welchen Fällen sie – auch gegen den Willen und die Interessen der Klienten – Informationen auf Anfrage weiterleiten dürfen bzw. wann sie befugt oder verpflichtet sind, Verdächtigungen von sich aus an andere Behörden weiterzuleiten. Aber auch die eigenen Untersuchungspflichten der Sozialbehörden werden durch den Datenschutz eingeschränkt (vgl. § 37 S. 3 SGB I). Im Bereich der Kinder- und Jugendhilfe hat das

Thema Datenschutz darüber hinaus erhebliche Bedeutung in der Auseinandersetzung mit Eltern von Jugendlichen, die erzieherische Hilfen in Anspruch nehmen.

Im Jahr 1984 hat das Bundesverfassungsgericht in einer grundlegenden Entscheidung deutlich gemacht, dass im demokratischen Staat „Wert und Würde der Person" auch von der freien Selbstbestimmung über die Verbreitung seiner persönlichen Daten abhängig ist. Seither ist davon auszugehen, dass *jeder Mensch* – also auch Minderjährige und Geschäftsunfähige – *ein Recht* auf *informationelle Selbstbestimmung* hat. Andererseits erfordert die effektive Erfüllung öffentlicher Aufgaben in vielen Bereichen eine umfassende Datenerhebung. Es besteht ein *Spannungsverhältnis* zwischen dem Recht auf informationelle Selbstbestimmung und den Interessen der Allgemeinheit, welches – auch abhängig von aktuellen Ereignissen und Stimmungen – immer wieder neu austariert werden muss.

Informationelle Selbstbestimmung ist Teil des allgemeinen Persönlichkeitsrechtes und deshalb in untrennbarer Weise mit den Grundrechten verbunden und somit als grundlegendes Freiheitsrecht zu schützen. Nur zur Wahrung *überragender* Interessen der Allgemeinheit dürfen diese Rechte in engen Grenzen und nur auf der Grundlage *gesetzlicher Regelungen* eingeschränkt werden (vgl. zur Abwehrfunktion der Grundrechte oben Seite 28, Seite 30). Im Folgenden geht es im Wesentlichen um Schutzvorschriften, die durch Behörden der *öffentlichen Verwaltung*, durch sämtliche dort tätigen Personen und durch die Organisationsstrukturen gewährleistet sein müssen.

Diese Regelungen gelten nicht in gleicher Weise im Zivilrecht, da die Bürger untereinander nicht in gleicher Weise wie der Staat zum Schutz und zur Förderung der Grundrechte verpflichtet sind. Im Zivilrecht ist der Datenschutz deutlich schwächer ausgeprägt (hierzu unten Seite 207 f). Dies ergibt sich daraus, dass von den Grundrechten nur sehr eingeschränkt eine Drittwirkung ausgeht (hierzu bereits oben Seite 32 f).

Besondere Bedeutung für die Soziale Arbeit

Typisch für Datenschutzfragen ist, dass *unterschiedliche Interessen* von Personen oder Institutionen bezüglich der Weitergabe von Informationen aufeinander treffen. Das Verständnis der Materie wird dadurch erschwert, dass die unterschiedlichen Interessen *für sich genommen* legitim sind. Die der Strafverfolgungsbehörden, der Eltern, des Finanzamtes oder der Einrichtungsleitung ebenso wie die der Sozialämter, der Jugendämter oder der freien Träger. Sie stehen aber in Konkurrenz zu anderen legitimen Interessen des Bürgers auf Daten- und Vertrauensschutz. Beim Thema Datenschutz geht es also meist nicht um eine generelle Missachtung bestimmter Informationsinteressen, sondern darum, ob sie gegenüber den grundsätzlichen Verschwiegenheitspflichten (Schutz der Intimsphäre) vorrangig sind.

Das Bundesverfassungsgericht hat in eindeutiger Weise anerkannt, dass „die grundsätzliche Wahrung des Geheimhaltungsinteresses des Klienten Vorbedingung des Vertrauens" ist, welches notwendig ist, um Soziale Arbeit überhaupt leisten zu können. Ein umfassender Vertrauensschutz ist danach „Grundlage für die funktionsgerechte Tätigkeit" (BVerfGE 44,353 gleich NJW 1977, 1489). Wenn die Klienten nicht wissen würden, dass sie sich unbedingt auf die Verschwiegenheit des Personals in sozialen Einrichtungen verlassen können, würden viele Bürger soziale Dienste letztlich nicht mehr in Anspruch nehmen oder aus Angst für sozialpädagogische Arbeit wichtige Informationen verschweigen. Eine strenge Beachtung von

Datenschutzbestimmungen ist deshalb wesentliches Qualitätsmerkmal Sozialer Arbeit.

2. Grundsätze des Sozialdatenschutzes

Generalnorm im SGB I

In § 35 SGB I ist in grundlegender Weise geregelt, dass Sozialdaten nicht unbefugt „erhoben, verarbeitet oder genutzt" werden dürfen. Dies umfasst auch interne Geschäftsabläufe. Informationen an Kollegen und Vorgesetzte sind deshalb immer nur insoweit zulässig, wie dies zur Erfüllung der konkreten Aufgabe und damit im Interesse des Klienten unverzichtbar ist. Auch die Sozialdaten der Beschäftigten und ihrer Angehörigen dürfen Personen, die Personalentscheidungen treffen, nicht zugänglich sein.

Davon abweichende behördeninterne Dienstvorschriften, Einzelanweisungen oder Üblichkeiten können für die in den Einrichtungen beschäftigten Personen erhebliche Konflikte hervorrufen: entweder den einrichtungsspezifischen Anforderungen zu genügen, möglicherweise um nicht eine Kündigung oder Versetzung zu riskieren, oder aber die entsprechenden Datenschutzbestimmungen strikt einzuhalten. Derartige Loyalitätskonflikte sind keineswegs selten (zu dieser Problematik vgl. oben Seite 195 f, zu Besonderheiten für Sozialarbeiter/Sozialpädagogen unten Seite 209 ff).

Grundlagen des Sozialdatenschutzes

Die Würde und der Wert der Person verpflichtet den Staat, dessen Selbstbestimmung zu gewährleisten (vgl. Art. 1, 2 GG). Hierzu gehört die **informationelle Selbstbestimmung** jedes Menschen.

Die Grundsätzliche Wahrung des Geheimhaltungsinteresses der Klienten ist Vorbedingung des Vertrauens, das sie um ihrer selbst willen dem Berater entgegen bringen müssen, und damit zugleich **Grundlage** für die funktionsgerechte Tätigkeit **Sozialer Dienste** (so BVerfGE 44, 353).

Im Bereich der Sozialen Arbeit sind deshalb personenbezogene Daten generell geschützt, es sein denn, gesetzliche Normen regeln ausdrücklich etwas anderes **(Regel-Ausnahme-Systematik).**

Übermittlung als Ausnahme

Daraus ergibt sich als wichtigster rechtlicher Grundsatz, dass eine Weitergabe von Daten seitens öffentlicher Einrichtungen ohne Einwilligung des Betroffenen *grundsätzlich unzulässig* ist (vgl. § 35 Abs. 2 SGB I). Eine Weiterleitung von Daten ist generell nur mit Zustimmung des Betroffenen oder auf der Grundlage einer gesetzlichen Ermächtigung zulässig (*Gesetzesvorbehalt,* hierzu bereits oben Seite 36 f). Ansonsten ist eine Übermittlung personenbezogener Daten immer rechtswidrig. Bis zur oben genannten Grundsatzentscheidung des Bundesverfassungsgerichts wurde weitgehend davon ausgegangen, dass persönliche Daten grundsätzlich weitergeleitet werden dürfen, sofern der Betroffene nicht von sich aus ausdrücklich widerspricht.

Dieser Grundgedanke ist in der Gesetzessystematik und Rechtspraxis immer noch nicht vollständig umgesetzt. Es bedarf, scheint es – auch in den sozialen Arbeitsfeldern – eines längeren Umdenkungsprozesses, um generell und ganz selbstverständlich Datenschutz zu gewährleisten, und Ausnahmen hiervon nur bei Kenntnis einer gesetzlichen Ermächtigung zuzulassen.

Spezialbestimmungen im SGB X

In den §§ 67–85a SGB X ist im Einzelnen der Umgang mit Daten geregelt. Die dort genannten Regelungen sind bindend für das gesamte Sozialrecht. Darüber hinaus gibt es spezielle Datenschutzbestimmungen, die bereichsspezifisch zusätzlich zu beachten sind. Dort sind zum Teil weitergehende Schutzbestimmungen (z. B. § 62 ff SGB VIII) und zum Teil weitergehende Eingriffsbefugnisse geregelt (z. B. Datenabgleich zwischen Sozialleistungsträgern, vgl. z. B. § 52 SGB II, § 118 SGB XII). Von grundlegender Bedeutung ist, dass in anderen Bereichen der öffentlichen Verwaltung (etwa Polizei, Gesundheitsamt, Finanzamt) wesentlich *andere* Regelungen des Sozialdatenschutzes bestehen, die aufgrund des besonderen Vertrauensschutzes im sozialen Bereich mit den Vorschriften des Sozialdatenschutzes nicht vergleichbar sind.

Bereits bei der *Erhebung* (Ermittlung) von Sozialdaten sind gem. § 67a SGB X bestimmte Grundsätze zu beachten. Vor allem die Erhebung ohne Einverständnis des Betroffenen bei anderen Personen und Stellen (§ 67a Abs. 2 u. 3) ist problema-

Erhebung von Sozialdaten

– Grundsätze –

- Das Erheben von Sozialdaten ist nur zulässig, wenn ihre Kenntnis zur Erfüllung einer Aufgabe der erhebenden Stelle erforderlich ist (§ 67a Abs. 1 SGB X).
- Sozialdaten sind grundsätzlich unmittelbar bei dem Betroffenen zu erheben (§ 67a II Abs. 2 SGB X). Ausnahmen hiervon sind abschließend in § 67a Abs. 2 SGB X bzw. § 62 Abs. 2 SGB VIII geregelt.
- Die erhebende Stelle muss die technischen und organisatorischen Maßnahmen einschließlich der Dienstanweisungen treffen, um Datenschutz zu gewährleisten (z. B. Telefonate, Klientengespräche in geschützten Räumen, kontrollierter EDV-Zugang) (§ 78a SGB X).
- Der Betroffene ist über den Zweck der Erhebung der Sozialdaten zu informieren, wenn diese bei ihm mit seiner Kenntnis erhoben werden (§ 67a Abs. 3 SGB X).
- Der Betroffene ist vorher über die Rechtsgrundlage der Erhebung aufzuklären (§ 67a Abs. 3 SGB X).
- Werden Sozialdaten statt beim Betroffenen bei einer nicht öffentlichen Stelle (z. B. Freien Träger) erhoben, so ist die Stelle auf die Rechtsvorschrift, die zur Auskunft verpflichtet, sonst auf die Freiwilligkeit der Angaben hinzuweisen (§ 67a Abs. 4 SGB X).

tisch und nur auf der Grundlage gesetzlicher Ausnahmeregelungen und unter Beachtung schutzwürdiger Interessen des Betroffenen zulässig. So dürfen Angehörige nicht ohne Einverständnis des Klienten befragt werden, außer z. B. bei einer erheblichen Gefährdung des Kindeswohls (zu weiteren gesetzlichen Bestimmungen vgl. oben Seite 179 f).

Schutzbereich

Geschützt sind generell sämtliche objektiven Merkmale des Betroffenen (vgl. § 67 Abs. 1 SGB X), also Name, Anschrift, Geburtsdatum, Geschlecht, Familienstand, Kinderzahl, Arbeitgeber, Einkommen, Bankverbindung, Ausbildung, Titel, Krankheiten, Vorstrafen, Alkoholkonsum etc., aber ebenso Meinungen und Wertungen des Betroffenen, die in Erzählungen erfolgen, in Anträgen, Beschwerden oder in anderer Weise zur Kenntnis gebracht werden. Ebenso geschützt sind Stellungnahmen von Dritten bezogen auf den Betroffenen, wie interne Aktenvermerke, Diagnosen, Gutachten oder Ähnliches. Der Datenschutz bezieht sich in gleicher Weise auf die *Erhebung* der Daten, deren *Verarbeitung, Nutzung* und *Weitergabe*.

Auch wenn eine gesetzliche Grundlage zur Weitergabe gegeben ist, muss immer so schonend wie möglich mit persönlichen Daten umgegangen werden (§ 67c SGB X). Das heißt, unter keinen Umständen dürfen mehr Daten erhoben oder gespeichert werden als zur Erfüllung der jeweiligen sozialen Aufgabe erforderlich ist (zum Verhältnismäßigkeitsgrundsatz vgl. oben Seite 42).

Für alle öffentlichen Einrichtungen ergibt sich daraus die Verpflichtung, entsprechende behördeninterne Schutzmaßnahmen einschließlich technischer und organisatorischer Strukturen zu schaffen. Hierzu gehören z. B. verschließbare Aktenschränke, Abhörschutz bei Telefongesprächen, Besprechungsräume in hinreichender Anzahl, aber auch Dienstanweisungen über den sachgerechten Umgang und die Vernichtung von Daten.

Einwilligung des Betroffenen

Neben einer gesetzlichen Ermächtigung kann die Erhebung, Speicherung oder Nutzung persönlicher Daten auch auf Grund einer *Einwilligung* des Betroffenen rechtmäßig sein. Sofern eine solche Einwilligung vorliegt, wird der Bürger nicht in seinen Rechten verletzt. Da die Verwendung seinem Willen entspricht, liegt ein Eingriff in seine informationelle Selbstbestimmung dann nicht vor. Es entspricht einer weit verbreiteten Praxis, sich durch Entbindungserklärungen von der Schweigepflicht vor Datenschutzverletzungen zu schützen. Dabei ist allerdings einiges zu beachten:

Notwendig ist, von wenigen Ausnahmen abgesehen, eine *ausdrückliche* Einwilligung des Betroffenen. Um deren Vorliegen im Streitfall nachweisen zu können, ist sie meist in schriftlicher Form abzufassen (vgl. § 4a Abs. 1 Bundesdatenschutzgesetz). Sie muss *vor* der Erhebung bzw. Weiterleitung eingeholt werden, und aus ihr muss hervorgehen, zu welchem konkreten Zweck sie erfolgt. D. h. die Weiterleitung von personenbezogenen Daten ohne gesetzliche Grundlage wird auch durch eine nachträgliche Einwilligung des Betroffenen nicht rechtmäßig. Auch wenn eine Einwilligung vorliegt, bleibt die öffentliche Einrichtung verpflichtet, von dieser Einwilligung in geringst möglichem Umfang Gebrauch zu machen (*Verhältnismäßigkeit*). Die verbreitete Übung, umfassende Entbindungserklärungen von der Schweigepflicht von Klienten unterschreiben zu lassen, um sich dann intern und langfristig ungehemmt über die persönlichen Angelegenheiten der Betroffenen auszutauschen, ist wegen unzulänglicher Präzisierung rechtswidrig.

Oft werden Klienten auch *vorsorglich* aufgefordert, eine Einwilligung abzugeben, weil die gesetzlichen Befugnisse nicht überschaut werden. Wenn tatsächlich eine gesetzliche Befugnis vorliegt, ist dies unschädlich, kann sogar sinnvoll sein, damit der Klient informiert ist über die Verwendung seiner persönlichen Daten. Andererseits können mit einer Entbindungserklärung die gesetzlichen Schutzbestimmungen nicht beliebig unterlaufen werden. Die Behörde könnte sonst mit ihrer Machtposition die Abgabe einer „freiwilligen" Entbindung von der Schweigepflicht erzwingen. So wäre es z. B. unzulässig, auf der Grundlage einer Einwilligung das Finanzamt über Erkenntnisse einer Sozialleistungsbehörde zu informieren. Worauf sich eine Entbindungserklärung des Betroffnen beziehen kann, ist nicht immer einfach zu klären. Die Gerichte haben immer wieder bestätigt, dass an die Wirksamkeit einer Entbindung von der Schweigepflicht strenge Anforderungen zu stellen sind. Wenn sie nicht erfüllt sind, ist die Erklärung unwirksam und eine Datenweitergabe rechtswidrig.

3. Informationsinteressen anderer Behörden (§ 68 ff SGB X)

Besonders heikel ist, wenn andere Behörden eine soziale Einrichtung auf Mitteilung bestimmter Sozialdaten ersuchen, die Datenweitergabe also anderen als sozialen Zwecken dienen soll. Grundsätzlich sind öffentliche Behörden zur wechselseitigen *Amtshilfe* verpflichtet, um eine effektive und einheitliche Staatsverwaltung zu ermöglichen (für die Sozialverwaltung vgl. hierzu § 3 ff SGB X). Diese Pflichten können hinsichtlich des Datenschutzrechts allerdings nur soweit zur Anwendung kommen, als hierdurch höchst persönliche Rechte des Bürgers nicht beeinträchtigt werden. Der Grundsatz der Amtshilfe wird also durch Datenschutzbestimmungen wesentlich eingeschränkt (nicht umgekehrt!). Auch hinsichtlich der Rechte und Pflichten zur Amtshilfe zwischen gleich gearteten und unterschiedlichen Behörden gilt: die Weitergabe personenbezogener Daten ist nur zulässig, soweit dies ausdrücklich gesetzlich geregelt ist (§ 35 Abs. 3 SGB I, § 67d Abs. 1 SGB X).

Die Verantwortung für die Zulässigkeit der Übermittlung von Daten trägt die *übermittelnde* Stelle (§ 67d Abs. 2 SGB X). Das heißt, eine Sozialbehörde prüft in eigener Verantwortung, ob eine Weiterleitung von Daten rechtmäßig ist. Außerdem ist immer zu prüfen, ob eine solche Weiterleitung auch *verhältnismäßig* ist. Sie hat etwa zu unterbleiben, wenn die ersuchende Behörde auch auf andere Weise die gewünschten Daten erhalten kann. Außerdem ist zu beachten, dass eine Prüfung und ggf. Weiterleitung in der Regel allein durch den *Behördenleiter* bzw. eine hierfür speziell beauftragte Person veranlasst werden darf (vgl. § 68 Abs. 2, § 72 Abs. 2 SGB X). Ansonsten ist eine Übermittlung schon aus formalen Gründen rechtswidrig. Dies bedeutet Schutz für den einzelnen Mitarbeiter und ermöglicht eine zuverlässige und unabhängige Prüfung der Übermittlungspflichten. D. h., die mit einem Klienten persönlich befasste Person befindet in aller Regel nicht selbst über ein Übermittlungsersuchen. Hat die übermittelnde Behörde rechtliche Bedenken, *muss* sie die Weitergabe verweigern. Von der ersuchenden Stelle kann die Weitergabe nicht erzwungen werden (außer über ein gerichtliches Verfahren).

Bei Vorliegen der Voraussetzungen und einer entsprechenden Anfrage einer anderen Behörde wird die im Gesetz bezeichnete Übermittlungs*befugnis* wegen der Amtshilfeverpflichtung zu einer Übermittlungs*pflicht*. Zu beachten ist, dass diese Übermittlungspflicht der *Behörden* nur mit Einschränkungen gilt, wenn Daten von staatlich anerkannten Sozialarbeitern/Sozialpädagogen erhoben wurden (besonderer Vertauensschutz, hierzu unten Seite 209 ff).

Vor allem für folgende Fälle ist die Datenübermittlung in der Sozialen Arbeit gesetzlich geregelt (vgl. die Regelungen in §§ 67d ff SGB X):

Anzeige von Straftaten

Häufig stellt sich die Frage, ob Mitarbeiter in sozialen Einrichtungen bei der Polizei Anzeige erstatten müssen, wenn sie erfahren, dass ihre Klienten Straftaten begangen haben oder begehen wollen. Eine generelle Verpflichtung, bei Bekanntwerden von Straftaten diese bei den Strafverfolgungsbehörden (Polizei, Staatsanwaltschaft, Gericht) anzuzeigen, gibt es im deutschen Recht nicht. Insbesondere wenn eine Tat bereits begangen wurde, besteht für niemand eine Verpflichtung zur Anzeige.

Lediglich wenn bestimmte, besonders schwere Straftaten drohen (also noch nicht begangen wurden), besteht für *jedermann* die Verpflichtung zur Strafanzeige bei den zuständigen Behörden oder den hierdurch gefährdeten Personen. Nach § 138 StGB gilt dies insbesondere für folgende Straftaten: Vorbereitung eines Angriffskrieges, Geld- oder Wertpapierfälschung, Mord, Totschlag, Völkermord, Raub, räuberische Erpressung und gemeingefährliche Straftaten wie Brandstiftung (vgl. im Einzelnen die abschließende Aufzählung in § 138 StGB). Für die häufiger begangenen, weniger schweren Straftaten wie z. B. Körperverletzung, Kindesentziehung, Diebstahl, Betrug, Urkundenfälschung, Vergewaltigung, sexueller Missbrauch, Verstöße gegen das Betäubungsmittelgesetz besteht eine solche Anzeige*pflicht* nicht. Selbstverständlich ist aber jeder Bürger *berechtigt,* Straftaten vor oder nach Begehung einer tatsächlich oder vermeintlich begangenen Straftat (auch anonym) anzuzeigen.

Die Frage ist nun, ob in sozialen Einrichtungen tätige Personen weitergehende Pflichten haben, also aufgrund ihrer Verpflichtung zum Vertrauensschutz schweigen müssen oder wegen bestehender Amtshilfepflichten andere Behörden informieren müssen. Beides ist der Fall.

§ 71 Abs. 1 Satz 1 Nr. 1 regelt zunächst, dass die allgemeinen Anzeigepflichten gemäß § 138 StGB (anders als z. B. für Seelsorger) auch für Sozialbehörden gelten. Aus § 71 SGB X ergeben sich darüber hinaus weitere Übermittlungsbefugnisse bei schweren und ansteckenden *Infektionskrankheiten*, bestimmten sozialschädlichen Verhaltensweisen (*Schwarzarbeit, Steuervergehen, Verstöße gegen das Wohngeldgesetz*) (Abs.1), Übermittlungsersuchen der *Ausländer- und Asylbehörden* (Abs. 2, 2 a) und hinsichtlich der Aufgaben des Verfassungsschutzes (§ 72 SGB X).[14] Insoweit haben Sozialbehörden weitergehende Übermittlungspflichten als der normale Bürger. Im Übrigen besteht aber die allgemeine Schweigepflicht. Wenn man in der beruflichen Tätigkeit erfährt, dass Klienten Straftaten wie Diebstahl, Körperverletzung oder Hausfriedensbruch begangen haben oder begehen wollen, unterliegen diese Informationen grundsätzlich der Schweigepflicht. Mitarbeiter sozialer Ein-

[14] Insbesondere im Zusammenhang mit dem Ausländerrecht sind die Mitteilungspflichten höchst fragwürdig und müssen jedenfalls bei Kindern und Jugendlichen hinter den sozialen Förderungspflichten zurück treten (vgl. § 65 SGB SGB VIII als speziellere Vorschrift). Dies ist aber umstritten.

richtungen sind insoweit – im Unterschied zu Privatpersonen – nicht befugt, Anzeige zu erstatten.

Diese Rechtslage kann im Einzelfall durchaus als problematisch empfunden werden, z. B. wenn eine Sozialpädagogin in der Jugendhilfe von sexuellem Missbrauch erfährt. Aufgrund der Verpflichtung zum Datenschutz kann sie ohne Einwilligung des Betroffenen bzw. der Personensorgeberechtigten grundsätzlich nichts unternehmen. Dasselbe gilt, wenn der Sozialarbeiter durch den Täter hiervon erfährt. Die Verschwiegenheitspflicht hat auch unter sozialarbeiterischen Gesichtspunkten durchaus ihren Preis. Der Sozialarbeiter/Sozialpädagoge ist gehalten, mit dem Klienten und nicht gegen ihn zu arbeiten. In extremen Notlagen kommt allerdings – wenn weitere Straftaten zu befürchten sind – eine Übermittlung nach den Regeln des *Notstands* (hierzu unten Seite 210 f) ohne Einwilligung oder Wissen des Klienten in Betracht. In der Kinder- und Jugendhilfe wird das Einschalten der Polizei bzw. anderer Strafverfolgungsorgane zur Pflicht, wenn dies zum Schutz des Minderjährigen aus Sicht der Jugendhilfe geboten ist (§ 8a Abs. 3 SGB VIII; vgl oben Seite 144). Bei anderen Delikten kann die Beendigung der sozialen Betreuung angezeigt sein, wobei die Schweigeverpflichtung danach allerdings fortbesteht. Eine generelle Aufhebung der Schweigepflicht bei Straftaten hätte zur Folge, dass Straftäter sich nicht mehr an sozialpädagogische Einrichtungen wenden würden und professionelle Dienste nicht mehr ins Vertrauen gezogen würden. Gerade Problemgruppen würden durch soziale Dienste nicht mehr erreicht.

Strafverfahren

Wird die Polizei zur Strafverfolgung bereits begangener Straftaten tätig und bittet andere Personen um Auskünfte, so besteht grundsätzlich für niemanden eine Auskunftspflicht. Man kann die Ermittlungen unterstützen, muss es aber nicht (Ausnahme: § 68 SGB X, hierzu unten). Wird man allerdings von der Staatsanwaltschaft oder einem Gericht zu einer Vernehmung geladen, so muss man erscheinen und auf die Befragungen wahrheitsgemäße Angaben machen. Anderenfalls droht eine zwangsweise Vorführung und Ordnungsgeld.

Für den Sozialen Bereich gelten folgende Besonderheiten:

Bei einem Strafverfahren wegen einer Straftat von erheblicher Bedeutung (i.d.R. Tat mit mindestens einem Jahr Freiheitsstrafe bedroht) besteht eine Verpflichtung zur Datenübermittlung – allerdings nur, sofern dies durch den zuständigen *Richter angeordnet* wurde (§ 73 Abs. 3 SGB X). Bei einer Vorladung durch den Richter (oder die Staatsanwaltschaft) als *Zeuge* ist stets zu prüfen, ob ein Aussageverweigerungsrecht besteht (hierzu unten Seite 212 f).

Gefahrenabwehr

Nach § 68 SGB X kommt eine Datenübermittlung im *öffentlichen Interesse* an Polizeibehörden, Staatsanwaltschaften, Justizvollzugsanstalten und andere Behörden der Gefahrenabwehr in Betracht zur Erfüllung deren Aufgaben bzw. zur Durchsetzung öffentlich-rechtlicher Ansprüche in Höhe von mindestens 600€. Diese Befugnis dient sowohl der Vermeidung bevorstehender Gefahren als auch Maßnahmen der Strafverfolgung.

Die Übermittlung setzt ein *Ersuchen* der jeweiligen Behörde voraus, und es dürfen hierdurch schutzwürdige Interessen des Betroffenen (*Verhältnismäßigkeit*) nicht beeinträchtigt werden. In diesem Zusammenhang dürfen außerdem immer nur

Übermittlungsbefugnisse nach dem SGB X

Alle Daten sind grundsätzlich zu schützen außer

Amtshilfe (§ 68 SGB X)	Soziale Aufgaben (§ 69 SGB X)	Arbeitsschutz (§ 70 SGB X)	Mitteilungspflichten (§ 71 SGB X)	Innere u. äußere Sicherheit (§ 72 SGB X)	Strafverfahren (§ 73 SGB X)	Unterhaltspflichten (§ 74 SGB X)	Forschung und Planung (§ 75 SGB X)
• Polizeibehörden • Gerichte u. a. • öffentlich rechtliche Ansprüche, mindestens 600 € **nur harte Daten** Zuständig: Behördenleiter	• Aufgaben nach dem SGB • Lastenausgleich • Unterhaltssicherung • Beamtenversorgung …	• Staatliche Stellen **(nur bei erheblicher Bedeutung)**	• geplante Straftaten nach § 138 StGB • Ansteckende Krankheiten nach dem ISG • Wehrüberwachung • Verfolgung Schwarzarbeit • **auf Ersuchen der Ausländerbehörde** …	• Verfassungsschutz • Bundesnachrichtendienst • Militärischer Abschirmdienst • Bundeskriminalamt … **nur harte Daten**	• Verbrechen (Mindeststrafe 1 Jahr) • Andere schwere Straftaten	• Unterhalt • Versorgungsausgleich **im gerichtlichen Verfahren und bei gesetzlichen Auskunftspflichten**	• Wissenschaftliche Forschung • Planung öffentl. Leistungen **nur nach vorheriger Genehmigung durch oberste Bundes- bzw. Landesbehörde**

Daneben sind Reglungen in den einzelnen Büchern des SGB zu beachten: z. B. verschärfter Datenschutz in der Kinder- und Jugendhilfe (§§ 61 ff SGB VIII) und Befugnisse zum Datenabgleich mit andern Leistungsträgern in SGB II und XII (§ 52 SGB II, § 118 SGB XII).

Darüber hinaus ist bei Notstand und Notwehr (§§ 32 ff StGB, §§ 227 f BGB) eine Weitergabe von Daten zulässig zum Schutz überragender Rechtsgüter. Insoweit besteht aber keine Pflicht zur Übermittlung.

Die Daten erhaltende Behörde darf diese immer nur zu dem Zweck verwenden, zu welchem sie übermittelt wurden.

„harte Daten", d. h. Name, Vorname, Geburtsdatum, Geburtsort, derzeitige Anschrift, Aufenthaltsort sowie *Anschrift des Arbeitgebers* übermittelt werden. Die Entscheidung darüber, ob Daten übermittelt werden, trifft der *Leiter der Behörde* bzw. dessen Stellvertreter (§ 68 Abs. 2 SGB X). Weitere Angaben, z. B. welche *Sozialleistungen* erbracht werden, Familienstand des Klienten oder Angaben über Gesprächsinhalte dürfen in keinem Fall gemacht werden.

Soziale Aufgaben, Forschung und Planung

Hinsichtlich der Erfüllung sozialer Aufgaben (69 SGB X) besteht der Datenschutz ebenso in abgeschwächter Form wie bei der Durchsetzung von Ansprüchen wegen Unterhaltspflichtverletzungen oder Versorgungsausgleich (§ 74 SGB X) und für Zwecke der Forschung und Planung (§ 75 SGB X). Auch in diesen Bereichen ist aber stets zu prüfen, ob eine Anonymisierung mit zumutbarem Aufwand möglich ist und auf welche notwendigen Daten die Weitergabe beschränkt werden kann. Denn der Eingriff in die Rechte des Betroffenen muss auch hier so gering wie möglich gehalten werden.

Verlängerter Datenschutz

Auch wenn Sozialdaten nach den §§ 67–77 SGB X zulässig an andere Personen oder Stellen übermittelt wurden, endet damit der Datenschutz nicht. Die Behörde, die die Daten empfangen hat, darf die Daten nur zu dem Zweck verwenden, zu dem sie diese erhalten hat (*Zweckbindung*), und sie muss die empfangenen Daten in gleicher Weise schützen, wie dies die übermittelnde Behörde musste. Die Regeln des Sozialdatenschutzes gelten dann auch für Stellen, die keine Sozialbehörden sind. Man spricht von einem *verlängerten Datenschutz.*

Für öffentliche Einrichtungen gilt dieser verlängerte Datenschutz unmittelbar durch das Gesetz. Auch hier gibt es Probleme in der Umsetzung, schon weil die Bestimmungen des Sozialdatenschutzes nicht hinreichend bekannt sind. Besonders schwierig ist die Umsetzung des verlängerten Datenschutzes aber bei einer Übermittlung von Daten an private Träger, da diese weder dem öffentlichen Recht noch der Kontrolle durch öffentliche Behörden unterliegen. In § 78 Abs. SGB X heißt es lediglich, dass „nicht öffentliche Stellen auf die Einhaltung dieser Pflichten *hinzuweisen* sind". Tatsächlich muss der öffentliche Träger aber aktiv dafür Sorge tragen, dass diese Bestimmungen in der Praxis auch eingehalten werden. Ansonsten würde er seine öffentlich-rechtlichen Schutzpflichten verletzen. Im Wesentlichen geschieht dies durch Vereinbarungen zwischen den öffentlichen und privaten Stellen.

4. Datenschutz bei freien Trägern

In den letzten Jahren wurden auch im Bereich des Zivilrechts die Pflichten von Privatpersonen, insbesondere Firmen, die in großem Umfang Dateien nutzen, erheblich ausgeweitet. Die entsprechenden Vorschriften befinden sich vor allem im *Bundesdatenschutzgesetz* (BDSG) und den Datenschutzgesetzen der Länder.[15] Be-

[15] Diese Datenschutzgesetze richten sich sowohl an öffentliche als auch nicht öffentliche Stellen. Da die Vorschriften des SGB X weitergehend sind, ist bezüglich der öffentlichen Sozialleistungsträger auf die Datenschutzgesetze nicht näher einzugehen.

Datenschutz bei freien/privaten Trägern

- **Eine eindeutige, umfassende gesetzliche Regelung fehlt.** Das Bundesdatenschutzgesetz (§§ 1) erfasst nicht „persönliche und familiäre Tätigkeiten" und gilt zu einem großen Teil nur bei einer Anwendung von „Datenverarbeitungsanlagen" (§ 27 ff BDSG). Trotz Verschärfung der Bestimmungen und der Errichtung von Aussichtsbehörden ist die allgemeine Kontrolle privater Unternehmen nach wie vor lückenhaft.
- **Es bestehen weitgehende vertragliche Verpflichtungen.** Z. B. in Arbeitsverträgen, Verträgen mit staatlichen Leistungsträgern und durch Vereinbarungen mit den Klienten, die strikt zu beachten sind. Auch ohne ausdrückliche Formulierung können sie als vertragliche Nebenpflichten bestehen (bisher fehlt aber eine Einheitlichkeit).
- **Verlängerter Sozialdatenschutz (§ 78 SGB X).** Daten, die eine freie/private Einrichtung von einem öffentlichen (staatlichen) Leistungsträger erhält, muss diese immer in gleichem Umfang schützen wie der staatliche Träger.
- **Übertragene Aufgaben.** Soweit private Träger öffentliche Angelegenheiten als „übertragene Aufgaben" wahrnehmen (z. B. nach § 61 Abs. 4 SGB VIII), gelten die Datenschutzregelungen des SGB ohne Einschränkung (vgl. auch § 2 Abs. 3 BDSG).
- **Selbstverpflichtungen.** Insbesondere die Kirchen haben für ihren Bereich eigene Datenschutzrichtlinien erlassen, die einen Schutz entsprechend den staatlichen Einrichtungen gewährleisten (teilweise auch darüber hinausgehend).
- **Die berufsbezogenen Pflichten** (vgl. § 203 StGB) gelten ohne Einschränkung.
- Private Träger sind **in keinem Fall** im Wege der **Amtshilfe** zur Übermittlung von Daten verpflichtet. Insoweit besteht hier ein weitergehender Datenschutz als bei öffentlichen Trägern.

reits im Anwendungsbereich werden die Lücken des Bundesdatenschutzgesetzes deutlich. So gelten die Datenschutzbestimmungen nicht für „persönliche oder familiäre Tätigkeiten" (§ 1 BDSG) und nur bei einer Verwendung von Datenverarbeitungsanlagen und bezogen auf automatisierte Dateien (vgl. § 1 und § 27 BDSG). Damit sind persönliche Daten in erheblichem Umfang, z. B. solche, die mündlich übermittelt werden, nicht erfasst. Für die kirchlichen Einrichtungen von Caritas und Diakonie finden allerdings die entsprechenden kirchlichen Datenschutzgesetze Anwendung, deren Standard mit dem staatlicher Einrichtungen vergleichbar ist.

Alle öffentlichen und nicht öffentlichen Stellen, die in größerem Umfang Daten erheben, verarbeiten oder nutzen, sind allerdings verpflichtet, in eigener Verantwortung einen *Datenschutzbeauftragten* zu benennen, der die Einhaltung bestehender Bestimmungen zu überwachen hat (§ 4f BDSG). Außerdem gelten bei einer Übermittlung durch öffentliche Träger die Grundsätze des verlängerten Datenschutzes (hierzu bereits oben).

Im Übrigen kommen hier Datenschutzpflichten aufgrund vertraglicher Vereinbarungen mit den Klienten und aus dem allgemeinen Persönlichkeitsrecht in Betracht. Heute wird weitgehend davon ausgegangen, dass allein aufgrund der Tatsache, dass ein Vertrag über eine soziale Leistung (mündlich oder schriftlich) geschlossen wird, der Leistungserbringer automatisch verpflichtet ist, als *Nebenpflicht* die persönlichen Daten der Kunden zu schützen. Die Schutzbestimmungen sind allerdings nicht so klar umschrieben wie im öffentlichen Bereich. Je nach Aufgabenbereich und Üblichkeit können deutliche Unterschiede zwischen einzelnen Einrichtungen bestehen. So wird allgemein anerkannt, dass in kirchlichen Krankenhäusern eine Daten-

übermittlung an den zuständigen Seelsorger dem Datenschutz nicht widerspricht, sofern der Patient dem nicht ausdrücklich widerspricht.
Zu beachten ist, dass nichtstaatliche Einrichtungen generell *nicht* zur *Amtshilfe* verpflichtet sind, da sie kein Teil der öffentlichen Verwaltung sind, §§ 68 ff SGB X gelten nicht. So kommen Übermittlungspflichten an staatliche Behörden überhaupt nur in Betracht, soweit es sich um eine gerichtliche Anordnung im Rahmen eines Strafverfahrens oder um Zeugenaussagen (hierzu unten) handelt. Insoweit ist der Datenschutz bei freien Trägern deutlich weitergehend als bei öffentlichen.

5. Berufspflichten des Sozialarbeiters/Sozialpädagogen

Neben den allgemeinen Vorschriften des Sozialdatenschutzes ist zu beachten, dass *Sozialarbeiter* und *Sozialpädagogen* aufgrund ihrer Ausbildung und Tätigkeit in *besonderer Weise* zur Verschwiegenheit verpflichtet sind. Die Klienten sollen sich stärker noch als bei anderen Mitarbeitern darauf verlassen können, dass die qualifizierten Fachkräfte bei ihrer beruflichen Tätigkeit erhaltene Informationen für sich behalten. Diese Pflichten und Rechte zur Verschwiegenheit bedeuten eine besondere Anerkennung dieser Berufsgruppe, wie sie unter anderem auch für Psychologen, Ärzte, Rechtsanwälte besteht. Diese besondere Verschwiegenheitsverpflichtung ist an den jeweiligen Berufsstand („staatlich anerkannter Sozialpädagoge“, „staatlich anerkannter Sozialarbeiter“) gebunden. Personen, die in bestimmten staatlich anerkannten Beratungsstellen arbeiten, im öffentlichen Dienst besonders verpflichtete Personen und Personen, die für einen dieser Berufe ausgebildet werden (vgl. die Aufzählung in § 203 StGB), sind ebenfalls erfasst.

In Abweichung zu den geschilderten allgemeinen Grundsätzen gelten für diese Personen die *Übermittlungspflichten* der §§ 68 ff SGB X nur mit deutlichen Einschränkungen. Dies ergibt sich aus § 203 StGB und wird durch § 76 SGB X ausdrücklich bestätigt. Gesetzliche Übermittlungspflichten sind insoweit neben den allgemeinen Grundsätzen von Notstand und Notwehr (hierzu unten) lediglich die in § 71 SGB X genannten Anzeigepflichten (z. B. geplanter schwerer Straftaten), die Aussagepflichten in gerichtlichen Strafverfahren (vgl. § 53 StPO) und die jugendhilfespezifischen Pflichten (§ 8a SGB VIII, Informationspflichten gegenüber Eltern gem. Art. 6 GG). Insbesondere die Übermittlungspflichten nach § 68 SGB X (gegenüber Polizeibehörden, zur Durchsetzung öffentlich rechtlicher Ansprüche u. a.) und § 73 SGB X (schriftliche Angaben zur Durchführung eines Strafverfahrens) gelten nicht.

§ 76 SGB X regelt, dass Daten, die durch eine dieser Vertrauenspersonen *erhoben* wurden, auch von einer Sozialbehörde nur nach diesen Grundsätzen weitergegeben werden dürfen (*verlängerter Datenschutz*). § 65 Abs. 3 SGB VIII bezieht in diese besondere Verschwiegenheitspflicht generell alle „Mitarbeiter eines Träger der öffentlichen Jugendhilfe“ ein.

Für staatlich anerkannte Sozialarbeiter/Sozialpädagogen gilt diese besondere Verpflichtung (anders als bei Mitarbeitern in Beratungsstellen) unabhängig von der konkreten Aufgabe und unabhängig davon, ob sie bei öffentlichen oder freien Trägern beschäftigt sind. Es kommt also nicht darauf an, ob die *konkrete* Tätigkeit tatsächlich bzw. nach der Beurteilung der Fachkraft oder ihres Vorgesetzten des besonderen Vertrauensschutzes bedarf.

Strafbarkeit von Fehlverhalten

Diese besondere Verschwiegenheitspflicht kommt auch darin deutlich zum Ausdruck, dass eine rechtswidrige Weitergabe personenbezogener Daten durch Sozialarbeiter/Sozialpädagogen als *Straftat* geahndet und mit strafrechtlichen Konsequenzen (*Freiheitsstrafe* oder *Geldstrafe*) verbunden sein kann (§ 203 Strafgesetzbuch).

Für die Anwendbarkeit dieser Strafnorm gelten im Wesentlichen die oben genannten Grundsätze. So kommt es nicht darauf an, in welcher Weise Daten der Fachkraft bekannt wurden, und jede Form der Datenweitergabe ohne Einwilligung oder gesetzliche Grundlage ist strafbar. Auch Mitteilungen gegenüber Kollegen oder Vorgesetzten fallen hierunter, wenn sie nicht zur Erfüllung der konkreten Aufgabe unverzichtbar sind.

Allerdings werden solche Straftaten *nur auf Antrag* dessen verfolgt, der in seinen Rechten auf Vertrauensschutz verletzt wurde (§ 205 StGB). Gedankenlose Geschwätzigkeit berechtigt einen Außenstehenden (z. B. einen missgünstigen Kollegen) somit nicht zur Einleitung eines Strafverfahrens. Mit dieser Regelung wird auch der Tatsache Rechnung getragen, dass es immer wieder Situationen gibt, in denen Hilfe für einen Betroffenen erst durch eine *Verletzung von Datenschutzbestimmungen* möglich wird (z. B. Informierung einer anderen Stelle oder naher Angehöriger) oder von dem Einverständnis des Betroffenen stillschweigend ausgegangen wird. In diesen Fällen ist wegen der Antragserfordernis mit einer Strafverfolgung nicht zu rechnen. Die Bedeutung der Strafnorm liegt damit *nicht* darin, dass wirklich *alle* Verstöße geahndet werden, sondern darin, dass die in den entsprechenden Berufen tätigen Personen sich der Datenschutzinteressen ihrer Klienten bewusst sind und die Betroffenen sich bei bekannt geworden Verstößen sehr wirksam wehren *können*. Ein gravierendes Problem besteht allerdings darin, dass der Bruch des Vertrauensverhältnisses dem Betroffenen oft gar nicht bekannt ist.

Aufgrund der Strafdrohung ist der staatlich anerkannte Sozialpädagoge/Sozialarbeiter persönlich verpflichtet, auf die Einhaltung der Datenschutzbestimmungen zu achten und kann sich auch gegenüber seinem Vorgesetzen sehr wirksam darauf berufen. Denn der Vorgesetzte kann nicht erwarten, dass sich ein Mitarbeiter zwecks Erfüllung einer dienstlichen Anweisung strafbar macht.

6. Notstand/Notwehr

In Abweichung von den genannten gesetzlichen Pflichten zur Verschwiegenheit/zum Datenschutz kann eine Weitergabe von Daten zur Abwendung einer konkreten, überragenden Gefahr ausnahmsweise zulässig sein. Nach den Grundsätzen des Notstands und der Notwehr (vgl. §§ 32, 34 StGB) gelten hierfür strenge Voraussetzungen. Durch diese allgemein gehaltenen Anforderungen (*Generalklauseln*), die in allen Bereichen der Rechtsordnung gelten, wird sichergestellt, dass die Schweigepflicht nicht in Einzelfällen zu untragbaren Verpflichtungen führt.

Im Einzelnen gilt folgendes: Die Verpflichtung zur Verschwiegenheit darf durchbrochen werden, wenn eine *gegenwärtige Gefahr* für ein Rechtsgut besteht und dieser Gefahr *nur* durch eine solche Rechtsverletzung wirksam begegnet werden kann. Außerdem muss das zu schützende Rechtsgut wesentlich *höherwertig* sein als das des Klienten auf Verschwiegenheit. Notstand und Notwehr führen immer nur zu einer Mitteilungsbefugnis und *niemals* zu einer Mitteilungs*pflicht* (eine einzige Ausnahme: Schutzauftrag der Kinder- und Jugendhilfe, hierzu oben Seite 144 und Seite 205). Außerdem wird demjenigen, der sich hierauf beruft, zugestanden, dass er die oft eilbedürftige Entscheidung nach seiner *persönlichen Einschätzung* (nicht objektiven Kriterien) trifft. Notwendig ist aber, dass er eine *Abwägung* zwischen den Rechtsgütern (zu schützendes Rechtsgut und Verletzung des Datenschutzes) vornimmt und keine leichtfertige Entscheidung trifft. Konkret heißt dies, dass z. B. ein Sozialpädagoge, der durch einen Klienten von Gewalttaten in der Familie des Klienten erfährt, auch gegen den Willen des Klienten die Polizei informieren darf, wenn der Schutz der betroffenen Personen höher einzuschätzen ist als der Schutz der ihm anvertrauten Daten. Er muss seine Entscheidung zwar verantwortungsvoll treffen, zulässig ist aber, dass diese auch von seiner persönlichen Sicht geprägt ist. Stellt sich nachher heraus, dass die Notlage gar nicht bestanden hat (z. B. Fehlinformation), ist er dennoch entschuldigt, wenn er dies hat nicht wissen müssen und ihm eine Überprüfung der Angaben (z. B. wegen Eilbedürftigkeit) nicht möglich war. Dasselbe gilt, wenn der zur Verschwiegenheit Verpflichtete tätlich angegriffen oder beleidigt wird und er sich hiergegen z. B. durch Herbeirufen der Polizei zur Wehr setzt.

Die sich aus Notstand bzw. Notwehr ergebende Übermittlung kann sich auf alle Arten von Daten beziehen, wobei allerdings bei höchstpersönlichen Daten das Interesse des Klienten stärkeres Gewicht hat. Generell dürfen auch unter diesen Voraussetzungen Daten nur soweit herausgegeben werden, wie dies zur Abwendung der konkreten Gefahr notwendig ist bzw. für notwendig gehalten wird.

Auf dieser Grundlage kann eine soziale Einrichtung z. B. bei sexuellem Missbrauch oder Drogendealern in *eigener Verantwortung* prüfen, ob sie Strafanzeige stellt (z. B. wenn soziale Hilfe nicht möglich ist) oder nicht (z. B. um mit dem Opfer oder Täter sozialpädagogisch arbeiten zu können). Auch auf Anfrage der Ermittlungsbehörden besteht (jedenfalls bei den genannten Beispielen) *keine Verpflichtung*, detaillierte Angaben über eine Tatbeteiligung zu machen (hierzu bereits oben Seite 170 ff).

7. Folgen bei Verstößen gegen Datenschutz

Kommt es zu Verstößen gegen Datenschutzbestimmungen, handelt es sich immer um eine Verletzung von *Dienstpflichten* (öffentliche Stellen) oder von vertraglichen Pflichten (private Träger). Möglicherweise ist auch der Tatbestand einer unerlaubten Handlung (§ 823 BGB) erfüllt. Dies kann zu *dienstrechtlichen/arbeitsrechtlichen Konsequenzen* führen. Häufig fehlt es dem Arbeitgeber aber an der nötigen Sensibilität für die Belange des Datenschutzes und viele Verstöße werden ihm nicht bekannt. Mit dienst- oder arbeitsrechtlichen Konsequenzen ist deshalb, abgesehen von Fällen groben Datenmissbrauchs, meist nicht zu rechnen.

Derjenige, dessen Daten rechtswidrig erhoben, verwendet oder weitergegeben wurden, kann beanspruchen, dass seine persönlichen Daten *nicht weiter verwendet*, sondern gelöscht werden (*Verwendungsverbot*).

Darüber hinaus kann er *Schadenersatzansprüche* gegenüber der verantwortlichen Stelle geltend machen, sofern die „gebotenen Sorgfaltspflichten“ nicht beachtet wurden (§ 7 Bundesdatenschutzgesetz). Sofern er gegen öffentliche Stellen vorgeht, haften diese unabhängig vom Verschulden, bis zu einem Betrag von 130.000€. Daneben können auch Schadenersatzansprüche gegen Personen in Betracht kommen (§ 823 BGB). Hierzu muss diesen aber ein schuldhaftes Verhalten nachgewiesen werden (vgl. oben Seite 56). Diese Regelungen sind sehr unzulänglich, weil Schadenersatz nur in Geld in Betracht kommt, ein materieller oder materialisierbarer Schaden häufig aber nicht entsteht. Sofern „lediglich" das Empfinden des Betroffenen oder sein Ruf in der Öffentlichkeit beeinträchtigt ist, führt dies nach deutschem Recht in der Regel zu keinem oder allenfalls sehr geringen Ersatzansprüchen (Ausnahme: schwere Verletzungen des Persönlichkeitsrechts).

Das Hauptproblem besteht darin, dass der Datenmissbrauch in der Regel hinter dem Rücken des Betroffenen erfolgt. Hat der Missbrauch Erfolg und erfährt der Betroffene nichts von der Weitergabe oder bleibt unklar, woher die Daten stammen, so kann er sich auch nicht wehren.

Rechtsfolgen bei Verstoß gegen Datenschutzvorschriften

Verwendungsverbot: Unrechtmäßig übermittelte Sozialdaten dürfen nicht verwendet werden.

Strafverfolgung: Die unbefugte Verbreitung geschützter Sozialdaten ist eine Straftat bzw. Ordnungswidrigkeit (§§ 78, 85 SGB X, §§ 203, 205 StGB).

Schadensersatz und Schmerzensgeld: Der Betroffene hat Anspruch auf Ersatz seines materiellen und immateriellen Schadens (Verletzung des allgemeinen Persönlichkeitsrechts, §§ 823, 847 BGB; z. T. auch ohne Verschulden vgl. § 82 SGB X und § 7 BDSG).

Löschung: Sozialdaten sind zu löschen, wenn die Erhebung bzw. Speicherung unzulässig erfolgte.

Unterlassungs- und Folgenbeseitigungsansprüche: Der Betroffene hat einen gerichtlich durchsetzbaren Anspruch auf Unterlassung weiterer Verbreitung der Daten und (soweit möglich) auf Beseitigung der Folgen des rechtswidrigen Handelns.

Dienst-/arbeitsrechtliche Folgen: Die handelnde Person verstößt gegen dienst-/arbeitsrechtliche Pflichten und kann entsprechend belangt werden (z. B. Abmahnung, bei Wiederholung Kündigung).

8. Zeugenaussagen vor Gericht

Eine weitere wichtige Frage ist, ob Mitarbeiter sozialer Einrichtungen vor Gericht Angaben machen müssen, wenn sie als Zeugen vorgeladen werden. Im Unterschied zur Anzeige von Straftaten ist in einem Gerichtsverfahren jedermann verpflichtet, als Zeuge zu erscheinen und wahrheitsgemäße Angaben nach bestem Wissen und Gewissen zu machen. Dies gilt lediglich dann nicht, wenn in dem konkreten Verfahren ausnahmsweise ein *Zeugnisverweigerungsrecht* besteht.

In zivilgerichtlichen, arbeitsgerichtlichen, verwaltungsgerichtlichen und sozialgerichtlichen Verfahren besteht ein sehr weit gehendes Aussageverweigerungsrecht bzgl. Tatsachen, „deren Geheimhaltung durch ihre Natur oder durch gesetzliche Vorschrift geboten ist" (§ 383 Abs. 1 Nr. 6 ZPO). Insoweit kann kein Zweifel an einem umfassenden Zeugnisverweigerungsrecht für im sozialen Bereich Tätige bestehen.

Für strafgerichtliche Verfahren bestehen wesentlich eingeschränktere Zeugnisverweigerungsrechte. Ein solches Recht haben aus persönlichen Gründen unter anderem Verlobte, Verheiratete und Lebenspartner des Angeklagten sowie aus beruflichen Gründen Geistliche, Ärzte, Rechtsanwälte, Mitglieder des Bundestages und Mitarbeiter bei Organen der Presse (vgl. §§ 52, 53 Strafprozessordnung). Aus dem sozialen Bereich sind einzig *Suchtberater* und in der *Schwangerschaftskonfliktberatung Tätige* erfasst (vgl. § 53 Abs. 1 Nr. 3a u. 3b Strafprozessordnung). Es wird deshalb unter Juristen überwiegend die Auffassung vertreten, Sozialarbeiter und Sozialpädagogen seien im Strafverfahren zur Zeugenaussage verpflichtet. Ob dies in Anbetracht der besonderen Bedeutung des Datenschutzes und im Vergleich zu den anderen zur Aussageverweigerung berechtigten Personengruppen angemessen ist, muss allerdings bezweifelt werden. Zumal ein Widerspruch besteht zwischen den Regelungen im Strafverfahrensrecht (§ 53 StPO) und denen im SGB. Denn in § 35 Abs. 3 SGB I heißt es, dass „keine Zeugnispflicht" besteht, „soweit eine Übermittlung nicht zulässig ist". Eine Übermittlungsbefugnis besteht aber nach § 73 SGB X nur bei Verfahren wegen schwerer Straftaten. Eine Aussagepflicht bei weniger schweren Delikten darf daher in der Tat bezweifelt werden.

Bei Mitarbeitern des öffentlichen Dienstes ist außerdem zu beachten, dass sie überhaupt nur als Zeuge vor Gericht aussagen dürfen, soweit ihnen von ihrem Dienstherrn eine Aussagegenehmigung erteilt wurde (§ 54 StPO, § 376 ZPO). Hierbei geht es vor allem darum, dass durch eine Aussage öffentliche Aufgaben und staatliche Interessen nicht gefährdet werden. Selbstverständlich muss der Dienstherr auch die klientenorientierten sozialrechtlichen Datenschutzbestimmungen beachten. Häufig hat der Dienstgeber (Kommune, Land) die speziellen Belange im sozialen Bereich (§ 35 Abs. 3 SGB X) aber nicht hinreichend im Blick. Relativ häufig kommt es daher zu *rechtswidrigen* Aussagegenehmigungen. Den Betroffenen stellt sich dann die Frage, ob dies aufgrund ihrer Weisungsgebundenheit eine *Aussagepflicht* bedeutet oder ob sie sich trotz der Genehmigung auf ein persönliches Aussageverweigerungsrecht berufen können. Diese Fragen sind rechtlich umstritten und werden sehr unterschiedlich gehandhabt. Lediglich für staatlich anerkannte Sozialarbeiter/Sozialpädagogen ergibt sich aus § 203 StGB eindeutig ein persönliches Aussageverweigerungsrecht (hierzu ausführlicher bereits oben).

Da für Mitarbeiter privater Träger eine solche Genehmigungspflicht nicht besteht, können diese sich in zivil- und verwaltungsrechtlichen Verfahren auf § 383 ZPO berufen und haben insoweit immer und eindeutig ein Zeugnisverweigerungsrecht.

9. Schweigerecht gegenüber Eltern

Ein spezielles Problem ist die Datenweitergabe an die Eltern (bzw. andere Personensorgeberechtigte) im Bereich der Kinder- und Jugendhilfe. Nach dem Grundgesetz (Art. 6 GG) sind die Eltern verantwortlich für die Erziehung ihrer Kinder. Diese Rechte und Pflichten können sie aber nur wahrnehmen, wenn sie umfassend hinsichtlich der Belange ihrer Kinder informiert sind. Deshalb sind sie über alle Angelegenheiten ihrer Kinder, auch wenn diese sich auf Dauer nicht bei ihnen aufhalten (z. B. in einem Heim untergebracht sind), zu informieren. Das heißt Kinder und Jugendliche haben grundsätzlich kein Recht auf Datenschutz gegenüber ihren Personensorgeberechtigten. Hinzu kommt, dass Kinder- und Jugendliche bis zum Erreichen des 18. Lebensjahrs nicht voll geschäftsfähig sind und deshalb weitgehend von einer Vertretung durch ihre Eltern abhängig sind.

In der Praxis führt dies zu erheblichen Problemen, wenn die zur Personensorge verpflichteten und berechtigten Eltern nicht in der Lage sind, ihrer Verantwortung gerecht zu werden, oder aber der Kontakt zwischen Eltern und Kind so gering ist, dass sie ihrer Sorgeverantwortung tatsächlich kaum genügen können. Solange in einem Verfahren vor dem Familiengericht keine abweichende Regelung herbeigeführt wurde (§ 1666 BGB), bleiben sie aber rechtlich voll verantwortlich. Dies selbst dann, wenn das Kind sich ständig in einem Heim aufhält. Vor allem wenn grundlegende Konflikte das Eltern-Kind-Verhältnis prägen, ist die Weitergabe von Informationen an die Eltern durch die sozialpädagogische Fachkraft problematisch. Die Erziehungspersonen sehen sich häufig hin und her gerissen zwischen ihrer Verantwortung gegenüber den Eltern, diese auch unaufgefordert über besondere Vorkommnisse zu informieren, damit sie wichtige Belange entscheiden können, und ihrer Erziehungsverantwortung gegenüber dem Kind/Jugendlichen. Durch unterschiedliche Erziehungsstile wird dieser unterschwellige Konflikt häufig noch verstärkt.

Diese Problematik ist grundsätzlich unauflösbar, zumal heute aus psychologischen Gründen, soweit eben möglich, von einer Einschränkung der Elternverantwortung abgesehen wird. Im Zusammenhang mit dem Datenschutz ist allerdings auf zwei wichtige Einschränkungen dieser ansonsten umfassenden Elternbefugnisse hinzuweisen (zu den Befugnissen der nicht voll Geschäftsfähigen vgl. oben Seite 52 f, bezogen auf die Jugendhilfe oben Seite 123 f):

Zum einen beginnt zwar die volle Geschäftsfähigkeit im Rechtsverkehr erst mit Vollendung des 18. Lebensjahrs, im Eltern-Kind-Verhältnis ist aber von einem allmählichen Mündigwerden auszugehen (vgl. § 1626 Abs. 2 BGB). Nach der ständigen Rechtsprechung bedeutet dies, dass Minderjährige mit zunehmendem Alter *persönliche Angelegenheiten* zunehmend selbst (mit)bestimmen. Da sie selbst Grundrechtsträger sind, können sie mit zunehmendem Alter daher auch selbst entscheiden, wem sie welche Dinge unter dem Mantel der Verschwiegenheit anvertrauen (vgl. oben Seite 32). Rechtlich heißt dies, dass sie selbst für eine Entbindung von der Schweigepflicht zuständig sind und *nicht* die Erziehungsberechtigten. Dies gilt entsprechend der Reife und Einsichtsfähigkeit des Jugendlichen vor allem dann, wenn es sich um sehr persönliche Angelegenheiten *ohne rechtsgeschäftliche* Bedeutung handelt.[16] Klare und einheitliche Vorgaben gibt es aber insoweit nicht. Im Verhältnis zum Arzt oder Therapeuten wird die Verschwiegenheit gegenüber den Sorgeberechtigten in weitem Umfang praktiziert. Hinsichtlich Hilfen zur Erziehung nach dem SGB VIII hat die betreuende Person abzuwägen, ob in besonderen Situationen der Schutz der *Intimsphäre* des Heranwachsenden ein Zurückhalten *erziehungsrelevanter* Daten erfordert. Ist dies der Fall, sind die Persönlichkeitsrechte des Minderjährigen – entsprechend dessen Willen – auch gegenüber den Sorgeberechtigten zu schützen. Anderenfalls besteht auch bei einem 16- oder 17-Jährigen eine Informationspflicht gegenüber den Eltern.

---

[16] Eine 16-Jährige kann z. B. bei durchschnittlicher, altersgemäßer Persönlichkeitsentwicklung eine Schwangerschaftskonfliktberatung in Anspruch nehmen, ohne dass die Eltern einverstanden sein oder informiert werden müssten. Das Bundesverfassungsgericht hatte vor längerer Zeit entschieden, dass das Selbstbestimmungsrecht der 16-Jährigen soweit gehe, auch über einen Schwangerschaftsabbruch alleine entscheiden zu können. Von dieser Auffassung weichen neuere Gerichtsurteile allerdings teilweise ab.

Zum anderen ist mittlerweile anerkannt, dass ausnahmsweise dann von fachkundigen Stellen eine Information der Eltern unterbleiben darf, wenn dies zur Vermeidung von Gefahren für das Kind unverzichtbar ist. Insofern hat § 8 Abs. 3 SGB VIII eine wesentliche Neuerung gebracht. Hiernach können Kinder und Jugendliche ohne Wissen ihrer Erziehungsberechtigten von einer Beratungsstelle beraten werden, ohne dass in jedem Fall hierüber die Eltern zu informieren wären. Hierbei kommt es nicht auf die Reife des Minderjährigen an, sondern es geht um die Vermeidung größerer Gefahren. Dieser Grundsatz gilt für alle Einrichtungen der Jugendhilfe und eröffnet für die dort tätigen Personen einen Ermessensspielraum. Von dieser Befugnis ist aber dennoch zurückhaltend Gebrauch zu machen. Jedenfalls sobald ohne Gefährdung für den Minderjährigen eine Information der Eltern möglich ist, hat diese nach dem Gesetz zu erfolgen (vgl. § 8 Abs. 3 SGB VIII). Letztlich handelt es sich hierbei um Notstandssituationen, die eine Missachtung der Rechte der Personensorgeberechtigten rechtfertigt (vgl. hierzu bereits oben Seite 210 f).

Literaturhinweise zur Vertiefung:

Claessen, Herbert: Datenschutz in der Evangelischen Kirche (2004).
Fachet, Siegfried: Datenschutz in der katholischen Kirche (1998).
Falterbaum, Johannes: Behördlicher Datenschutz in der Jugendhilfe, in: Zentralblatt für Jugendrecht (1999), S. 99–106.
Krahmer, Utz: Sozialdatenschutz nach dem SGB I und X (1996).
Kunkel, Peter-Christian: zu § 61 ff SGB VIII, in: Gemeinschaftskommentar zum SGB VIII (GK-SGB VIII), herausgegeben von Fieseler, Gerhard u. a.
Papenheim, Heinz-Gert: Zeugnisverweigerungsrechte der Sozialarbeiter und Sozialpädagogen, in: Lehmann (Hrsg.): Recht sozial, S. 285–310
Proksch, Roland: Sozialdatenschutz in der Jugendhilfe (1996).
Roos, Elke: zu § 67 ff SGB X, in: von Wulffen (Hrsg.): Sozialverwaltungsverfahren und Sozialdatenschutz (2001).

Fälle und Lösungsskizzen

Die folgenden Fälle und Lösungsskizzen dienen der Wiederholung und Vertiefung des vorausgehenden Textteils. Hierdurch soll das Verständnis und das eigenständige Umgehen mit der rechtlichen Materie gefördert und die sozialarbeiterische Relevanz verdeutlicht werden. Es empfiehlt sich, die Fälle im Zusammenhang mit den jeweils angegebenen Kapiteln zu bearbeiten (vgl. Angaben zu Beginn der einzelnen Kapitel). Eine strenge Zuordnung bedeutet dies allerdings nicht. Die in Bearbeitungsumfang und Schwierigkeitsgrad unterschiedlichen Fälle verknüpfen vielmehr die verschiedenen Gebiete und führen – stets in verständlicher Sprache – auch in speziellere und aktuelle Probleme ein.

Fall 1: Eine ganz normale Familie

Ziel: Ein Gespür entwickeln für die Notwendigkeit der Arbeitsteilung zwischen unterschiedlichen Diensten trotz der Komplexität sozialer Notlagen. Sozialpädagogische Arbeit setzt in aller Regel Kooperation mit den Betroffenen voraus (Freiwilligkeit). Das Selbstbestimmungsrecht der Menschen begrenzt soziale und ethische Ziele. Das Vertrauensverhältnis und Parteilichkeit für die Klienten wird durch klare Zuständigkeiten und Abgrenzung zwischen unterschiedlichen Behörden gefördert. Grundfragen der elterlichen Sorge und der Schutzauftrag der Jugendhilfe werden ebenso behandelt wie Grundlagen des sozialrechtlichen Verwaltungsverfahrens.

Fall:

Die Eheleute M und F haben drei Kinder im Alter von 2, 5 und 7 Jahren. Sie lebten glücklich, bis M vor einem Jahr arbeitslos wurde. F arbeitet seither als Sekretärin. M versorgte den Haushalt und die Kinder nicht nur wegen der finanziellen Not sehr unzulänglich. Nach heftigen Streitereien und Handgreiflichkeiten zwischen allen Familienmitgliedern trennt sich M von F und verlässt die gemeinsame Wohnung. Er zieht zu seiner Freundin K. Die Eheleute wollen auf keinen Fall in der Öffentlichkeit auffallen, weshalb sich insbesondere M gegen eine Scheidung und jede fremde Betreuung oder Erziehung der Kinder wehrt. Als die Kinder, wie oft, unbeaufsichtigt zu Hause sind, montiert Alex (7 Jahre) am PKW der Nachbarin N die Scheibenwischer ab und zerkratzt mutwillig den Lack des Autos. Bettina (5 Jahre) zerstört derzeit die Stereoanlage des M. Carlo (2 Jahre) befindet sich in der Zeit bei der Großmutter O, der durch Anweisung des Arztes die Kinderbetreuung wegen ihrer starken Herzprobleme untersagt ist. Die Nachbarin N, die über die Verhältnisse in der Familie gut Bescheid weiß und alles beobachtet hat, berichtet die Vorkommnisse der Sozialpädagogin S im Jugendamt. N bittet S für eine Änderung der Verhältnisse zu sorgen. S überlegt nun, was sie im Interesse aller Beteiligten tun muss bzw. tun kann.

1. *Benennen Sie die unterschiedlichen Interessen der beteiligten Personen in dieser Familiensituation.*
2. *Welche Einrichtungen und Dienste kommen als Ansprechpartner in Betracht?*
3. *Wie wird sich die Sozialpädagogin S verhalten, und unter welchen Voraussetzungen kann sie Leistungen erbringen?*
4. *Kann S sich den unterschiedlichen sozialen Aufgaben in gleicher Weise annehmen?*
5. *Kommt die Großmutter O als Ansprechpartnerin in Betracht?*
6. *Ist der Widerstand des Ehemanns M von Bedeutung, wenn die Ehefrau F mit Hilfemaßnahmen für die Kinder einverstanden ist? Ändert sich etwas, wenn M und F sich scheiden lassen?*
7. *Wie hat S sich gegenüber der Nachbarin N zu verhalten?*
8. *Welche unterschiedlichen Rechtsbereiche werden durch diesen Fall angesprochen?*

Lösung:

zu 1.) Der Fall ist geprägt von ganz unterschiedlichen Interessen der beteiligten Personen. M hat offensichtlich Beziehungsprobleme, will nach außen nicht auffallen und ist auf der Suche nach Arbeit. F könnte sich bei hinreichender finanzieller Unterstützung möglicherweise selbst um die Kinder kümmern und hat Beratungsbedarf hinsichtlich einer möglichen Scheidung von M. Die Erziehung und Betreuung der Kinder erfolgt sehr unzulänglich, so dass deren Entwicklungsmöglichkeiten beeinträchtigt sind. Aber auch die gesundheitlichen Risiken der O, das Interesse der N an Schadenersatz für die Beschädigung des PKW und mögliche Schutzmaßnahmen vor weiteren Störungen können sozialpädagogisch relevant sein.

In der sozialpädagogischen Praxis ist es keineswegs selten, dass – wie hier – ganz unterschiedliche soziale Problemlagen aufeinander treffen, sich gegenseitig bedingen und verschärfen. Dabei kann es sein, dass die Bedürfnisse und Interessen der Klienten miteinander konkurrieren. Deshalb ist stets Wachsamkeit geboten, dass sozialpädagogische Hilfe für bestimmte Personen nicht auf Kosten von anderen Beteiligten geht. Eine Skizze kann helfen, die unterschiedlichen Situationen und ihre Zusammenhänge zu verdeutlichen.

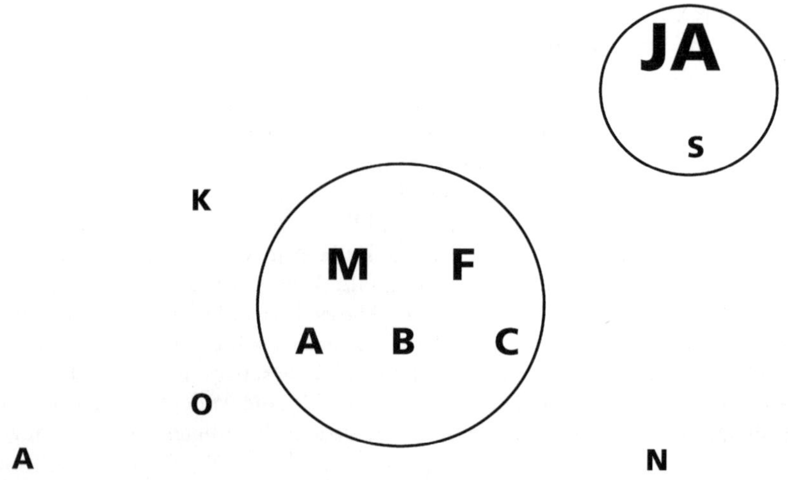

- Die zuständige Mitarbeiterin (S) des Jugendamtes (JA) muss im öffentlichen Interesse den Hinweisen nachgehen (§ 1, § 8a, § 69 Abs. 1 SGB VIII, Art. 6 Abs. 2 S. 1 GG).
- Die umfassende rechtliche Verantwortung der Eltern (M,F) für ihre Kinder (A,B,C) besteht unabhängig von familiären Verhältnissen (§ 1626 ff. BGB). Eine Neuregelung der elterlichen Sorge ist nur über das Familiengericht möglich.
- Alle anderen Beteiligten (S,O,N,K) müssen dies grundsätzlich respektieren. Ausnahme: Bei erheblicher Gefährdung des Kindeswohls (§ 1666 BGB) muss S das Familiengericht informieren (§ 8a Abs. 3 SGB VIII).
- Auch Ermittlungsbemühungen im Interesse der Kinder sind hinter dem Rücken der Eltern (Kindergarten, Schule) nur bei einem konkreten Verdacht auf erhebliche Gefährdungen zulässig (§ 67a SGB X).
- Den durchaus berechtigten Interessen von N,O,K kann S nicht nachgehen. Das Jugendamt ist der Kinder- und Jugendhilfe verpflichtet. Leistungen an andere Personen (M,F,O) (z. B. Beratung) müssen hierauf bezogen sein.

zu 2.) Hinsichtlich der Familien-/Partnerschaftsprobleme kommt eine Ehe-/Familienberatungsstelle oder auch eine psychologische Beratungsstelle als Ansprechpartner für jede einzelne Person oder auch für die erwachsenen Personen gemeinsam in Betracht. Hierdurch könnten die familiären Probleme in ihrem Kern bearbeitet werden. Falls von M und F eine Ehescheidung angestrebt wird, wären hierzu Rechtsanwälte einzuschalten (Anwaltszwang). Eine bessere finanzielle Absicherung der beteiligten Personen könnte möglicherweise über die Arbeitsagentur (evtl. auch das Sozialamt) erfolgen. Dabei wäre zu prüfen, ob F eine Erwerbstätigkeit überhaupt zuzumuten ist, wenn hierdurch die Erziehung und Betreuung der Kinder gefährdet werden könnte (§ 10 Abs. 1 Nr. 3 SGB II). Hinsichtlich des Bedarfs der Kinder könnten Leistungen der Kinder- und Jugendhilfe (z. B. Erziehungsberatung, Tagesbetreuung, sozialpädagogische Familienhilfe u. a.) in Betracht kommen. Der Großmutter O könnte neben der ärztlichen Betreuung ebenfalls Beratung durch das Jugendamt (Anspruch nach § 16 SGB VIII) oder andere Dienste helfen. Die Nachbarin N kann zur Durchsetzung ihrer Interessen die Polizei bzw. einen Rechtsanwalt einschalten. Auch eine Strafverfolgung wegen Sachbeschädigung durch die Staatsanwaltschaft käme grundsätzlich in Betracht (Strafbarkeit allerdings erst ab 14 Jahren).

zu 3.) Professionelle Arbeit erfolgt eingebunden in einen bestimmten Aufgabenbereich. Hier geht es darum, was die im Jugendamt beschäftigte Sozialpädagogin S zur Bewältigung der Problemlage beitragen kann. Zunächst einmal ist es wichtig zu wissen, dass sie als Vertreterin des Jugendamtes verpflichtet ist, dem Hinweis der N nachzugehen. Denn Kinder- und Jugendhilfe ist eine öffentliche Aufgabe, die im Interesse der Kinder und Jugendlichen in Gesamtverantwortung durch das Jugendamt wahrgenommen wird (vgl. §§ 1, 69 SGB VIII, grundlegend Art. 6 Abs. 2 S. 2 GG). Das Jugendamt hat sich darum zu bemühen, dafür zu werben, dass dort, wo Hilfen nach dem Kinder- und Jugendhilfegesetz notwendig sind, diese auch in Anspruch genommen werden können. In pflichtgemäßer Ermessensausübung entscheidet das Jugendamt, wann und welches Tätigwerden im Einzelfall notwendig und sinnvoll ist (*Opportunitätsprinzip*). Gibt es, wie im vorliegenden Fall, Hinweise auf grobe Verletzungen der Aufsichtspflicht und Vernachlässigung von Kindern, muss das Jugendamt der Sache nachgehen (*„Ermessenschrumpfung auf Null“*). Im Unterschied zu anderen Sozialleistungen ist ein Antrag der Leistungsberechtigten hierfür nicht Voraussetzung (vgl. § 18 SGB X). S darf also nicht wegen Arbeitsüberlastung oder um Kosten für das Jugendamt zu sparen untätig bleiben. Von Amts wegen hat S sich zu bemühen, mit der Familie Kontakt aufzunehmen (*Untersuchungsgrundsatz* § 20 SBG X). Dies kann zunächst schriftlich, telefonisch oder auch durch einen unangemeldeten Hausbesuch geschehen. Psychologische Überlegungen und die Kenntnis der näheren Umstände sind hier von erheblicher Bedeutung. Für die Betroffenen ist oft von erheblicher Bedeutung, ob eine erste Begegnung in der Wohnung der Familie oder in den Räumen des Jugendamtes angestrebt wird. In der Art des Vorgehens ist nicht rechtliche Kompetenz, sondern sozialpädagogisches Fingerspitzengefühl gefordert.

Lehnen die Eltern einen Kontakt mit S ab, hat sie grundsätzlich keine Möglichkeit, für die Belange auch nur eines der Familienmitglieder tätig zu werden. Für minderjährige Kinder gilt, dass deren Interessen normalerweise ausschließlich und vollständig von deren Personensorgeberechtigten als deren gesetzliche Vertreter (in der Regel den Eltern) wahrgenommen werden (vgl. Art. 6 Abs. 2 S. 1 GG, § 1626 BGB). Wenn diese ihre Pflichten in grober Weise verletzen und dadurch das Wohl eines Kindes erheblich gefährdet wird, kann durch das Familiengericht in die Sorgeverantwortung der Eltern eingegriffen werden (vgl. § 1666 BGB). Lediglich bei Gefahr im Verzug wird nach § 42 SGB VIII vorübergehend das Jugendamt in eigener Verantwortung tätig (Inobhutnahme).

In vielen Fällen – wie hier – ist zunächst unklar, ob und in welcher Intensität Kindeswohl beeinträchtigt ist. Liegen „gewichtige Anhaltspunkte“ für eine Kindeswohlgefährdung (i.S.d. § 1666 BGB) vor, muss das Gefährdungsrisiko „im Zusammenwirken mehrerer Fachkräfte“ durch das Jugendamt abgeschätzt werden (§ 8a Abs. 1 SGB VIII). Hält das Jugendamt eine gerichtliche Regelung gegen den Willen der Personensorgeberechtigten für erforderlich oder wirken diese an der notwendigen Aufklärung der Umstände nicht hinreichend mit, *muss* das Jugendamt das Familiengericht anrufen (§ 8a Abs. 3 SGB VIII). In der vorliegenden Situation kann S somit Druck ausüben, dass M und F jedenfalls hinsichtlich einer Klärung der Situation mit dem Jugendamt zusammenarbeiten. Geht es aber danach um konkrete Leistungen der Kinder- und Jugendhilfe, kommt es wiederum entscheidend auf den Willen der Personensorgeberechtigten an. Deren Entscheidungsverantwortung ist ein hohes Rechtsgut (Art. 6 GG), und selbst bei beachtlichen Beeinträchtigungen des Kindeswohls sind Eingriffe unterhalb der Schwelle der Kindeswohlgefährdung i.S.d. § 1666 BGB nicht gerechtfertigt. Kann F gegenüber S und einer weiteren Kollegin darlegen, dass die Beaufsichtigung der Kinder in Zukunft geregelt ist (100 %-ige Aufsicht kann allerdings nicht gefordert werden) und droht durch den Auszug von M keine weitere körperliche Gewalt, wäre nach der Rechtsprechung ein Eingriff in die Elternrechte wohl nicht zulässig. Eine solche Einschätzung ist fast immer schwierig und hat alle (zugänglichen) Umstände des Einzelfalls zu berücksichtigen. Das Gericht kann in die Elternrechte nur eingreifen, wenn eine Kindeswohlgefährdung konkret erwiesen ist. Dies gibt es bereits zu bedenken bei der Frage, ob die Mitwirkung der Eltern bei der Aufklärung durch das Familiengericht erzwungen werden soll.

Eine Kooperation mit den Eltern ist insgesamt für eine qualifizierte Tätigkeit der Jugendhilfe von entscheidender Bedeutung. Dies kann durch Bemühungen, die Rechte der Kinder auch gegenüber ihren Eltern zu stärken, nur ergänzt werden. Zu den Rechten von Minderjährigen vgl. etwa: Verfahrenspflegschaft (§ 50 FGG), Recht auf Beratung nach § 8 SGB VIII, Recht auf Inobhutnahme (§ 42 SGB VIII), Recht auf Sozialleistungen nach § 36 Abs. 1 SGB I).

zu 4.) Ist aber, wovon im Folgenden ausgegangen wird, eine intensivere Kontaktaufnahme möglich, muss sich S sehr schnell über die Ziele und Möglichkeiten ihrer Arbeit klar werden: Die Vermittlung einer beruflichen Tätigkeit für M, finanzielle Unterstützung, vor allem aber auch eine Aufarbeitung der Beziehungsprobleme zwischen F und M könnten Ansatzpunkte sein, um wirkungsvoll allen Beteiligten zu helfen. Würde S all diesen Fragen intensiv nachgehen wollen, wäre sie unweigerlich fachlich überfordert. Denn sie hat im Jugendamt keine Möglichkeiten zur Arbeitsvermittlung, kann nicht im Einzelnen die Leistungen nach dem SGB II und SGB XII kennen und wäre auch mit einer Eheberatung bzw. einer umfassenden rechtlichen Information über die Voraussetzungen und Folgen einer Scheidung überfordert. Als Mitarbeiterin des Jugendamtes ist sie zur Förderung der Entwicklung von Kindern und Jugendlichen verpflichtet (vgl. § 1 SGB VIII). An die klar geregelten unterschiedlichen Zuständigkeiten hat sich S zu halten. Sie muss über die unterschiedlichen sozialen Dienste informieren können, sich aber gleichzeitig auf die unmittelbare Förderung der Kinder beschränken. Damit werden unlösbare Interessenkollisionen vermieden (etwa unterschiedliche Interessen der Eltern), aber auch eine klare Parteilichkeit – hier für die Kinder – ermöglicht, ohne die Notwendigkeit und Qualität der anderen Dienste in Frage zu stellen. Da es aber gleichzeitig einen Bedarf an umfassender Hilfe gibt, um Lebenswelt orientiert ganzheitliche Hilfe leisten zu können, wurde der Allgemeine Soziale Dienst (auch Allgemeiner Sozialdienst genannt kurz: ASD) eingeführt. Die interne Struktur dieses Dienstes und seine Zuständigkeit ist recht unterschiedlich geregelt. Als organisationsrechtlicher Teil des Jugendamtes bleibt der ASD teilweise für die Belange der Jugendhilfe verantwortlich, während hinsichtlich der anderen Leistungsbereiche auf die spezielleren Einrichtungen und Dienste verwiesen wird. Es besteht ein Spannungsverhältnis zwischen der Notwendigkeit ganzheitlicher Sozialer Arbeit und spezialisierter Zuständigkeiten (vgl. oben zu Frage 2). Kann S nicht selbst umfassend über die ganze Breite der sozialen Angebote informieren, wird sie hierzu den ASD einschalten.

zu 5.) Bei der Abwägung unterschiedlicher Maßnahmen zur Förderung in der Familie bzw. Hilfe zur Erziehung (z. B. Tagesbetreuung, sozialpädagogische Familienhilfe) spielt die Funktion der O eine Rolle. Denn hier liegen positive Ressourcen, die es im Interesse der Kinder möglichst zu nutzen gilt. Zunächst ist zu prüfen, welche Bedeutung das ärztliche Verbot, die Kinder zu betreuen, hat. Eine ärztliche Anweisung, im Unterschied etwa zu einer gerichtlichen Anordnung, schränkt die Handlungsfreiheit eines erwachsenen und mündigen Menschen nicht ein (Art. 3 GG). Auch wenn sie zugunsten der Enkel ihre eigenen Interessen vernachlässigt, hat sie dies letztlich selbst zu verantworten. Auch das Verhalten von O – mag es ethisch bedenklich sein oder nicht – rechtfertigt kein Eingreifen von außen (*Abwehrfunktion der Grundrechte*), anders als bezogen auf Minderjährige besteht hier kein staatlicher Schutzauftrag. S hat außerdem zu beachten, dass unabhängig davon, ob O eine wichtige Bezugsperson für die Kinder ist und ob sie für S eine kompetente Gesprächspartnerin ist, rechtlich für sie allein der Wille der Eltern (Personensorgeberechtigten) maßgeblich ist. Denn die Familie steht zwar unter dem besonderen Schutz der staatlichen Ordnung und wird von ihr in vielfältiger Weise gefördert, aber (von wenigen Ausnahmen abgesehen) bezieht sich der Familienbegriff rechtlich auf das Eltern-Kind-Verhältnis, also die Kleinfamilie.

zu 6.) Grundsätzlich sind beide Personensorgeberechtigten (i. d. R. die Eltern) in gleicher Weise für die Belange des Kindes verantwortlich (§ 1626 BGB). Das heißt, *beide* müssen mit Maßnahmen der Jugendhilfe einverstanden sein. Es kommt nicht darauf an, ob die Eltern mit dem Kinde in einer gemeinsamen Wohnung leben. Auch durch eine Scheidung der Ehe ändert sich die Verantwortlichkeit für die Kinder nicht zwangsläufig (vgl. § 1671 BGB). Widerspricht z. B. M, so kann Hilfe nicht erbracht werden, auch wenn F sich dafür ausspricht. Leben die Eltern nicht nur vorübergehend getrennt, hat der Elternteil, bei dem sich das Kind ständig aufhält, zwar in Angelegenheiten des täglichen Lebens die alleinige Sorgeverantwortung, bei Angelegenheiten, „die für das Kind von erheblicher Bedeutung sind", steht aber auch dann die Verantwortung beiden gemeinsam zu (vgl. § 1687 BGB). Eine Beratung ist in diesem Sinne noch keine Angelegenheit von erheblicher Bedeutung, wohl aber eine stationäre Hilfe zur Erziehung nach dem SGB VIII. Wenn allerdings ein Elternteil sich nicht äußert (z. B. wenn M informiert wurde, aber an den Gesprächen nicht teilnimmt und sich hierzu auch nicht äußert), kann je nach den Umständen möglicherweise von einem „stillschweigendem Einverständnis" ausgegangen werden, so dass die ausdrückliche Erklärung des anderen Elternteiles ausreicht.

Etwas anderes gilt nur für Handlungen der Personensorgeberechtigten, die keine Vertretung des Kindes bedeuten. So kann F z. B. S über die familiären Verhältnisse berichten oder in Erziehungsfragen Rat suchen (§ 16 SGB VIII).

Für den Fall, dass M und F nicht verheiratet sind, hat M nur dann die Personensorge für die Kinder, wenn beide Eltern dies vor dem Jugendamt oder einem Notar erklärt haben (§ 1626a BGB). Wenn sie dies nicht erklärt haben, ist seine Meinung über Belange der Kinder unerheblich. Sollten Hilfemaßnahmen am Widerstand des M zu scheitern drohen, ist es für S wichtig zu wissen, wie die elterliche Sorge geregelt ist.

zu 7.) Damit ist aber noch nicht die Frage beantwortet, wie S mit N umgeht. N hat einen Anspruch auf Schadenersatz für die Beschädigung ihres PKW und ein berechtigtes Interesse, künftig nicht mehr belästigt zu werden. Außerdem kann sie ein Interesse an einer strafrechtlichen Verfolgung haben (Strafmündigkeit besteht allerdings erst für mindestens 14-Jährige!). Möglicherweise wird sie S bedrängen, ihre Interessen wahrzunehmen, sie darauf hinweisen, dass das Jugendamt als aus Steuermitteln finanzierte Behörde die Interessen der Allgemeinheit wahrzunehmen habe und sich nach dem Erfolg der Bemühungen der S erkundigen. Falls S Informationen aus ihren Gesprächen mit den Familienmitgliedern preisgibt, ihr z. B. den Wohnort von M mitteilt oder ihr auch nur rät, die Hilfe eines Rechtsanwalts oder der Polizei in Anspruch zu nehmen, so würde dies zwangsläufig das Vertrauensverhältnis zu den Familienmitgliedern beeinträchtigen und möglicherweise Hilfemaßnahmen vereiteln. Sie wird N daher ohne die Rechte der N in Frage zu stellen erklären, dass das Jugendamt hierfür nicht zuständig ist. Mit einem anderen Verhalten würde S ihre Pflichten zur Verschwiegenheit (Datenschutz) verletzten (vgl. § 35 SGB I, hier insbesondere § 64 SGB VIII; im Einzelnen geregelt in §§ 67a ff SGB X).

zu 8.) In dem Sachverhalt sind unterschiedliche Rechtsbereiche vom *Verfassungsrecht* (Art. 1, 2, 6 GG), *Zivilrecht* (im BGB: Familienrecht, Schadensersatzrecht), Sozialrecht (SGB II, III, XII, VIII) bis hin zum *Jugendstraf- und Polizeirecht* (JGG, PolG) berührt. Jedes dieser Gesetze hat eine eigene Systematik mit Eigengesetzlichkeiten. Dies führt zu unterschiedlichen Zuständigkeiten für den ASD als wohnraumorientierte allgemeine Anlaufstelle und die speziellen sozialen Einrichtungen wie Jugendamt, Arbeitsagentur, Sozialamt, Eheberatungsstelle. Daneben gibt es Einrichtungen der Gefahrenabwehr wie Polizei- und Strafverfolgungsbehörden. In die Freiheitsrechte dürfen die Behörden grundsätzlich (außer bei Gefahr im Verzug) nicht eingreifen. Hierzu bedarf es einer Entscheidung des zuständigen Gerichts. Dies gilt ebenso für Eingriffe in die elterliche Verantwortung im Interesse der Jugendhilfe (*Familiengericht*), wie für Hausdurchsuchungen durch die Polizei zur Abwehr von Gefahren für die Allgemeinheit (*Strafgericht*).

Im Fall geht es um Fragen des öffentlichen Rechts, soweit öffentliche Verwaltung berührt ist. Aber auch um Zivilrecht, soweit das Eltern-Kind-Verhältnis berührt ist. In der Ausbildung und der Fachliteratur werden diese Bereiche oft getrennt behandelt, da es um unterschiedliche Rechtsbereiche geht. In der praktischen Sozialarbeit greifen sie – wie hier – häufig ineinander. Der Sozialarbeiter/Sozialpädagoge muss sich in diesen vorgegebenen Strukturen bewegen. Auch bei einem Bemühen um ganzheitlich integratives Hilfehandeln ist die Unterscheidung zwischen diesen unterschiedlichen Rechtsbereichen (insbesondere öffentliches Recht/Zivilrecht, aber auch den unterschiedlichen Bereichen des Sozialrechts) und Kompetenzen von grundlegender Bedeutung.

Fall 2: „Auffällig!"

Thema: Unterschiedliche Aufgaben und Kooperation der Polizei-, Gesundheits-, Baurechts- und Sozialleistungsbehörden; Eingriffsbefugnisse der Polizei- und Gesundheitsbehörden; öffentliche Sicherheit und Ordnung; Infektionsschutzgesetz; Grundrechte als Grenze sozialer Handlungsmöglichkeiten; Problematik und Bedeutung der Wohnraumbeschaffung durch Sozialämter; Bedeutung Gesetzesvorbehalt.

Fall:

Bei der Sozialarbeiterin S des ASD ruft ein Mitarbeiter des Ordnungsamtes an und weist auf Probleme mit einem Herrn A (65 Jahre) hin. Er berichtet, dass A „vor sich hin gammele", gebrechlich sei und meist in angetrunkenem Zustand anzutreffen sei. Vor zwei Jahren habe das Gesundheitsamt einschreiten müssen, weil A an einer offenen Tuberkulose litt. In letzter Zeit hatten sich mehrere Nachbarn beim Ordnungsamt beschwert, weil sie sich durch die Lebensweise des Herrn A belästigt fühlten.

Sozialarbeiterin S macht nach telefonischer Anmeldung einen Hausbesuch bei A. Sie findet ihn in einem kleinen, fast abbruchreifen Haus, in welchem A im Dachgeschoss ein Zimmer ohne Wasseranschluss und Toilette bewohnt. Er macht tatsächlich einen recht ungepflegten Eindruck, im Zimmer riecht es sehr stark nach Urin. Unter dem Bett sieht S mehrere, mit Flüssigkeit gefüllte Gefäße und auf Fragen erklärt A dazu, dass die Toilette im Erdgeschoss sei und er wegen eines Sturzes vor Weihnachten nur an Krücken gehen könne und deshalb das Treppensteigen soweit wie möglich vermeide. Seine Schwester würde ihn ab und zu besuchen und die Gefäße bald leeren. Sie wasche ihm auch gelegentlich seine Wäsche. Ein Mädchen aus der Nachbarschaft kaufe für ihn gelegentlich ein, sein Essen koche er selbst.

In das gemeindeeigene Haus wurde A von der Gemeinde wegen drohender Obdachlosigkeit vor mehreren Jahren eingewiesen. Hierfür zahlt er von seiner Rente in Höhe von 600 € ein Nutzungsentgelt in Höhe von 110 € monatlich.

Auf die Anregung von S zu überlegen, in ein Altersheim zu ziehen, antwortet A: „Bevor ich in ein Altersheim gehe, hole ich mir einen Strick und gehe auf den Friedhof." Insgesamt ist Herr A sehr höflich und freundlich und macht einen geistig wachen Eindruck.

S überlegt, welche Möglichkeiten seitens der öffentlichen Verwaltung bestehen, im Interesse von Herrn A und der Nachbarn tätig zu werden.

1. *Welche verfassungsrechtlichen Grundsätze sind in dem Fall zu beachten?*
2. *Welche Behörden können aufgrund welcher Rechtsgrundlagen in dieser Angelegenheit tätig werden?*
3. *Welche Ansprüche hat Herr A auf Bereitstellung einer besseren Wohngelegenheit zum jetzigen Zeitpunkt bzw. bei der Einweisung in die Wohnung vor mehreren Jahren?*
4. *Welche Gestaltungsmöglichkeiten hat S bezogen auf die Situation von Herrn A, aber auch um künftig solche Problemlagen zu vermeiden?*

Lösung:

1.) In jeder Gemeinde gibt es Menschen, die unterhalb jedes sozialen Standards leben, ohne von sich aus eine Veränderung anzustreben („*Diogenessyndrom*"). Hilfe scheitert häufig schon daran, dass diese Situationen sozialen Diensten nicht bekannt sind. Hinweise aus der Nachbarschaft – oft in Form von massiven Beschwerden – lösen dann eine Kettenreaktion aus. Das Ordnungsamt, das Gesundheitsamt und Sozialdienste überlegen unabhängig oder gemeinsam, was zu tun ist.

Die Grundrechte (Art. 1–19 Grundgesetz) garantieren, dass jeder Mensch sein Leben selbst bestimmen kann und insbesondere der private Bereich vor staatlichen Eingriffen und Bevormundung geschützt ist (*Abwehrfunktion der Grundrechte*). Staatliche Macht darf grundsätzlich in diese Selbstbestimmung nicht eingreifen, selbst wenn dies dem Wohle des Betroffenen (hier Herrn A) dienen würde. Jeder Mensch bestimmt selbst, wie er sein Leben gestalten möchte. Wenn allerdings eine bestimmte Lebensweise mit Interessen und *Freiheitsrechten anderer Menschen* kollidiert, muss staatliche Macht zur Konfliktregelung eingreifen.

Nur auf der Grundlage eines Gesetzes (*Gesetzesvorbehalt*) können Grundrechte eingeschränkt werden (vgl. Art 19 Abs. 1 GG). Außerdem muss die Möglichkeit eines Eingriffs im jeweiligen Grundrecht vorgesehen sein (vgl. Art. 13 Abs. 7 GG). Im Falle einer Kollision von Grundrechtspositionen (hier Rechte des A mit Rechten der Nachbarn) ist stets abzuwägen, ob ein solcher Eingriff in Anbetracht der vom Störer ausgehenden Beeinträchtigungen verhältnismäßig ist. Dabei kommt es nach der Rechtsprechung weder allein darauf an, von wem die Störung ausgeht noch auf die Zahl der beeinträchtigten Personen, sondern wesentliche Bedeutung hat die *Intensität* eines Grundrechtseingriffs (Art. 19 Abs. 2 GG). Da der Schutz der Wohnung ein sehr wichtiges Grundrecht ist und die zwangsweise Räumung einen fundamentalen Eingriff in dieses Recht bedeuten würde, ist dies möglichst zu vermeiden. In Spezialgesetzen ist geregelt, wann und durch welche Behörden ausnahmsweise Eingriffe in Grundrechte in Betracht kommen.

2.) Folgende Maßnahmen könnten auch gegen den Willen von A in Betracht kommen:

Die örtliche *Polizeibehörde* ist zuständig für Sicherheit und Ordnung und muss deshalb von Amts wegen bei einer „Selbst- oder Fremdgefährdung" einschreiten. In solchen Situationen darf sie notfalls auch mit Gewalt gegen Personen vorgehen (vgl. Polizeigesetze der Länder, z. B. §§ 1, 3 Polizeigesetz Baden-Württemberg). So kann es sein, dass durch das Wohnverhalten Einzelner legitime Interessen der Nachbarschaft so stark beeinträchtigt werden, dass Auflagen oder Anweisungen des Ordnungsamtes gerechtfertigt sind. Auch bei einer akuten Selbstgefährdung kann in Einzelfällen ein Eingreifen des Ordnungsamtes gerechtfertigt sein. Etwa Brandgefahr durch Zigarettenkippen oder verschimmelte Lebensmittel können einen eng umgrenzten Eingriff in die Eigentumsrechte rechtfertigen (*Ersatzvornahme*). Gerüche oder ästhetisches Empfinden anderer Menschen oder auch eine Infektionsgefahr für A rechtfertigen die zwangsweise Räumung der Wohnung grundsätzlich nicht, da dem Grundrecht auf Unverletzlichkeit der Wohnung (Art. 13 GG) vorrangige Bedeutung zukommt gegenüber einer vergleichsweise geringfügigen Beeinträchtigung anderer Grundrechte (zur eingeschränkten Möglichkeit der Polizei, bei „dringenden Gefahren" eine Wohnung zu betreten vgl. z. B. § 31 Polizeigesetz Baden-Württemberg). Da eine konkrete Selbst- oder Fremdgefährdung im vorliegenden Fall nicht erkennbar ist, kann das Ordnungsamt gegenüber A allenfalls Auflagen erlassen und

versuchen, diese mit Bußgeldern zu erzwingen. Ob A daraufhin sein Verhalten ändert, dürfte allerdings fraglich sein.
Die offene Tuberkulose ist eine im Infektionsschutzgesetz (§ 6 Abs. 1 Nr. 1 IfSG) (früher Bundesseuchengesetz) genannte Krankheit, die insbesondere für Ärzte (aber auch Heimleiter) eine Meldepflicht (entgegen der generell bestehenden ärztlichen Schweigepflicht) begründet und das *Gesundheitsamt* berechtigt, zum Schutze der Bevölkerung notfalls zwangsweise Maßnahmen gegenüber den Betroffenen einzuleiten. Die Voraussetzungen für solche Eingriffe in die Selbstbestimmung des Menschen sind im Gesetz genau bestimmt. Nach § 16 Abs. 1 Infektionsschutzgesetz ist das Gesundheitsamt nur dann befugt, „notwendige Maßnahmen" einzuleiten, wenn „Tatsachen festgestellt" werden oder „anzunehmen ist", dass Tatsachen vorliegen, die „zum Auftreten einer (in § 6 genannten) übertragbaren Krankheit führen können". Unhygienische Verhältnisse oder eine frühere Erkrankung allein können eine solche „Annahme" nicht rechtfertigen. Da einzuleitende Maßnahmen „notwendig", also verhältnismäßig sein müssen, wären im vorliegenden Fall Eingriffe in die in Art. 2, 11, 13 GG genannten Grundrechte rechtswidrig. Anders ist die Situation zu beurteilen, wenn Tatsachen bekannt werden, die vermuten lassen, dass die frühere Erkrankung an Tuberkulose nicht vollständig geheilt wurde.

Kann eine Person ihre Angelegenheiten aufgrund einer geistigen oder körperlichen Erkrankung/Behinderung nicht selbst besorgen, so kann ihr durch das Vormundschaftsgericht ein *rechtlicher Betreuer* zur Seite gestellt werden (§ 1896 ff. BGB). Liegt jedoch, wie hier, eine geistige Beeinträchtigung nicht vor, kommt dies gegen den Willen eines Volljährigen nicht in Betracht (§ 1896 Abs. 1 S. 3 BGB). Aufgrund der besonderen Bedeutung des Wohnraums bedarf es außerdem selbst nach der amtlichen Bestellung eines Betreuers für die Kündigung einer Wohnung der Zustimmung des Vormundschaftsgerichts. Bestehen, wie hier bei A, an der Zurechnungsfähigkeit keine Zweifel, sondern ist davon auszugehen, dass er seine Situation realistisch einschätzen kann, ist es jedem Menschen selbst überlassen, wie er seinen Wohn- und Lebensbereich gestaltet.

Lediglich für den Fall, dass die zuständige *Baurechtsbehörde* – möglicherweise auf Veranlassung des Ordnungsamtes – eine akute Baufälligkeit des Gebäudes feststellt, kann zum Schutz der Bewohner eine weitere erwerbswirtschaftliche Nutzung untersagt werden. Rechtsgrundlagen für eine solche Verfügung sind in den Baugesetzen der Bundesländer geregelt, z. B. §§ 47, 65 Landesbauordnung Baden-Württemberg. Bei Verstößen gegen eine solche Nutzungsuntersagung könnte das Ordnungsamt, wenn Gefahren für Leib und Leben festgestellt wurden, eine Räumung androhen und notfalls durchführen.

3.) Daneben ist zu prüfen, welche Hilfe A beanspruchen kann. Für Arbeitsuchende i.S.d. SGB II sind Leistungen zur Wohnraumbeschaffung möglich, soweit dies zur Eingliederung in Arbeit erforderlich ist („Kann-Bestimmung" in § 16 Abs. 2 SGB II). Da A bereits 65 Jahre alt ist, kommen Leistungen nach dem SGB II hier nicht in Betracht (vgl. § 7 Abs. 1 SGB II). Zur Deckung seines Lebensbedarfs hat A Anspruch auf Leistungen der Grundsicherung im Alter und bei Erwerbsminderung (Kapitel 3 SGB XII). Nach §§ 42 i.V.m. § 29 SGB XII begründet dies lediglich einen Anspruch auf Übernahme der tatsächlichen, angemessenen Unterkunftskosten, nicht aber einen Anspruch auf *Wohnraumbeschaffung*. Darüber hinaus könnte im Rahmen der „Hilfe zur Überwindung besonderer sozialer Schwierigkeiten" (Kapitel 8 des SGB XII, §§ 67 ff) Unterstützung bei der Beschaffung/Aufrechterhaltung von Wohnraum entsprechend dem persönlichen Bedarf gewährt werden (vgl. § 68 SGB XII i.V.m.

§§ 2 und 4 DVO zu § 68 SGB XII). Daraus ergibt sich aber nach geltendem Recht keine Verpflichtung für die Sozialämter, entsprechenden Wohnraum zu beschaffen. Die Grundrechte verpflichten, die Eigenverantwortung der Bürger zu respektieren und zu fördern, begründen aber (nach der herrschenden Meinung) keinen Anspruch auf umfassende (über einzelne gesetzlichen Regelungen hinausgehende) staatliche Versorgung (Leistungsansprüche). Durch öffentliche Förderung (Beratung, evtl. Vermittlung, Wohngeld) wird die Eigeninitiative unterstützt, aber nicht ersetzt.

Lediglich im Fall vorhandener oder drohender Obdachlosigkeit sind die Kommunen zur „Aufrechterhaltung von Sicherheit und Ordnung" verpflichtet, Obdachlosigkeit zu vermeiden. Diese Wohnraumbeschaffung erfolgt nach *polizeirechtlichen* Vorschriften. Sie erfolgt nur ersatzweise und vorübergehend und muss nicht dem Standard genügen, der sozialhilferechtlich (bei der Übernahme von Kosten für Unterkunft) anerkannt ist. Wann, in welcher Weise und in welchem Umfang entsprechender Wohnraum zur Verfügung gestellt wird, liegt in der Verantwortung der jeweiligen Kommune (*Beurteilungsspielraum*). Einheitliche und rechtsverbindliche Standards, wie der aus polizeirechtlichen Gründen zur Verfügung gestellte Wohnraum beschaffen sein muss, gibt es nicht. Aus dem Sozialstaatsprinzip ergeben sich lediglich allgemeine, aber weitgehend unverbindliche Zielsetzungen.

Auf einer solchen polizeilichen Maßnahme beruht die bereits längere Zeit zurückliegende Einweisung des A in das „fast baufällige Haus". Aufgrund der Freiheitsrechte des A kann eine solche Wohnungseinweisung nicht gegen seinen Willen erfolgen und er kann sie auch jederzeit beenden. Falls A entgegen seiner Ankündigung doch bereit sein sollte, in ein Altenheim umzuziehen, hat das zuständige Sozialamt die anfallenden Kosten zu übernehmen, soweit A sie nicht selbst tragen kann. Solange die Einweisung zur Vermeidung von Obdachlosigkeit fortbesteht, hat der Eingewiesene für die durch ihn als „Störer" entstehenden Kosten im Rahmen seiner Möglichkeiten einzustehen, auch wenn kein Mietvertragsverhältnis begründet wird *(Nutzungsentgelt)*. Soweit er hierzu nicht in der Lage ist, kommt die Kommune für diese Kosten auf, die aufgrund der beschriebenen Umstände deutlich geringer sein dürfen als die sozialhilferechtlich anerkannten Unterkunftskosten.

4.) Für die Sozialpädagogin S ist die Situation nicht einfach. Wenn es ihr gelingt, ein Vertrauensverhältnis zu A aufzubauen, ergeben sich zahlreiche Möglichkeiten einer Verbesserung der Lebenssituation, angefangen von der Vermittlung eines ambulanten Pflegedienstes, mobiler Versorgung mit warmen Mahlzeiten bis hin zu einer Unterbringung in einem Altenheim. Dabei kann es jedoch nicht allein auf eine materielle Versorgung ankommen, sondern die individuellen Vorstellungen und Gewohnheiten des A sind zu berücksichtigen. Allerdings haben weder S noch A Möglichkeiten (unabhängig von der Höhe der Kosten), bauliche Veränderungen an dem Wohngebäude zu erzwingen. Dahin gehende sozialrechtliche Ansprüche gibt es nicht. Je nachdem wie die Zusammenarbeit mit dem Ordnungsamt (bzw. Liegenschaftsamt) und ggf. der Baurechtsbehörde funktioniert, kann aber auf deren Entscheidungen Einfluss genommen werden.

Durch den Allgemeinen Sozialen Dienst (ASD) können sich bei günstigen Konstellationen Möglichkeiten einer Vernetzung der unterschiedlichen Bereiche kommunaler Verwaltung ergeben. Im vorliegenden Fall wäre es anzustreben gewesen, bereits die Jahre zurückliegende Wohnungseinweisung zu vermeiden, da die eingetretene Entwicklung absehbar war. Durch die Bereitstellung und Vermittlung von langfristig geeignetem Wohnraum wäre eine menschenwürdige Existenzsicherung des A möglich gewesen. Aufgrund der sich daraus ergebenden wesentlich höheren laufenden Kosten ist es häufig nicht möglich, in dieser Weise auf die Kommunalverwaltung Einfluss zu nehmen. Einweisungen erfolgen sehr häufig in besonders preiswerten, oft baufälligen und beengten Wohnraum, z. B. in Obdachlosenunterkünfte.

Wieweit S versuchen wird, in Gesprächen auf A einzuwirken, nun freiwillig aus dem Gebäude auszuziehen, ist nicht nach rechtlichen, sondern sozialpädagogischen Kriterien zu entscheiden. Aufgrund der durch das Grundgesetz garantierten Freiheitsrechte kann A Hilfe gegen seinen Willen nicht aufgedrängt werden. Sozialleistungen sind regelmäßig Angebote, die freiwillig angenommen werden müssen *(Leistungsverwaltung)*, im Unterscheid zu polizeilichen Maßnahmen *(Eingriffsverwaltung)*.

Fall 3: Selbstständigkeit im Alter

Thema: Einfacher Fall zum Betreuungsrecht.

Fall:

Nach einem Sturz in ihrer Mietwohnung im 2. Stock wird die 82-jährige A kurzfristig im Wohnstift St. Anna aufgenommen. Sie hat sich dort gut eingelebt, unterlässt es aber, den Mietzins für ihre Mietwohnung zu bezahlen. Auf entsprechende Nachfrage des Vermieters und des Personals des Wohnstifts erklärt sie: „Solange ich dort nicht wohne, zahle ich auch keine Miete. Vielleicht gehe ich aber bald wieder nach Hause."

Das Vormundschaftsgericht beauftragt schließlich die Tochter T mit der Betreuung der A hinsichtlich der „Regelung von Mietangelegenheiten".

Die sich um ihre Mutter treu sorgende T gewinnt den Eindruck, dass A im Wohnstift St. Anna am Besten aufgehoben ist. A kann dort auch langfristig wohnen bleiben. T kündigt deshalb die Wohnung der A und beabsichtigt die alte Wohnung zu räumen. Den Wohnungsschlüssel hat T von A erhalten, um diverse Wäschestücke für ihre Mutter zu holen.

Anlässlich der Überweisung der Mietrückstände durch T erfährt die Hausbank B von der rechtlichen Betreuung für A. Als A kurze Zeit später 500€ bei der Bank abheben möchte, verweigert die Bank die Auszahlung, um „A, T und B vor Schaden zu bewahren".

1. *Haben T und B rechtmäßig gehandelt?*
2. *Wie ist die Situation zu beurteilen, wenn A zunehmend auch geistig abbaut, sich aber gegenüber T schließlich bereit erklärt, die Wohnung aufzugeben?*

Lösung:

zu 1) Grundsätzlich verfügt jeder erwachsene Mensch über eigene Angelegenheiten ausschließlich selbst (*Geschäftsführungsbefugnis*). Andere Personen können in fremden Angelegenheiten nur tätig werden, wenn der Rechtsinhaber sie hierzu eindeutig beauftragt hat (*Stellvertretung*). Dies ergibt sich aus der Personenorientierung unserer Rechtsordnung, letztlich aus den Grund- und Menschenrechten.

Von diesem Grundsatz gibt es abweichende Regelungen für Menschen, die nicht in der Lage sind, ihre Angelegenheiten selbst zu regeln. Für Minderjährige sieht das Gesetz eine Stellvertretung durch die Eltern vor. Für Erwachsene kann durch das Vormundschaftsgericht ein Betreuer bestellt werden (*rechtliche Betreuung*), um „die Angelegenheiten des Betreuten rechtlich zu besorgen und ihn in dem hierfür erforderlichen Umfang zu unterstützen“ (§ 1897 Abs. 1 BGB).

a) Befugnisse der Tochter

Bezogen auf den Fall heißt das, dass sich Befugnisse der Tochter T bezüglich Angelegenheiten der Mutter A nur aus einer amtlichen Bestellung zum Betreuer oder aus einer Erklärung der Mutter selbst ergeben können.

Das Vormundschaftsgericht hat T zur Betreuerin bestellt. Als solche ist sie beauftragt, *Mietangelegenheiten* der A zu regeln. Damit hat das Gericht entsprechend § 1896 Abs. 2 BGB den Aufgabenkreis der Betreuerin umschrieben. Nur in diesem Umfang hat die Tochter durch das Vormundschaftsgericht Befugnisse erhalten. Zum Schutz der betreuten Person ist sie nicht berechtigt, weitergehend für A tätig zu werden. Die Frage ist, ob die Kündigung der Wohnung von der Befugnis der T gedeckt ist. § 1907 BGB regelt, dass „die Kündigung eines Mietverhältnisse über Wohnraum“ immer einer ausdrücklichen Zustimmung des Vormundschaftsgerichts bedarf. Bestimmte im Gesetz genannte höchst persönliche Angelegenheiten sind damit generell der Regelungsbefugnis des Betreuers entzogen. Obwohl die Kündigung einer Wohnung eine „Mietangelegenheit“ ist, ist T als Betreuerin nicht befugt, eine solche Erklärung für A abzugeben. Nach § 1907 Abs. 2 BGB ist sie verpflichtet, das Vormundschaftsgericht zu benachrichtigen, wenn „Umstände auftreten, aufgrund derer eine Beendigung des Mietverhältnisses in Betracht kommt“. Für das Räumen der Wohnung ergibt sich aus dem Betreuungsverhältnis schon deshalb keine Befugnis, weil dies keine Mietangelegenheit ist.

Die Bestellung eines Betreuers ändert nichts an der Geschäftsfähigkeit der A. Sie kann also wie jeder Erwachsene einen anderen bevollmächtigen, für ihn zu handeln. A hat von dieser Möglichkeit Gebrauch gemacht und ihre Tochter beauftragt, ihre Wohnung zu betreten und dort Wäschestücke für sie zu holen. Weitergehende Befugnisse hat sie nicht erteilt.

T ist deshalb weder befugt, die Wohnung an Stelle von A zu kündigen noch die Wohnung zu räumen. Da das Mietverhältnis zwischen Frau A und dem Vermieter besteht, sind allein diese Parteien zur Kündigung berechtigt (subjektiv Berechtigte). Die von T ausgesprochene Erklärung ist wirkungslos, da sie keine Vertretungsvollmacht besitzt. Beachtet der Vermieter dies nicht, kann von ihm im Nachhinein verlangt werden, den Wohnraum wieder zur Verfügung zu stellen oder Schadenersatz zu leisten.

b) Befugnisse der Bank

Die Bank B ist aufgrund des Kontoführungsvertrages verpflichtet, Guthaben der A an diese auszuzahlen und ihr entsprechend den getroffenen Vereinbarungen Darlehen zu gewähren. Selbst wenn T durch das Vormundschaftsgericht bestellt worden wäre, um Bankgeschäfte für A zu erledigen, würde dies nichts daran ändern, dass A selbst solche Geschäfte in vollem Umfang tätigen kann. Etwas anderes würde nur gelten, wenn das Gericht gemäß § 1903 BGB zum Schutze der A einen *Einwilligungsvorbehalt* angeordnet hätte. Dann könnte A in den Angelegenheiten, die durch den Einwilligungsvorbehalt erfasst sind, nur tätig werden, wenn der rechtliche Betreuer vorher zugestimmt hat. Dies ist aber hier nicht der Fall. Das Verhalten der Bank ist somit eindeutig rechtwidrig. A kann auf einer Auszahlung bestehen. Notfalls könnte sie den Gerichtsweg beschreiten und, falls ihr durch das Verhalten der Bank ein Schaden entsteht hierfür Ersatz verlangen.

zu 2)

a) Befugnisse der Tochter

An den Befugnissen der T aus dem Betreuungsverhältnis ändert sich auch bei einer Veränderung des Zustandes von A nichts. Hierfür kommt es allein auf die förmlich getroffene Regelung des Vormundschaftsgericht an. Zu den Aufgaben der T gehört es aber, das Vormundschaftsgericht zu informieren, wenn ein entsprechender Bedarf erkennbar ist.

Grundsätzlich kommt aber in Betracht, dass A ihre Tochter durch Rechtsgeschäft mit der Kündigung der Wohnung beauftragt hat (*Vollmacht*). Aufgrund des Gesundheitszustands von A ist fraglich, ob eine solche Beauftragung wirksam erfolgt ist. Nach § 104f BGB ist eine Erklärung, die jemand im Zustand der Geschäftsunfähigkeit abgibt, nichtig. Sollte A geschäftsunfähig sein, wäre die Erteilung der Vollmacht unwirksam. T hätte dann keine weitergehenden Befugnisse als zu Frage 1 oben beschrieben. In Streitfällen muss die Geschäftsunfähigkeit durch ärztliches Gutachten festgestellt werden. Für T ist es deshalb durchaus riskant, auf die Wirksamkeit der Beauftragung zu vertrauen. Denn A oder auch der Vermieter könnten sich darauf berufen, dass A bei der Beauftragung geschäftsunfähig war. Würde diese Auffassung in einem gerichtlichen Verfahren bestätigt, hätte T als Vertreter ohne Vertretungsmacht gehandelt und müsste für die Folgen einstehen (vgl. § 179 BGB).

Mit einer *Vorsorgevollmacht* hätte A diese für sie selbst und ihre Tochter missliche Lage vermeiden können: Zu einer Zeit, als an ihren geistigen und körperlichen Fähigkeiten kein Zweifel bestand, hätte A ihre Tochter (oder auch jede andere Person) bevollmächtigen können, für Sie Rechtsgeschäfte zu tätigen. Eine solche Vollmacht kann umfassend oder auch bezogen auf bestimmte Tätigkeiten für einen bestimmten Zeitraum oder bestimmte Lebenssituationen erteilt werden. Um den Nachweis hierüber zu erleichtern, wird eine solche Erklärung üblicherweise schriftlich abgefasst oder noch besser notariell beurkundet. T könnte auf einer solchen Grundlage (auch bei der 1. Fallvariante) umfassend in Angelegenheiten der T als deren Stellvertreterin tätig werden. Auf diese Weise können auch bei plötzlichen Unglücksfällen Unklarheiten (z. B. darüber welcher Angehörige entscheiden soll) und Regelungslücken sehr wirksam vermieden werden. Die Vorsorgevollmacht setzt allerdings das Vertrauen voraus, dass der Bevollmächtigte den tatsächlichen oder mutmaßlichen Willen des Vollmachtgeber beachtet. Der Betroffene kann eine solche Vollmacht jederzeit zurücknehmen oder einschränken. Im Fall der Geschäftsunfähigkeit von Frau A bleibt die Möglichkeit – falls nötig –, das Vormundschaftsgericht zu veranlassen, eine umfassende rechtliche Betreuung zu regeln. Häufig kann das Gericht aber nur Vermutungen darüber anstellen, welche Person hierfür im Sinne des Betroffenen am besten geeignet ist.

b) Befugnisse der Bank

Ähnliches gilt für die Bank. Allerdings ist es für sie erheblich schwieriger, mit unklaren Situationen umzugehen. Für den Fall, dass A geschäftsfähig ist, muss sie den Betrag auszahlen (vgl. oben). Ob dies der Fall ist, ist allerdings für den Bankangestellten in aller Regel nicht ohne weiteres erkennbar. Sollte A bei der beabsichtigten Geldabhebung nicht geschäftsfähig sein, wäre das Begehren der A von Anfang an unwirksam. Eine Auszahlung durch die Bank würde ohne rechtlichen Grund erfolgen. Falls A dennoch Geld erhält und es verschwendet oder ihr in anderer Weise abhanden kommt, müsste die Bank den rechtswidrig ausgezahlten Geldbetrag ersetzen. Bei der Gewährung von Bankkredit bestünde Unsicherheit über eine Verpflichtung zur Rückzahlung. Lediglich bei „Geschäften des täglichen Lebens", die mit „geringwertigen Mitteln" bewirkt werden, ist auch das Rechtsgeschäft eines Geschäftsunfähigen wirksam (§ 105a BGB). Wegen dieses Risikos ist es verständlich, dass die Bank gegenüber A zurückhaltend ist.

Die gesetzliche Regelung belastet Geschäftspartner gebrechlicher Menschen mit dem Risiko der Wirksamkeit vertraglicher Vereinbarungen und schützt geschäftsunfähige Personen.

Alle beteiligten Personen, also die Tochter, der Vermieter, das Pflegepersonal des Wohnstifts, die Bank und auch Frau A selbst, haben die Möglichkeit, bei Bedarf das Vormundschaftsgericht einzuschalten. Der zuständige Richter wird sich dann der Angelegenheit annehmen. Er wäre verpflichtet, A aufzusuchen, um sich selbst ein Bild von deren Fähigkeiten zu machen. Entsprechend dem Bedarf und den Interessen der A hätte der Richter die Betreuung neu zu regeln und würde möglicherweise die Kündigung des Mietverhältnisses genehmigen.

An den Risiken für die Bank würde sich dadurch unmittelbar nichts ändern. Falls T Befugnisse (durch Vollmacht oder Betreuung) hat, könnte die Bank aber darauf drängen, Bankgeschäfte ausschließlich im Beisein der Tochter zu tätigen. Um dies ohne Kränkungen für A umzusetzen, bedarf es erheblichen Geschicks aller Beteiligten. Man könnte dies z. B. so handhaben, dass Frau A weiterhin Bankaufträge selbst unterschreibt und die Bank sich damit begnügt, die Anwesenheit des Betreuers in ihren Unterlagen zu vermerken.

Fall 4: Misshandelt

Thema: Anwendung von Rechtsvorschriften (Vertiefung), Gewalt gegen Frauen, Finanzierung von Frauenhäusern als Beispiel unzulänglich geregelter Hilfen in sozialen Notlagen, Grenzen des Individualprinzips, Problematik der kommunalen Zuständigkeit für Sozialhilfe, alternative Finanzierungsmöglichkeiten durch Bund und Länder, Finanzierung und Bedeutung freier Träger, Bedeutung der rechtlichen Anerkennung sozialer Notlagen, Zusammenhang zwischen gesellschaftspolitischen Vorstellungen und rechtlichen Normen.

Fall:

Frau Z, 40 Jahre alt, kommt in die Beratung des Sozialdienstes des Sozialamtes der Großen Kreisstadt B zur Sozialarbeiterin C. Sie ist sehr aufgeregt und äußert, sie sei fest entschlossen, von ihrem Ehemann wegzugehen und sich scheiden zu lassen. Sie erzählt von den seit längerem andauernden Streitigkeiten und vor allem von Misshandlungen durch ihren Mann in der letzten Zeit. Mit ihm will sie auf keinen Fall in einer Wohnung weiter zusammenleben. Frau Z hat keine Kinder, ihre Eltern sind seit längerem verstorben und zu dem einzigen Bruder in Norddeutschland hat sie nur sehr lose Verbindung. Sie ist ratlos, was sie jetzt tun könnte. Während des Gesprächs zwischen Frau Z und Sozialarbeiterin C klagt Frau Z über starke Rücken- und Bauchschmerzen. C veranlasst eine ärztliche Untersuchung, bei der offene Wunden am Rücken und innere Verletzungen festgestellt werden. Z wird sofort zur stationären Behandlung in ein Krankenhaus eingewiesen.

Herr und Frau Z sind beim ASD seit längerem bekannt, da sie in der Vergangenheit immer wieder unterschiedliche Sozialleistungen in Anspruch nehmen mussten und außerdem Frau Z seit längerem mit Alkoholproblemen zu tun hat. C nimmt telefonisch Kontakt mit Herrn Z auf und erfährt von Herrn Z, dass er und seine Frau bei der AOK krankenversichert sind. Herr Z erklärt bei dieser Gelegenheit, dass auch er mit seiner Frau nichts mehr zu tun haben wolle. Außerdem beabsichtige er, in der Wohnung, die er bereits vor der Eheschließung allein angemietet hatte, wohnen zu bleiben. C überlegt, welche Möglichkeiten bestehen, Frau Z zu helfen. Dabei stellt sie mit Bedauern fest, dass es im Landkreis noch kein Frauenhaus gibt und prüft unter anderem, ob die Kosten für eine Unterkunft und Betreuung im Frauenhaus eines benachbarten Landkreises von dem Sozialamt der Stadt D zu übernehmen sind.

1. *Welche Möglichkeiten bestehen für Frau Z, nach ihrem Krankenhausaufenthalt alleine die Ehewohnung zu bewohnen?*
2. *Welche Ansprüche auf Unterstützung hat Frau Z?*
3. *Ist der Landkreis verpflichtet, ein Frauenhaus zu errichten und zu betreiben?*

Lösung:

zu 1.) Seit mehreren Jahrzehnten wird diskutiert, wie dem sozialen Problem der Gewalt von Männern gegen Frauen (aber auch Gewalt gegen Männer und zwischen Eltern und Kindern/Jugendlichen) wirksam begegnet werden kann. Neben der Tatsache, dass es in diesem Bereich eine hohe Dunkelziffer gibt, weil die betroffenen Frauen aus unterschiedlichen Gründen diese Straftaten für sich behalten, sind auch bei offenkundiger Gewaltanwendung die rechtlichen Möglichkeiten unzulänglich. Eine Scheidung der Ehe, wie im Fall angesprochen, und auch eine Klärung der Frage nach finanzieller Absicherung haben keinen Einfluss auf die Wohnverhältnisse von Herrn und Frau Z. Vielmehr ist es so, dass jeder der beiden – wie jeder Mensch – ein Recht auf Unverletzlichkeit der Wohnung hat (Art. 13 GG). Deshalb kann Frau Z nicht ohne weiteres verlangen, dass Herr Z die Wohnung ihr allein überlässt. Andererseits kann Herr Z, auch wenn er allein den Mietvertrag mit dem Vermieter abgeschlossen hat, Frau Z nicht einfach vor die Tür setzen. In der Praxis wird der Streit um die gemeinsam genutzte Wohnung häufig dadurch „gelöst", dass einer der Betroffenen „freiwillig" auszieht, in der Regel nach dem Motto „das Opfer geht, der Täter bleibt".

Mit Einführung des im Jahr 2002 in Kraft getretenen *Gewaltschutzgesetzes* besteht eine Rechtsgrundlage, im Wege einer gerichtlichen Anordnung einer Person, die „vorsätzlich den Körper, die Gesundheit oder die Freiheit verletzt" hat oder mit einer solchen Verletzung droht, untersagen zu lassen, die Wohnung der verletzten Person zu betreten, bestimmte Orte aufzusuchen oder Verbindung (einschließlich Telefonanrufe) zur verletzten Person aufzunehmen (vgl. § 1f Gewaltschutzgesetz). Da es sich hierbei um zivilrechtliche Ansprüche handelt, ist die Initiative der Betroffenen (Antrag bei Gericht) Voraussetzung dafür, dass ein solches Verfahren überhaupt in Gang kommt. Außerdem muss die Gewaltanwendung nachgewiesen werden. Ein solcher Wohnungsverweis kann immer nur befristet angeordnet werden und unter der Voraussetzung, dass schwerwiegende Belange des Täters nicht entgegenstehen. Für den Fall der Zuwiderhandlung (Betreten der Wohnung innerhalb der Sperrzeit) kann das Gericht Strafen androhen, ein zuverlässiger Schutz vor Gewalttaten und Belästigungen lässt sich hierdurch aber wegen fehlender Kontrollmöglichkeiten und Ängsten der Betroffenen vor Repressalien nicht erreichen.

Im vorliegenden Fall würde das Zivilgericht außerdem nicht ohne weiteres davon ausgehen können, dass weitere Gewalt durch Herrn Z droht, da Herr Z angibt, mit Frau Z nichts mehr zu tun haben zu wollen (Beweisprobleme). Es ist auch kaum zu erwarten, dass Frau Z in der Lage ist, das gerichtliche Verfahren und die Räumung der Wohnung in eigener Initiative zu betreiben. Zu beachten ist außerdem, dass ein alleiniges Wohnrecht Frau Z in der Ehewohnung weder zuverlässig vor Belästigungen durch Herrn Z schützt noch hierdurch die meist komplexe Problemlage zwischen den beteiligten Personen aufgearbeitet würde.

Neben einem zivilrechtlichen Verfahren auf Wohnungs-/Platzverweis nach dem Gewaltschutzgesetz kommt in Betracht, dass die Polizei im öffentlichen Interesse, zur Vermeidung von *Gefahren für Sicherheit und Ordnung,* eine gewalttätige Person vorübergehend aus der Wohnung weist. Voraussetzung ist aber auch hierfür, dass nachweislich weitere Gewaltanwendung unmittelbar droht und andere Abhilfe nicht möglich ist. Diese polizeiliche Variante (*Platzverweis*) ist umstritten, weil hierdurch mit staatlicher Macht in das Grundrecht auf geschützten Wohnraum ohne gerichtliches Verfahren eingegriffen wird und die Hilfe erfolgen kann, auch ohne dass die Betroffenen öffentliche Unterstützung wollen (z. B. kann dies aufgrund von Hinweisen aus der Nachbarschaft erfolgen). Seit längerem wird dieser Platzverweis unter anderem in Baden-Württemberg praktiziert und hat sich im Wesentlichen bewährt. Ungelöst bleibt allerdings das Problem, dass die Polizei über Gewalttaten im häuslichen Bereich meist nicht informiert ist. Im vorliegenden Fall kommt ein Platzverweis nicht in Betracht, da eine akute Gefahr für Frau Z nicht besteht.

zu 2.) Vor diesem Hintergrund wurden seit 1976 im gesamten Bundesgebiet durch private Initiativen Frauenhäuser (derzeit insgesamt ca. 400) gegründet. In diesen stationären Einrichtungen finden betroffene Frauen nicht nur einen geschützten Lebensraum, in dem sie medizinisch und psychologisch versorgt und rechtlich beraten werden, sondern sie erhalten ebenso sozialtherapeutische und sozialpädagogische Betreuung und Gelegenheit zum Austausch mit anderen Betroffenen. Fraglich und umstritten ist aber, wer für die Kosten eines solchen, in seiner sozialpädagogischen Wirksamkeit anerkannten, Angebotes aufkommt.[1]

Die Krankenkasse übernimmt lediglich Kosten für eine Krankenbehandlung (vgl. § 27 SGB V). Hinsichtlich der Alkoholabhängigkeit kommt ebenfalls eine medizinisch verordnete Therapie in Betracht. Für die spezielle soziale Notlage von Frau Z ist die gesetzliche Krankenkasse aber nicht zuständig. Dasselbe gilt für die Pflegeversicherung, da von einem erheblichen Pflegebedarf im Sinne des § 15 SGB XI hier nicht auszugehen ist. Sofern Frau Z aus eigenen Mitteln einen solchen Aufenthalt nicht bestreiten kann, könnte sie dies im Rahmen des Ehegattenunterhalts als Sonderbedarf gegenüber ihrem Ehemann geltend machen (§ 1360a BGB). Da Herr Z aber offensichtlich kaum in der Lage ist, seinen eigenen Unterhalt zu bestreiten, wird dies hier ausscheiden. Der Bruder von Frau Z, als einziger Verwandter, ist nicht unterhaltspflichtig (vgl. § 1601 BGB). Es sind daher die nachrangigen Fürsorgeleistungen, SGB II und SGB XII, zu prüfen.

---

[1] Insgesamt zum Thema: *P. Mrozynski*, Die Hilfe im Frauenhaus zwischen sozialpolitischer und sozialrechtlicher Argumentation, in: Beiträge zum Recht der sozialen Dienste und Einrichtungen, Heft 27 1995; *E.-M. Bordt*, Finanzierungsquellen, Finanzierungsverfahren und Kostenstrukturen von Frauenhäusern, in: *B. Halfar* (Hrsg.), Finanzierung sozialer Dienste und Einrichtungen, Baden-Baden 1999, S. 407–431; Stellungnahme des Deutschen Vereins für öffentliche und private Fürsorge, in: Nachrichtendienst des Deutschen Vereins, Heft 8, 2000, S. 229 ff.

Falls ein Anspruch auf Grundsicherung für Arbeitsuchende nach dem SGB II besteht, sind Leistungen der Hilfe zum Lebensunterhalt (3. und 4. Kapitel SGB XII) ausgeschlossen (vgl. § 21 SGB XII). Andere Leistungen der Sozialhilfe (5.–9. Kapitel) können neben Leistungen nach dem SGB II erbracht werden, soweit der Bedarf durch die Grundsicherung für Arbeitsuchende nicht gedeckt ist. Zunächst sind daher Ansprüche nach dem SGB II zu prüfen. Die Leistungsberechtigung nach dem SGB II ergibt sich aus dem Alter und der Erwerbsfähigkeit (§ 7f SGB II) oder aber aus dem Bestehen einer Bedarfsgemeinschaft mit einem Erwerbsfähigen (Sozialgeld gem. § 28 SGB II). Die Prüfung, ob die Voraussetzungen gegeben sind, obliegt der Arbeitsagentur (§ 44a SGB II). Hat Frau Z Anspruch auf Leistungen zur Eingliederung in Arbeit, was wegen der erheblichen Beeinträchtigungen fraglich sein dürfte, „können" von der Arbeitsagentur neben den Regelleistungen (§§ 19 ff SGB II) psychosoziale Leistungen u.ä. erbracht werden, soweit dies „für die Eingliederung des erwerbsfähigen Hilfebedürftigen in das Erwerbsleben erforderlich ist (§ 16 Abs. 2 SGB II). In der Praxis sind die Arbeitsagenturen kaum bereit, von dieser Kann-Bestimmung Gebrauch zu machen und individuell angepasste psychosoziale Leistungen zu erbringen, wie dies bezogen auf Frau Z notwendig wäre.

Die Sozialpädagogin C wird daher prüfen, welche Unterstützung aus Mitteln der Sozialhilfe in Betracht kommt. Falls bzw. soweit Frau Z Leistungen nach dem SGB II erhält, entfallen die entsprechenden Ansprüche nach dem SGB XII. Soweit Frau Z ihren Lebensbedarf nicht aus eigenen und anderen Mitteln decken kann (und nicht erwerbsfähig ist), hat sie Anspruch auf Hilfe zum Lebensunterhalt (§§ 27 ff SGB XII). Hierzu gehört unter anderem die Übernahme der Kosten für eine angemessene Unterkunft (§ 29 SGB XII). Möglicherweise kann C auch bei der Vermittlung einer Wohnung behilflich sein. Ein Anspruch auf Beschaffung von Wohnraum besteht aber im Zusammenhang mit Hilfe zum Lebensunterhalt nicht. Von der Hilfe zum Lebensunterhalt werden auch nur Kosten für eine übliche Unterkunft erfasst, nicht aber die wesentlich weitergehenden Leistungen und Kosten für den Aufenthalt in einem Frauenhaus. Zu prüfen ist deshalb, ob weitere Leistungen zur Überwindung besonderer sozialer Schwierigkeiten (§§ 67 ff SGB XII) in Betracht kommen.

Während im Übrigen wirtschaftliche und gesundheitliche Schwierigkeiten Voraussetzung für Leistungen nach dem SGB XII sind, werden in § 67 SGB XII soziale Probleme als sozialhilferechtlich relevanter Bedarf anerkannt. Voraussetzung sind allerdings „soziale Schwierigkeiten", die mit „besonderen Lebensverhältnissen" verbunden sind und „aus eigener Kraft" nicht überwunden werden können (vgl. § 67 SGB XII). Wenn allerdings eine solche Notlage vorliegt, sind gemäß § 68 Abs. 1 SGB XII „alle notwendigen Maßnahmen" bereit zu stellen (Muss-Bestimmung). Art und Umfang der Hilfe ergibt sich also aus der individuellen Notlage. Dazu kann dann auch ein Anspruch auf Beschaffung von angemessenem Wohnraum gehören. Beachtlich ist, dass nach Abs. 2 persönliche Hilfe im Einzelfall ohne Berücksichtigung des Einkommens und Vermögens des Hilfeempfängers und unabhängig von Unterhaltspflichten naher Angehöriger zu leisten ist, wenn sonst der „Erfolg der Hilfe gefährdet würde". Damit soll in besonders begründeten Fällen vermieden werden, dass eine Hilfe scheitert, weil der Unterhaltspflichtige zu einer Finanzierung nicht bereit ist.

Erhebliche Schwierigkeiten bereitet seit langem die Frage, was Kennzeichen einer solchen „besonderen Lebenslage" ist und welche „sozialen Schwierigkeiten" durch § 67 SGB XII tatsächlich erfasst werden. Denn jeder Mensch ist in irgendeiner Weise von sozialen Problemen betroffen, die naturgemäß die individuelle Lebenslage prägen. Bei der Auslegung der in § 67 SGB XII verwendeten unbestimmten Rechtsbegriffe ist die entsprechende Durchführungsverordnung (DVO) heranzuziehen. § 1 Abs. 2 DVO präzisiert nunmehr eindeutig, dass besondere Lebensverhältnisse im Sinne von § 67 SGB XII unter anderem bei „gewaltgeprägten Lebensumständen" vorliegen. Herr Z beteuert zwar, mit seiner Frau nichts mehr zu tun haben zu wollen, aber selbst wenn sich dies für die Zukunft bewahrheiten sollte, dürfte dies nichts daran ändern, dass Frau Z derzeit in „gewaltgeprägten Lebensumständen" lebt. Hinsichtlich der sozialen Schwierigkeiten erläutert § 1 Abs. 3 DVO, dass das „Leben in der Gemeinschaft durch ausgrenzendes Verhalten" „wesentlich eingeschränkt" sein muss. Das sozial-gesellschaftliche Leben von Frau Z wird durch das Verhalten ihres Ehemanns erheblich erschwert, den Alkoholproblemen von Frau Z kommt zusätzliche Bedeutung zu. Nach der Verordnung reicht es aus, dass die sozialen Schwierigkeiten sich auf *einen Lebensbereich* beziehen, namentlich auf die Beschaffung einer Wohnung, die Sicherung des Arbeitsplatzes, familiärer oder anderer Beziehungen (Abs. 3).

Nach § 67 SGB XII ist weitere Voraussetzung, dass es dem Betroffenen unmöglich ist, sich „aus eigener Kraft" zu helfen. Da die Regelungen im Gewaltschutzgesetz, in § 1361a BGB und polizeiliche Maßnahmen eine Handhabe bieten (hierzu oben unter 1.), können viele betroffenen Frauen hierauf verwiesen werden. In der vorliegenden Fallkonstellation kann aber kein Zweifel bestehen, dass von Frau Z eine entsprechende Eigeninitiative – jedenfalls in ihrem gegenwärtigen Zustand – nicht erwartet werden kann. Die Voraussetzungen des § 67 SGB XII sind damit erfüllt.

Fraglich ist aber, ob das Sozialamt der Stadt B Leistungen zu erbringen hat oder aber der überörtliche Träger der Sozialhilfe (in Baden-Württemberg wäre dies der Kommunalverband Jugend und Soziales) zuständig ist. Nach § 97 Abs. 2 S. 1 SGB XII wird die Zuständigkeit durch Landesrecht geregelt. Wenn es an einer entsprechenden Regelung fehlt, ist gemäß § 97 Abs. 3 Nr. 3 SGB XII für Leistungen der Hilfe zur Überwindung sozialer Schwierigkeiten der überörtliche Träger zuständig. Ggf. hat C die Angelegenheit zum überörtlichen Träger weiterzuleiten.

C hat – ihre Zuständigkeit vorausgesetzt – zu prüfen, welche ambulanten „Maßnahmen im Einzelnen notwendig sind, um die Schwierigkeiten abzuwenden, zu beseitigen, zu mildern oder ihre Verschlimmerung zu verhüten" (§ 68 Abs. 1 SGB XII). Die Rechtsprechung hat Ansprüche auf Übernahme der vollen Kosten für einen Platz in einem Frauenhaus durch die Träger der Sozialhilfe stets abgelehnt, weil dies den sozialhilferechtlich anerkannten Bedarf überschreite. Eine solche Handhabung dürfte allerdings unter sozialpädagogischen Gesichtspunkten in vielen Fällen nicht gerechtfertigt sein. Dennoch wurde in § 2 Abs. 5 der Verordnung mittlerweile ausdrücklich geregelt, dass Frauenhäuser keine stationären Einrichtungen i.S.d. § 68 SGB XII sind. Zweifelsfrei können aber Ansprüche bestehen auf Übernahme von Anteilen an den Kosten zur Unterbringung (Hilfe zum Lebensunterhalt) und Kosten für ambulante Leistungen wie Beratung, persönliche Unterstützung oder Ermittlung der Ursachen der Notlage. In der Praxis werden von den Sozialämtern solche Leistungen nach sehr unterschiedlichen Kriterien und in unterschiedlichem Umfang bewilligt.

zu 3.) Auch wenn Frau Z einen Anspruch auf Hilfe gemäß § 67 SGB XII hat und die im Frauenhaus anfallenden Kosten teilweise übernommen werden, bedeutet dies keineswegs für den Träger der Sozialhilfe eine rechtliche Verpflichtung, solche Einrichtungen auch in ausreichender Zahl zu errichten und zu betreiben. Solche Verpflichtungen zur Bereithaltung einer hinreichenden Zahl ambulanter oder stationärer Plätze bedürften einer eigenen rechtlichen Grundlage. Erst vor einigen Jahren wurden beispielsweise die Gemeinden verpflichtet, für Kinder ab dem 3. Lebensjahr eine hinreichende Zahl von Kindergartenplätzen bereitzuhalten. Hinsichtlich gewaltbedrohter Frauen besteht zwar eine Verpflichtung zur Hilfe unter den oben beschriebenen Voraussetzungen. Lediglich wenn es keine entsprechenden Einrichtungen in privater Trägerschaft gäbe und die Sozialhilfeträger auch nicht in anderer Weise in der Lage wären, ihre rechtlichen Pflichten zu erfüllen, könnte sich hieraus eine Pflicht ergeben, Frauenhäuser zu errichten bzw. zu betreiben.

Wird das Frauenhaus (wie fast immer) von einem privaten/freien Träger unterhalten, ist dieser letztlich für die Finanzierung und Belegung selbst verantwortlich. Die Kommune kann sich darauf beschränken, einen Teil der Bau- und/oder Personalkosten zu übernehmen, eine bestimmte Zahl an Plätzen zu finanzieren oder im Bedarfsfall einen Teil der Unterbringungskosten in Form von Belegtagegeldern (i. d. R. ohne Therapiekosten und Unterhaltungskosten für die Einrichtung) zu übernehmen. Werden projektbezogene *Zuwendungen* geleistet, hat dies gegenüber personenbezogenen Leistungen den Vorteil, dass der peinliche und schwierige Nachweis des individuellen Hilfebedarfs (hinsichtlich der Gewaltanwendung und der Vermögensverhältnisse der Hilfeempfängerinnen) gegenüber dem Sozialamt entfällt. Die Einrichtungen haben aber keinen Rechtsanspruch auf Zuwendungen in einem bestimmten Umfang. Unklar ist, wie in diesem Bereich eine Umstellung auf *Leistungsvereinbarungen* mit Qualitätskontrollen und Belegungsnachweisen erfolgen kann.

Da die Aufgaben der Sozialhilfe von den Kommunen als *eigene Angelegenheiten* wahrgenommen werden, leisten sie diese freiwilligen, projektbezogenen Zuwendungen in sehr unterschiedlichem Umfang. Die Versorgung mit Frauenhäusern ist deshalb regional sehr verschieden. Die freien Träger müssen sich den für sie unabsehbaren Schwankungen kommunaler Zuschüsse anpassen und können nur mit Ideen und vielfältigen Bemühungen um Kostendeckung (z. B. Fundraising, Sponsoring, Spendenaufkommen) ein umfassend qualifiziertes Angebot aufrechterhalten (angefangen von einem 24-stündigen Ruf- und Aufnahmebereitschaft). In Betracht kommen auch Mittel des Jugendamtes (nach §§ 16–18, 27 ff SGB VIII, wenn mit einer Frau Kinder untergebracht werden), von Wohlfahrtsverbänden, die Errichtung einer Stiftung und eine Beteiligung der Bewohner an den Kosten (meist einkommensabhängig gestaffelt).

Die ganz unterschiedliche Angebotsdichte hat zur Folge, dass häufig Frauen in Not um Aufnahme in ein Frauenhaus außerhalb ihres Landkreises nachsuchen. Unlösbare Probleme ergeben sich, wenn das zuständige Sozialamt zu keinerlei Kostenübernahme bereit ist. Um dem „Sozialtourismus innerhalb der Bundesrepublik“ zu Lasten sozial engagierter Kommunen zu begegnen, werden für die Errichtung und Betreibung von Frauenhäusern Landes- und Bundeszuschüsse gewährt. Auch dies bedeutet freilich keine Verpflichtung zur Errichtung von Frauenhäusern, sondern lediglich finanzielle Anreize, die wiederum in den einzelnen Bundesländern sehr unterschiedlich sind (vgl. Förderrichtlinien der Bundesländer). In Schleswig-Holstein z. B. sind alle Kommunen durch ein Umlageverfahren an den Landeszuschüssen beteiligt. Eine bundeseinheitliche Regelung steht noch aus. Zu beachten ist allerdings auch, dass generell vereinheitlichende Tendenzen die Möglichkeiten der Kommunen einschränken, unterschiedliche Akzente zu setzen und neue Hilfemöglichkeiten zu erproben.

An dem hier behandelten Thema wird deutlich, dass mit den Regelungen im Sozialrecht nicht alle sozialen Notlagen in gleicher Weise erfasst sind. So sind bestimmte Notsituationen quasi etabliert (Blindenhilfe, Hilfe für werdende Mütter,

Krankenhilfe usw.), während für andere Notlagen eine sozialhilferechtliche Anerkennung (noch) nicht oder nur bedingt besteht. Rückblickend zeigt sich, wie stark gesetzliche Normierungen vom Wandel gesellschaftlicher Vorstellungen abhängig sind (vgl. Umfang der Behindertenhilfe, Hilfe zur Familienplanung, sozialpädagogische Familienhilfe, Streetwork usw.). Abhängig von politischen Vorstellungen werden soziale Notlagen immer neu definiert. Kommunale Verantwortung setzt den nötigen finanziellen Spielraum und entsprechende Sensibilität in der Bevölkerung und den Kommunal-Parlamenten voraus, ermöglicht aber auch bürgernahe Pilotprojekte.

Fall 5: Der freundliche Polizist

Thema: Grundprobleme des Datenschutzes

Fall:

Ein Polizeibeamter des örtlichen Polizeipostens (P) tritt an das zuständige Jugendamt heran und meldet, dass eine Gruppe 16-Jähriger jüngere Schüler auf dem Heimweg abfängt und in zum Teil schwerwiegende Schlägereien verwickelt. Da bekannt ist, dass einige dieser Jugendlichen intensive sozialpädagogische Einzelbetreuung durch das Jugendamt erhalten, bittet der Polizist im Rahmen eines Streifengangs die für die Maßnahmen verantwortliche Fachkraft (F) freundlich um Unterstützung bei der Aufklärung des Tathergangs; denn nur so könnten die jüngeren Schüler vor ernsthaften Verletzungen geschützt werden. Außerdem möchte er bewirken, dass das Jugendamt in dem betreffenden Wohngebiet geeignete Maßnahmen der Jugendarbeit und Jugendsozialarbeit einrichtet, um die Gefahr weiterer Auseinandersetzungen abzubauen.

1. *Wie hat die Fachkraft F auf die Anfrage des Polisten P zu reagieren?*
2. *Welche Auswirkungen hat die Anregung der Polizei auf die Planung von Jugendhilfemaßnahmen?*

Lösung:

zu 1.) Häufig gibt es, wie in dem vorliegenden Fall, Situationen, in denen unterschiedliche Behörden mit einer Lebenssituation befasst sind. Hierbei kann es sein, dass die Interessen der Behörden gegeneinander gerichtet sind (z. B. bei von Abschiebung bedrohten Ausländern) oder wie hier auf das gleiche Ziel gerichtet sind (Eindämmung von Gewalt unter Jugendlichen). Behörden sind untereinander zur Amtshilfe verpflichtet (§§ 3 ff SGB X). Geht es um die Weitergabe von personenbezogenen Daten, ist, bevor eine solche Kooperation stattfindet, zu prüfen, ob dies mit den Rechten der betroffenen Klienten vereinbar ist. Denn Datenweitergabe ohne Einwilligung des Betroffenen bedeutet einen Eingriff in die durch das Grundgesetz geschützten Persönlichkeitsrechte (insbesondere Art. 1 GG).

In § 35 SGB I kommt zum Ausdruck, welch grundlegende Bedeutung dem Datenschutz gerade in der Sozialen Arbeit zukommt. Ausdrücklich ist hier erwähnt, dass die Klienten einen *Rechtsanspruch* auf Datenschutz haben. Selbst innerhalb einer Einrichtung sind persönliche Angaben über Klienten zu schützen. Umso mehr gilt dies für außen stehende Personen und andere Einrichtungen aller Art, also auch für Polizeidienste. Eine Weitergabe von Daten ist nur zulässig mit dem Einverständnis des Betroffenen oder auf der Grundlage einer speziellen gesetzlichen Regelung (*Gesetzesvorbehalt*). Im vorliegenden Fall ist deshalb zu prüfen, ob die Fachkraft F ohne Wissen der betroffenen Jugendlichen dem Polizisten Informationen weitergeben darf. In Betracht käme eine Weitergabe von Personalien (Name, Wohnort) der Betroffenen, von Informationen über deren persönliche Verhältnisse oder Angaben über den Tathergang, die F möglicherweise in Gesprächen mit den Tätern oder von anderen Personen erfahren haben könnte.

Unter welchen Voraussetzungen soziale Einrichtungen Daten weitergeben dürfen, ist abschließend in §§ 67 ff SGB X geregelt.

Zunächst stellt sich die Frage, ob F auch ohne das Ersuchen des Polizisten P verpflichtet ist, Straftaten bei den zuständigen Behörden anzuzeigen, sobald sie hiervon erfährt. Eine solch generelle Anzeigepflicht kennt unsere Rechtsordnung allerdings nicht. Nach § 138 StGB besteht eine Anzeigepflicht lediglich, wenn man von der Planung bestimmter, besonders schwerer Straftaten wie Mord, Menschenraub oder Landesverrat weiß und die Begehung einer solchen Tat noch verhindert werden kann. § 71 Abs. 1 SGB X stellt klar, dass diese Verpflichtung auch für im sozialen Bereich tätige Personen gilt. Darüber hinaus müssen drohende Straftaten nicht angezeigt werden. Bezogen auf bereits begangene Straftaten gibt es generell keine Anzeigepflicht. Da im vorliegenden Fall von der Planung einer in § 138 StGB genannten Straftat nichts bekannt ist, besteht für F keine Verpflichtung, die Polizei über Straftaten von sich aus zu informieren, falls sie Informationen hierüber erhalten haben sollte. Es gibt aber weitere Bestimmungen, die regeln, unter welchen Voraussetzungen auf Anfrage Unterstützung zu leisten ist.

§ 73 SGB X regelt Verpflichtungen zur Mithilfe bei der *Strafverfolgung*. Hiernach besteht eine Verpflichtung zur Datenübermittlung ausschließlich bei *schweren* Straftaten und auf der Grundlage einer *richterlichen Anordnung*. An beidem fehlt es im vorliegenden Fall.

Darüber hinaus kommt eine Übermittlungspflicht gegenüber der Polizei auf der Grundlage von § 68 SGB X in Betracht. Für den Fall, dass ohne erheblichen Mehraufwand Informationen nicht beschafft werden können, sind Sozialbehörden zur Unterstützung der im Gesetz benannten Stellen (unter anderem Polizeibehörden) verpflichtet. Allerdings dürfen auf dieser Grundlage nur „harte Daten“, also Angaben über Vorname, Name, Geburtsdatum, Wohnort, Aufenthaltsort und Anschrift des Arbeitgeber übermittelt werden. Weitere Angaben etwa über Gesprächsinhalte oder in Anspruch genommene Sozialleistungen sind *nicht* zulässig. Aber auch über harte Daten besteht eine Informationspflicht dann nicht, wenn schutzwürdige Interessen des betroffenen Klienten einer Weitergabe entgegenstehen. Nach dem *Verhältnismäßigkeitsprinzip* hat die Sozialbehörde eigenständig zu prüfen und zu beurteilen, ob der Erfolg sozialer Maßnahmen hierdurch unzumutbar gefährdet würde. Es besteht somit für Sozialleistungsbehörden nur eine sehr bedingte Befugnis, die Arbeit der Polizei zu unterstützen. Dies ist ein Kompromiss zwischen den öffentlichen Strafverfolgungsinteressen und dem Anspruch des Betroffenen auf eine vertrauensvolle Sozialarbeit.

Zu beachten hat F, dass die Befugnis über die Weitergabe von Klientendaten zu entscheiden nach § 68 Abs. 2 SGB X allein dem *Leiter* der Behörde bzw. seinen hierzu beauftragten Stellvertreter zusteht. Um ein geordnetes Verfahren und eine zuverlässige Beachtung der bestehenden Vorschriften sicherzustellen, ist der Sachbearbeiter zu keinerlei eigenmächtiger Weitergabe von Informationen an Außenstehende befugt. Dies vermeidet schwierige Konfliktsituationen für den betroffenen Mitarbeiter.

Das bisher Gesagte gilt allgemein für alle *Sozialbehörden*. Darüber hinaus sind im vorliegenden Fall spezielle Regelungen für die Berufsgruppe der Sozialarbeiter/Sozialpädagogen und für die Kinder- und Jugendhilfe zu beachten. § 76 SGB X schränkt die Übermittlungsbefugnis von Daten ein, die durch eine in § 203 StGB genannte Person (z. B. staatlich anerkannte Sozialarbeiter und Sozialpädagogen) erhoben wurde. Für solche Daten gilt die Regelung des § 68 SGB X nicht. Für den Fall, dass F staatlich anerkannte Sozialpädagogin ist (oder sich in einer entsprechenden Ausbildung befindet), dürfen die von ihr erhobenen Daten weder von ihr selbst noch durch das Jugendamt an P weitergegeben werden. Darüber hinaus ist § 64 SGB VIII zu beachten. Hiernach dürfen Daten, die im Bereich der Jugendhilfe erhoben wurden, generell nur „zu dem Zweck übermittelt oder genutzt werden, zu dem sie erhoben worden sind" (*Zweckbindung der Sozialdaten*). Eine Weitergabe zu anderen Zwecken (hier polizeiliche Maßnahmen) ist in diesem Bereich generell unzulässig. Auch aus diesem Grund kommt eine Weitergabe von Daten an P nicht in Betracht.

Daneben könnte nach den Grundsätzen des *Notstands* eine *Befugnis* (keine Verpflichtung) bestehen – auch unabhängig von dem Ersuchen der Polizei –, anvertraute Daten weiterzugeben. Dies setzt voraus, dass auf andere Weise wichtige Interessen anderer Personen nicht geschützt werden können und der Vertrauensschutz der Personen, über deren Daten verfügt wird, demgegenüber deutlich geringere Bedeutung hat. Im vorliegenden Fall käme dies in Betracht, wenn F z. B. einerseits bekannt wäre, dass die jugendlichen Täter weitere Gewalttaten planen und andererseits keine Aussicht besteht, mit Maßnahmen der Jugendhilfe auf die Täter sinnvoll einzuwirken. F ist dann nicht wegen des Datenschutzes verpflichtet, untätig zuzusehen wie weiterer Schaden herbeigeführt wird. In den meisten Fällen wird in der Sozialen Arbeit eine Weitergabe von Informationen allerdings nicht ohne Einbeziehung der Betroffenen geschehen, sondern erst nach entsprechenden Gesprächen und unter Abwägung aller damit verbundenen Auswirkungen. Falls keine weiteren Straftaten geplant sind, scheidet Notstand aus.

F ist deshalb nicht verpflichtet, gegenüber der Polizei Angaben über die verdächtigten Jugendlichen zu machen. Der Leiter des Jugendamtes (oder dessen Vertreter) muss Namen und Anschrift u. ä. weitergeben, wenn berechtigte Interessen der durch das Jugendamt betreuten Jugendlichen dem nicht entgegenstehen. Ob dies der Fall ist, beurteilt der Jugendamtsleiter. Bei drohenden Gefahren ist F berechtigt, sich über die Datenschutzverpflichtung hinwegzusetzen, wenn anders diesen Gefahren nicht wirksam begegnet werden kann. Ansonsten ist F zur Weitergabe von Daten nicht befugt.

zu 2) Die Konzeption und Durchführung von Maßnahmen der Jugendhilfe fällt in die Zuständigkeit des Jugendamtes. Der Jugendhilfeausschuss ist im Rahmen der Vorgaben des Kreistages/Stadtrats verantwortlich für die Gesamtplanung und die Verwaltung für die Durchführung. Zu diesen Aufgaben gehören auch Maßnahmen der Jugendarbeit und Jugendsozialarbeit, soweit sie nicht von freien Trägern erbracht werden. Die Polizei ist rechtlich nicht befugt, dem Jugendamt Vorgaben zu machen. Die Umsetzung der Vorstellungen der Polizei kann auch im Wege der Amtshilfe schon deshalb nicht vom Jugendamt verlangt werden, da es bei diesen Maßnahmen nicht unmittelbar um die Erfüllung polizeilicher Aufgaben geht, sondern um sozialpädagogische. Auf Grund der Eigenständigkeit des Jugendamtes darf auch der Landrat bzw. Oberbürgermeister in die Jugendhilfeplanung nicht eingreifen.

In der praktischen Arbeit sind Polizei und Sozialdienste aber auf eine gute Kooperation angewiesen. Bei schwierigen Konflikten (z. B. Gewalt gegen Kinder) bedarf Sozialarbeit der Unterstützung durch die Polizei, ebenso wie die Polizei auf Hilfe durch soziale Dienste angewiesen ist (z. B. Hinweise auf kriminelle Vorkommnisse). In vielen Fällen ist es sinnvoll, dass beide Institutionen – trotz ihrer Unterschiedlichkeit – gemeinsam tätig werden (z. B. Eingreifen bei akuten Konfliktsituationen, wenn Kinder oder andere schutzbedürftigen Personen beteiligt sind). Insbesondere in zahlreichen Großstädten haben sich in den letzten Jahren im Kampf gegen Kriminalität von Jugendlichen enge Kooperationsstrukturen zwischen Polizei und Jugendamt herausgebildet. Diese Zusammenarbeit ist häufig sinnvoll, um gemeinsame Ziele effektiv erreichen zu können. Aufgrund des unterschiedlichen Selbstverständnisses beider Institutionen kann dies aber nicht unproblematisch sein. Auch positive Beispiele moderner Jugendgerichtshilfe (Diversion, Täter-Opfer-Ausgleich, Hilfe statt Strafe) können das Spannungsverhältnis zwischen repressiven Maßnahmen der Polizei und Justiz und auf Freiwilligkeit ausgerichtete Maßnahmen der Jugendhilfe nicht vollständig auflösen. Solche Kooperationen ändern auch nichts an der Eigenverantwortlichkeit der Institutionen und den unterschiedlichen gesetzlich vorgegebenen Aufgaben. Konkrete rechtliche Probleme ergeben sich bereits beim Datenaustausch (vgl. oben zu Frage 1).

Literaturverzeichnis

Barabas, Friedrich K.: Beratungsrecht, 2. Auflage, Frankfurt a.M. 2003.

Bauer, Jost/Schimke, Hans-Jürgen/Dohmel, Wolfgang: Recht und Familie. Rechtliche Grundlagen der Sozialisation, 2. Auflage, Neuwied-Kriftel 2001.

Bieker, Rudolf: Kommunale Sozialverwaltung. Grundriss für das Studium der angewandten Sozialwissenschaften, München-Wien 2006.

Bienwald, Werner: Betreuungsrecht, Bielefeld 1999.

Birr, Christiane: Die Haftung Minderjähriger im Zivilrecht. Deliktshaftung – Gefährdungshaftung – Aufsichtspflichten, Berlin 2005.

Bley, Helmar/Kreikebohm, Ralf/Marschner, Andreas: Sozialrecht, 8. Auflage, Neuwied-Kriftel-Berlin 2001.

Böhme, Hans: Arbeitsrecht für die Pflege, 3. Auflage, Stuttgart 1998.

Bordt, Eva-Maria: Finanzierungsquellen, Finanzierungsverfahren und Kostenstrukturen von Frauenhäusern, in: Halfar, Bernd (Hrsg.), Finanzierung sozialer Dienste und Einrichtungen, Baden-Baden 1999, S. 407–431.

Boessenecker, Karl-Heinz: Spitzenverbände der Freien Wohlfahrtspflege. Eine Einführung in Organisationsstrukturen und Handlungsfelder der deutschen Wohlfahrtsverbände, 3. Auflage, Münster 2005.

Braczyk, Hans-Joachim/Ganter, Hans-Dieter/Seltz, Rüdiger: Neue Organisationsformen in Dienstleistung und Verwaltung, Stuttgart 1996.

Brühl, Albrecht/Deichsel, Wolfgang/Nothacker, Gerhard: Strafrecht und Soziale Arbeit, Stuttgart 2005.

Brülle, Heiner/Reis, Claus: Neue Steuerung in der Sozialhilfe. Sozialberichterstattung, Controlling, Benchmarking, Casemanagement, Neuwied-Kriftel-Berlin 2002.

Buchholz, Manfreyd/Pfeifer, Bernd/Wolff, Winfried: Sozialrechtliches Verwaltungsverfahren, Baden-Baden 2006

Bull, Hans Peter/Mehde, Veith: Allgemeines Verwaltungsrecht mit Verwaltungslehre, 7. Auflage, Heidelberg 2005.

Burghardt, Heinz: Recht und Soziale Arbeit. Grundlagen für eine rechtsgebundene sozialpädagogische Fachlichkeit, Weinheim-München 2001.

Claessen, Herbert: Datenschutz in der Evangelischen Kirche. Praxiskommentar zum Kirchengesetz über den Datenschutz der EKD, 3. Auflage, München 2004.

Claussen, Hans/Vent, Helmut u. a.: Aufsichtspflicht und Aufsichtspflichtverletzung unter besonderer Berücksichtigung von Einrichtungen der Jugendhilfe, 3. Auflage, Hannover 1995.

Croessmann, Gunter/Iffland, Sascha/Mangels, Rainer: Taschenkommentar Heimgesetz, 5. Auflage, Hannover 2002.

Dahlem, Otto/Giese, Dieter/Igl, Gerhard/Klie, Thomas: Das Heimgesetz. Kommentar zum Heimgesetz Loseblattausgabe, Köln 2005.

Damkowski, Wulf/Precht, Claus: Moderne Verwaltung in Deutschland, Stuttgart 1998.

Damkowski, Wulf/Rösener, Anke: Auf dem Weg zum Aktivierenden Staat, Vom Leitbild zum umsetzungsreifen Konzept, Berlin 2003.

Deckert, Klaus/Wind, Ferdinand: Das Neue Steuerungsmodell, Stuttgart 1996.

Deutscher Verein für öffentliche und private Fürsorge: Wettbewerb im sozialen Leistungsgeschehen, Archiv für Wissenschaft und Praxis der sozialen Arbeit, 36. Jg., Heft 3, München 2005.

Dols, Heinz/Plate, Klaus: Kommunalrecht Baden-Württemberg, 6. Auflage, Stuttgart 2005.

Dörr, Gernot/Francke, Konrad: Sozialverwaltungsrecht. Ein Grundriss, Berlin-Bielefeld-München 2002.

Duderstadt, Jochen: Die nichteheliche Lebensgemeinschaft, 2. Auflage, Neuwied 2004.

Eichenhofer, Eberhard: Sozialrecht der Europäischen Union, 2. Auflage, Berlin 2000.

Eichenhofer, Eberhard: Sozialrecht, 4. Auflage, Tübingen 2004.

Fachet, Siegfried: Datenschutz in der katholischen Kirche, Neuwied-Kriftel-Berlin 1998.
Falterbaum, Johannes: Caritas und Diakonie. Struktur- und Rechtsfragen, Neuwied-Kriftel-Berlin 2000.
Falterbaum, Johannes: Die Übernahme der Beiträge zur Kranken-, Pflege- und Rentenversicherung durch den Sozialhilfeträger, in: Zeitschrift für Sozialhilfe und Sozialgesetzbuch (ZFSH/SGB), 38. Jg. (1999), S. 643–649.
Falterbaum, Johannes: Gefahrenabwehr mit Hilfe des Jugendamtes? – Behördlicher Datenschutz als Garant der Rechts- und Sozialstaatlichkeit, in: Zentralblatt für Jugendrecht, (ZfJ) 86. Jg. (1999), S. 99–106.
Falterbaum, Johannes: Kenntnis und Vermutung im Sozialamt, in: Gastiger, Sigmund/Oberloskamp, Helga/Winkler, Jürgen (Hrsg.), Recht Konkret, Freiburg i. Br. 2002, S. 146–158.
Falterbaum, Johannes: Kommentierung zu §§ 27-46, 93-95 SGB XII, in: Hauck/Noftz, Kommentar zum SGB XII, 2 Bände, Loseblattwerk, Berlin 2005, Stand: März 2006.
Falterbaum, Johannes: Kürzung der Hilfe zum Lebensunterhalt wegen „Fehlverhalten" des Leistungsberechtigten nach § 25 BSHG, in: Zeitschrift für Sozialhilfe und Sozialgesetzbuch (ZFSH/SGB), 39. Jg. (2000), S. 579–589.
Falterbaum, Johannes: Schweigepflichten – Zur Verantwortung in der öffentlichen Jugendhilfe, in: Theorie und Praxis der Sozialen Arbeit, 51. Jg. (2000), Heft 3, S. 98–103.
Falterbaum, Johannes: Sozialarbeit und Polizei. Entwicklungen in einem schwierigen Verhältnis, in: Archiv für Wissenschaft und Praxis der sozialen Arbeit, 35. Jg., Heft 3/2004, Berlin 2004, S. 98–121.
Falterbaum, Johannes: Was kann der Staat für die Kirchen tun? Zugleich eine Untersuchung zur Neutralität des Staates, in: Der Staat. Zeitschrift für Staatslehre, Öffentliches Recht und Verfassungsgeschichte, 37. Jg. (1998), S. 624–645.
Fieseler, Gerhard/Herborth, Reinhard: Recht der Familie und Jugendhilfe. Arbeitsplatz Jugendamt/Sozialer Dienst, 6. Auflage, München 2005.
Fundraising-Akademie (Hrsg.): Fundraising-Handbuch für Grundlagen, Strategien und Instrumente, Wiesbaden 2001.
Gastiger, Sigmund: Erste Hilfe in Recht. Ein Einstieg für das Studium der Sozialen Arbeit, 3. Auflage, March-Holzhausen 2004.
Gastiger, Sigmund/Winkler, Jürgen (Hrsg.): Recht Konkret. 17 neue juristische Fälle und Lösungen aus der sozialen Arbeit; Teilband I Betreuung, Familien- und Jugendhilfe, 4. Auflage, Freiburg 2004; Teilband II, Grundsicherung für Arbeitsuchende, Sozialhilfe, Pflegeversicherung, Sozialverwaltungsverfahren, 4. Auflage, Freiburg 2005.
Gern, Alfons: Deutsches Kommunalrecht, 3. Auflage, Baden-Baden 2003.
Gern, Alfons: Kommunalrecht Baden-Württemberg, 9. Auflage, Baden-Baden 2005.
Gernert, Wolfgang: Kommunale Sozialverwaltung und Sozialpolitik. Ein Grundriss für Sozialarbeiter, Pädagogen und Kommunalpolitiker, 2. Auflage, Stuttgart-München-Hannover 1998.
Gitter, Wolfgang/Schmitt, Jochen: Sozialrecht, 5. Auflage, München 2001.
Göppinger, Hans/Wax, Peter: Unterhaltsrecht, 8. Auflage , Bielefeld 2003.
Griep, Heinrich/Renn, Heribert: Pflegesozialrecht. Ein Handbuch für Betroffene und Pflegeeinrichtungen und die juristische Praxis, 3. Auflage, Baden-Baden 2002.
Grziwotz, Herbert: Beratungshandbuch für gleichgeschlechtliche Lebensgemeinschaften und Lebenspartnerschaften, München 2003.
Grziwotz, Herbert: Partnerschaftsvertrag für nichteheliche und nicht eingetragene Lebensgemeinschaft, 4. Auflage, München 2002.
Heiss, Beate/Born, Winfried: Unterhaltsrecht. Ein Handbuch für die Praxis, Loseblattwerk, München 2005.
Jäger, Horst/Braun, Hans D. (Hrsg.): Sozialversicherungsrecht und sonstige Bereiche der Sozialgesetzbuches. Leitfaden für Praxis und Ausbildung mit Schaubildern und Beispielen, 12. Auflage, Berlin 2005.
Jordan Erwin/Reismann, Hendrik: Qualitätssicherung und Verwaltungsmodernisierung in der Jugendhilfe. Soziale Praxis Heft 19, Münster 1998.
Jürgens, Andreas u. a.: Kommentar zum materiellen Betreuungsrecht, zum Verfahrensrecht und zum Vormünder- und Betreuervergütungsgesetz, 3. Auflage, München 2005.
Kämpfer, Horst-Dieter: Recht und Verwaltung, Ein Lehr- und Arbeitsbuch für die Fachschule für Sozialpädagogik, 4. Auflage, Köln 2005.

Kienzle, Theo: Das Recht in der Heilerziehungs- und Altenpflege. Lehrbuch für die Aus- und Weiterbildung, 4. Auflage, Stuttgart 2004.

Klie, Thomas/Krahmer, Utz: Soziale Pflegeversicherung. Lehr- und Praxiskommentar (LPK-SGB XI). Mit Kommentierung der wichtigsten BSHG-Regelungen sowie Anhang Verfahren und Rechtsschutz, Baden-Baden 2003.

Klie, Thomas/Maier, Konrad/Meysen, Thomas: Verwaltungswissenschaft. Eine Einführung für soziale Berufe, Freiburg i. Br. 1999.

Klinger, Roland/Kunkel, Peter-Christian, Peters, Karen/Fuchs, Petra: Sozialhilferecht SGB XII mit SGB II und AsylbLG, Baden-Baden 2005.

Knittel, Bernhard: Betreuungsrecht. Textsammlung, 4. Auflage, Köln-Limburg 2006.

Krahmer, Utz: Sozialdatenschutz nach dem SGB I und X. Eine Einführung mit Schaubildern und Kommentar der Datenschutznormen, Köln-Berlin-Bonn-München 1996.

Krasney, Otto Ernst/Udsching, Peter: Handbuch des sozialgerichtlichen Verfahrens. Systematische Gesamtdarstellung mit zahlreichen Beispielen und Mustertexten, 4. Auflage, Berlin-Bielefeld-München 2005.

Kreft, Dieter/Münder, Johannes u. a. (Hrsg.): Soziale Arbeit und Recht. Eine Einführung in das Recht für Sozialarbeiter/Sozialpädagogen, 4. Auflage, Weinheim-Basel 1994.

Kreft, Dieter: Die sozialpädagogische Fachbehörde Jugendamt in der Sozialverwaltung – sozialpolitische Inpflichtnahme contra organisationspolitische Eigenständigkeit, in: Arbeitsgemeinschaft für Jugendhilfe (Hrsg.), Das Jugendamt als Dienstleistungsunternehmen, Bonn 1995, S. 40–57 .

Krummacher, Michael/Kulbach, Roderich/Waltz, Viktoria/Wohlfahrt, Norbert: Soziale Stadt – Sozialraumentwicklung – Quartiersmanagement

Herausforderungen für Politik, Raumplanung und soziale Arbeit, Wiesbaden 2003.

Kulbach, Roderich/Wohlfahrt, Norbert: Öffentliche Verwaltung und Soziale Arbeit. Eine Einführung für soziale Berufe, Freiburg i. Br. 1994.

Kunkel, Peter-Christian: Grundlagen des Jugendhilferechts, systematische Darstellung für Studium und Praxis, 5. Auflage, Baden-Baden 2006.

Kunkel, Peter-Christian: zu § 61 ff SGB VIII, in: Gemeinschaftskommentar zum SGB VIII (GK-SGB VIII), herausgegeben von Fieseler, Gerhard/Schleicher, Hans, Stand: März 2006.

Kunkel, Peter-Christian: Rechtsfragen der Finanzierung freier Träger, in: Zentralblatt für Jugendrecht, 78. Jg., 2000, S. 413–419.

Lehmann, M. Karl-Heinz (Hrsg.): Recht sozial. Rechtsfragen der Sozialen Arbeit, 2. erweiterte Auflage, Hannover 2001.

Lütgen, Ulf: Organisation und Finanzierung von Trägern der freien Jugendhilfe. Ein Praxisleitfaden, Neuwied-Kriftel-Berlin 1997.

Luthe, Ernst Wilhelm/Dittmar, Christa: Das neue Fürsorgerecht in der Praxis. Anwendung der Vorschriften SGB II und SGB XII, Berlin 2005.

Luthe, Ernst Wilhelm: Wettbewerb, Vergabe und Rechtsanspruch ein „Sozialraum, der Jugendhilfe, in: Nachrichtendienst des deutschen Vereins für öffentliche und private Fürsorge, Jg. 2001, S. 247–257.

Maas, Udo: Soziale Arbeit als Verwaltungshandeln, Weinheim-München 1996.

Mayer, Günter: Aufsichtspflicht, Haftung, Versicherung für Jugendgruppenleiter. Praxisratgeber für Jugendorganisationen. Richtig handeln, wenn was passiert, 2. Auflage, Regensburg 2003.

Meinhild, Marianne: Qualitätssicherung und Qualitätsmanagement in der Sozialen Arbeit – Einführung und Arbeitshilfen, Freiburg i. Br. 1996.

Mrozynski, Peter: Die Hilfe im Frauenhaus zwischen sozialpolitischer und sozialrechtlicher Argumentation, in: Beiträge zum Recht der sozialen Dienste und Einrichtungen, Heft 27 (1995).

Müller, C. Wolfgang: Jugendamt. Geschichte und Aufgabe einer reformpädagogischen Einrichtung, Weinheim-Basel 1994.

Münder, Johannes: Familienrecht. Eine Sozialwissenschaftlich orientierte Darstellung, 5. Auflage, München 2005.

Münder, Johannes (Hrsg.): Sozialgesetzbuch XII – Sozialhilfe, Lehr- und Praxiskommentar, 7. Auflage, Baden-Baden 2005.

Münder, Johannes: Kinder- und Jugendhilferecht. Eine sozialwissenschaftlich orientierte Darstellung, 5. Auflage, München 2004.

Nikles, Bruno W./Roll, Sigmar/Spürck, Dieter/Umbach, Klaus: Jugendschutzrecht. Kommentar zum Jugendschutzgesetz (JuSchG) und zum Jugendmedienschutz-Staatsvertrag (JMStV), 2. Auflage, München 2005.
Oberloskamp, Helga: Die Idee des Sozialanwalts, in: Lehmann, M. Karl-Heinz (Hrsg.): Recht sozial, S. 275–284.
Oberloskamp, Helga/Adams, Ursula: Jugendhilferechtliche Fälle für Studium und Praxis, 11. Auflage 2006, Neuwied-Kriftel-Berlin 2006.
Ortmann, Friedrich: Öffentliche Verwaltung und Sozialarbeit, Weinheim-München 1994.
Ost, Wolfgang/Mohr, Gerhard/Estelmann, Martin: Grundzüge des Sozialrechts, 2. Auflage, München 1998.
Papenheim, Heinz-Gert: Rechte und Pflichten im Berufspraktikum, Köln 2000.
Papenheim, Heinz-Gert/Baltes, Joachim/Tiemann, Burkhard: Verwaltungsrecht für die soziale Praxis, 18. Auflage, Frechen 2005.
Papenheim, Heinz-Gert: Zeugnisverweigerungsrechte der Sozialarbeiter und Sozialpädagogen, in: Lehmann, M. Karl-Heinz (Hrsg.): Recht sozial, S. 285–310.
Proksch, Roland: Sozialdatenschutz in der Jugendhilfe, Münster 1996.
Quambusch, Erwin: Einführung in das Recht, Freiburg i. Br. 2000.
Raack, Wolfgang/Thar, Jürgen: Leitfaden Betreuungsrecht für Betreuer, Angehörige, Betroffene, Ärzte und Pflegekräfte, 4. Auflage, Köln-Limburg 2005. Röchling, Walter (Hrsg.): Handbuch Anwalt des Kindes. Verfahrenspflegschaft für Kinder und Jugendliche, Feiburg i.Br. 2001.
Rolfes, Stephan/Volkert, Werner: Aufgaben und Organisation der öffentlichen Verwaltung. Ein Leitfaden für Verwaltungslehre und Verwaltungsrecht, Stuttgart-München-Hannover-Berlin-Weimar 1992.
Roos, Elke: zu § 67 ff SGB X, in: von Wulffen, Matthias (Hrsg.): SGB X – Sozialverwaltungsverfahren und Sozialdatenschutz – (SGB X) –, 4. Auflage, München 2001.
Roscher, Falk: Außergerichtliche und gerichtliche Rechtsverwirklichung, in: Kreft, Dieter u. a. (Hrsg.): Soziale Arbeit und Recht, Weinheim-Basel 1994, S. 126–179.
Salgo, Ludwig (Hrsg.): Verfahrenspflegschaft für Kinder und Jugendliche. Ein Handbuch für die Praxis, Köln-Limburg 2002.
Scholler, Heinrich: Grundzüge des Kommunalrechts der Bundesrepublik Deutschland. 4. Auflage, München 1990.
Schleicher, Hans: Jugend- und Familienrecht, 11. Auflage, Köln 2003.
Schlüter, Wilfried: BGB-Familienrecht, 11. Auflage, Heidelberg 2005.
Schöneich, Michael (Hrsg.): Reformen im Rathaus. Die Modernisierung der kommunalen Selbstverwaltung, Stuttgart 1996.
Schulin, Bertram/Igl, Gerhard: Sozialrecht, 8. Auflage, Düsseldorf 2006.
Schweickhardt, Rudolf/Vondung, Ute: Allgemeines Verwaltungsrecht, 8. Auflage, Stuttgart 2004.
Seifert, Karl-Heinz/Hömig, Dieter (Hrsg.): Grundgesetz für die Bundesrepublik Deutschland, Taschenkommentar, 7. Auflage, Baden-Baden 2003.
Straub, Hartmut: Sozialverwaltungsverfahren. Erläuterungen zum Recht des Verwaltungs- und Widerspruchsverfahrens, Reihe: Wege zur Sozialversicherung Bd. 40, Sankt Augustin 1991.
Trube, Achim von: Organisation der örtlichen Sozialverwaltung und Neue Steuerung. Grundlagen und Reformansätze, Frankfurt a.M. 2001.
Vogelgesang, Klaus/Lübking, Uwe/Ulbrich, Ina M.: Kommunale Selbstverwaltung. Rechtsgrundlagen – Organisation – Aufgaben – Neue Steuerungsmodelle, 3. Auflage, Berlin 2005.
Wabnitz, Reinhard J.: Recht der Finanzierung der Jugendarbeit und Jugendsozialarbeit. Ein Handbuch, Baden-Baden 2003.
Wabnitz, Reinhard J.: Grundkurs Familienrecht für die Soziale Arbeit, München 2006.
Wagner, Herbert: Einführung in das Recht für Sozialarbeiter und Sozialpädagogen, 4. Auflage, München 2004.
Waschull, Dirk: Sozialrecht, Baden-Baden 2006
Wenner, Ulrich/Terdenge, Franz/Krauss, Karen: Grundzüge der Sozialgerichtsbarkeit. Strukturen – Kompetenzen – Verfahren, 3. Auflage, Berlin 2005.
Winkler, Jürgen: Sozialverwaltungsverfahren und Sozialdatenschutz (SGB X), München 2004.

Wolff, Hans J./Bachof, Otto/Stober, Rolf: Verwaltungsrecht, Band 1, 11. Auflage, München 1999; Bd. 2, 6. Auflage, München 2000, Band 3, 5. Auflage München 2004.
Wolff, Wilfried: Allgemeines Verwaltungsrecht, Verwaltungsverfahrensrecht, Verwaltungsprozessrecht, Lern- und Übungsbuch, 4. Auflage, Baden-Baden 2004.
Zimmermann, Walter: Betreuungsrecht von A–Z, 2. Auflage, München 2001.

Stichwortverzeichnis